康有为与谭嗣同思想比较研究

魏义霞 著

人民出版社

目　录

第一章 导 言

在中国哲学史上，两人合称的现象并非个案，从古代的孔孟、老庄、程朱、陆王到近代的龚魏、康梁，可以列出一长串的名单。合称不仅意味着两人齐名，而且表明两人的思想相同——至少大同小异。就近代哲学家来说，思想最为相近的不是康梁并称的康有为与梁启超，而是康有为与谭嗣同。这一点不仅被两位当事人——康有为和谭嗣同所肯定，而且得到关系人——梁启超的印证，同时被蔡元培等人津津乐道。问题的关键是，康有为、谭嗣同的思想既有相同点，又有不同点。如果说康有为、谭嗣同思想的相同点与两人相同的历史背景、文化语境和政治诉求息息相关的话，那么，不同点则取决于两人迥异的人生经历、学术素养和哲学理念。比较康有为、谭嗣同的思想，既有助于加强对两人思想共性与个性的领悟，又有助于直观把握戊戌启蒙思想的共同特征和内部分歧以及近代哲学的时代性、多样性和丰富性。

第一节 近代哲学视域

康有为、谭嗣同是近代哲学家，两人的思想是近代哲学的组成部分，因而拥有近代哲学与生俱来的时代烙印和近代气象。正因为如此，只有先了解近代哲学的一般属性和共同特征，才能充分认识和评价康有为、谭嗣同的思想以及二者之间的异同关系。

近代哲学是相对于古代哲学而言的，也是相对于现代哲学而言的。作为中国哲学由古代向现代的过渡阶段，近代哲学带有鲜明的阶段特征。中国古代哲学源远流长，早在先秦时期就已经学派纷呈，蔚为大观。近代哲学以 1840 年的鸦片战争为开端，肩负着救亡图存与思想启蒙的历史使命。五四新文化运动在科学与民主的口号下推进了向西方寻找真理的步伐，也拉开了现代哲学的序幕。古代哲学与现代哲学拥有各自不同的内容构成、致思方向和价值意趣，彼此之间泾渭分明。具体地说，古代哲学是土生土长的中国哲学，具有纯正的中国哲学的学统，形成了一个相对封闭的体系。作为几千年中国本土哲学的薪火相传，古代哲学从概念范畴、思想来源到核心话题、思维方式都是中国本土式的。五四新文化运动者建构的现代哲学则是西式的，这不仅表现在使用作为舶来品的科学、民主和进化等新名词，借鉴名目繁多的西方学说建构自己的哲学，而且表现为思维方式和价值立场上的西式化、西方化。相比较而言，后者更为重要。在五四新文化运动者看来，中国与西方的文化和哲学处于两种不同的历史阶段，中国文化是落后的，甚至是腐朽的；西方文化和哲学是先进的，是文明的象征。沿着这个思路，他们主张中国的文化和哲学建构要在本土文化之外"另起炉灶"①，质言之便是以西方文化取代中国本土的文化。至此可见，如果说古代哲学是中式的话，那么，五四新文化则是西式的。作为二者的中介，近代哲学带有中西和合的特征。对此，梁启超概括为"不中不西即中即西"②。

近代哲学处于中式的古代哲学与西式的现代哲学之间，既是古代哲学向现代哲学转型的过渡和中介，又具有承先启后的地位和作用。一方面，近代哲学与古代哲学一脉相承，沿袭了古代哲学的概念范畴，将天、气和仁等古代哲学家津津乐道的哲学概念奉为世界万物的本原——这一点与五四新文化运动者差若云泥，尤其是接续了明清之际早期启蒙思想家的核心话题，如对"夫为妻纲""君为臣纲"的批判等；另一方面，中国近代的救亡图存与思想启蒙为近代哲学加入了前所未有的立言宗旨和核心话题，西学的大量东渐使近代哲学增加了令人目不暇接的新概念和新名词。在这种历史背景和文化语境下，近代哲学家一面以西学为参照审视、反思中学，一面借鉴西方的新思想、新学说推动

---

① 《清代学术概论》，《梁启超全集》（第五册），北京出版社 1999 年版，第 3104 页。
② 这是陈独秀的观点，表达了五四新文化运动者的共同心声。

中国本土文化的内容转换和创新。最先映入眼帘的是，近代哲学中有了以太、电、力、原子、元素、自主、平等、民主和进化等新概念和新名词。至于近代哲学家对中国本土文化的审视、整合以及对诸子百家关系的辨析则不仅开启了中国哲学的全新话题，而且创建了以西学观照中学的中国哲学建构的全新范式。当然，无论近代哲学家对西方自然科学、启蒙思想还是宗教、哲学的借鉴都为中国哲学输入了全新的内容。

近代哲学家的做法既拉开了近代哲学与古代哲学的学术分野，也同时迈开了中国人向西方寻找真理的步伐。有鉴于此，近代哲学对于中国哲学不仅是承上的，是古代哲学的继承者；而且是启下的，是五四新文化运动的先驱。正因为如此，近代哲学一半是古代，一半是现代，因而呈现出新旧交替的面貌。对于以鸦片战争为开端的近代哲学来说，古代指中国本土的固有之学，也就是古代哲学即中学；现代指西方的外来之学，也就是现代哲学即西学。因此，近代哲学的新旧交替具体表现为一半是中国古代的，这是中国固有之学，也就是国学；一半是近代西方的，这是舶来品，也就是外入之学。这样一来，近代哲学作为中国固有之学与外入之学的和合，因而既有别于古代哲学之"中"，又有别于五四新文化运动之"西"。近代哲学的这种性质也就是通常所说的中西杂糅。

作为近代哲学家，康有为、谭嗣同的思想被打上了与生俱来的近代烙印和时代特征。换言之，在新旧交替、中西杂糅上，两人的思想是一致的，并且与其他近代哲学家的思想也是一致的。也正是由于这个原因，如果只停留在近代哲学的视域的话，那么，康有为、谭嗣同思想呈现的只有相同性——并且是作为近代哲学家的思想的相同性。显然，这是远远不够的，必须在此基础上进一步确定康有为、谭嗣同在近代哲学中所处的具体位置，才能更准确地把握两人思想有别于其他近代哲学家的不同之处，从而更好地还原、洞彻两人的思想状况及其相互关系。

第二节 戊戌启蒙视域

考察几千年的中国哲学史，可以发现一个有趣的现象，那就是：近代哲学的时间最短，理论来源和内容构成最杂；近代哲学家的关系最复杂，也最微妙。这就是说，近代哲学家是一个庞杂的集合体，汇合了形形色色拥有不同政治见解、哲学理念和文化意趣的人。近代哲学家的身份之杂构成了近代哲学的内容之杂，而近代哲学之杂既有别于先秦时期诸子百家之间共时性的争鸣，也有别于汉唐时期不同学派之间历时性的轮流登场。历数中国近代哲学史，涌现了各路弄潮儿：先是龚自珍、魏源代表的地主阶级革新派；然后是洪秀全、洪仁玕代表的农民派和张之洞、李鸿章代表的洋务派；再后是王韬、郑观应、郭嵩焘、陈炽代表的早期维新派和康有为、谭嗣同、梁启超、严复代表的维新派；最后才是孙中山、章炳麟代表的革命派。这些不同阶段、不同阶层并且拥有不同政治主张和哲学理念的人物依次走向中国近代历史的前台，共同呈现出近代哲学与文化踽踽前行的举步维艰。与此同时，各色人物之间既有交往、合作又有分歧、论战，绝佳地展示了近代启蒙的一唱三叹。这就是说，形形色色的近代哲学家之间在存在上既有共时性，又有历时性；在思想上既有借鉴，又有交锋。这种复杂关系和奇特景观表明，只有具体了解康有为、谭嗣同所处的学术派别和政治阵营，才能在把握近代哲学这个宏观背景的前提下进一步展开具体情境而进行中观审视；借助宏观与中观、远景与近景的印证，才能全面考察康有为、谭嗣同所处的历史背景、文化语境、政治环境和价值诉求。沿着这个思路深入下去可以发现，康有为、谭嗣同、梁启超和严复属于同一学术和政治阵营——前面有龚自珍、魏源，洪秀全、洪仁玕，张之洞、李鸿章，王韬、郑观应、郭嵩焘和陈炽，后面有孙中山、章炳麟，蔡元培、陈独秀、李大钊、胡适等人。康有为、谭嗣同的哲学思想、政治诉求与梁启超、严复呈现出相同性，而与洋务派、早期维新派、革命派和五四新文化运动者之间具有明显区别。作为中国近代最著名的维新派思想家，康有为、谭嗣同、严复和梁启超对于戊戌维新时期的中国启蒙起到了决定性的作用，四人被统称为戊戌启蒙四大家。

在将康有为、谭嗣同、严复和梁启超统称为戊戌启蒙四大家的前提下，尚须进一步澄清两个问题：第一，戊戌启蒙四大家的思想并非完全相同，而是异同参半，在某些问题上甚至存在严重分歧。第二，戊戌启蒙四大家之间的关系不可一概而论，无论彼此之间的私人交往还是思想异同都相差悬殊。深入分析可以发现，严复在戊戌启蒙四大家中显得茕茕孑立，康有为、谭嗣同和梁启超则形成了一个"铁三角"——无论私人交往还是学术渊源都非常密切。在这个前提下进一步分析可以看到，在康有为、谭嗣同和梁启超构成的"铁三角"之中，不是有师生之谊并且被合称为"康梁"的康有为与梁启超而是康有为与谭嗣同的思想最为接近。这一点千真万确，三个人对此异口同声。

康有为、谭嗣同本人都有过明确肯定。最早谈起康有为、谭嗣同思想绝似的是谭嗣同。事实上，谭嗣同不仅曾经回忆了从听闻康有为的名字到了解康有为的思想的全过程，而且绘声绘色地描述了自己的感受。在此过程中，他明确表示对自己与康有为思想的契合多多大为赞叹和惊奇。现摘录如下："嗣同昔于粤人绝无往来，初不知并世有南海其人也。偶于邸钞中见有某御史奏参之摺与粤督昭雪之摺，始识其名若字。因宛转觅得《新学伪经考》读之，乃大叹服。以为扫除乾、嘉以来愚谬之士习，厥功伟；而发明二千年幽蔀之经学，其德宏。即《广艺舟双楫》亦复笼罩古今中外，迥非耳目近玩。由是心仪其人，不能自释。然而于其微言大义，悉未有闻也。旋闻有上书之举，而名复不同，亦不知书中作何等语。乃乙未冬间，刘淞芙归自上海，袖出书一卷，云南海贻嗣同者，兼致殷勤之意，若旧相识。嗣同大惊，南海何由知有嗣同？即欲为一书道意，而究不知见知之由与贻此书之意何在。五内傍皇，悲喜交集，一部十七史苦于无从说起。取视其书，则《长兴学记》也。雒诵反复，略识其为学宗旨。其明年春，道上海，往访，则归广东矣。后得交梁、麦、韩、龙诸君，始备闻一切微言大义，竟与嗣同冥思者十同八九。"[1] 依据谭嗣同在《壮飞楼治事》中的披露，他是在与康有为从未谋面、互不相识的情况下思想相同的，并且相同点极多，以至于契合度竟然高达十之八九。或许正是由于这个原因，与粤人历来"绝无往来"的谭嗣同顿时对身为粤人的康有为[2] 心生好感，对康有为的《新学伪经考》《广艺舟双楫》更是大为叹服，以至于达到了"心仪其人，不能自释"

---

[1] 《壮飞楼治事·湘粤》，《谭嗣同全集》（增订本），中华书局 1998 年版，第 445 页。

[2] 康有为是广东南海人，在谭嗣同所说的"粤人"之列。

的程度。

谭嗣同关于自己与康有为思想高度契合的说法在康有为那里得到了印证，这集中体现在《六哀诗》中。谭嗣同慷慨就义之后，康有为为了悼念"戊戌六君子"而作《六哀诗》。康有为在诗中除了颂扬谭嗣同的烈士壮举之外，讲得最多的就是谭嗣同的思想——确切地说，是谭嗣同的思想与自己的关系。诗中有这样的内容："闻吾谈春秋，三世志太平，其道终于仁，乃服孔教精。……首商尊君权，次商救民萌。条理皆闇合，次第拟推行。"[①] 由此可见，康有为在诗中肯定自己与谭嗣同的思想"条理皆闇合"，印证了谭嗣同关于两人思想"十同八九"的说法，甚至与谭嗣同对彼此思想相同之处多多的肯定相比有过之而无不及。稍加留意可以发现这样一个细节，康有为在诗中先讲谭嗣同"闻吾谈……""乃服"，然后讲谭嗣同与自己的思想从"尊君权"到"救民萌"等"皆闇合"。这意味着康有为与谭嗣同的思想是有交集的，甚至让人感觉谭嗣同听闻康有为讲《春秋》、公羊三世说、仁和孔教之后，受康有为的影响所以才在君权、民萌等问题上与康有为的观点"闇合"的。很显然，康有为的这套说法与谭嗣同所说的在与康有为没有任何往来的情况下自己所"冥思者"与康有为思想"十同八九"之间出入巨大——甚至可以说，彼此之间具有不容忽视的原则之别。质言之，康有为与谭嗣同的不同说法直接关系到对谭嗣同思想原创性的认定。从谭嗣同之说，康有为、谭嗣同的思想契合纯属偶然，正因为在没有相互"通气"的前提下心心相通，所以才令人惊奇惊叹、拍案叫绝；从康有为之说，谭嗣同之所以与康有为的思想高度契合是有原因的，甚至可以说，带有某种必然性——即便不断然肯定谭嗣同单方面受康有为思想的影响，至少不能否认是两人相互切磋故而相互影响的结果。尽管康有为、谭嗣同作为当事人对于彼此思想相互契合的原因说法不同，然而，两人对这一事实是一致认可的。

与两位当事人的首肯同样重要的是，康有为、谭嗣同的思想契合受到梁启超、蔡元培等近现代哲学家的关注，甚至被津津乐道。如上所述，梁启超与康有为、谭嗣同构成了戊戌启蒙四大家中的"铁三角"，他的证人证言对于理解

---

① 《六哀诗》，《康有为全集》（第十二集），中国人民大学出版社 2007 年版，第 218—219 页。

康有为、谭嗣同思想的异同具有极大的公信力。更为重要的是，梁启超是康梁合称的主角，对康有为与谭嗣同关系的看法直接关系到对自己与康有为思想关系的认定。事实上，梁启超不仅对康有为、谭嗣同思想的相同性兴趣盎然，而且进一步道出了其中的原因。尚须提及的是，谭嗣同尽管承认自己与康有为的思想大体相同，然而，他对于两人思想究竟同在何处并没有具体说明。对此，康有为的说法则集中体现在上面提到的《六哀诗》中。综合梳理各方面的史料可以发现，梁启超无论对康有为、谭嗣同的思想相同还是同在何处都关注甚多，在梳理中国近代思想（梁启超统称为"清代学术"）史时对此多有提及，在介绍、宣传谭嗣同的思想时更是极力凸显、渲染这一点。

梁启超在《谭嗣同传》中既介绍了谭嗣同的思想，又揭示了谭嗣同的思想转变。对此，梁启超如是说："当君（谭嗣同——引者注）之与余初相见也，极推崇耶氏兼爱之教，而不知有佛，不知有孔子；既而闻南海先生所发明《易》《春秋》之义，穷大同太平之条理，体乾元统天之精意，则大服；又闻《华严》性海之说，而悟世界无量，现身无量，无人无我，无去无住，无垢无净，舍救人外，更无他事之理；闻相宗识浪之说，而悟众生根器无量，故说法无量，种种差别，与圆性无碍之理，则益大服。自是豁然贯通，能汇万法为一，能衍一法为万，无所挂碍，而任事之勇猛亦益加。做官金陵之一年，日夜冥搜孔佛之书。金陵有居士杨文会者，博览教乘，熟于佛故，以流通经典为己任。君时时与之游，因得遍窥三藏，所得日益精深。其学术宗旨，大端见于《仁学》一书。"[①] 这段话出自梁启超在谭嗣同牺牲后为烈士所作的传即《谭嗣同传》，并且被收录在《戊戌政变记》中。梁启超在传中先是赞扬谭嗣同的为人，接着将谭嗣同的为人与为学直接联系起来。梁启超这样做的目的，是为了强调谭嗣同的烈士壮举得益于他的学术，谭嗣同的为学促成了他的杀身成仁。谭嗣同为人率真，表里如一，思想上提倡什么，行动上便践行什么，因而被誉为知行合一的楷模。从这个意义上说，梁启超对谭嗣同的评价将为人与为学连为一体实属正常。耐人寻味的是，梁启超在介绍谭嗣同思想的过程中，极力凸显谭嗣同思想的变化，其

---

① 《谭嗣同传》，《梁启超全集》（第一册），北京出版社 1999 年版，第 233 页。

中特别提到了谭嗣同思想的两次巨大变化。在梁启超看来，谭嗣同思想的这两次变化机缘大不相同，性质和后果更是相去霄壤：谭嗣同思想的第一次转变受康有为影响，后一次转变受杨文会影响。梁启超着重阐明，谭嗣同在接触康有为之后改变了之前推崇耶教（基督教）而不知有佛教、孔教的局面，这足以证明康有为的思想给了谭嗣同决定性的影响：康有为通过解读《周易》《春秋》对孔子微言大义的发明使谭嗣同追究大同进化之理，以乾元统天为精义；康有为所讲的华严宗的性海之说和唯识宗的识浪之说使谭嗣同领悟到了佛教的精义，这一切促使谭嗣同无所牵挂而勇猛无畏。对于谭嗣同接触杨文会，梁启超的表达是使谭嗣同的认识"日益精深"。这表明，杨文会并没有像康有为那样促成谭嗣同的思想产生根本性突破，况且杨文会的影响只限于佛教领域，故而不可与康有为对谭嗣同思想的影响同日而语。在这里，梁启超通过康有为对谭嗣同思想的决定性影响，不仅肯定了两人思想相同，而且揭示了相同背后的原因。按照梁启超的说法，康有为与谭嗣同思想的相同之处具体指以仁为宗旨的大同太平学说和以华严宗、唯识宗为主体的大乘佛教的救世思想，原因则是谭嗣同对康有为思想的亦步亦趋。梁启超在为谭嗣同的《仁学》所作的序中，坚持《仁学》是对康有为思想的贯彻和发挥。《谭嗣同传》和《〈仁学〉序》是梁启超关于康有为、谭嗣同思想相合的最早表述，也是最为集中的表述。自此之后，梁启超依然侧重康有为、谭嗣同思想的相同性。例如，在作于1902年的《论中国学术思想变迁之大势》和作于1920年的《清代学术概论》中，梁启超将康有为、谭嗣同归为一派，称之为"康、谭一派"，而将自己归为另一派。梁启超的做法不仅意味着他认定康有为、谭嗣同思想相同，而且意味着他认定自己与康有为的思想是不同的——至少没有谭嗣同与康有为的思想更接近。

上述内容显示，对于康有为、谭嗣同思想相同，两位当事人和梁启超达成了共识，而对于相同原因的解释则分歧较大。仅就两位当事人来看，说法就大相径庭：自视甚高的康有为突出自己对谭嗣同的影响，由此强调谭嗣同由于服膺自己的学说并深受自己的影响，谭嗣同与自己的思想相似或相同便是顺理成章的了。依据康有为的解释，谭嗣同在听了自己秉持今文经学的原则，以公羊学发挥微言大义的思路讲述《春秋》三世进化之后，便开始向往作为公羊三世最高阶段的太平世即大同之世，并因此由耶教转向孔教，立论以仁为宗旨。稍加对比不难发现，康有为的这套说辞与谭嗣同之间相差十万八千里。依据谭嗣同的回忆，当自己读到康有为的《新学伪经考》时大为惊叹，对阐明书法之理的《广艺舟双楫》更是钦佩有加；等到后来得到康有为赠送的《长兴学记》时，才开始对康有为的学说略有了解，直到在"北游访学"的途中拜访康有为而不得见，才从康有为最著名的弟子——梁启超、麦孟华等人那里详细听说（"备闻"）康有为思想的微言大义和学术宗旨——到了这个时候，谭嗣同才发觉，康有为的思想竟然与自己的观点"十同八九"。值得一提的是，谭嗣同承认自己对康有为"心仪其人，不能自释"，同时表示对康有为的思想并不十分了解——"于其微言大义，悉未有闻也"。更为重要的是，谭嗣同肯定自己的思想与康有为"十同八九"，并且强调这是在自己没有受到康有为影响的情况下的自然契合。为了突出这一点，他使用了"与嗣同冥思者"以示强调。

如果说康有为、谭嗣同作为当事人对于两人思想相同的说法出入很大，甚至具有本质区别的话，那么，梁启超对于这个问题则选择站在了老师——康有为的一边。按照梁启超的说法，谭嗣同的思想包括佛学思想在内深受康有为的影响，从根本上说都可以视为对康有为思想的发挥。依据这个解释，康有为、谭嗣同的思想之所以相同，绝非不约而同的心心相通，而是谭嗣同受惠于康有为。质言之，是谭嗣同听闻康有为对《周易》《春秋》的解读之后，"穷大同太平之条理"的结果。不仅如此，梁启超将谭嗣同的包括对华严宗、唯识宗的阐发在内的佛学思想也说成是由于康有为的点拨而彻悟的结果。在梁启超看来，谭嗣同结识杨文会只是"博览教乘，熟于佛故"而已。基于上述认识，梁启超得出结论：谭嗣同的思想和《仁学》都是对康有为思想的阐发。沿着这个思路，在为谭嗣同的《仁学》所作的序中，梁启超如是说："《仁学》何为而作也，将以会通世界圣哲之心法，以救全世界之众生也。南海之教学者曰：'以求仁为宗旨，以大同为条理，以救中国为下手，以杀身破家为究竟。'《仁学》者即发挥此语之书也，而烈士者即实行此语之人也。"[1]

---

[1]　《〈仁学〉序》，《梁启超全集》（第一册），北京出版社 1999 年版，第 170 页。

至此，对于康有为、谭嗣同思想相同的原因出现了两种截然不同的版本，由于两位当事人的说法也大相径庭，故而增加了问题的复杂性。尽管如此，有一点是没有争议的，那就是：康有为、谭嗣同的思想高度契合，因而相同点多多。这一点不仅被两位当事人津津乐道，而且被其他人看在眼里。深入挖掘康有为、谭嗣同思想相同的根源，不仅有助于对两人思想相同性的解读，而且有助于理解康有为、谭嗣同的思想异同以及与梁启超之间的关系。

第三节　康有为与谭嗣同

上述内容显示，康有为、谭嗣同的思想最为相近是一个不争的事实，这个事实也在康有为、谭嗣同和梁启超构成的"铁三角"中拉近了康有为与谭嗣同之间的距离。问题的关键是，承认康有为、谭嗣同思想最为接近是一码事，如何透视、评价这一问题却是另一码事。并且，肯定两人思想相同是否就意味着康有为与谭嗣同的思想只有同而没有异？进一步比较两人的思想可以发现，康有为、谭嗣同对于诸多问题的回答成为两个人之间的默契，而与包括梁启超在内的其他近代哲学家拉开了距离。如果说诸多问题的高度契合使康有为、谭嗣同的思想最为相近的话，那么，两人对相同问题的回答却往往蕴含着不同的意趣和诉求。

1. 世界本原

对于哲学来说，宇宙本原是灵魂；对于哲学家来说，对宇宙本原的回答至关重要。在这个问题上，康有为、谭嗣同都尊奉仁为世界万物的本原，一起在哲学上建构了仁学派。两人组成的仁学派在中国近代哲学中独树一帜，既是中国近代心学的组成部分，又展示了近代心学的丰富性和多样性。康有为、谭嗣同的仁学派对仁推崇备至，与梁启超以情感为本原的情感派、严复以不可知论为归宿的经验派和章炳麟以阿赖耶识为旨归的唯识派泾渭分明，成为近代心学的四大形态和样式之一。不仅如此，康有为、谭嗣同将作为世界本原的仁与以太、电和力等源自西方近代自然科学的概念相提并论，对这些自然科学概念和所属学科、领域的青睐同样与其他近代哲学家形成了鲜明的学术分野，而成为只存在于他们两个人之间的默契。在这个前提下应该看到，康有为、谭嗣同所理解的仁大不相同，对电、力和以太的看法同样相去甚远。

首先，在对仁的具体理解上，康有为所讲的仁与不忍人之心相互印证，并且把仁称之为"不忍之心"。谭嗣同将仁诠释为一、通，凸显仁的微生灭即不生不灭。

康有为、谭嗣同都将仁与以太、电、力等源自西方近代自然科学的概念相提并论，用这些概念来阐释仁的做法更是惊人相似。康有为声称："不忍人之心，仁也，电也，以太也。"谭嗣同断言："以太也，电也，心力也，皆指所以通之具。"① 一方面，出于论证仁的需要以及对仁与以太、电、力关系的理解，两人在选择和吸纳西学的过程中侧重以太、电、力代表的物理学，与梁启超、严复青睐以达尔文进化论为首的生物学大相径庭。另一方面，康有为、谭嗣同对以太、电、力的阐发和侧重并不相同。如果说康有为的排序是力、电、以太的话，那么，谭嗣同的排序则是以太、力、电。这样一来，两人所讲的与以太、电、力息息相通的仁以及推崇仁之仁学便呈现出明显差异。

其次，在对电的理解上，康有为电神互释，谭嗣同电脑混用。

康有为认为，电与神相通，试图用凡物皆有电来证明万物都有知。沿着这个思路，他习惯于用电来解释仁，以此证明仁爱之心的相互感通。在谭嗣同那里，电与脑相连，甚至二者就是同一种存在。于是，他写道："脑为有形质之电，是电必为无形质之脑。人知脑气筋（英文写作 nerve，现译为神经——引者注）通五官百骸为一身，即当知电气通天地万物人我为一身也。……夫固言脑即电矣，则脑气筋之周布即电线之四达，大脑小脑之盘结即电线之总汇。一有所切，电线即传信于脑，而知为触、为痒、为痛。其机极灵，其行极速。惟病麻木萎痹，则不知之，如电线已摧坏，不复能传信至脑，虽一身如异域然，如医家谓麻木萎痹为不仁。……通者如电线四达，无远弗届，异域如一身也。"② 至此可见，康有为、谭嗣同对电的界定沿着不同思路展开——一言以蔽

---

① 《仁学》，《谭嗣同全集》（增订本），中华书局 1998 年版，第 291 页。

② 《仁学》，《谭嗣同全集》（增订本），中华书局 1998 年版，第 295—296 页。

之，康有为电神互释，谭嗣同则电脑相混。如果说康有为的电神互释为源于孟子的不忍人之心辩护的话，那么，谭嗣同的电脑相混则为通过庄子的名实论而破对待提供了前提。

再次，在对力的理解上，康有为热衷于"爱力"，谭嗣同倾心于心力。

康有为所讲的力与爱相伴随，并且使"热力""爱力""吸摄之力"和"爱质"等成为仁的别称。作为以爱释仁的结果，康有为除了将仁界定为博爱之外，还使爱与力连成"爱力"。对于康有为的哲学来说，"苟无爱力，则乾坤应时而灭矣"①。这是梁启超对康有为哲学的概括，直观地表明了"爱力"在康有为哲学中的地位。谭嗣同的力与心如影随形，心力也由此成为谭嗣同最基本的哲学概念之一。用他本人的话说，所谓心力，就是"人之所赖以办事者"。谭嗣同进一步解释说，心力具有十八种之多，"略举之，约十有八"②。谭嗣同用心力来表示精神的威力无穷，《仁学》的宗旨是为了"以心度一切苦恼众生"；而心之所以能够堪此重责大任，秘密在于心力的伟大神奇和无所不能。对此，他不止一次地宣称：

> 夫心力最大者，无不可为。③

> 惟一心是实。心之力量虽天地不能比拟，虽天地之大可以由心成之、毁之、改造之，无不如意。④

最后，在对以太的理解上，康有为与谭嗣同之间的分歧更为突出。这一点通过以太内涵和地位等不同方面体现出来。

就对以太的内涵界定而论，康有为将以太与不忍人之心相提并论，谭嗣同将以太理解为微生灭。康有为将以太与电、力并提，旨在证明仁就是源于孟子

---

① 《南海康先生传》，《梁启超全集》（第一册），北京出版社1999年版，第488页。

② 《仁学》，《谭嗣同全集》（增订本），中华书局1998年版，第363页。

③ 《仁学》，《谭嗣同全集》（增订本），中华书局1998年版，第357页。

④ 《上欧阳中鹄十》，《谭嗣同全集》（增订本），中华书局1998年版，第460页。

所讲的不忍人之心的"不忍之心"。与对"不忍之心"的推崇一脉相承，他将以太理解为"不忍之心"，致使博爱成为仁最基本的内涵。在谭嗣同的视界中，无论不忍人之心还是博爱都是以太所不曾拥有的内涵。谭嗣同所讲的以太即微生灭，而微生灭即不生不灭则是谭嗣同将佛学的流转无常、庄子的"方生方死，方死方生"（《庄子·齐物论》）与以太相互阐发的结果。当然，谭嗣同对以太的这些界定是康有为所讲的以太、仁以及他的全部哲学思想中所没有的。

康有为、谭嗣同对以太的界定不同，以太对于两人仁学的意义和在仁学中的地位更是不可同日而语。对于这一点，通过两人对仁的相关概念的使用最直观地反映出来：康有为之仁的第一概念是"不忍人之心"，故而宣称"不忍人之心，仁也"。谭嗣同之仁的第一概念则是以太，故而强调"学者第一当认明以太之体与用，始可与言仁"[1]。康有为以不忍人之心释仁，以太在他的仁学以及哲学思想中并不是主要概念；谭嗣同则以以太释仁，以太在他那里尤其是在后期哲学中成为仅次于仁的重要范畴。如果说在康有为哲学中与仁最密切的概念是不忍人之心的话，那么，在谭嗣同那里，代替不忍人之心的则是以太。对于仁与以太的关系，谭嗣同一而再、再而三地界定说：

一、……以太也，电也，心力也，皆指所以通之具。
二、以太也，电也，粗浅之具也，借其名以质心力。[2]

无以名之，名之曰"以太"。其显于用也，孔谓之"仁"。[3]

无以名之，名之曰："以太"。……精而言之，夫亦曰"仁"而已矣。[4]

这些议论共同证明，在谭嗣同那里，仁与以太除了体用、精粗之别，可以

[1] 《仁学》，《谭嗣同全集》（增订本），中华书局1998年版，第295页。
[2] 《仁学》，《谭嗣同全集》（增订本），中华书局1998年版，第291页。
[3] 《仁学》，《谭嗣同全集》（增订本），中华书局1998年版，第293页。
[4] 《以太说》，《谭嗣同全集》（增订本），中华书局1998年版，第434页。

相互替代——在这个意义上，仁就是以太，以太就是仁。鉴于以太对于仁的至关重要、不可或缺，除了在阐发仁的《仁学》中界定以太内涵、提升以太地位之外，他专门作《以太说》，将以太说成是宇宙间的第一存在和主宰力量。有鉴于此，有些学者甚至提出谭嗣同哲学的宇宙本原是以太，并且由此断言谭嗣同的哲学在性质上属于唯物论。用唯物论来评价谭嗣同的哲学是否合适不是这里探讨的问题，然而，这个评价至少从一个侧面印证了以太对于谭嗣同哲学的重要性以及以太与谭嗣同仁学的密不可分。

除此之外，康有为、谭嗣同对仁的不同界定导致对作为中国本土文化象征的孔学的不同理解。在共同赋予仁自由、平等和民主等近代价值理念的前提下，两人对仁的界定沿着一个注重博爱、一个注重平等的思路展开，最终演绎出对孔学的不同认定。在康有为那里，孔学的功能是立——性善说和不忍之心；在谭嗣同那里，孔学的特点是破——破除对待，走向致一、通而平等。

2. 天、气与仁

仁学是康有为、谭嗣同哲学的基本形态，也是两人思想的重要组成部分。正因为如此，仁是康有为、谭嗣同哲学的基本范畴，对仁的不同界定和诠释反过来决定了两人对宇宙本原的不同看法，进而影响着康有为、谭嗣同建构的哲学样式。在这方面，康有为的天、气、仁并用与谭嗣同的由气转仁呈现出明显差异。

首先，在康有为的哲学中，天、气与仁同时使用，以至于学术界产生了康有为的哲学以何为本原的争论。

康有为将元或称元气说成是宇宙本原，并把人与天一起说成是元（或元气）的派生物。正是在这个意义上，他一而再、再而三地写道：

> 天与人皆在元气之中，不相远也。[1]

> 岂知元为万物之本，人与天同本，于元犹波涛与沤同起于海，人与天

---

[1] 《礼运注》，《康有为全集》（第五集），中国人民大学出版社 2007 年版，第 569 页。

实同起也。然天地自元而分别为有形象之物矣。人之性命虽变化于天道，实不知几经百千万变化而来，其神气之本，由于元。溯其未分，则在天地之前矣。人之所以最贵而先天者，在参天地为十端，在此也。精奥之论，盖孔子口说，至董生发之深博，与华严性海同。幸出自董生，若出自后儒，则以为勦佛氏之说矣。（尝窃愤儒生只能割地，佛言魂，耶言天，皆孔子所固有，不必因其同而自绝也。理本大同，哲人同具，否则人有宫室、饮食，而吾亦将绝食露处矣）[①]

太一者，太极也，即元也。无形以起，有形以分，造起天地，天地之始，《易》所谓"乾元统天"者也。天地、阴阳、四时、鬼神，皆元之分转变化，万物资始也。其元气之降于人，为性灵明德者曰命，天命之谓性也。此天之分与人者，世分官职于天，当尊其德性，以修其道教也。人之本乃在天元，故礼之本亦出于太一。其本原之深远微妙，非孔子孰能知而制之？夫人非人能为，天所生也。天为生之本，故万物谐（疑为"皆"——引者注）出于天，皆直隶于天，与人同气一体。报本反始，故大礼必祀天，制作必法天，生杀必称天，仪体必象天，盖不忘本也。[②]

稍加思考即可发现，康有为在论述元气是世界本原的过程中，彰显元的地位。为此，他把元置于天和人的存在之前，使元成为天、人和宇宙万物的共同本原。在提升元之地位的同时，康有为突出天的本原地位。在这方面，他除了发出"万物谐出于天"的论断之外，还强调天地是生物之本，人与万物皆由天地派生而来。于是，康有为反复强调：

天地者，生之本，众生原出于天，皆为同气，故万物一体，本无贵贱。[③]

---

① 《春秋董氏学》卷六，《康有为全集》（第二集），中国人民大学出版社 2007 年版，第 373—374 页。

② 《礼运注》，《康有为全集》（第五集），中国人民大学出版社 2007 年版，第 565 页。

③ 《论语注》，《康有为全集》（第六集），中国人民大学出版社 2007 年版，第 431 页。

> 夫天地者生之本，万物分天地之气而生。人处万物之中，得天地之一分焉，故天地万物皆同气也。①

议论至此，康有为哲学中便出现了元、气、天和仁等多个本原，于是出现了学术界关于元、天与仁在康有为哲学中何者为本原的讨论乃至争论。其实，对于康有为来说，元与天何者为本原并不重要，因为这是从不同角度立论的。因此，尽管他在不同场合的具体表述有所出入，思想主旨并无区别。在这方面，与宣称元为本原时不忘强调"人与天同本于元"，借此突出人与天的密切相关一样，康有为肯定天为本原只是为了突出人与天地万物的一体。因此，康有为的初衷是借助天、元、气等多个本原，从不同角度共同证明天、人与万物密不可分，是同原而生的一体关系。出于同样的初衷和逻辑，康有为指出，元作为本原显于人性是人人同具的仁即不忍人之心；天是本原则表明人的不忍人之心是天赋的，上天在生人之时即赋予人此种善性，故而人之性善与生俱来，人人无异。从这个意义上说，元、天并无区别，甚至只要能突出人的性善，将元具体叫做什么并不重要。于是，康有为解释说，元就是婆罗门教所讲的"大梵天王"，老子所讲的"道"。同样的道理，元可以与气相提并论，称为"元气"，也可以与天并论，称为"天元"。与此相一致，康有为对元、天、气的推崇与对仁的推崇并行不悖，在时间上可以同时，并不存在像谭嗣同那样早期推崇元气论，后期转向心学，推崇仁便不再以气为本原的情况。可以作为佐证的是，《诸天讲》是康有为生平最后一部著作，无论将之理解为讲天之诸还是对诸天之讲，天是其中最重要的范畴则是毫无疑问的。讲天的《诸天讲》前后耗时四十二年之久，这可以视为康有为对此书的酝酿、修改，亦可以看成对天的热情四十余年而不辍，始终如一日。

进而言之，康有为之所以对天津津乐道，热情不衰，是因为天在他的哲学中具有非同寻常的意义——既与人之性善的与生俱来以及由此对人生而具有自主之权的论证有关，又与让人摆脱家国的羁绊，"直隶于天"有关。《诸天讲》

---

① 《中庸注》，《康有为全集》（第五集），中国人民大学出版社 2007 年版，第 370—371 页。

的主体内容是以西方传入的进化论和天体演化论相杂糅，在揭示宇宙的由来和天体的演化的基础上，探究二百四十二重天。翻阅该书最大的感受是，《诸天讲》的内容庞杂得超乎想象，与天相关的各种自然科学如进化论、天体演化论、地心说、日心说、相对论和牛顿力学等一应俱全，此外还有佛教、道教和基督教为首的五花八门的宗教。这不禁使人联想到基督教传教士利用自然科学传教的情形。其实，透过康有为本人在《诸天讲》自序中所言不难看出，他讲诸天的初衷并非宣讲天文学或自然科学而是别有企图。对此，康有为坦言："吾之谈天也，欲为吾同胞天人发聋振聩，俾人人自知为天上人，知诸天之无量。人可乘为以太而天游，则天人之电道，与天上之极乐，自有在矣。夫谈天岂有尽乎？故久而未布。丙寅讲学于天游学院，诸门人咸请刻布此书以便学者，虽惭简陋，亦足为见大心泰之助，以除人间之苦，则所获多矣。"[1]康有为的这段表白明白无误地道出了他人在地球心想天界的心态，与他在自序中署名"天游化人康有为"相印证。

《诸天讲》是康有为讲天的代表作，集中反映了他推崇天的两个心迹：第一，一贯的宗教情结。尽管《诸天讲》的主流不是康有为早期奔走呼号的孔教，也不是《大同书》中占据首位的佛教，而是道教，然而，使人放弃做家人、做国人的世俗生活而做遨游诸天的"天人"还是使《诸天讲》带有布道的成分。第二，请天为人代言。早期大声疾呼立孔教为国教之时，康有为就声称孔子讲性与天道，并且断言孔子的所有主张都源于天。《大同书》就是以人"直隶于天"的名义引导人取消家庭和国家的。《诸天讲》延续了"直隶于天"的主题，旨在让人知道自己是"天上人"而做"天人"，摆脱家庭、国家带来的种种羁绊。更为重要的是，《大同书》中的人尽管摆脱了家庭和国家，却依然隶属于社会。《诸天讲》则将人的"独立"推向了极致，使人成为独来独往的"天上之人"。这一点正是康有为在《诸天讲》的自序中不厌其烦讲述的内容。现摘录如下：

　　　吾人生而终身居之、践之、立之者，岂非地耶？岂可终身不知地所自

---

[1] 《诸天讲》自序，《康有为全集》（第十二集），中国人民大学出版社 2007 年版，第 13 页。

耶！地者何耶？乃日所生，而与水、金、火、木、土、天王、海王同绕日之游星也。吾人在吾地，昔昔矫首引镜仰望土、木、火诸星，非光华炯炯，行于天上耶？若夫或昏见启明，熠耀宵行于天上，尤人人举目所共睹。然自金、水、火、木、土诸星中，夜望吾地，其光华烂烂运行于天上，亦一星也。夫星必在天上者也，吾人既生于星中，即生于天上。然则，吾地上人皆天上人也，吾人真天上人也。人不知天，故不自知为天人。故人人皆当知天，然后能为天人；人人皆当知地为天上一星，然后知吾为天上人。庄子曰："人之生也，与忧俱来。"（语出《庄子·至乐》，原文为"人之生也，与忧俱生"、下同——引者注）吾则以为，人之生也，与乐俱来。生而为天人，诸天之物咸备于我，天下之乐孰大于是！

自至愚者不知天，只知有家庭，则可谓为家人；或只知有里闾族党，而不知天，则可谓为乡人；进而知有郡邑而不知天，则可谓为邑人；又进而知有国土而不知天，则可谓为国人。近者大地交通，能游寰球者，数五洲如家珍，而不知天，则可谓为地人。蔽于一家者，其知识、神思、行动以一家之法则为忧乐，若灶下婢然，终身蓬首垢面于灶下，一食为饱，快然自足，余皆忧苦，为地最隘最小，则最苦矣。蔽于一乡一邑者，其知识、神思、行动以一乡一邑之风俗为忧乐，多谷翁之十斛麦，乘障吏之自尊，其为地亦最隘小，而苦亦甚矣。蔽于一国者，其神思、知识、行动以一国之政教为忧乐，或以舞刀笔效官职，或以能杀人称功名，或以文学登高科至高位，或以生帝王家为亲贵、为王、为帝，上有数千年之教俗，下有万数千里之政例，自贵而相贱，自是而相非，以多为证，以同为正，用以相形而相逼、相倾、相织也，其为地亦隘小矣，其为人亦苦而不乐矣。夫大地棣通，游学诸国，足遍五洲，全球百国之政艺俗日输于脑中耳目中，其神思、知识、行动以欧、美为进退，或更兼搜埃及、印度、波斯、阿拉伯各哲学与其旧政旧俗为得失，比较而进退焉；斯为地人，其庶几至矣乎，其亦乐矣乎。然彼欧、美之论说、风俗，溺于一偏，易有流弊，其更起互落，骤兴乍废，不可据依者皆是也。当时则荣，没则已焉，奚足乐哉？其去至人也，抑何远矣！①

在康有为的视界中，做"天人"的快乐与做"地人"的忧苦形成强烈对比。做地人之所以与忧俱来，是由于无论是囿于一家、一乡、一邑还是一国，都会引起纷争而备受煎熬和拖累。其实，各种宗教的宗旨无非是引导人摆脱苦难，最终臻于快乐之境。之所以收效甚微，症结在于"未知吾地为天上之星，吾人为天上之人"。由于诊断失误，结果不言而喻："所发之药，未必对症"，一切都于事无补。

在此分析之后，康有为强调，惟有自己找到了通往快乐的康庄大道。于是，他接着写道："然则，欲至人道之极乐，其为天人乎？庄子曰：'人之生也，与忧俱来。'况其寿至短，其知有涯，以至短之寿，有限之知，穷愁苦悲，日夕之劳困不释。或苦寒饥，家累国争，憧憧尔思，雷风水火，震撼骇疑；或日月遇食，彗星流飞，火山喷火，地裂海啸，洪水泛滥，神鬼精魅，幻诡离奇，不辨其物质，不得其是非，哀恐畏慑，忧患伤之，痛心莫解，惊魂若痴，此亦人间世之最可悯悲者也。且爱恶相攻而吉凶生，情伪相感而利害生，惟天生人，有欲不能无求，求之不给不能无争，争则不能无乱，一战之惨，死人百万，生存竞争，弱肉强食。故诸教主哀而拯救之，矫托上天，神道设教，怵以末日地狱，引以极乐天国，导以六道轮回，诱以净土天堂，皆以抚慰众生之心，振拔群萌之魂。显密并用，权实双行，皆所以去其烦恼，除其苦患，以至极乐而已。然裹饭以待饿夫，施药以救病者，终未得当焉。以诸教主未知吾地为天上之星，吾人为天上之人，则所发之药，未必对症也。康有为生于绕日之地星，赤道之北，亚洲之东，昆仑之西南，中华之国土，发现海王星之岁以生。二十八岁时，居吾粤西樵山北银河之澹如楼，因读《历象考成》，而昔昔观天文焉。因得远镜见火星之火山冰海，而悟他星之有人物焉。因推诸天之无量，即亦有无量之人物、政教、风俗、礼乐、文章焉，乃作《诸天书》，于今四十二年矣，历劫无恙，日为天游。吾身在此地星之人间，吾心游诸天之无

——————————

① 《诸天讲》自序，《康有为全集》（第十二集），中国人民大学出版社 2007 年版，第 11—12 页。

量，陶陶然浩浩然。"①

由此可见，康有为找到的快乐秘方是：人虽然生在地球上，但是，人并不自认是地球上的人。这是因为，了解了诸天的情况则会发现，地球只是天上的一颗星星而已。既然地球作为天上的一颗星星而从属于天，那么，地球之人其实都是天上人。人只有懂得了自己是"天人"而不是"地人"的道理，才可能超越家庭、乡邑和国家的限制，由此摆脱忧苦而与乐俱生。

鉴于天对于人的至关重要，天成为康有为受用终身的重要范畴。因为天与人的天赋人权密切相关，只有从天赋人权的角度论证、伸张人的自主、平等之权，才能最大限度地彰显这种权利的合理性、正当性和权威性。因此，号召人"直隶于天"成为康有为一贯的追求，阐发这一道理的《诸天讲》反复修改四十余年便是明证。同样的道理，在康有为酝酿、打磨了近二十年的《大同书》中，天赋之权仍然是主要内容之一。以天为主线，可以窥探、梳理出康有为思想一以贯之的相通性。从这个意义上说，康有为哲学没有截然的阶段划分，天、气、仁贯穿始终。仁在康有为那里具有实体性，仁之所以成为万物的本原，是因为它具有生生不息的特性。借用康有为的比喻说，仁就像果仁（万物的种子）那样产生万物。正因为仁具有实体，故而成为"爱力""爱质"等实体性的存在。

其次，气与仁在谭嗣同的哲学中并无共时性，因为他所讲的仁没有实体性，甚至成为虚、空的代名词。正是由于这个原因，谭嗣同宣布"仁为天地万物之源，故唯心，故为识"②之日，也就是与元气论诀别之时。可以看到，他早年与康有为一样将气视为宇宙本原，并且突出天与气、元气的密切关系。此时的谭嗣同反复强调：

> 元气氤氲，以运为化生者也，而地球又运于元气之中。③

---

① 《诸天讲》自序，《康有为全集》（第十二集），中国人民大学出版社 2007 年版，第 12 页。

② 《仁学》，《谭嗣同全集》（增订本），中华书局 1998 年版，第 292 页。

③ 《石菊影庐笔识·思篇》，《谭嗣同全集》（增订本），中华书局 1998 年版，第 127 页。

天以其浑沌磅礴之气，充塞固结而成质，质立而人物生焉。①

在中国古代哲学中，元气论与天密切相关，因为在元气论者看来，对元气的推崇也蕴含着对天的至高地位的肯定。在这方面，谭嗣同的观点既呈现出与康有为的相似性，又显示出与康有为的差异性。大致说来，谭嗣同对天、气的理解与康有为的区别主要有二：第一，谭嗣同没有强调元气或天与人的一致性，这意味着谭嗣同并没有像康有为那样让人"直隶于天"。第二，谭嗣同早期所讲的元气或天比较纯粹，与各种宗教、精神意识或神无涉。这意味着谭嗣同早期的哲学属于唯物论，与后期的心学泾渭分明。他在《仁学》中呼吁像西方那样"称天而治"，显然是受到了基督教的影响。

在谭嗣同三十岁时，对元气论的推崇戛然而止。对于自己思想的变化之大，他本人给予了"前后判若两人"的评价。对此，谭嗣同解释说："三十以后，新学洒然一变，前后判若两人。三十之年，适在甲午，地球全势忽变，嗣同学术更大变，境能生心，心实造境。天谋鬼谋，偶而不奇。"② 正是在经历甲午战争的重创之后，他意识到自己从前"所愿皆虚"；之所以愿望落空，是因为"所学皆虚"。当然，被谭嗣同视为虚的有政治主张，同时也包括元气论在内。谭嗣同对自己"所愿皆虚"的概括与康有为断言大同社会"愿求皆获"形成鲜明对照，也表明此时的谭嗣同心灰意冷，情绪跌到了谷底。在苦闷彷徨中，谭嗣同于 1896 年春开始"北游访学"，期望借助此举为救亡图存寻求新的出路。

在"北游访学"的过程中，谭嗣同确立了"以心挽劫"的救亡纲领和哲学宗旨，最终形成了《仁学》一书。在作为后期哲学代表作的《仁学》中，他用仁取代了气、天等世界本原，明确断言"仁为天地万物之源，故唯心，故为识"。与康有为相比，谭嗣同的元气论更具有唯物论精神，并且与后期的仁学截然不同。正因为如此，谭嗣同的哲学思想以"北游访学"为界，分为泾渭分明的两个时期。这就是说，谭嗣同的仁学是作为他本人的从前哲学的反动出现

---

① 《石菊影庐笔识·思篇》，《谭嗣同全集》（增订本），中华书局 1998 年版，第 128 页。

② 《与唐绂丞书》，《谭嗣同全集》（增订本），中华书局 1998 年版，第 259 页。

的，与元气论并非一脉相承，而是取而代之。在《仁学》中，谭嗣同皈依佛学，并将佛学与庄子的思想相互和合。对于"北游访学"时的思想状态，谭嗣同描述说："远羁金陵，孤寂无俚，每摒挡繁剧，辄取梵夾而泛观之，虽有悟于华严唯识，假以探天人之奥，而尤服膺大鉴。盖其宗旨岂直，无异孟子性善之说，亦与庄子于道之宏大而辟、深闳而肆者相合。至于陆子静、王阳明，其有所发，尤章章也。嗣同以为苟于此探其赜，则其所以去尔蔽，祛尔惑，浚尔智，成尔功者，诚匪夷所思矣。"①

对于谭嗣同来说，从早期哲学到后期哲学的心路历程就是由元气论转向仁学的过程，这个过程也是由物学转向心学的过程。正因为如此，经过哲学嬗变的谭嗣同将佛学和庄子所讲的"方生方死，方死方生"（《庄子·齐物论》）联系起来，声称宇宙本体——仁不生不灭，而不生不灭即微生灭。在他看来，宇宙本体——仁粗而言之就是以太，以太"精而言之，夫亦曰'仁'而已矣"②。不生不灭与佛学密切相关，从根本上说则出于以太之"动机"。不生不灭表明，作为世界本原的仁并非恒常不变的而是瞬息万变的，谭嗣同称之为微生灭。无论从仁的不生不灭、微生灭还是从万物的变幻无常、流变不息来说，世界都是虚幻不实的。正是在这个意义上，谭嗣同宣称：

　　天地万物之始，一泡焉耳。泡分万泡，如熔金汁，因风旋转，卒成圆体。日又再分，遂得此土。遇冷而缩，由缩而乾；缩不齐度，凸凹其状，枣暴果暵，或乃有纹，纹亦有理，如山如河。缩疾乾迟，溢为洪水；乾更加缩，水始归墟。沮洳郁蒸，草蕃虫蝎，譬他利亚，微植微生，螺蛤蛇龟，渐具禽形。禽至猩猿，得人七八。人之聪秀，后亦胜前。恩怨纷结，方生方灭，息息生灭，实未尝生灭，见生灭者，适成唯识；即彼藏识，亦无生灭。佛与众生，同其不断。忽被七识所执，转为我相；执生意识，所见成相，眼耳鼻舌身，又各有见，一一成相。相实无枉受薰习，此

---

① 《致唐才常二》，《谭嗣同全集》（增订本），中华书局1998年版，第529页。

② 《以太说》，《谭嗣同全集》（增订本），中华书局1998年版，第434页。

生所造，还入藏识，为来生因。因又成果，颠倒循环，无始沦滔。沦滔不已，乃灼然谓天地万物矣。天地乎，万物乎，夫孰知其在内而不在外乎？虽然，亦可反言之曰：心在外而不在内。是何故乎？曰：心之生也，必有缘，必有所缘。缘与所缘，相续不断。强不令缘，亦必缘空。但有彼此迭代，竟无脱然两释。或缘真，或缘妄，或缘过去，或缘未来；非皆依于真天地万物乎，妄天地万物乎，过去之天地万物乎，未来之天地万物乎？世则既名为外矣，故心亦在外，非在内也。将以眼识为在内乎？眼识幻而色，故好色之心，非在内也。心栖泊于外，流转不停，寖至无所栖泊，执为大苦。偶于色而一驻焉，方以得所栖泊为乐。其令栖泊偶久者，诧以为美，亦愈以为乐。然而既名之栖泊矣，无能终久也。栖泊既厌，又转而之他。凡好色若子女玉帛，若书画，若山水，及一切有形，皆未有好其一而念念不息者，以皆非本心也，代之心也。何以知为代？以心所本无也。推之耳鼻舌身，亦复如是。吾大脑之所在，藏识之所在也。其前有圆洼焉，吾意以为镜，天地万物毕现影于中焉。继又以天地万物为镜，吾现影于中焉。两镜相涵，互为容纳，光影重重，非内非外。①

透过谭嗣同奉仁为世界本原而描述的宇宙状态，可以得出两点认识：第一，仁没有本体。正因为如此，谭嗣同断言不生不灭是"仁之体"。不生不灭即微生灭是一种"旋生旋灭，即灭即生"的状态，谭嗣同将之说成是"仁之体"表明，他所讲的仁以佛学为母版，仁学的主体内容则是佛学与庄子思想的和合。第二，无论将不生不灭说成是"仁之体"还是佛学与庄子思想的和合都表明，谭嗣同推崇的仁与天尤其是气没有直接关系。天尤其是气在仁学中的退场割断了谭嗣同哲学的连续性，难怪他自己称经过转变的哲学与之前的哲学"前后判若两人"。

3. 人之性

与西方哲学相比，中国哲学并不热衷于纯粹的形而上学，而是旨在为人提

---

① 《仁学》，《谭嗣同全集》（增订本），中华书局 1998 年版，第 330—331 页。

供安身立命之所。正因为如此，中国哲学与人生哲学密切相关，格外关注人性问题。康有为、谭嗣同的哲学也不例外。在这方面，康有为彰显性善，将"求乐免苦"说成是人之本性，由此推出了"主乐派哲学"；谭嗣同宣称无性，将人生视为不生不灭的无我状态。借此，两人沿着不同的致思方向和价值意趣分别表达了对人性、对善恶以及对人之生存价值和行为追求的不同看法。

首先，在对人性的界定和理解上，康有为以人性善为主要观点，谭嗣同则明确表示人性为无。

康有为对人性问题兴趣盎然，关于人性的具体看法却一变再变。早年，他主张人性无善无恶，在万木草堂讲学时曾经发出了"性者，生之质也，未有善恶"①之言。尽管如此，考察康有为的全部思想可以发现，他对于人性的主导观点或基本主张是人性善。按照康有为的说法，"性善性恶、无善无恶、有善有恶之说，皆粗"，而"言性善者，皆述之"。对于其中的道理，他论证并解释说："性善性恶、无善无恶、有善有恶之说，皆粗。若言天有阴阳之施，身亦两有贪仁之性，与《白虎通》同，可谓精微之论也。《易·系辞》：一阴一阳之谓道。继之者，善也。成之者，性也。言性善者，皆述之。然《易》意阴阳之道，天也，继以善教也。成其性，人也。止之内，谓之天性，天命之谓性也，率性之谓道，修道之谓教。止之外，谓之人事，事在性外，所谓人之所继天，而成于外也。"②基于这种认识，康有为在《孟子微》中明确将仁与以太、电和力等概念相提并论，用以论证人性之善，性善也因而成为康有为对于人性的主要观点。于是，他一而再、再而三地声称：

> 不忍人之心，仁也，电也，以太也，人人皆有之，故谓人性皆善。……为万化之海，为一切根，为一切源。一核而成参天之树，一滴而成大海之水。人道之仁爱，人道之文明，人道之进化，至于太平大同，皆

---

① 《万木草堂口说·中庸》，《康有为全集》（第二集），中国人民大学出版社 2007 年版，第 166 页。

② 《春秋董氏学》卷六，《康有为全集》（第二集），中国人民大学出版社 2007 年版，第 385 页。

从此出。①

　　人道之所以合群，所以能太平者，以其本有"爱质"而扩充之。……
而止于至善，极于大同。②

　　同好仁而恶暴，同好文明而恶野蛮，同好进化而恶退化。积之久，故
可至太平之世，大同之道。③

　　一目了然，从戊戌维新前转向性善说，康有为便对性善说终生不渝。深入
分析可以发现，他之所以从人性未有善恶转变为人性皆善，除了对孟子的致敬
之外，还有一个重要原因，那就是：人性善奠定了人追求快乐的人生基调，同
时是人享有自主、平等之权的先天资格。更为重要的是，性善说使康有为找到
了社会进化的动力，快乐至善、人人平等的大同社会之所以确实存在而可信、
可行，是因为人性皆善，大同社会的人性前提是人由于性善而"同好仁而恶暴，
同好文明而恶野蛮"。

　　对于人性问题，谭嗣同是沿着与康有为不同的角度切入的。具体地说，谭
嗣同不是直接用仁而是直接用以太揭示人性，使以太之性成为人性的基础。对
于以太之性以及由之而来的人性究竟如何，他的根本观点是："一故不生不灭；
不生故不得言有；不灭故不得言无。谓以太即性，可也；无性可言也。"④依据
这个界定和理解，可以说以太就是人性，也可以说人无性。对于人性之无，谭
嗣同反复从不同角度予以解释和说明。下仅举其一斑：

　　人亦一物耳，是物不惟有知，抑竟同于人之知，惟数多寡异耳。或
曰："夫如是，何以言无性也？"曰：凡所谓有性无性，皆使人物归于一体

---

① 《孟子微》，《康有为全集》（第五集），中国人民大学出版社 2007 年版，第 414 页。

② 《大同书》，中州古籍出版社 1998 年版，第 344 页。

③ 《孟子微》，《康有为全集》（第五集），中国人民大学出版社 2007 年版，第 427 页。

④ 《仁学》，《谭嗣同全集》（增订本），中华书局 1998 年版，第 306 页。

而设之词，庄所谓道行之而成，物谓之而然也。谓人有性，物固有性矣；谓物无性，人亦无性矣。然则即推物无知，谓人亦无知，无不可也。今既有知之谓矣，知则出于以太，不生不灭同焉；灵魂者，即其不生不灭之知也。①

同一大圆性海，各得一小分，禀之以为人、为动物、为植物、为金石、为沙砾水土、为尿溺，乃谓惟人有灵魂，物皆无之，此固不然矣。……人不保其灵魂，则堕为动物；动物苟善保其灵魂，则还为人。动物与人，食息不能或异，岂独无灵魂哉？……人之肺在内，植物之肺在外，即叶是也。……至若金石、沙砾、水土、尿溺之属，竟无食息矣，然而不得谓之无知也。②

与对世界、万物无本质的认识一脉相承，谭嗣同认为，无所谓物性，也无所谓人性；无论人之知还是人之灵魂都不是人所独有的，而是人与物共有的。循着这个逻辑，人性之有无都可以超越，更遑论人性之善恶了。这就是说，人性无所谓善，亦无所谓恶。对于这一点，谭嗣同呼吁破除包括善恶在内的一切对待。他的结论不是齐善恶，而是有性无性可齐，由此推出了人性之虚无。对此，谭嗣同论证说："知乎不生不灭，乃今可与谈性。生之谓性，性也。形色天性，性也。性善，性也；性无，亦性也。无性何以善？无善，所以善也。有无善然后有无性，有无性斯可谓之善也。……适合乎佛说佛即众生，无明即真如矣。"③

至此可见，康有为、谭嗣同对仁的不同界定在对人性的看法上进一步凸显出来，致使两人对人性的看法渐行渐远：康有为用仁的代名词——"不忍之心"论证人性本善，谭嗣同则通过破除名词之对待，阐释人本无性。这清楚地表明，在对待人性的问题上，康有为确信人性的真实存在，并且肯定人性为善；

---

① 《仁学》，《谭嗣同全集》（增订本），中华书局1998年版，第311页。

② 《仁学》，《谭嗣同全集》（增订本），中华书局1998年版，第310页。

③ 《仁学》，《谭嗣同全集》（增订本），中华书局1998年版，第300—301页。

谭嗣同则将人性归为虚无——如果说性善的话，也是因为"无善，所以善也"。

其次，对人性的界定和理解不仅牵涉对人的本质的预设，而且关涉人的后天追求。因此，康有为、谭嗣同对人性的不同界定进一步落实到人生及人的存在上，由此演绎出不同的人生态度和行为追求。大致说来，康有为以性善伸张了人追求快乐的资格，彰显人的与乐俱来；谭嗣同以无性推出了无我，渲染包括人之生命和欲望的虚幻性。

康有为主张性善，并且认为性善是宇宙本原在人身上的体现。依据他的说法，人、天皆本于元，元显于人便是仁。这从天赋的角度论证了人性之善。在此基础上，通过将仁与"爱力""爱质""不忍之心"和"吸摄之力"相提并论，康有为进一步论证、诠释了仁、不忍人之心的感通，使性善在人后天的生存和人与人的交往中演绎为博爱、自主和平等。沿着这个思路，与肯定人性和人之存在的真实性一脉相承，康有为将"求乐免苦"说成是人的本性，并且肯定人欲的正当性。在他的视界中，人的欲望与快乐与生俱来——或者说，欲望的满足就是快乐的一部分。沿着这个思路，康有为将"求乐免苦"奉为人生追求的目标，他魂牵梦萦的大同社会就是一个"愿求皆获，人人极乐"的世界。正是由于这个原因，梁启超称康有为的哲学是"主乐派哲学"。

谭嗣同强调，"性一以太之用"，以太的根本属性是微生灭。作为以太和仁之表现的人与万物一样无时无刻不处于"旋生旋灭，即灭即生"的微生灭之中，因而没有固定的本质或确定性。他将人生的这种状态称为无我，旨在强调人性不唯本无善恶，甚至连人的存在、本质都成了问题。如此说来，人性原本无善无恶，人生也就无欲无求。对于善恶问题，谭嗣同以淫为例论证说："用固有恶之名矣，然名，名也，非实也；用，亦名也，非实也。名于何起？用于何始？人名名，而人名用，则皆人之为也，犹名中之名也。何以言之？男女构精，名之曰'淫'，此淫名也。淫名，亦生民以来沿习既久，名之不改，故皆习谓淫为恶耳。向使生民之初，即相习以淫为朝聘宴飨之钜典，行之于朝庙，行之于都市，行之于稠人广众，如中国之长揖拜跪，西国之抱腰接吻，沿习至今，亦孰知其恶者？乍名为恶，即从而恶之矣。或谓男女之具，生于幽隐，人不恒见，非如世之行礼者光明昭著，为人易闻易睹，故易谓淫为恶耳。是礼与淫，但有幽显之辨，果无善恶之辨矣。向使生民之始，天不生其具于幽隐，而生于面额之上，举目即见，将以淫为相见礼矣，又何由知为恶哉？"① 更有甚者，淫与不淫在谭嗣同的视界中不唯没有善恶不分，原本就无乐之可言。原因在于，善恶是可超越的，苦乐同样也是可以超越的。

再次，康有为、谭嗣同对人之善恶、苦乐的理解流露出对人生之实、虚的不同态度，这些又通过对乐的理解进一步凸显出来，由此推演出相去霄壤的人生追求。

康有为追求的乐有形体之乐、体魄之乐，也有精神之乐、灵魂之乐。与此相一致，康有为强调孔子形神兼养，不仅对佛教养内（心）而不养外（魄）——不关心形体快乐含有微词，而且对养形的道教怀有难以按捺的好感。正是因为对道教追求的长生久视、羽化成仙心驰神往，如醉如痴，康有为在孔教"当舍"的大同社会为道教留有重要的一席。

谭嗣同公开标榜自己"贵知而不贵行"，并且说明这样做的理由是知属于灵魂之事，而行属于体魄之事。秉持轻体魄而重灵魂的致思方向和价值旨趣，他向往的理想人"纯用智，不用力"，成为只有精神而没有体魄的"隐形人"。于是，他设想："损其体魄，益其灵魂；……必别生种人，纯用智，不用力，纯有灵魂，不有体魄。……可以住水，可以住火，可以住风，可以住空气，可以飞行往来于诸星诸日，虽地球全毁，无所损害。"② 显而易见，谭嗣同设想的人由于没有体魄也就没有各种欲望器官，因而也就没有由感觉器官而来的体魄之乐。

问题到此并没有结束，与追求魂魄兼养相一致，康有为确信活的就是现在，追求现实的、现世的快乐。谭嗣同在对灵魂的推崇中，轻视人生的各种快乐乃至生命，恪守灵魂不死和死后天堂。正是在这个意义上，他写道：

> 好生而恶死也，可谓大惑不解者矣！……今夫目力所得而谛观审视者，不出寻丈，顾谓此寻丈遂足以极天下之所至，无复能有余，而一切因

---

① 《仁学》，《谭嗣同全集》（增订本），中华书局 1998 年版，第 301—302 页。

② 《仁学》，《谭嗣同全集》（增订本），中华书局 1998 年版，第 366—367 页。

以自画，则鲜不谓之大愚。何独于其生也，乃谓止此卒卒数十年而已，于是心光之所注射，虽万变百迁，终不出乎饮食男女货利名位之外？则彼苍之生人，徒以供玩弄，而旋即毁之矣乎？呜呼，悲矣！孔曰："未知生，焉知死。"欲明乎死，试与论生。生何自？而生能记忆前生者，往往有之。借曰生无自也，则无往而不生矣。知不生，亦当知不灭。匪直其精灵然也，即体魄之至粗，为筋骨血肉之属，兼化学之医家则知凡得铁若干，余金类若干，木类若干，燐若干，炭若干，小粉若干，糖若干，盐若干，油若干，水若干，余杂质若干，气质若干，皆用天地固有之质点粘合而成人。及其既敝而散，仍各还其质点之故，复他有所粘合而成新人新物。生固非生，灭亦非灭。又况体魄中之精灵，固无从睹其生灭者乎。庄曰："善吾生者，乃所以善吾死也。"①

至此可见，康有为、谭嗣同无论对人性还是对人生的理解都显示出不容忽视的差异性，这种差异反过来也决定了两人对孔学的理解貌合神离。

4. 平等权利与平等状态

康有为基于性善说将平等与天赋人权联系起来，进而强调性善表明人人都具有自主、平等之权，而这个权利是天赋的；谭嗣同把平等视为破除对待、通而为一的结果，因而将平等理解为基于宇宙本原——仁的一种状态。这就是说，两人所讲的平等迥然相异：康有为从权利的角度界定平等，因而将平等理解为人的天赋权利；谭嗣同则从破对待的维度界定平等，因而将平等理解为一种存在状态。

康有为利用孟子的性善说和天赋人权论共同证明了平等是人与生俱来的天赋权利，每个人生来就有自主、平等之权。在这方面，性善说表明，人之性善是与生俱来的，天生如此，不假人为；天赋人权论表明，人之生"直隶于天"，一切自主、平等和独立之权都是上天赋予的。人的平等权利既然是天赋的，便是与生俱来的，任何人都不得干涉。由此可见，对于康有为所讲的平等来说，

---

① 《仁学》，《谭嗣同全集》（增订本），中华书局 1998 年版，第 308—309 页。

性善说与天赋人权论相互支撑，彼此印证。性善说证明了人有行使、享受平等的资格——因为人皆性善；天赋人权论则表明人的平等之权既是天赋的，也是神圣的，任何人都不得侵犯。这用他本人的话说便是："人人有是四端，故人人可平等自立。"① 不仅如此，性善说和天赋人权论都需要上天的权威来加以伸张，这从一个侧面解释了康有为对天由始至终的顶礼膜拜。有鉴于此，他不仅在本体哲学领域推崇天，而且在社会政治领域呼吁"直隶于天"，以此号召人们做"天民"而不做"国民"或"臣民"。这是因为，循着康有为的逻辑，只有彻底明白人皆为天生，"直隶于天"，生来就有自主之权，人才能只对自己负责，而不对他人——包括父母、兄弟或群体——包括国家、家族负责；也只有人人都摆脱家庭、国家的羁绊而完全自主、独立，才能真正臻于平等。对此，他论证并解释说："夫有国、有家、有己，则各有其界而自私之。其害公理而阻进化，甚矣。惟天为生人之本，人人皆天所生而直隶焉。凡隶天之下者皆公之，故不独不得立国界，以至强弱相争。并不得有家界，以至亲爱不广。且不得有身界，以至货力自为。故只有天下为公，一切皆本公理而已。公者，人人如一之谓，无贵贱之分，无贫富之等，无人种之殊，无男女之异。分等殊异，此狭隘之小道也；平等公同，此广大之道也。无所谓君，无所谓国，人人皆教养于公产，而不恃私产。人人即多私产，亦当分之于公产焉。则人无所用其私，何必为权术诈谋以害信义？更何肯为盗窃乱贼以损身名？非徒无此人，亦复无此思。内外为一，无所防虞。故外户不闭，不知兵革。此大同之道，太平之世行之。惟人人皆公，人人皆平，故能与人大同也。"② 通过"毁灭家族"而实现平等是康有为建构的平等路径，也是《大同书》的主要内容。康有为的这个主张在中国近代可谓石破天惊。梁启超评价康有为的这个设想违背人性，即便是康有为本人也对此"秘不示人"。其实，康有为提倡取消家庭③ 不仅是基于"男女平等，各自独立"的需要，而且出于人生而具有天赋之权，不为父母、兄弟所累的考虑。

---

① 《孟子微》，《康有为全集》（第五集），中国人民大学出版社 2007 年版，第 414 页。

② 《礼运注》，《康有为全集》（第五集），中国人民大学出版社 2007 年版，第 555 页。

③ 梁启超在评价康有为的这一观点时，将之概括为"毁灭家族"。

谭嗣同与康有为一样将不平等说成是中国积贫积弱的根源，将平等奉为拯救中国的不二法门。正因为如此，两人一起成为中国近代启蒙思想中平等派的代表人物，与严复、梁启超的自由派分庭抗礼。尽管如此，康有为、谭嗣同在对平等内涵的理解上天差地别：康有为从性善的角度将平等界定为天赋权利，谭嗣同将平等理解为一种状态。就对平等的界定而言，康有为将平等理解为一种实实在在的权利，谭嗣同理解的平等成为人基于虚无的宇宙状态的存在状态或心理状态。换言之，与康有为对平等的设想迥然相异，谭嗣同从破除彼此、人我之对待的角度推进平等，并将平等的最高境界锁定为"通天地万物人我为一身"。

综观谭嗣同的思想可以看到，他的平等思想无论理论来源还是思想内容都与庄子密不可分。从思维方式、实际操作、理想境界到具体主张，庄子贯穿谭嗣同平等思想的由始至终，是其他思想——包括孔子和西方思想无可比拟的。例如，就理论来源和思想构成而言，谭嗣同所讲的君臣平等和对"君为臣纲"的批判理论来源最为广博，其中容纳了中国古代的黄宗羲、王夫之等人的思想。不仅如此，谭嗣同对黄宗羲、王夫之大为称赞，在盘点中国文化时曾经说："持此识以论古，则唐、虞以后无可观之政，三代以下无可读之书。更以论国初三大儒，惟船山先生纯是兴民权之微旨；次则黄梨洲《明夷待访录》，亦具此义。"[1] 尽管如此，谭嗣同对两人的称赞和利用仅局限于君臣平等和对"君为臣纲"的批判而已，这一点对于黄宗羲更为明显，远不能与庄子的势力范围相比。在谭嗣同那里，君臣平等和对"君为臣纲"的批判与庄子的名实论、破对待相关，无我的思路同样是通往君臣平等的不二法门。更为重要的是，与一再搬来庄子所讲的"窃钩者诛，窃国者为诸侯"（《庄子·胠箧》）人"时为帝"和"递相为君臣"（《庄子·齐物论》）相比较，黄宗羲、王夫之在谭嗣同提倡君臣平等和抨击"君为臣纲"中的出现黯淡了许多。

无论康有为、谭嗣同对世界本原的回答还是建构的哲学都容纳了多种思想要素，这使两人的思想呈现出同异并陈的复杂关系。对此，蔡元培一语破的：

---

[1]　《上欧阳中鹄》十，《谭嗣同全集》（增订本），中华书局1998年版，第464页。

"方康氏著《大同书》的时候，他的朋友谭嗣同著了一部《仁学》。康氏说'以太'，说'电'，说'吸摄'，都作为'仁'的比喻；谭氏也是这样。康氏说'去国界'、'去级界'等等，谭氏也要去各种界限。这是相同的。但谭氏以华严及庄子为出发点，以破对待为论锋，不注意于苦乐的对待，所以也没有说去苦就乐的方法。"[①]事实上，谭嗣同本人不仅肯定康有为思想之同，而且在私人通信中陈述了两人思想之异。这对于全面把握康有为、谭嗣同思想的异同关系提供了确凿的第一手资料，故而十分宝贵。现摘录如下：

> 迩闻梁卓如述其师康南海之说，肇开生面，然亦有不敢苟同者。戋戋之见，蕴而未发。今来书及此，不宜复默，请略陈固陋。窃尝思之，孔子作《春秋》，其微言大义，《公羊》固得其真传，顾托词隐晦，虽何休为之解诂，亦难尽晓。至于左氏之书，则不尽合经，疑后人有所附益，然其叙事详，且皆可稽。苟说经而弃是书，则何由知其本事，而孔子之施其褒贬，亦何由察其深意，此章实斋所谓道不可以空诠也。夫《公羊》既难洞其兹谊，而又弗考之于本事，则犹舍舟楫而欲绝江河，可乎哉。然今之鸿生硕彦，争趋乎此而腾空言者，其意不在稽古，盖取传中之片言只字而引申为说，欲假之以行其道也，此固经义孳萌而冀有以辅时及物，则贤于世之抱残守缺而翦翦沽名者远矣。抑闻天地之道，一阴一阳，物之变者宜也，而物极必反，则变而不失物则也。今之治经学者，独重《公羊》，固时会使然，而以意逆志，意之肆而或凿空，奚翅达乎极也，意者将稍稍反于本义欤？[②]

这段话是谭嗣同写给他的刎颈之交——唐才常的，谭嗣同可以在信中畅所欲言，直抒胸臆，从中可以看见他与康有为之间的学术分歧。据此可知，谭嗣同在听闻康有为讲公羊学之前已经形成了自己的经学观，在听了梁启超转述的

---

① 《五十年来中国之哲学》，《蔡元培全集》(第五卷)，浙江教育出版社 1997 年版，第 121 页。

② 《致唐才常二》，《谭嗣同全集》(增订本)，中华书局 1998 年版，第 528—529 页。

康有为的思想之后，感觉康有为的经学观有别开生面之感。谭嗣同所说的"肇开生面"既指他对康有为的说法觉得新鲜，又明确表示对康有为的观点不能苟同。谭嗣同的这段话阐明了三个问题：第一，《春秋》是孔子所作，寓含着孔子的微言大义，是解读孔子思想的基本文本。第二，《春秋公羊传》是孔子真传，尽管寓含孔子的微言大义，然而，由于书中托词隐晦，致使孔子的微言大义难以"尽晓"。第三，左丘明所作的《春秋左传》由于后人的"附益"而"不尽合经"，然而，书中对历史事件的叙述详细，并且语出有据。依据以上三个方面，谭嗣同总结说，既然《春秋公羊传》的微言大义难以洞察，又不考《春秋公羊传》所讲的微言大义的"本事"，那么，凭借它了解孔子思想无异于舍舟楫而绝江河是不可能的。在此基础上，谭嗣同对当时的学术风气提出了批评，指出包括康有为在内的解经者都对《春秋公羊传》趋之若鹜而使孔学成为"腾空高者"。谭嗣同进一步揭露了这种做法的根源，"其意不在稽古"，而是"欲假之以行其道也"。对于这种学术风气，谭嗣同在肯定其胜于抱残守缺的同时，揭露了其学术危害。按照他的说法，治经学勇于创新是好事，然而，物极必反。独重《春秋公羊传》固然是时代使然，然而，如果一味地发挥微言大义而不注重本事考证的话，那么，对经典的发挥便流于"凿空"，最终将由于无所依据而与经典的本义南辕北辙。

深入剖析谭嗣同的这段议论可以发现，谭嗣同与康有为在学术上存在根本分歧，而分歧的焦点在于今文经学与古文经学。在中国近代的文化语境和经学传统中，今文经学与古文经学是学术范式的分歧，故而是根本分歧：第一，从经学观上看，康有为秉持今文经学，谭嗣同融合今文经学和古文经学。第二，从经典观上看，康有为、谭嗣同都推崇《春秋》，选择的与《春秋》相关的经典大不相同：康有为对《春秋公羊传》情有独钟，谭嗣同在推崇《春秋公羊传》的同时，推崇《春秋左传》。第三，从学术观上看，康有为的思想以儒学为主，谭嗣同兼收墨学。第四，从孔学观上看，康有为、谭嗣同都推崇孔子，并且都以孔子作为中国文化的象征。在这个前提下尚须看到，康有为凸显孔子与儒家的关系，在孔子后学中极力拔高孟子、董仲舒等人的地位；谭嗣同在孔子后学中推崇庄子以及黄宗羲和王夫之等人。一言以蔽之，康有为、谭嗣同的上述分歧都与两人的研究范式密切相关，一个执着于发挥微言大义，一个兼顾义理与考证。前者具有明显的政治意图，后者显然更注重学术。与前者相比，后者是开放的。

上述内容显示，康有为、谭嗣同的关系是复杂而微妙的，两人的思想异同互见。因此，既要肯定康有为、谭嗣同思想的相同性，又要充分关注两人思想的不同性。有鉴于此，康有为、谭嗣同思想的比较研究具有了不容忽视乃至不容低估的意义和价值。通过比较两人的思想，不仅可以更直观、更深刻地感受康有为、谭嗣同思想的相同点和不同点，从而加强对谭嗣同思想的原创性的深刻体悟。而且可以透过两人思想的异同关系深刻领悟戊戌启蒙思想家之间多维、多向的关系，进而全面把握、评价康有为、谭嗣同和梁启超之间以及近代哲学家之间的复杂关系。

第二章　康有为与谭嗣同哲学观之比较

同为戊戌启蒙思想家，康有为、谭嗣同的哲学具有诸多相同之处。更为重要的是，在戊戌启蒙四大家中，两人包括哲学在内的思想也最为相近。甚至可以说，就哲学思想来说，康有为、谭嗣同思想的相似度在整个中国哲学史上显得绝无仅有。正是由于这个原因，比较两人哲学观之异同，不仅有助于整体把握近代哲学的时代烙印和共同特征，而且有助于在直观感受两人哲学异同关系的基础上进而透视戊戌启蒙四大家以及近代哲学家之间的思想关系。

第一节　英雄之所见略同

纵观全部中国哲学史可以毫不夸张地说，康有为、谭嗣同的哲学最为接近。这一点不仅为康有为、谭嗣同本人所承认，而且被梁启超、蔡元培等人津津乐道。可以看到，康有为、谭嗣同的哲学从思想起点、理论归宿、嬗变历程、心理驱动、内在意蕴、宏观架构到实现途径都呈现出明显的一致性。这些相同点成为康有为、谭嗣同哲学观的基本内容，也成为判断两人哲学观相似的主要依据。

一、思维起点与早期哲学

康有为、谭嗣同的哲学与其他近代哲学家一样经历了一个递嬗历程，这意味着两人的哲学都具有明显的阶段性特征。可以看到，在作为两人哲学起点的早期哲学中，康有为、谭嗣同的哲学便高度相似。

首先，就早期哲学来说，康有为、谭嗣同的哲学拥有相同的思维起点，具体表现是两人都在早年信奉元气论，断言气是宇宙间最根本的存在和万物构成的始基。

康有为因袭了中国传统哲学的元气论，确信宇宙间的万事万物都是由元气构成的。对此，他说道："岂知元为万物之本，人与天同本，于元犹波涛与沤同起于海，人与天实同起也。然天地自元而分别为有形象之物矣。人之性命虽变化于天道，实不知几经百千万变化而来，其神气之本，由于元。溯其未分，则在天地之前矣。人之所以最贵而先天者，在参天地为十端，在此也。精奥之论，盖孔子口说，至董生发之深博，与华严性海同。幸出自董生，若出自后儒，则以为勦佛氏之说矣。（尝窃愤儒生只能割地，佛言魂，耶言天，皆孔子所固有，不必因其同而自绝也。理本大同，哲人同具，否则人有宫室、饮食，而吾亦将绝食露处矣。）"① 这样一来，康有为便把气（元气）说成是世界上最根本的存在，并且在这个前提下将天地和人的存在都归结为气的作用。

值得一提的是，即使是转向了心学，康有为并没有放弃天地万物和人生于元气的观点，只不过是将气与元并称为元气，而予以另一种界定、诠释而已。于是，他一而再、再而三地声称：

> 盖天地之本皆运于气，孔子以天地为空中细物，况天子乎？故推本于元以统乎天，为万物本。终始天地，本所从来，穷极混茫，如一核而含枝叶之体，一卵而具元黄之象；而核卵之始，又有本焉，无臭无声，至大至奥。孔子发此大理，托之《春秋》第一字，故改"一"为"元"焉。②

① 《春秋董氏学》卷六，《康有为全集》（第二集），中国人民大学出版社 2007 年版，第 373—374 页。
② 《春秋笔削大义微言考》，《康有为全集》（第六集），中国人民大学出版社 2007 年版，第 10 页。

盖盈天下皆气而已。①

夫浩浩元气，造起天地。天者，一物之魂质也；人者，亦一物之魂质也。虽形有大小，而其分浩气于太元，挹涓滴于大海，无以异也。……神者有知之电也，光电能无所不传，神气能无所不感。神鬼神帝，生天生地，全神分神，惟元惟人。微乎妙哉，其神之有触哉！无物无电，无物无神。夫神者知气也，魂知也，精爽也，灵明也，明德也，数者异名而同实。有觉知则有吸摄，磁石犹然，何况于人！不忍者，吸摄之力也。故仁智同藏而智为先，仁智同用而仁为贵矣。②

谭嗣同在"北游访学"之前恪守元气论，认为元气是世界万物的本原。在他看来，不断运动的元气充满宇宙，元气凝聚形成了各种存在，人和万物便是由元气构成的。谭嗣同特意强调，所谓的天，只不过是元气而已。正是在这个意义上，他不止一次地断言：

元气氤氲，以运为化生者也，而地球又运于元气之中，舟车又运于地球之中，人又运于舟车之中，心又运于人身之中。元气一运无不运者，人心一不运，则视不见，听不闻，运者皆废矣。是知天地万物果为一体，心正莫不正，心乖莫不乖。③

天以其浑沌磅礴之气，充塞固结而成质，质立而人物生焉。④

其次，康有为、谭嗣同不仅在世界万殊以什么为本原和由什么构成的问题上做出了相同的回答，而且对于由气构成的宇宙万品的存在态势做出了相同的

① 《孟子微》，《康有为全集》（第五集），中国人民大学出版社 2007 年版，第 432 页。
② 《大同书》，中州古籍出版社 1998 年版，第 35 页。
③ 《石菊影庐笔识·思篇》，《谭嗣同全集》（增订本），中华书局 1998 年版，第 127 页。
④ 《石菊影庐笔识·思篇》，《谭嗣同全集》（增订本），中华书局 1998 年版，第 128 页。

判断。之所以如此，是因为两人都将中国源远流长的元气说与西方传入的达尔文进化论联系起来。这就是说，康有为、谭嗣同对世界万物进行了一致的描述，都借鉴达尔文进化论把自然界和人类社会描绘成一个不断演变、递嬗的有机序列。

康有为不仅以气为本原，以进化论为主线勾勒天地万物的进化阶梯，而且揭示了人在进化中的具体位置。于是，他一再宣称：

> 无极之始，积气生热，积热生金，金生土石，积土石生草木，积草木生虫，积虫生禽兽，积禽兽生人，积人生圣哲。草木侧生而无知，虫横生而能动，禽兽节形体与人同，盖远别于草木、虫鱼矣，而滞于横生，血气灌之，浊其灵明。惟人载天履地，跂然翘立，绝出万物之上，然后出而最智，以君万物者也。[①]

> 凡物，积粗而后精生焉，……积土石而草木生，积虫介而禽兽生。人为万物之灵，其生尤后者也。[②]

在勾勒世界进化轨迹的过程中，康有为不仅确信人由生物进化而来，而且明确指出"人自猿猴变出"。在他看来，世界进化到人并没有完结，有了人便开始了人类社会的进化。具体地说，人类社会的进化是一场由据乱世到升平世再到太平世（大同世）的三世进化之旅。

在以元气论解释了天地万物的由来之后，谭嗣同依据进化论和考据学的新发现，洞彻到了"天地生物之序"。对此，他描述并解释说：

> 以究天地生物之序，盖莫先螺蛤之属，而鱼属次之，蛇龟之属又次之，鸟兽又次之，而人其最后焉者也。人之初生，浑浑灏灏，肉食而露

---

① 《民功篇》，《康有为全集》（第一集），中国人民大学出版社 2007 年版，第 68 页。
② 《孔子改制考》卷二，《康有为全集》（第三集），中国人民大学出版社 2007 年版，第 23 页。

处，若有知，若无知，殆亦无以自远于螺蛤鱼蛇龟鸟兽焉。有智者出，规画榛莽，有以养，有以卫，拔其身于螺蛤鱼蛇龟鸟兽之中，固已切切然全生远害，而有以自立，然于夷狄也亦无辨。于是独有圣人者，利之以器用，文之以等威，经之以礼义，纬之以法政，纪之以伦类，纲之以师长；又恐其久而渐弛也，创制文字，载著图录，发天道之精微，明人事之必不容己，俾知圣人之教，皆本于人性之自然，非有矫揉于其间。由之而吉，背之而凶，内反之而自足，叛去之而卒无所归，而教以不陨绝于天下。故人，至贵者也，天地阅几千万亿至不可年，而后有人。故《诗》、《书》，人道之至贵者也，人阅几千万亿至不可年，而后有《诗》、《书》，有《诗》、《书》，而后人终以不沦于螺蛤鱼蛇龟鸟兽，抑终以不沦于夷狄。今之时，中西争雄，中国日弱而下，西人日强而上。上而无已，下而不忧，则必废《诗》、《书》而夷狄，则亦可反夷狄而螺蛤鱼蛇龟鸟兽，以渐渐灭，而至于无丛生之草，周而燎之，求其不燔以有遗种也，岂有幸乎？求其不燔以有遗种，则又非深闭固拒而已也。则必恃其中之有人焉，起而扑灭之，而饯以不延也。故中国圣人之道，无可云变也，而于卫中国圣人之道，以为扑灭之具，其若测算制造农矿工商者，独不深察而殊旌之，甚且耻言焉，又何以为哉？嗟乎！天地之生生，人性之存存，往圣之有经，诗书之有灵。自此而几千万亿至不可年，必有大圣人出，以道之至神，御器之至精，驱彗孛而挞沧溟，浑一地球之五大洲，而皆为自主之民，斯为开创之极隆，而别味辨声被色之伦，赖以不即于冥也。[①]

在谭嗣同的描述和论证中，不仅有自然界的进化，而且有人类社会的进化。一方面，他肯定人由生物进化而来——既处于"螺蛤鱼蛇龟鸟兽"之后，又属于"螺蛤鱼蛇龟鸟兽"的最高阶段；另一方面，谭嗣同着力论证人在形体、生理上由"鸟兽"进化成人之后在心智、道德方面的进化，并且强调人在这些方面的进化是在群体中进行的，人类社会的进化是圣人之教引领的结果。在这

[①] 《石菊影庐笔识·思篇》，《谭嗣同全集》（增订本），中华书局1998年版，第131—132页。

里，谭嗣同与康有为一样肯定人类社会的进化，并且肯定生物进化到人便拉开了人类社会进化的序幕。

上述内容显示，康有为、谭嗣同的早期哲学大致相同。这可以归结为三个方面：第一，都接续了中国古代哲学的元气论，将元气说成是天地万物和人的共同本原。第二，都利用进化论丰富元气论，将世界万物说成是进化的。第三，都由天地万物的进化讲到人的进化。

进而言之，康有为、谭嗣同早期哲学的相同点证明了两个问题：第一，两人都因循古代的元气论而来，在理论来源和内容构成上与古代哲学渊源较深——这一点与梁启超等人的哲学大相径庭。第二，康有为、谭嗣同的哲学并不限于形而上学，而是落实到现实的政治斗争和改造中国的方略方针上。这印证了中国近代哲学与现实斗争密切相关。由天地万物的进化落实到人类社会的进化表明，两人的哲学与中国近代社会的救亡图存与思想启蒙密切相关，也预示了两人的政治主张、启蒙思想的相同性。

二、哲学主体和最终归宿

中国近代是备受蹂躏、国破家亡的时代，也是人心思变、奋发图强的时代。特殊的历史背景和生存环境即使近代哲学家真切感受到了人的主观能动性，也使他们在不知不觉中夸大精神的力量而走向心学。作为近代哲学的组成部分，康有为、谭嗣同的哲学也不例外。尽管两人早年都极力弘扬气本论，然而，无论康有为还是谭嗣同都没有把气本论坚持到底，而是最终由气学转向了心学。事实上，心学不只是康有为、谭嗣同哲学的最终归宿，而且是两人哲学的主体内容。具体地说，康有为、谭嗣同都由气学走向了以仁为本原的仁学，而仁学便是两人的救世哲学。

康有为宣称，元气是人和天地万物的本原，显现于人便是人性与人心。这个人性和人心是人人皆具的，他又称之为"爱力"、"爱质"等，也就是仁和不忍人之心。按照康有为的说法，仁和不忍人之心乃是宇宙间的根本存在和支配力量，自然界和人类社会的一切存在都派生于不忍人之心。离却了不忍人之心，整个世界都将化为乌有。由此，康有为得出结论，仁和不忍人之心实为"万化之海，为一切根，为一切源"。这用他本人的话说便是："不忍人之心，仁也，电也，以太也，人人皆有之，故谓人性皆善。……为万化之海，为一切根，为一切源。一核而成参天之树，一滴而成大海之水。人道之仁爱，人道之文明，人道之进化，至于太平大同，皆从此出。"①

谭嗣同通过"北游访学"构思《仁学》，由此完成了"前后判若两人"的哲学转变——他自己称之为"三十之变"，"前后判若两人"也是他对自己这个转变的概括和评价。《仁学》的宗旨是推崇仁，主要内容是集中界定、阐释仁——这一点从书名上即可一目了然。为了提升仁的地位、界定仁的内涵，谭嗣同开宗明义地断言："仁为天地万物之源，故唯心，故唯识。"② 在"仁学界说"中，他从训诂学的角度论证说，仁"从二从人"，与"元"、"无"同义。正是在这个意义上，谭嗣同写道：

> "仁"从二从人，相偶之义也。"元"从二从儿，"儿"古人字，是亦"仁"也。"无"，许说通"元"为"无"，是"无"亦从二从人，亦"仁"也。故言仁者不可不知元，而其功用可极于无。③

由此可见，谭嗣同确信作为世界万物本原的仁具有两层含义：第一，仁的第一层含义是元。仁即元表明，仁含有万物之始的意思，是世界万物的本原。第二，仁的另一层含义是无。仁即无表明，仁为相偶之义，破除人我之对待而人人平等的无我状态是仁的最高境界。

如果说火热的政治斗争和人心思变使心学成为近代哲学的主要内容和最终归宿的话，那么，康有为、谭嗣同皈依心学既与其他近代哲学家达成了共识，又显示了近代哲学的时代特征。在这个前提下尚须进一步澄清的是，康有为、谭嗣同的心学与其他近代哲学家的心学不可同日而语，其间的区别在于，康有

---

① 《孟子微》，《康有为全集》（第五集），中国人民大学出版社 2007 年版，第 414 页。

② 《仁学》，《谭嗣同全集》（增订本），中华书局 1998 年版，第 292 页。

③ 《仁学》，《谭嗣同全集》（增订本），中华书局 1998 年版，第 289 页。

为、谭嗣同推尊的心又可以称为仁，两人的心学即是仁学。由于将仁奉为世界本原，康有为、谭嗣同一起建构了中国哲学史上的仁学本体论，也创建了近代心学的仁学形态。以仁学作为哲学的主体内容和最终归宿既是康有为、谭嗣同之间的默契，又拉开了与其他近代哲学家之间的距离。

三、哲学嬗变的驱动机制

由气学到心学表明，康有为、谭嗣同的哲学都发生了巨大转变，并且经历了相同的心路历程。对此，人们不禁要问：是什么力量使康有为、谭嗣同的哲学建构和心路历程同途又同归？两人为什么不约而同地醉心于不忍人之心或慈悲之心编织的美妙神话？

首先，就客观因素而言，康有为、谭嗣同的哲学嬗变有感于中国近代社会的几千年未有之变局，出于救国救民的宏图大愿。作为叱咤风云的政治家和改良派，两人都是在投身于变法维新的现实斗争时找到仁，并将仁学奉为救世法宝的。

作为戊戌维新的主帅，康有为深知热力、情感等精神力量对于变法成败意味着什么。沿着这个思路，他试图激发人们内心那一点可怜而微薄的"热力"和"爱质"，进而为救亡图存摇旗呐喊。于是，康有为断言："欲救亡无他法，但激厉其心力、增长其心力，念兹在兹，则爝火之微，自足以争光日月，基于滥觞，流为江河。果能合四万万人，人人热愤，则无不可为者，奚患于不能救?"[①] 这样一来，康有为便乞灵于不忍人之心的神话，渴望用爱神来创造奇迹。在这种情况下，仁、不忍人之心便成为他普度众生、匡时救世的灵丹妙药和不二法门。

中日甲午战争失败后，由于维新事业的连连受挫，谭嗣同痛感从前"所愿皆虚"、"所学皆虚"。经过始于1896年的"北游访学"，他悟出了"惟一心是

---

① 《京师保国会第一次集会演说》，《康有为全集》（第四集），中国人民大学出版社2007年版，第59页。

实"的真谛。在"一无可冀"的残酷现实面前，谭嗣同"欲以心度一切苦恼众生"。在回忆当时的情形时，他曾经这样写道："自此猛悟，所学皆虚，了无实际，惟一心是实。心之力量虽天地不能比拟，虽天地之大可以由心成之、毁之、改造之，无不如意。……嗣同既悟心源，便欲以心度一切苦恼众生。"[①] 以"北游访学"为分水岭，谭嗣同开始虔诚地膜拜人的主观精神，期待用心力去改造世界。

其次，就主观因素而言，康有为、谭嗣同是循着同样的思维模式由相对主义滑入心学之迷宫的。这就是说，驱动康有为、谭嗣同哲学嬗变的，除了中国近代社会的大背景外，还有更为深刻的认识根源。

对于自己的哲学转变，康有为在后来的回忆中做了生动而形象的论述。他这样写道：

> 吾廿七岁时，曾观一佳显微镜，见巨蚁若象，菊花一瓣若蕉叶，一滴之水，生物无数，中有鳞角，蠕蠕若蛟龙然，于是悟小大之无定形也。它日显微镜更精拓至千万亿兆京陔秭壤沟涧正载极无量数。则微生物之大，亦增至十百千万亿兆京陔秭壤沟涧正载极无量数之倍矣。由是以推，吾身之血轮，安知其大不如一天日乎？此天日之内，亦必有无量数之星气、星云、星团而孕育无量数生物乎？此无量数之生物，必亦自为一天，又有无量数星气、星云、星团，其中复生无量数生物乎？……夫血轮与微生物，吾所不能见者，其大已如是之不可测。然则小者之不可谓小也，然则吾所见为大者，其果可信为真大乎？若有缩大镜推之，亦可以显微镜作比例也。则今之以天为大者，安知不更有巨物以吾天为其血轮、为其微生物乎？巨物之外天，又以巨物为其血轮，或微生物。如是辗转推之，自一十百千万亿兆京陔秭壤沟涧正载极无量数之天，仍是一巨物而已，以视吾天至微至微。又视吾天中诸星气、星云、星团而有一日，日中而有一地，地中八十三分而有一中国，其为微小，岂复巧历所能比数？……故天

---

① 《上欧阳中鹄十》，《谭嗣同全集》（增订本），中华书局1998年版，第460页。

地我立，万化我出，宇宙在我。①

依据康有为本人的披露，他的哲学嬗变缘起于一架精密的显微镜。由于在这台精良的显微镜之下所见到的情形颠覆了肉眼所见，由此触发了康有为的无限遐想：由于放大的作用，显微镜可以将事物无限放大；正如小小的水滴中有无数条蛟龙游动一样，更高倍的显微镜可以使人有更多的发现。由于缩小的作用，在"缩小镜"之下，原本巨大的天可能是更大生物的细胞，更大生物之外……如此层层推演，直至无穷。经过由小至大与由大至小的双向推导，康有为认定大小皆由"我"定。在他看来，事物包括大小在内的属性并不在于物自身，而是由于人的观察决定的。议论至此，康有为援引陈白沙的"故天地我立，万化我出，宇宙在我"作为结论。

无独有偶，谭嗣同在《仁学》中几乎用与康有为同样的话语方式道出了同样的结论。谭嗣同写道："虚空有无量之星日，星日有无量之虚空，可谓大矣。非彼大也，以我小也。有人不能见之微生物，有微生物不能见之微生物，可谓小矣。非彼小也，以我大也。何以有大？比例于我小而得之；何以有小？比例于我大而得之。然则但有我见，世间果无大小矣。多寡长短久暂，亦复如是。"②按照他的说法，星日很大，有无数之星日的虚空更大；微生物极小，微生物不能看见的微生物更小。其实，既非有无数之星日的虚空大，而是因为我小；也非微生物不能见之微生物小，而是因为我大。这就是说，无论大还是小都是与"我"相比较而言的，一切都以"我"为衡量标准——比"我"大者则谓之大，比"我"小者则谓之小。

至此可见，在康有为、谭嗣同的视界中，外部世界的存在没有自身固定的属性和特征，一切都是相对于认识主体——"我"而言的。在"我"的参与下，由于选定不同的认识坐标，凭借不同的参照系，同一事物会呈现出相差悬殊的模样或属性。正是由于这个原因，事物究竟是大是小既不是确定的，

① 《戊戌轮舟中绝笔书及戊午跋后》，《康有为全集》（第五集），中国人民大学出版社2007年版，第5—6页。

② 《仁学》，《谭嗣同全集》（增订本），中华书局1998年版，第316页。

也不能一概而论。这是因为，一切都因人而异——或者说，一切都以人为衡量标准，故而言人人殊。广而言之，并不限于事物的大小，事物的一切属性如长短、久暂都是"我见"的结果——可以说是相对于"我"而言的，也可以说是"我"赋予事物的。基于这种认识，康有为、谭嗣同坚信，离开了"我"的参与，事物的一切特征和属性便无从谈起。这就是说，事物本身并没有固定的质，一切都是作为主体的"我"的参与和造作。正是循着这样的逻辑，康有为、谭嗣同的哲学建构在"我"中找到了归宿，也因而从早期的气学转向心学。

四、理论来源和内容构成

近代哲学有别于古代哲学之处不仅在于肩负救亡图存与思想启蒙的双重历史使命，而且在于拥有全球多元的文化语境和文化视野。康有为、谭嗣同的哲学作为近代哲学的组成部分，无疑也拥有近代哲学的这些时代烙印和共同特征。在这个前提下应该看到，中学、西学和佛学在两人哲学中的比重与其他近代哲学家迥异其趣，康有为、谭嗣同对中西之学的侧重与其他近代哲学家更是相差悬殊。就哲学来源而论，如果说严复的哲学建构以西学为主的话，那么，梁启超的哲学则中西各半。与严复、梁启超有别，康有为、谭嗣同的哲学建构以中学为主要来源。

康有为、谭嗣同的哲学都以中国古代的心学为雏形，作为两人仁学基本范畴的仁道出了两人与孔子、孟子、陆九渊和王守仁等人的学术渊源关系。除此之外，康有为对孟子、董仲舒推崇备至，谭嗣同对庄子、王夫之等人顶礼膜拜。毫无疑问，这些都加大了两人哲学的中学分量。

与此同时，康有为、谭嗣同都容纳、利用佛学来充实自己的哲学。这使佛学与中学一样成为两人哲学的主要来源和内容构成。

据梁启超披露，康有为在戊戌维新之前的讲学著述时期就"潜心佛典，深有所悟"，为此"由阳明学以入佛学"，并且"最得力于禅宗，而以华严宗为归宿"。① 无论对佛典的研读还是对佛学的青睐都使康有为对佛学十分"受用"，哲学建构也因而带有浓厚的佛学色彩。以康有为的惊世骇俗之作——《大同书》为例，全书从首到尾也就是从甲部的"入世界观众苦"到癸部的"去苦界至极乐"由始至终都散发着浓郁的佛学气味。佛教宣扬，人生的本质就是苦——生、老、病、死，《大同书》便从苦开始，并以佛教追求的极乐世界结束。康有为把人人幸福、美好快乐的大同世界描绘得恰似佛家向往的极乐世界。由苦至乐表明，《大同书》以佛教宣扬的四谛说为逻辑框架，以不忍人之心（康有为在《大同书》中称之为"吸摄之力"，其实就是佛教所讲的慈悲之心）普度众生则是贯穿全书的主题。

谭嗣同与康有为一样膜拜佛教，在对佛教的推崇上甚至比康有为走得更远。在这方面，谭嗣同公然将佛学置于孔学之上，宣称"佛教大矣，孔次大，耶为小。……佛生最先，孔次之，耶又次之"②。为了证明佛学的伟大，他将六经归入佛学的统辖之下，声称六经未有能外于佛学者。这用谭嗣同本人的话说便是："夫惟好学深思，六经未有不与佛经合者也。"③ 与此同时，他又把佛学置于西学之上，断言"西学皆源于佛学"。经过谭嗣同的这番论证，无论中学还是西学都从属于佛学。在他的哲学代表作——《仁学》中，佛学的"《华严》及心宗、相宗之书"是首列的书目。《仁学》的基本概念——仁就脱胎于佛学的慈悲。对此，他自己解释说：

> 慈悲，吾儒所谓"仁"也。④

> 盖心力之实体，莫大于慈悲。……无死畏，无恶名畏，无不活畏，无恶道畏，乃至无大众威德畏。而非慈悲则无以造之。故慈悲为心力之

---

① 《南海康先生传》，《梁启超全集》（第一册），北京出版社 1999 年版，第 487 页。

② 《仁学》，《谭嗣同全集》（增订本），中华书局 1998 年版，第 333 页。

③ 《仁学》，《谭嗣同全集》（增订本），中华书局 1998 年版，第 333 页。

④ 《上欧阳中鹄十》，《谭嗣同全集》（增订本），中华书局 1998 年版，第 464 页。

实体。①

由于以慈悲释仁，谭嗣同所讲的仁学以佛学为母版。《仁学》所宣扬的便是佛教自度度人、自觉觉他的真理妙谛。

总之，如果说仁学使康有为、谭嗣同建构了有别于其他近代哲学家的心学形态的话，那么，佛学来源则使两人的仁学呈现出既同又异的复杂关系：一方面，无论仁学建构还是在仁学中杂糅佛学都使康有为、谭嗣同的哲学呈现出一致性，并且与其他近代哲学家的哲学相去甚远；另一方面，佛学的比重以及对佛学经典和流派的不同选择使两人的哲学各具特色、个性鲜明。这就是说，作为康有为、谭嗣同哲学共同的理论来源，佛学使两人的哲学呈现出迥异的理论特色。

五、形上运思和哲学意蕴

康有为、谭嗣同极力推崇乃至奉若神明的仁既非客观存在，又非宇宙精神。换言之，两人沿着相似的形上运思建构了仁学，所讲的仁学属于心学。康有为、谭嗣同所讲的心学具体指仁学，哲学意蕴是某种人类精神或主体意识。不谋而合的是，为了说明人类意识和精神的精微与灵妙，康有为、谭嗣同都引用了电、力、以太等源自西方自然科学的新名词、新概念来论证仁的相互沟通和感化。正因为如此，康有为所讲的仁，可以称为不忍人之心、"爱力""爱质""热力"或"吸摄之力"；谭嗣同所讲的仁，又可以称为慈悲之心、"心力"等。尽管具体称谓略有差异，然而，两人所讲的仁主要指一种人类精神，即人人同具的恻隐之心（康有为）或慈悲之心（谭嗣同），而非每个人各自的丰富多彩、变化各异的内心世界。

在康有为看来，仁、不忍人之心与以太、电、力是相同的，从根本上说是指同一个东西。基于这种理解，他不止一次地声称：

---

① 《仁学》，《谭嗣同全集》（增订本），中华书局 1998 年版，第 357 页。

> 不忍人之心，仁也，电也，以太也，人人皆有之，故谓人性皆善。①

> 有形之电为电，无形之电为神。②

谭嗣同与康有为一样将仁与作为舶来品的以太、电、力等源自西方近代自然科学的概念相提并论，故而一而再、再而三地断言：

> 脑其一端，电之有形质者也。脑为有形质之电，是电必为无形质之脑。人知脑气筋通五官百骸为一身，即当知电气通天地万物人我为一身也。③

> 盖天下人之脑气筋皆相连者也。此发一善念，彼必有应之者，如寄电信然，万里无阻也。④

> 以太也，电也，心力也，皆指所以通之具。⑤

需要说明的是，谭嗣同不仅与康有为一样以源自西方自然科学的概念——电、力、以太等界定、诠释仁，而且在对以太与仁的互释中提出了以太说。如果说谭嗣同在《仁学》中主要是用以太论证仁的话，那么，在之后的《以太说》中，谭嗣同则着力对以太进行诠释。经过谭嗣同的系统论证和诠释，以太成为他最主要的哲学概念之一，以太说也成为谭嗣同仁学的重要组成部分。

谭嗣同指出，以太具有两种特征，这两种特征奠定了以太无与伦比的地位和功能：第一，以太是宇宙间的最小存在。这表明，以太充塞整个宇宙，是世界万物的构成质料和终极本原。对此，谭嗣同解释说："剖其质点一小分，以

---

① 《孟子微》，《康有为全集》（第五集），中国人民大学出版社 2007 年版，第 414 页。

② 《长安讲演录》，《康有为全集》（第十一集），中国人民大学出版社 2007 年版，第 274 页。

③ 《仁学》，《谭嗣同全集》（增订本），中华书局 1998 年版，第 295 页。

④ 《上欧阳中鹄十》，《谭嗣同全集》（增订本），中华书局 1998 年版，第 462 页。

⑤ 《仁学》，《谭嗣同全集》（增订本），中华书局 1998 年版，第 291 页。

至于无，察其为何物所凝结，曰惟以太。"①引文中的"质点"英文为 element，现译为元素，谭嗣同又称之为"原点""元点"等。在他看来，如果说万物是由元素构成的话，那么，构成元素的则是以太。当然，循着以太"精而言之，夫亦曰'仁'而已"的逻辑，以太布满六合也就意味着仁之无所不在。第二，以太是维系宇宙、粘砌万物的凝聚力量。正是在这个意义上，谭嗣同断言："是盖遍法界、虚空界、众生界，有至大至精微，无所不胶粘、不贯洽、不筦络而充满之一物焉。目不得而色，耳不得而声，口鼻不得而臭味，无以名之，名之曰：'以太'。"②依据他的解释，世界上的所有存在都由众多的"质点"粘砌而成，自然界的事物如此，人的身体存在和人类社会也不例外。具体地说，人体由 200 多块骨骼以及筋肉血脉内脏组合而成，人类社会则由无数个个人组合而成。由此不难想象，如果没有一种巨大而神奇的力量将构成万物的各个部分凝聚起来，世界将荡然无存。事实上，充当各个"质点"的维系和主宰力量的就是以太。谭嗣同进而指出，以太传播光、热、声、电，充当各个"质点"的维系力量和沟通媒介与仁"如电四达，无远弗届"的"通天地万物人我为一身"是一样的。因此，不论是存在方式还是作用功能，以太与仁都是相同的。这再次表明，在谭嗣同的视界中，仁与以太是一而二、二而一的关系，如果省略其间的精粗、体用之分，完全可以说，以太即仁，仁即以太。

对于康有为、谭嗣同用以太、电和力等概念论证仁学的做法，可以从两个维度去理解：一方面，以太、电、力是源自西方自然科学的概念，借助将它们与仁相提并论来建构仁学，表明了康有为、谭嗣同哲学的中西融合。在哲学建构的中西和合方面，康有为、谭嗣同与其他近代哲学家的做法具有一致性；另一方面，康有为、谭嗣同在中西和合的哲学建构中对西学的选择侧重自然科学，这与严复、梁启超等人侧重西方的哲学、社会科学相去甚远。对于严复、梁启超的哲学建构来说，西方的自然科学并不是主流，主流是哲学社会科学；即使是借鉴西方的自然科学，两人也以达尔文进化论为主。由此反观康有为、

① 《仁学》，《谭嗣同全集》（增订本），中华书局 1998 年版，第 294 页。

② 《以太说》，《谭嗣同全集》（增订本），中华书局 1998 年版，第 434 页。

谭嗣同的哲学建构可以发现，尽管两人对西学的选择侧重自然科学领域，然而，康有为、谭嗣同却不像严复、梁启超等人的哲学建构那样以达尔文进化论为主。这从一个侧面证明了康有为、谭嗣同的哲学建构尚处于近代哲学的早期阶段。

六、真实所指和价值诉求

哲学是时代精神的精华，拥有现实性、实践性的品格。因此，任何哲学无论听起来多么空寂、虚玄，都可以在现实生活中找到它的投影和真实所指。康有为、谭嗣同的哲学概莫能外，毫无疑问地拥有自己的真实所指和现实内容。救亡图存与思想启蒙不仅突出了近代哲学的现实性，而且大致框定了康有为、谭嗣同哲学的真实所指。在这方面，两人寄予厚望的仁学围绕着中国近代的救亡图存与思想启蒙展开，而仁的实际所指便是自由、平等、博爱等从西方传入的新思想、新观念。

对于仁，康有为不厌其烦地申明仁是孔教宗旨，甚至将孔子的所有思想都归结为一个仁字。尽管如此，康有为所讲的仁不是孔子以及古代哲学的爱有差等，而是博爱、平等、自由、民主和进化等近代价值理念和思想学说。于是，康有为以"爱类"释仁，由此强调"能爱类者谓之仁，不爱类者谓之不仁"[1]。所谓"爱类"，是指没有亲疏之分、尊卑之别的兼爱和博爱。与对仁的这种理解相一致，他将仁与不忍人之心相提并论，同时指出不忍人之心就是"人人平等，爱人如己，故平世之仁广远，不独亲亲矣"[2]。这些共同证明，康有为所讲的仁虽然直接脱胎于儒家，但是，他对"亲亲而仁民，仁民而爱物"（《孟子·尽心上》）的儒学之仁进行了改造、创新和内容转换，致使仁和不忍人之心突破了儒家恪守的宗法血缘的局限，立足于群体和社会的高度来看待喜恶爱憎、成败利弊。借助仁和不忍人之心，康有为彰显的是"博爱济众"、普度众生。于

---

① 《大同书》，中州古籍出版社1998年版，第349页。

② 《孟子微》，《康有为全集》（第五集），中国人民大学出版社2007年版，第415页。

是，他宣称："人人独立，人人平等，人人自主，人人不相侵犯，人人交相亲爱，此为人类之公理。"①

谭嗣同不仅对仁即平等进行哲学阐述和论证，而且比康有为的论证更彻底。这主要表现在如下两个方面：第一，谭嗣同把通而平等写进"仁学界说"，致使平等成为仁的题中应有之义。正是在这个意义上，他指出："仁以通为第一义，……通之象为平等。"② 第二，谭嗣同对仁的内涵是平等的论证更纯粹。如果说康有为在将博爱、平等、进化和民主都说成是仁的内涵的前提下尤其重视博爱的话，那么，谭嗣同则在仁的多重内涵中首推平等。对于谭嗣同来说，仁最根本的属性就是通，平等则是通的具体表现，即"通之象为平等"。他所讲的通，在哲学上指相互联系、相互沟通和相互感应，在政治上即现实性上则指平等。正因为通寄寓着谭嗣同对平等的现实诉求，所以，他进一步对通予以阐发，指出"通有四义"，具体包括"中外通""上下通""男女内外通"和"人我通"③。由此可见，谭嗣同之所以要把作为世界本原的仁界定、诠释为通即平等，是为了改变近代中国与外国不平等、男女不平等以及君臣、官绅、士民上下相隔的残酷现实，达到"洞澈彼此，一尘不隔，为通人我之极致矣"④ 的理想境界。

上述内容显示，康有为、谭嗣同建构仁学既有以恻隐之心、慈悲之心救世的宗旨，又有改变中国近代社会的上下隔绝而推进平等的现实考量。值得一提的是，虽然两人对仁的界定呈现出一个推崇博爱、一个执着于平等的差异，但是，康有为、谭嗣同幻想由平等而来的大同处理中国与外国的关系则是相同的。正因为如此，两人都对消除差异即两人理解的不平等的大同社会心驰神往，而对自由流露出不经意的冷淡和漠视。推崇平等而淡漠自由是康有为、谭嗣同共同的政治倾向，也使两人的启蒙思想拥有了相似的路径——如果说推崇平等使康有为、谭嗣同一起成为平等派的代表的话，那么，漠视自由则使两人

---

① 《孟子微》，《康有为全集》（第五集），中国人民大学出版社 2007 年版，第 423 页。

② 《仁学》，《谭嗣同全集》（增订本），中华书局 1998 年版，第 291 页。

③ 《仁学》，《谭嗣同全集》（增订本），中华书局 1998 年版，第 291 页。

④ 《仁学》，《谭嗣同全集》（增订本），中华书局 1998 年版，第 365 页。

的思想与严复、梁启超代表的自由派渐行渐远。

七、救世哲学和实现途径

救亡图存与思想启蒙的历史使命彰显了近代哲学的现实性、实践性，救亡图存的刻不容缓不仅决定着近代不需要坐而论道的书斋哲学，而且呼唤哲学的现实操作。康有为、谭嗣同奉仁为世界本原，这注定了两人哲学的最大特点便是奋力高喊仁爱，大书特书慈悲。换言之，在拯救中国的路径上，康有为、谭嗣同有别于其他近代哲学家的做法是，祈求爱神创造奇迹，全世界携手共进大同成为两人共同的企盼。如果说借助仁学而宣扬爱神至上是康有为、谭嗣同的世界观的话，那么，幻想凭借恻隐之心、慈悲之心的相互感化使世界同归于大同社会则是两人的方法论。由此，削异求同、共进大同成为康有为、谭嗣同的救亡纲领，也成为两人的启蒙方案。这一切都促使康有为、谭嗣同在处理中国与西方列强的关系时主张取消国界、同一语言文字，在彻底消除了中国与西方的种族、肤色和宗教、文化等所有差异之后，共同进入世界大同。

康有为认为，人都有不忍人之心，都有善性。善性既使人具有了追求、享受快乐的权利和资格，也为人们携手共进大同提供了人性基础。与此同时，他强调，人都有情感，人的感情可以相互感染。循着康有为的逻辑，善心、善性是人所固有，相亲、相爱、相恤和相收是"人情之所乐"。这样一来，在善性和人心的驱动下，通过相互感化，人们便会进入无限美好、人人极乐的大同社会。于是，他断言："同好仁而恶暴，同好文明而恶野蛮，同好进化而恶退化。积之久，故可至太平之世，大同之道。"[1]

谭嗣同指出，仁即心力，而心力最大者无不可为。循着这个逻辑，他坚信，只要心源洁净，便可以在度己度人的合一中消除劫难，而众生成佛。对此，谭嗣同论证并解释说："然心源非己之源也，一切众生之源也。无边海

---

[1] 《孟子微》，《康有为全集》（第五集），中国人民大学出版社 2007 年版，第 427 页。

印，万象森罗。心源一洁，众生皆洁。度人孰有大于此者？况四万八千尸虫在己身，已有无数众生，安见己身果己身有耶？故曰：'度己，非度己也，乃度人也。'今夫方便施舍，广行善事，此世俗所谓度人者也。然仅能益众生之体魄，聊为小补，众生迷误，则如故也。虽法施广大，宏愿熏习，不难资以他力，要视众生之自力何如，非可人人强之也。由是以谈，度人未能度到究竟，而己之功德则已不可量矣。"① 这就是说，所有人的心同出一源，人心与人心可以彼此相互感应。奥秘在于，天下人的"脑气筋"（又称脑气，英文为nerve，现通译为神经）是连为一体的。因此，当人在心中发出一善念时，此一善念便可传入空气，使空气中的"质点"发生震荡，从而传入众人的"脑气筋"——纵然是其间重重阻挠，也遏制不住这种感通。对此，谭嗣同强调说："我之心力，能感人使与我同念。"② 并且，人心与人心的感通是没有界限、跨越时空的。这样一来，通过增强心力，便能够"以之感一二人，而一二人化，则以感天下，而劫运可挽也。……由此长进不已，至万万年，大约一切众生无不成佛者"③。

由于将拯救中国的希望寄托于平等，康有为、谭嗣同哲学的具体操作简言之可以归结为平等的推进。在这方面，两人的做法包括如下两个方面：第一，将平等理解为同一，试图通过消除差异而臻于平等。第二，将平等的实现寄托于大同社会，并且将取消国家、同一语言文字视为进入大同社会的前提条件。这两点共同表明，康有为、谭嗣同的思想不仅带有幼稚性和虚幻性，而且与其他近代哲学家拉开了距离。

第二节　哲学之独特形态和意蕴

梳理、透视康有为、谭嗣同的哲学可以发现，两人的思想同异参半。在其

① 《仁学》，《谭嗣同全集》（增订本），中华书局 1998 年版，第 371 页。
② 《仁学》，《谭嗣同全集》（增订本），中华书局 1998 年版，第 295 页。
③ 《上欧阳中鹄十》，《谭嗣同全集》（增订本），中华书局 1998 年版，第 461 页。

他近代哲学家的映衬下，康有为、谭嗣同的哲学最为相近。进一步审视、剖析则会发现，两人的哲学个性鲜明，彼此之间存在不容忽视的差异性。只有在肯定相同性的同时，充分关注其间的差异性，才能全面把握、评价康有为、谭嗣同哲学复杂而微妙的关系。

一、早期哲学之异

康有为、谭嗣同在早期都宣称气是宇宙万物的本原，致使元气论成为两人早期哲学的主要内容。尽管如此，对于气是什么，康有为、谭嗣同的具体看法颇为不同。因此，如果说元气论是两人早期哲学的共同内容的话，那么，对于气的不同界定则使两人的早期哲学呈现出不容忽视的差异性。

首先，如果说康有为与严复一样是较早用康德—拉普拉斯的星云假说解释宇宙由来的中国近代哲学家的话，那么，谭嗣同则与唐才常一样是热衷于以元素[①] 来解释万物构成的近代哲学家。与此相一致，康有为的元气论与星云假说互为表里，谭嗣同的元气论则与元素说密不可分。

康有为利用康德—拉普拉斯星云假说中所讲的作为宇宙之始的星云来界定气，并且沿着星云假说的思路解释气生成万物的过程。他指出，在天地之始，各个天体尚未形成，充塞宇宙的只有偌大的星云。对此，康有为描述说："德之韩图（康德——引者注）、法之立拉士发星云之说，谓各天体创成以前，是朦胧之瓦斯体，浮游于宇宙之间，其分子互相引集，是谓星云，实则瓦斯之一大块也。"[②] 这就是说，世界由朦朦胧胧的瓦斯体演化而来，这些瓦斯体就是康德–拉普拉斯星云假说中所讲的原始星云。用中国的术语表达，瓦斯便是气。瓦斯也就是 gas，即气也。

与康有为将作为世界万物本原的气与原始星云相提并论截然不同，谭嗣同则把中国源远流长的元气论与西方近代化学上所讲的元素说直接联系起来，强

---

① 谭嗣同、唐才常将元素称为"元点"、"原质"或"质点"等。

② 《诸天讲》，《康有为全集》（第十二集），中国人民大学出版社 2007 年版，第 20 页。

调元素构成了万物和人。他指出："故观化学析别原质七十有奇，而五行之说，不足以立。"① 这就是说，在世界万物的始基上，谭嗣同用元素说取代了中国传统的五行说。

其次，尽管康有为、谭嗣同都肯定气是世界万物的本原，然而，由于对气的具体规定不同，两人对气怎样成为世界本原或为什么成为宇宙始基的阐释和论证并不相同。

康有为早年曾吸收牛顿力学，把天地万物的化生说成是力和气相互作用的结果。正是在这个意义上，他声称："若积气而成为天，摩励久之，热、重之力生矣，光、电生矣，原质变化而成焉。于是生日，日生地，地生物。"② 在具体解释宇宙天体的创生时，康有为同样用气（即原始星云）中蕴含的力来展开论证。依据他的解释，太阳是一个巨大的纯火物体，它的内部存在着吸引力（即向心力）与排斥力（即离心力）两种不同的作用力。这样一来，在向心力的作用下，火热至盛的太阳爆炸而导致分裂，人类生活于其上的地球便是从太阳中分裂而来的。无论产生还是存在，整个太阳系都是吸引力与排斥力相互作用的结果：一方面，由于排斥力即离心力的作用，地球、海王、天王和土、木、金、水、火诸星从太阳中分化出来，形成各自独立的星球。其中，地球除了围绕太阳公转之外，还进行自转。另一方面，由于吸引力即向心力的作用，八大行星（冥王星在当时尚未被发现）都绕着太阳运转而不脱离轨道，共同组成一个整体即太阳系。

与康有为以星云释气来解释世界的由来不同，谭嗣同则认为，世界上的事物之所以千姿百态、迥然相异，都归于元素妙不可言的排列组合。按照他的说法，事物的生灭从根本上说是元素聚散的结果——元素化合聚集成物，元素分散诸物消散。元素不仅决定事物的生灭，而且决定事物之间的差异。具体地说，世界上的元素具有 64 种之多，不同元素的不同组合、各个元素在位置上的不同排列和组合以及同一元素不同剂量的比配共同演变出色彩纷呈的大千世

---

① 《思纬氤氲台短书·叙》，《谭嗣同全集》（增订本），中华书局 1998 年版，第 195 页。
② 《康子内外篇》，《康有为全集》（第一集），中国人民大学出版社 2007 年版，第 110—111 页。

界。这表明，事物之间的差异也是元素的造作。

二、后期哲学之异

在经过哲学转变之后，康有为、谭嗣同不约而同地由气学走向心学，并且都以仁为世界万物的本原。事实上，康有为、谭嗣同不仅用仁来展开自己的论证，而且都以电、力和以太来论证仁学。深入剖析可以发现，在某些细节上，康有为、谭嗣同的心学即仁学还是有差别的。

首先，在概念范畴的使用和语言习惯上，仁和不忍人之心是康有为使用的基本范畴。与康有为不同，谭嗣同哲学的基本范畴是仁，却不喜欢用不忍人之心这个词。这使两人所讲的仁学呈现出明显的差异。

康有为所讲的仁即不忍人之心，甚至可以说，与其说他以不忍人之心释仁，毋宁说他以仁释不忍人之心。对于二者之间的关系，康有为的表述是："不忍人之心，仁也，电也，以太也。"一目了然，康有为排列的顺序是，不忍人之心在前，仁在后。他之所以如此排列，除了照顾语句的顺畅之外，也流露出偏重不忍人之心的情感好恶和思想端倪。康有为习惯于把仁和不忍人之心相提并论，称之为"爱力""爱质""热力""吸摄之力"。

谭嗣同把仁注释为"心力"，并通过慈悲这个中介，断言仁就是心力。在《仁学》中，他不仅用力学的凹凸力之状来描绘心力，并且还"略举"出 18 种心力：

> 心力可见否？曰：人之所赖以办事者是也。吾无以状之，以力学家凹凸力之状状之。愈能办事者，其凹凸力愈大；无是力，即不能办事，凹凸力一奋动，有挽强持满，不得不发之势，虽千万人，未或能遏之而改其方向者也。今略举之，约十有八：曰"永力"，性久不变，如张弓然。曰"反力"，忽然全变，如弛弓然。曰"摄力"，挽之使近，如右手控弦然。曰"拒力"，推之使远，如左手持弓然。曰"总力"，能任群重，如杠杆之倚点然。曰"折力"，能分条段，如尖劈之斜面然。曰"转力"，互易不穷，如滑车

然。曰"锐力"，曲而能入，如螺丝然。曰"速力"，往来飞疾，如鼓琴而弦颤然。曰"韧力"，阻制驰散，如游丝之节动然。曰"拧力"，两矫相违，如绞网而成绳然。曰"超力"，一瞬即过，如屈钢条而使跃然。曰"钩力"，逆探至隐，如饵钓鱼，时禽时纵然。曰"激力"，虽异争起，如风鼓浪，乍生乍灭然。曰"弹力"，骤起击压，无坚不摧，如弩括突矢，突矢贯札然。曰"决力"，临机立断，自残不恤，如剑锋直陷，剑身亦折然。曰"偏力"，不低即昂，不令相平，所以居己于重也，如碓杵然。曰"平力"，不低不昂，适剂其平，所以息物之争也，如悬衡然。①

在这里，谭嗣同具体胪列出"十有八"种力的名称，并且逐一进行了解释和说明。

康有为、谭嗣同共同推崇的仁都是人类的精神意识和主体情感，相当于中国古代哲学的心这一范畴。在这个前提下尚须进一步澄清的是，康有为所讲的仁侧重不忍人之心即爱心；谭嗣同所讲的心侧重慈悲之心即愿心。两人后期哲学即仁学的差异最直观地通过这些不同的概念展示出来。

其次，不同的概念表明，康有为、谭嗣同对仁的诠释不同。事实上两人借助不同概念和术语表达了对心学的不同建构，致使两人所讲的仁学具有了不同的意蕴和诉求。康有为以"爱力""爱质"或"热力""吸摄之力"释力，这使他所讲的仁偏重于规范人与人、人与自然的关系。正是由于以博爱规范人与人之间的关系的初衷，康有为选择的仁的代名词都是指人人同具的善性和博爱精神。显而易见，"爱力""爱质"等概念都有激情、热忱等情感和意志方面的内涵。其实，"热力""吸摄之力"也是一样。谭嗣同所讲的"心力"借用他本人的比喻指物理学上所讲的机械力，就人的精神力量而言则主要指人类认识世界和改造世界的能力。

与彰显仁的博爱精神一脉相承，康有为奉仁为世界本原的哲学伦理学色彩非常浓厚，他的仁学建构颇有伦理哲学或道德哲学的味道。与康有为相比，谭

---

① 《仁学》，《谭嗣同全集》（增订本），中华书局 1998 年版，第 363 页。

嗣同的哲学不是侧重伦理领域而是侧重本体领域。这不仅表现在谭嗣同将不生不灭说成是"仁之体",而且表现在他通过将庄子的思想和华严宗相和合来论证仁作为世界本体而呈现出来的"方则无生死""代则无日夜"而"融化为一"的世界本相。

再次,从逻辑框架和哲学体系来看,康有为没有集中而系统的仁学著作,谭嗣同的唯一代表作就以《仁学》命名。诚然,康有为著作等身,主要内容是对四书六经的阐释;中晚期的《大同书》和《诸天讲》从内容上看,主要是构想他心目中的美好远景和畅想游天。以注疏考证为手法、旨在发挥微言大义写成的《孟子微》《论语注》对于仁学的阐发显然有些支离破碎,冲击了思想表达的整体性和逻辑性。这一切使康有为的仁学建构显得肤浅、空疏,缺乏系统的哲学阐释和逻辑论证。谭嗣同将自己的哲学代表作命名为《仁学》,在书中系统对仁进行界定和诠释——不仅论证了"仁为天地万物之源",而且说明了以太即仁,并用以太的精微灵妙论证了心力不可比拟的巨大威力,进而提出了"以心挽劫"的救亡纲领和救世哲学。这使谭嗣同的仁学思想更为丰富,仁学建构要比康有为显得深入、系统很多。

最后,从仁即后期哲学的现实内容和真实所指来看,康有为偏袒博爱,谭嗣同首推平等。康有为有时把仁、不忍人之心解释为博爱,有时将其训诂为平等。总的说来,康有为重博爱。他的学生——梁启超称康有为的哲学为"博爱派哲学"是十分贴切的。谭嗣同虽然具有泛爱的思想倾向,说过"以心挽劫"不仅要挽救苦难的中国人,而且连西方一切含生之类一并度之的话,但是,他使用的术语不是博爱而是慈悲。更为重要的是,就对仁之内涵的界定来说,谭嗣同始终关注和侧重的是平等。关于这一点,从他对"仁以通为第一义,……通之象为平等"的界定和阐述中便可一目了然。

三、理论特色之异

康有为、谭嗣同哲学的差异既包括立言宗旨、理论来源的不同,又包括观点主张、价值旨趣的差异。无论立言宗旨、理论来源还是观点主张、价值旨趣的差异都使两人的哲学个性鲜明，呈现出不同的理论特色。

拿康有为、谭嗣同共同推崇的佛学来说，尽管两人都笃信佛学，对佛学流派却有不同的崇奉和偏好。这使康有为、谭嗣同的哲学建构呈现出不同的学术意趣和理论特色。从对佛教宗派的选择来说，康有为的首选是禅宗，谭嗣同的首选是华严宗。对于康有为的佛学，梁启超介绍说："先生于佛教，尤为受用者也。先生由阳明学以入佛学，故最得力于禅宗，而以华严宗为归宿焉。"① 由此可见，梁启超对康有为佛学的概括是"最得力于禅宗"，而"以华严宗为归宿"。谭嗣同对佛学派别的选择与康有为不尽相同，主要表现是把"《华严》及心宗、相宗之书"写进《仁学》书目单，并且排在首位。谭嗣同在《仁学》中写道："凡为仁学者，于佛书当通《华严》及心宗、相宗之书。于西书当通……于中国书当通……"②

再拿康有为、谭嗣同共同推崇的华严宗来说，两人都热衷于对圆融无碍的诠释，意趣却迥然相异：康有为以圆融无碍的心态和原则处理公羊三世之间的关系，一面指出孔教与佛教相近相通，一面指出大同与小康并行不悖。谭嗣同则将圆融无碍与庄子的"道通为一"相互杂糅，旨在破除彼此、人我、善恶和苦乐等一切之对待而"融化为一"，由此臻于"通天地万物人我为一身"的境界。或许正因为旨在破除、超越一切之对待，谭嗣同的哲学比康有为更为豁达，亦可谓更悲观，其中的虚幻、虚无主义成分更明显。具体地说，康有为吸收了佛学的去苦至乐思想，幻想通过不忍人之心的感化各个阶级携手共进极乐的大同世界。谭嗣同则仿佛看破了红尘，不仅视肉体为虚幻而"独任灵魂"，而且还超越一切苦乐。这使他设想的大同社会迥异于康有为"愿求皆获，人人极乐"的极乐世界。换一个角度可以说，由于超越名利之念和妻孥之情的羁绊，谭嗣同不贪生，勇猛无畏、敢于牺牲。这使他的救世哲学要比康有为激进和坚实得多。相比之下，康有为发端于不忍人之心的救世哲学则略显软弱，这与他放不下享乐密不可分。

---

① 《南海康先生传》，《梁启超全集》（第一册），北京出版社 1999 年版，第 487 页。

② 《仁学》，《谭嗣同全集》（增订本），中华书局 1998 年版，第 293 页。

四、哲学历程之异

如果说康有为、谭嗣同哲学的相同点从根本上说取决于两人的年龄相近、所处的历史背景和文化语境相同的话，那么，康有为、谭嗣同哲学的不同点则颇为复杂——与其说取决于两人的兴趣爱好和学术素养，不如说归根结底受制于两人相差悬殊的人生经历和学术意趣。虽然同为戊戌启蒙思想家，但是，康有为、谭嗣同的人生经历天差地别，思想历程更是不可同日而语。

就康有为、谭嗣同的人生际遇来说，康有为虽然身为戊戌维新的领袖，但是，他的生命并没有由于"百日维新"的失败而戛然而止。生于 1865 年的谭嗣同原本就比生于 1858 年的康有为年轻 7 岁，再加之慷慨就义，生命永远定格在了 33 岁。生命的长度决定了康有为、谭嗣同哲学的长度，这一点从两人留下的文字数量上即可见其一斑：2007 年中国人民大学出版社版的《康有为全集》共计 851 万字，1998 年中华书局版的《谭嗣同全集》（增订本）即使加上了他人的评传和解说，总共也不过 41 万字。字数上的悬殊注定了康有为、谭嗣同哲学的体系完备与肤浅庞杂之别。更为重要的是，在 1898 年之后的 29 年（即谭嗣同去世之后），康有为有足够的时间周游世界，包括了解西方文化、印度文化在内的世界各国文化。这既是眼界的开阔，也促使他的哲学再一次发生转变。作为戊戌启蒙四大家中最长寿者[①]，康有为既目睹了五四新文化运动的方兴未艾，又经历了张勋复辟的惨败。这些都对他的哲学产生了不可低估的影响。由此可见，无论作为理论来源的西学的丰富还是哲学嬗变的复杂，康有为的哲学都远远超过了谭嗣同。

就康有为、谭嗣同的学术经历来说，寿命相差二倍尚多预示了康有为、谭嗣同的哲学具有繁简之别。康有为一生经历了人生的大起大落，哲学也随之发生重大翻转。大致说来，康有为的一生可以归结为四个不同的阶段：在戊戌维新之前的十多年间，康有为是没有功名的一介书生，致力于讲学著述。此时，

---

① 康有为生于 1858 年，死于 1927 年；严复生于 1854 年，死于 1921 年；梁启超生于 1873 年，死于 1929 年。

他的哲学以诸子学为主，主要精力是秉持公羊学立场考辨中国本土文化的"学术源流"。在戊戌维新期间，康有为成为帝王之师，变法维新、学习西方成为他的主要诉求。戊戌维新失败后，康有为逃亡国外，游历了132个国家，饱览古今中外之学，幻想世界大同。晚年的康有为在经历张勋复辟失败的打击之后，逐渐对保皇心灰意冷，由此远离政治漩涡，一心只想游历诸天。梳理、比较康有为的四个人生阶段可以发现，他在不同阶段具有不同的哲学理念和人生境遇：第一阶段执着于中学与戊戌维新时期的一心向西形成了强烈对比，戊戌维新时期的高居庙堂与晚年的失魂落魄更是相去霄壤。谭嗣同虽然经历了哲学嬗变，但是，流星般的短暂生命注定了他的哲学转变显得简单。终其一生，只经历了1895年他本人称之为"前后判若两人"的"三十之变"。变之前，谭嗣同崇尚气学；变之后，他转向心学。这两个阶段都与康有为由气学到心学的转变惊人相似。接下来的问题是，康有为在之后尤其是在第四阶段不再以仁为世界本原，而是开始遥想诸天，代表作便是生前没有出版的《诸天讲》。《诸天讲》不仅背离了救亡图存的初衷，呼吁人不做国民而做"天民"，不做家人而做"天上人"；而且不再以孔子为推崇对象。这些都使康有为、谭嗣同哲学的距离越来越远。

康有为、谭嗣同哲学思想的差异固然与两人的性格、好恶有关，同时也与两人的人生经历密不可分。有鉴于此，忽视人生际遇便无法全面了解和领悟康有为、谭嗣同哲学思想的差异。

第三节 近代哲学的时代精神

哲学既是对时代精神、社会存在的一种审视和反思，又是对自身境遇、内心情感的一种表达和倾诉。这意味着每一位哲学家的哲学都是共性与个性的结合，都既有共性，又有个性。康有为、谭嗣同的哲学当然也不例外，是共性与个性的结合体。如果说共性使两人的哲学呈现出相同的一面的话，那么，个性则使两人的哲学呈现出差异的一面。康有为、谭嗣同哲学的差别展示了两人各自的哲学个性，表明就每一位有影响的哲学家而言，他们的哲学除了带有时代特征和阶级印记之外，还流露出他们本人的独特经历、情感好恶、内心感受、思维方式和价值取向。

康有为、谭嗣同哲学的个性表明了哲学的主体性，也充分呈现出近代哲学的丰富性和多样性。两人哲学的共性则展示了康有为、谭嗣同思想相同的主体风范和时代气息，从中可以窥探、梳理出中国近代哲学的一般特点和某些规律。

一、从物学到心学——近代哲学的嬗变历程

无论近代社会的千年巨变还是政治风云的波谲云诡都加大了近代哲学的变数，也预示着死守一种哲学而"一条路走到黑"已经为时代所不容。正是由于这个原因，在中国近代特殊的历史背景和文化语境下，近代哲学家大都经历了哲学转变。有些人的变化之大"前后判若两人"，有些人的变化速度之快已经达到了令人无法容忍的程度，以至于被人讥讽为"阴谋家"[1]。

就中国近代的本体哲学而言，除了梁启超始终如一地坚守"境者心造"的心学之外，其他近代哲学家大都有过类似于康有为、谭嗣同的经历。这就是说，近代哲学家的哲学都经历了一个由物学转变为心学的嬗变过程。在这方面，康有为、谭嗣同的哲学如此，与两人同为戊戌启蒙思想家的严复也是一样，即使是与戊戌启蒙思想家在政治上多有冲突的章炳麟[2]、孙中山也不例外。近代哲学家的哲学转变不仅使心学成为中国近代哲学的最终归宿，而且使心学成为中国近代哲学的主要内容。

面对众多近代中国哲学家纷纷由物学转向心学的相似经历，人们在好奇之余不禁要问：近代哲学家的这种"集体行为"究竟是出于偶然的巧合？还是受制于某种必然的驱动？综合考察中国近代客观的历史背景与哲学家的主观因素

---

① 梁启超由于屡次改弦更张，被论敌称为"阴谋家"。

② 章炳麟早年属于维新派，后来与康有为、梁启超等人分道扬镳。

可以看到，近代哲学家之所以纷纷由物学转向心学，除了个人的情感好恶、学术素质和人生经历等主观原因之外，还有更深一层的客观原因。这主要包括两个方面：第一，中国近代是一个人心思变、热血沸腾的时代，人心的力量以及人的主观能动性以一种负的方式被空前激发出来。在这种社会现实和政治局势下，如果对人的精神、意识没有一个客观而清醒的认识，极易由于夸大人的主观精神力量而在哲学上倾向、走向心学。第二，敌我力量的悬殊使中国近代的维新和革命事业一波三折、步履维艰。雪上加霜的是，无论维新派还是革命派都藐视人民、孤军作战。面对强大的敌人，他们只好夸大心中那一点可怜而微弱的热情与自信，作为进取的精神支柱和拯救中国的理论武器；消沉、沮丧时，心学作为一种精神慰藉又成了安身立命之所。在这方面，佛学的慈悲和博爱精神则不啻为维新派寻求调和的本体依托和哲学说明。

总之，种种迹象表明，心学之所以成为中国近代哲学的人心皈依和时代风尚，除了近代哲学家个人方面的主观原因之外，还有不可回避的客观原因。从这个意义上说，无论近代哲学家由物学转向心学还是心学成为近代哲学的主流和归宿都不是偶然的，而是带有某种不容否认也不容忽视的必然性。

二、中西交融——近代哲学的总体态势

中国近代哲学以 1840 年为开端，缘于一个标志性的事件——鸦片战争。这背后隐藏着一个不争的事实，那就是：1840 年的鸦片战争催生了中国近代哲学。正如中国在西方列强以鸦片战争为开端的一系列侵略战争中战败迫于西方列强的船坚炮利一样，由于落后，中国才挨打。这就是说，面对近几百年崛起的西方文化，古老的中华文明已经跟不上时代了，所以才在面对西方列强的侵略时显得力不从心。为了救亡图存，必须增强、激发中国的文化实力；为此必须对中国文化进行创新而展开一场思想启蒙。对于近代中国来说，无论救亡图存还是思想启蒙，都必须学习西方文化。正是由于这个原因，中国近代哲学的建构是一个向西方学习的过程。学习西方是一种态度，是中国近代的处境使然，因而关系到中国的生死存亡。为什么学则表明了一种立场，如何学更是一

种智慧。近代哲学家在建构的哲学时，不仅秉持救亡图存与思想启蒙的立言宗旨，而且将自己置身于全球多元的文化视域中。于是，他们把眼光投向了西方，开始了向西方寻找"真理"的过程。由此，近代哲学家热衷于利用西方的新概念、新学说论证自己的哲学，并且拉开了西学大量东渐的序幕。西学在中国近代的大量东渐给中国的传统哲学带来了大冲击和大震荡，也给中国哲学带来了前所未有的新选择、新机遇。总的说来，中国近代哲学史再现了中西文化的交融史，其中经历了一个从对抗、冲突到吸收、同化和和合的过程。在中国近代哲学家的哲学中，不仅有中国传统儒家、道家和佛学①等中国固有之学的元素，而且也有西方的实证主义、唯意志论、经验论和感觉论的影子。

综观近代哲学家的哲学建构可以看到，理论来源的繁多和复杂，思维视野的拓宽，使近代哲学的构成成分呈现出繁多与庞杂的态势，同时也改变了中国传统哲学的形态和样式。梁启超称之为"'不中不西即中即西'之新学派"②。如何利用西方的新思想、新文化来丰富中国哲学？如何使中国哲学更好地贯通、容纳西方的新文化？近代哲学家的选择并非必然，亦不完美。尽管如此，不可否认的是，他们以传承中国哲学为己任，以西学为参照，通过为中学注入西学而推动了传统文化的内容转化和创新。因此，近代哲学家并没有因为中国落后而迷失自己的身份，反而强调越是在危难之秋，越要增强中国人的文化认同和身份认同。坚持自我，勇于创新，近代哲学家提供的这种中西交融的模式较之五四新文化运动者的方式更为理性，也更为现实。

三、与自然科学联姻——近代哲学的全新面貌

在中国古代的文化语境和学术系统中，素有大学与小学之分。所谓大学，指格物、致知、诚意、正心、修身、齐家、治国、平天下。所谓小学，是指文字、音韵和训诂学。中国哲学与自然科学基本上是分离的。因此，中国哲学素

---

① 梁启超、章炳麟是公认的近代国学家，两人不约而同地强调佛是中国的固有之学即相对于外入之学的国学。

② 《清代学术概论》，《梁启超全集》（第五册），北京出版社 1999 年版，第 3104 页。

有道德哲学之称，中国古代哲学家的身份大都是历史学家、文字学家或政治家。这使古代哲学家热衷于性与天道，而对自然科学很少问津。正是由于这个原因，偏重心性之学、轻视格致之学成为中国古代哲学的基本特征，也由此拉开了中国哲学与西方哲学的学术分野。不仅如此，可以说中国古代哲学与自然科学是分离的，也可以说古代哲学对自然科学是轻视乃至蔑视的。一个明显的证据是，先秦哲学的两大"显学"——儒家与墨家一盛一衰的不同命运足以向人们证明这一点：如果说儒家在中国历史上的长盛不衰与其执着的"大学"追求密不可分的话，那么，墨家在秦后的歇绝则与长于自然科学尤其是与自然科学密不可分的工艺技巧不无关系。

如果说 1840 年的鸦片战争是中国近代哲学的开端的话，那么，使中国战败的则是西方的坚船利炮。这使中国人对科学技术刮目相看，也引发了近代哲学家对西方自然科学的兴趣和借鉴。更为重要的是，近代哲学家认识到了自然科学是哲学建构的基础，开始热衷于利用自然科学为哲学提供辩护。康有为、谭嗣同无不如此，无论早期的元气论还是后来的仁学都容纳了西方自然科学的要素。

进而言之，近代哲学家以自然科学论证哲学的做法不仅为中国近代哲学增加了以太、电、元素、力和心力等一大批哲学术语和概念，而且改变了中国哲学的思维方式，推动了中国哲学向近代的转型。近代哲学家之所以要将自然科学纳入哲学视野，缘于对自然科学与哲学关系的认识。例如，谭嗣同将自然科学视为社会科学和哲学的基础，于是把以数学为基础的自然科学列入《仁学》的入门课程。对于以数学为基础的自然科学与哲学的关系，他在"仁学界说"中做出了如下概括："算学即不深，而不可不习几何学，盖论事办事之条段在是矣。……格致即不精，而不可不知天文、地舆、全体、心灵四学，盖群学群教之门径在是矣。"[1]再如，严复凸显自然科学的基础地位，强调自然科学修养在哲学建构中占据举足轻重的地位。对此，他论证并解释说："是故欲为群学，必先有事于诸学焉。不为数学、名学，则吾心不足以察不遁之理，必然之数

---

① 《仁学》，《谭嗣同全集》（增订本），中华书局 1998 年版，第 293 页。

也；不为力学、质学，则不足以审因果之相生，功效之互待也。名数力质四者之学已治矣，然吾心之用，犹仅察于寡而或荧于纷，仅察于近而或迷于远也，故必广之以天地二学焉。盖于名数知万物之成法，于力质得化机之殊能，尤必藉天地二学，各合而观之，而后有以见物化之成迹。名数虚，于天地征其实；力质分，于天地会其全，夫而后有以知成物之悠久，杂物之博大，与夫化物之藩变也。"①

鉴于对哲学与自然科学密切关系的认识，近代哲学家喜欢在自己的哲学建构中融入大量西方自然科学的概念和学说。因此，在中国近代，利用自然科学论证哲学是一种普遍现象，也是一种时代风尚。这借用梁启超的表达便是，中国近代是哲学与自然科学联姻的时代。因此，并不限于康有为与谭嗣同，其他近代哲学家也都利用自然科学阐释和展开自己的哲学论证。可以看到，他们广泛涉猎西方自然科学的概念、学说和领域，乐此不疲地吸取五花八门的自然科学的新成果和新发现来充实自己的哲学。于是，达尔文进化论、牛顿力学、以太说、原子论、细胞学说、日心说、康德—拉普拉斯星云假说、元素说、电等自然科学概念和学说都被引进中国，并且对中国近代哲学产生过重要影响。

大量西方自然科学的引入和运用推动了中国近代哲学的变革，使中国近代哲学不仅在思维模式、概念范畴和理论框架上形成了自己的特有风格，而且拥有了与古代哲学迥然相异的气质和神韵。

四、哲学创新——近代哲学家的工作依然在路上

正如近代中国经受几千年未有之变局和巨创一样，近代哲学肩负着与生俱来的历史使命，那就是救亡图存与思想启蒙的双重重任。无论亘古未有之巨变还是救亡图存的迫在眉睫都注定了近代哲学家的哲学建构是一种全新尝试。面对时代提出的全新课题，近代哲学家殚精竭虑，奔走呼号。遗憾的是，由于错综复杂的社会环境和政治斗争，不论康有为、谭嗣同还是其他近代哲学家最终

---

① 《原强修订稿》，《严复集》（第一册），中华书局 1986 年版，第 17 页。

都没有完成重建中国哲学的宏图大愿。这是历史原因造成的，也成为近代哲学的时代局限。

在一百多年后的今天，近代哲学家所做的工作仍然在继续。面对古今中西之辨，如何建构具有中国意蕴和中华精神的中国哲学仍依然是摆在今人面前的一个重要而迫切的时代课题。对中国哲学进行创造性转化和创新性发展是新时代的必然要求，也是大势所趋。一方面，中国哲学与一切传统文化一样需要创新，不创新就没有活力和生命力；另一方面，创新并不意味着失去自我，恰好相反，中国哲学只有坚持自我、挺立中华民族精神，创新才有意义。中国近代社会的骤变与巨变使近代哲学家们越来越深感中国哲学的缺失与不足，他们渴望建构出一种既不苟同于古人也不谄媚于洋人的"特质"哲学。为此，梁启超等人还把是否具有"特质"视为评价哲学和文化的标准。对博大精深的中国传统哲学含英咀华，取精用宏，这是中国哲学的创新之本。与梁启超、孙中山和章炳麟等人相比，康有为、谭嗣同对中西文化的差异认识不足，对中国文化的民族性、地域性坚守不够。近代哲学家的不同声音表明，只有坚守中华民族精神才能在融入世界时不迷失自己的方向，从而兼顾哲学的个性与共性，摆正世界性与民族性的关系。只有这样，中国哲学才能在创新进取、走向世界时找到自己的位置。从近代到现代的百年中国哲学史的发展历程昭示人们，为了适应时代的需要，哲学必须创新。中国哲学既要采撷他山之石，在不断创新中谋求发展，又要彰显中华民族的主体性、自主性和民族性。

第三章　康有为与谭嗣同仁学观之比较

在中国近代哲学家中，康有为、谭嗣同的思想最为相似，哲学思想也不例外。说到两人的哲学思想，最明显也最重要的则非仁学莫属。这不仅因为康有为、谭嗣同是中国哲学史上仅有的两位明确断言仁是世界万物本原的哲学家，而且因为仁学在两人思想中提纲挈领的地位促使康有为、谭嗣同从仁学中推演出推崇平等的启蒙思想、依托三世的进化思想、崇尚"至平""致一"的大同思想、信凭宗教的救世思想等。问题的关键是，两人的仁学思想不仅具有相同性、一致性，而是拥有不同性、差异性。一方面，康有为、谭嗣同所讲的仁容纳了近代的价值理念和西方的思想元素，因而展示出不同于古代仁学的新高度和新意境。从这个意义上说，两人的仁学建构属于近代形态，故而与孔子、孟子和宋明理学家代表的古代哲学家的哲学迥异，而与其他近代哲学家的哲学相同。在中国近代，仁受到康有为、谭嗣同的推崇，同样受到梁启超等人的推崇。通过比较、分析可以看到，无论梁启超仁学的理论来源还是内容构成均与康有为、谭嗣同不可同日而语。与梁启超崇尚仁学的视域和初衷有别，康有为、谭嗣同奉仁为世界本原，由此推出了近代心学的仁学形态，也由此成为中国近代仁学派的代表。无论两人明确声称仁是世界万物的本原还是对仁之内涵的界定都具有鲜明的近代特征，从而呈现出诸多一致性和相同性。另一方面，抛开古代哲学家尤其是近代哲学家，单独对康有为、谭嗣同的仁学进行审视和比较可以发现，两人对仁的理解迥异其趣，建构的仁学样式自然天差地别，属于两种不同的仁学形态和样式。

第一节　仁之本原地位

仁是具有中国意蕴和风采的范畴，仁学思想在中国哲学史上源远流长。康有为、谭嗣同所讲的仁带有与生俱来的近代诉求和时代烙印，以仁为世界本原的仁学建构拥有鲜明的近代气质和时代特征。总的说来，两人的仁学建构显示出诸多相同性，既与古代仁学形成了鲜明的学术分野，也在对世界本原问题的回答上与包括梁启超在内的其他近代哲学家渐行渐远。

一、仁之至高权威

从仁的地位上看，康有为、谭嗣同奉仁为宇宙本原，极大地彰显了仁的绝对权威和至高无上。两人的做法使仁的地位骤然提升，达到了中国哲学史上从未有过的高度。

康有为断言，仁是宇宙间的最高存在，天地万物皆源于仁。正是在这个意义上，他宣称："仁也，电也，以太也，人人皆有之，……为万化之海，为一切根，为一切源。"① 这就是说，仁是"万化之海"，作为推动世界运动、变化的总根源，是宇宙的真正主宰；仁"为一切根，为一切源"，是自然万殊乃至人类的最终本原。在此基础上，康有为强调，仁的本原地位和主宰作用决定了人道以仁爱为主。仁是人类社会的至高权威，同时也是判断善恶的标准。

谭嗣同对仁的推崇无以复加，不仅将自己的代表作命名为《仁学》，而且在书中开宗明义地宣称："仁为天地万物之源。"② 对于作为世界本原和主宰的仁究竟是什么，他从训诂学的角度进行了界定："'仁'从二从人，相偶之义也。'元'从二从儿，'儿'古人字，是亦'仁'也。'无'，许说通'元'为'无'，是'无'亦从二从人，亦'仁'也。故言仁者不可不知元，而其功用可极于

---

① 《孟子微》，《康有为全集》（第五集），中国人民大学出版社 2007 年版，第 414 页。

② 《仁学》，《谭嗣同全集》（增订本），中华书局 1998 年版，第 292 页。

无。"① 经过谭嗣同的界定和诠释，仁拥有了两个本质规定：第一，仁是元。元之义证明，仁是天地万物的本原，是宇宙间的第一存在。第二，仁是无。无之义证明，仁的最高境界是洞彻彼此、不分人己的无我状态。谭嗣同由以太的相成相爱之能力推出了兼爱，将仁诠释为慈悲而平等。对此，他解释说："夫吸力即爱力之异名也。善用爱者，所以贵兼爱矣。有所爱，必有所大不爱也；无所爱，将留其爱以无不爱也。"②

上述内容显示，康有为、谭嗣同凸显仁的本原地位既彰显了仁的绝对权威，又使仁拥有了空前绝后的至高无上性。

二、仁之统辖范围

康有为、谭嗣同奉仁为世界万物的本原，这意味着两人的仁学开拓了仁的本体领域，故而与古代哲学家所讲的仁侧重伦理、道德和政治领域具有根本区别。这就是说，康有为、谭嗣同的做法扩大了仁的统辖范围，也由此拉开了近代与古代仁学之间的距离。

古代哲学家尽管对仁推崇有加，然而，他们在推崇的过程中习惯于将仁与义、礼、智一起称为四端（四心），或者与义、礼、智、信等一起称为五常（五行）。这种情况表明，在古代哲学的视界中，仁通常只能作为四心或五常的一个条目出现，而不是完全独立的。宋明时期的思想家热衷于重排五常之序，二程、朱熹代表的理学家反对李觏等人主张礼为五常之首的观点，标举仁为五常之首、百善之先，以此突出仁对于义、礼、智、信的优先性。程朱的做法尽管彰显了仁在四端、五常中的突出地位，然而，他们同样没有使仁从四端、五常中独立出来。在近代，仁成为独立概念，不再与义、礼、智、信相提并论。这为仁之地位的提升乃至独尊奠定了前提。

更为重要的是，古代之仁从来没有直接被奉为宇宙本原，将仁奉为世界万

---

① 《仁学》，《谭嗣同全集》（增订本），中华书局 1998 年版，第 289 页。

② 《仁学》，《谭嗣同全集》（增订本），中华书局 1998 年版，第 303 页。

物的本原和主宰是康有为、谭嗣同等人的创举。在这里，尚须提及的是，朱熹曾将天理视为宇宙的本原，并且明言"理则为仁义礼智"（《朱子语类》卷一）。这使仁作为天理的一部分具有了宇宙本原的意蕴。即便如此，仍有两点不容忽视：第一，从概念上看，作为本原的依然是天理而不是仁。第二，仁与义、礼、智、信一并是理的内容，并无独立地位。这两点共同表明，在对仁之地位的界定上，朱熹与其他古代哲学家之间并无本质区别。更能说明近代之仁崇高地位的是，在近代，礼被批判，三纲被质疑，尤其是谭嗣同将三纲与五伦一起予以抨击。即使是在这种背景下，仁却被推崇，甚至被奉为宇宙本原。

第二节　仁之平等内涵

在对仁之内涵的界定上，康有为、谭嗣同从训诂学的角度多次表示仁"从二从人"，具有"相偶之义"，以此凸显仁指涉人与人之间的关系。沿着这个思路，两人赋予仁平等内涵，使仁具有了不同以往的近代特征和全新内涵。

一、近代之仁的"人人平等"

康有为反复彰显仁的相偶之义。例如，他声称："仁者，人也。二人相偶，心中恻恺，兼爱无私也。"① 这决定了仁标志的是人与人的关系。对此，康有为断言："天下之人物虽多，事理虽繁，而对待者只人与己。有所行者，应人接物，亦不外人与己之交而已。"② 按照他的说法，仁从根本上说不是"私德"而是"公德"，是标志人与人关系的范畴。在此基础上，他进而指出，仁即不忍人之心，是一种平等之爱；仁之爱人原则是"人人平等，爱人如己，……不独亲亲矣"③。对此，康有为一再声明：

① 《论语注》，《康有为全集》（第六集），中国人民大学出版社 2007 年版，第 426 页。
② 《论语注》，《康有为全集》（第六集），中国人民大学出版社 2007 年版，第 506 页。
③ 《孟子微》，《康有为全集》（第五集），中国人民大学出版社 2007 年版，第 415 页。

仁之极，所谓平等者。①

至平无差等，乃太平之礼，至仁之义。②

鉴于仁的本原地位和平等内涵，康有为对平等格外关注，更是成为大声疾呼男女平等的中国近代第一人。不仅如此，为了描绘平等的理想境界，他创作了《大同书》，建构了"愿求皆获，人人极乐"的绝对平等乐园。对于康有为以仁—平等为哲学根基而推出的绝对平等境界，梁启超解释说："故悬仁以为鹄，以衡量天下之宗教、之伦理、之政治、之学术，乃至一人之言论行事，凡合于此者谓之善良，不合于此者谓之恶劣。以故三教可以合一，孔子也，佛也，耶稣也，其立教之条目不同，而其以仁为主则一也。以故当博爱，当平等，人类皆同胞，而一国更不必论，而所亲更不必论。故先生之论政论学，皆发于不忍人之心。人人有不忍人之心，则其救国救天下也，欲已而不能自已。如左手有痛痒，右手从而煦之也；不然者，则麻木而已矣，不仁而已矣，其哲学之大本，盖在于是。"③

如果说在中国近代首倡仁—平等的是康有为的话，那么，对仁之平等内涵从形而上学的高度进行系统论证的则非谭嗣同莫属。依据谭嗣同的说法，仁最基本的内涵和特征是通，通的具体表现则是平等。这用他本人的话说便是："仁以通为第一义，……通之象为平等。"④ 事实上，谭嗣同不仅声称平等作为通的具体表现就是作为世界万物本原的仁的题中应有之义，而且从不同角度予以论证。正是在这个意义上，他反复强调：

通者如电线四达，无远弗界，异域如一身也。故《易》首言元，即继言亨。元，仁也；亨，通也。苟仁，自无不通。亦惟通，而仁之量乃

---

① 《讲仁字》，《康有为学术文化随笔》，中国青年出版社1999年版，第101页。
② 《礼运注》，《康有为全集》（第五集），中国人民大学出版社2007年版，第554页。
③ 《南海康先生传》，《梁启超全集》（第一册），北京出版社1999年版，第488页。
④ 《仁学》，《谭嗣同全集》（增订本），中华书局1998年版，第291页。

可完。①

　　夫仁、以太之用，而天地万物由之以生，由之以通。星辰之远，鬼神之冥漠，犹将以仁通之；况同生此地球而同为人，岂一二人之私意所能塞之？亦自塞其仁而已。彼治于我，我将师之；彼忽于我，我将拯之。可以通学，可以通政，可以通教，又况于通商之常常者乎！②

在此基础上，谭嗣同进一步指出，"通有四义"，即"中外通""上下通""男女内外通"和"人我通"，其中的"人我通"就是无我。他将仁界定为无，就是为了强调仁的最高境界是"通天地万物人我为一身"③的平等境界。这样一来，凭借仁—通—平等，谭嗣同完成了对平等的哲学论证。他的具体办法有二：第一，把平等说成是宇宙本原——仁的基本特征，赋予平等以本体高度和形上意蕴。第二，将仁与慈悲联系在一起，认定慈悲就是人与人之间平等相待。他声称："盖心力之实体，莫大于慈悲。慈悲则我视人平等，而我以无畏；人视我平等，而人亦以无畏。"④借助慈悲的作用，谭嗣同论证了实现平等的可能和途径。

　　其实，并不限于康有为和谭嗣同，仁的基本内涵和特征为平等是近代哲学家的共识。例如，梁启超断言："仁者，平等也，无差别相也，无捡择法也，故无大小之可言也。"⑤正是由于这个原因，凸显仁的平等内涵既呈现了康有为、谭嗣同仁学的一致性，又展示了两人仁学建构的近代诉求和时代风尚。

二、平等与差等

　　如果说康有为、谭嗣同将平等代表的近代价值观念注入仁的概念之中体现

---

① 《仁学》，《谭嗣同全集》（增订本），中华书局 1998 年版，第 296 页。
② 《仁学》，《谭嗣同全集》（增订本），中华书局 1998 年版，第 297 页。
③ 《仁学》，《谭嗣同全集》（增订本），中华书局 1998 年版，第 296 页。
④ 《仁学》，《谭嗣同全集》（增订本），中华书局 1998 年版，第 357 页。
⑤ 《仁学》"序"，《谭嗣同全集》（增订本），中华书局 1998 年版，第 374 页。

了近代仁学的时代风尚，因而与古代之仁的差等内涵相去霄壤的话，那么，两人对仁之平等内涵的论证和侧重则拉近了彼此之间的距离，而与其他近代哲学家渐行渐远。

首先，释仁为平等是近代哲学家的共同做法，也使平等之爱成为近代之仁有别于古代的创新之处。在古代，仁以差等为原则，仁爱不是平等的而是分别的。因此，仁要用义加以限制，"义者，宜也"。义要求仁根据所爱对象的不同分别对待。此外，仁要通过别尊卑、贵贱等的外在形式——礼表现出来。宋明理学家尤其是程颢、朱熹和王守仁等人阐释了"仁者以天地万物为一体"的命题，同时不忘在"一体"中分出差等和厚薄。"仁者以天地万物为一体"使仁具有了某种宇宙境界的味道，也使儒家之仁爱具有了新气象和新意蕴。尽管如此，一个不争的事实是，正如朱熹等人一再澄清仁爱不是兼爱一样，宋明理学家极力申明天地万物的"一体"之中有厚薄之分。下面的记载形象地表达了古代之仁的差等原则及其"一体"之中的不平等：

> 问："大人与物同体，如何《大学》又说个厚薄？"先生（指王守仁——引者注）曰："惟是道理，自有厚薄。比如身是一体，把手足捍头目，岂是偏要薄手足，其道理合如此。禽兽与草木同是爱的，把草木去养禽兽，又忍得。人与禽兽同是爱的，宰禽兽以养亲，与供祭祀，燕宾客，心又忍得。至亲与路人同是爱的，如箪食豆羹，得则生、不得则死，不能两全，宁救至亲，不救路人，心又忍得？这是道理合该如此。……《大学》所谓厚薄，是良知上自然的条理，不可逾越，此便谓之义；顺这个条理，便谓之礼；知此条理，便谓之智；终始是这条理，便谓之信。"（《王阳明全集卷三·传习录下》）

在这里，王守仁一面把人与万物、人与人的关系定位为洋溢着仁爱的"一体""一家"，一面强调"一体""一家"乃至"一身"之中的厚薄之分。于是，便自然而然地形成了这样的状态：在"与万物同体"中，宰禽兽以养亲，供祭祀，宴宾客；在"天下一家，中国一人"中，爱先由至亲后及路人，这正如一身之中手足与头目同是爱的，遇到危难时自然"把手足捍头目"一样。不仅如此，他强调，"一体""一家"之中的厚薄基于宇宙秩序，是天经地义的；这种秩序犹如生理秩序一般天生如此，不可颠倒。这就是说，正如良知上的自然条理一样，仁爱本身即蕴涵着亲疏和厚薄。显而易见，无论亲疏、厚薄还是尊卑都使差等成为古代仁爱的题中应有之义。

变差等的不平等为平等是近代哲学家对仁的创新，也使近代与古代之仁拥有了判若云泥的时代气息。进而言之，正因为近代之仁的基本内涵是平等，仁学在中国近代成为启蒙思想的重要内容。在这方面，康有为、谭嗣同对仁的解读如此，梁启超等其他近代哲学家对仁的解读也不例外。

其次，康有为、谭嗣同有别于其他近代哲学家的独特之处在于，既在诠释仁之内涵的过程中凸显了平等，又由此建构了中国近代启蒙的平等路径。具体地说，戊戌启蒙思想因循两个理路展开：一条侧重平等，以康有为、谭嗣同为代表；一条侧重自由，以梁启超、严复为代表。深入剖析不难发现，康有为、谭嗣同的平等观与仁学观互为表里，对平等的推崇备至与对仁的顶礼膜拜休戚相关。

笼统言之，自由、平等、博爱是近代启蒙思想的主导价值，近代哲学家都提倡自由、平等、博爱。从这个意义上说，自由、平等和博爱是三位一体的，三者不可截然分开。与此相联系，他们所讲的仁不仅具有平等内涵，而且具有自由内涵，正如仁中具有博爱之义一样。在这个前提下尚须进一步澄清的是，近代哲学家对自由、平等、博爱具有不同的情感偏袒和理论侧重，致使三者的分量和比例不可等量齐观。就康有为、谭嗣同对仁之内涵的揭示来说，康有为更偏重博爱，谭嗣同则更热衷平等。就康有为、谭嗣同与梁启超、严复等人来说，正如康有为、谭嗣同也讲自由一样，梁启超、严复也讲平等。在这个前提下应该看到，梁启超、严复关注最多的还是自由。正因为如此，两人成为近代自由主义的代表人物。分析至此可以得出如下认识：一方面，将近代启蒙分为平等与自由两条路线是就理论侧重而言的，并没有绝对的意义；另一方面，这种划分的理论初衷无非是在承认近代启蒙思想的相同点的同时突出其不同点，以此深化对戊戌启蒙思潮和对近代启蒙思想的认识，点明相比较而言，康有为、谭嗣同更注重平等而已。如果说康有为、谭嗣同在中国近代的启蒙历程中开创了平等路径，也因而成为平等派的代表的话，那么，两人对平等的宣传和论证皆从哲学上的仁学而来。康有为、谭嗣同的平等观以及启蒙观与仁学观一脉相承，乃至受制于仁学观。

第三节 仁之泛爱情怀

中国近代出现了一股声势浩大的宗教热，康有为、谭嗣同都积极参与其中。两人对仁的提倡都与宗教具有内在关联，对于这一点，康有为将仁说成是中古之世的"教主"，谭嗣同声称讲慈悲即仁与讲灵魂一样是构成宗教的要件都是明证。与宗教情结密切相关，两人秉持入世救世、普度众生的初衷解读仁，淋漓尽致地彰显了仁的泛爱情怀。

一、仁与泛爱众生

康有为、谭嗣同将博爱或慈悲注入仁中，把仁的爱人精神推向了无以复加的顶峰，仁也由此拥有了从未有过的豁达胸襟和博大气度。仁的平等内涵预示了康有为、谭嗣同所讲的仁不再是古代的差等之爱，而是一视同仁的平等之爱。这种平等之爱不仅适用于所有人，而且适用于芸芸众生。由此，两人对仁之内涵的挖掘由平等转向了泛爱众生。

康有为对仁之博爱内涵的凸显无以复加，因而连篇累牍地申明：

　　　　盖仁莫大于博爱。[1]

　　　　仁也以博爱为本。[2]

---

[1] 《论语注》，《康有为全集》（第六集），中国人民大学出版社 2007 年版，第 492 页。

[2] 《论语注》，《康有为全集》（第六集），中国人民大学出版社 2007 年版，第 394 页。

　　若仁，则为元德，有恻怛之心，博爱之理。……仅能克己自守，尚未有益于人，故未及能仁也。①

　　仁者，在天为生生之理，在人为博爱之德。②

　　博爱之谓仁。盖仁者日以施人民、济众生为事者。③

　　仁者公德，博爱无私，万物一体者。人者仁也，故人人皆有仁之责任，人人皆当相爱相救。为人一日，即当尽一日之责，无可辞避。④

　　能爱类者谓之仁，不爱类者谓之不仁。⑤

　　进而言之，在康有为那里，仁的平等与博爱内涵相互印证、相得益彰：一方面，仁的世界本原地位表明平等是宇宙间的普遍规律，使平等具有了无限的广泛性和普适性。这种广泛而普适的平等之爱就是博爱；另一方面，仁的博爱内涵使他所讲的平等不仅不分民族、国界，而且不分人类与动植物。由于仁爱贯穿整个人类社会和自然界，平等成为超越国界、人群、种群的"大平等"。这种思路下的平等并不止于人与人、国与国之间，而是作为宇宙公理贯注于宇宙间的所有存在。正因为如此，康有为强调，平等贯通人类、动物和植物，是一种"大平等"，以众生平等为目标和归宿。于是，与博爱情结相一致，他呼吁众生平等，将平等理解为始于男女平等，包括中国与外国平等，终于众生平等的"大平等"。正是在这个意义上，康有为明确指出："是时（指"大同之世"——引者注）则全世界当戒杀，乃为大平等。……始于男女平等，终于

① 《论语注》，《康有为全集》（第六集），中国人民大学出版社 2007 年版，第 488 页。
② 《中庸注》，《康有为全集》（第五集），中国人民大学出版社 2007 年版，第 379 页。
③ 《论语注》，《康有为全集》（第六集），中国人民大学出版社 2007 年版，第 424 页。
④ 《论语注》，《康有为全集》（第六集），中国人民大学出版社 2007 年版，第 438 页。
⑤ 《大同书》，中州古籍出版社 1998 年版，第 349 页。

众生平等，必至是而吾爱愿始毕。"① 按照他的说法，"天之生物，人物皆为同气"，"众生皆为平等"，人与人应该相爱，人类也应该爱众生。作为平等的理想状态，大同社会"戒杀生"，进入众生平等的境界。

正因为康有为所讲的仁是博爱而不是亲亲、尊尊的差等之爱，所以，梁启超称康有为以仁为世界本原的哲学是"博爱派哲学"。梁启超写道："先生之哲学，博爱派哲学也。"② 博爱是近代的时代风尚使然，因而具有普遍性。在这方面，康有为如此，其他近代哲学家也不例外。例如，孙中山强调仁的博爱内涵，并在《军人精神教育》中指出："中国古来学者，言仁者不一而足。据予所见，仁之定义，如唐韩愈所云：'博爱之谓仁'敢云适当。……谓之博爱，即可谓之仁。"不仅如此，在视仁为博爱的前提下，他进一步突出博爱对于自由、平等的优先性。按照孙中山的说法，人在先天资质上生来就不平等，这种不平等如此明显、相差悬殊，以至于使人生来就形成了"先知先觉""后知后觉"和"不知不觉"三个等级。社会领域的政治不平等更加剧了人与人之间的不平等。革命手段可以消除政治上的人为的不平等，却对人生而就有的不平等束手无策。他强调，天赋的不平等不唯永远不可能被消除，反而会随着社会文明的进步和分工的细密而日益加深。有鉴于此，孙中山呼吁人们尤其是"先知先觉"者发扬博爱之德来弥补三类人之间的不平等。

谭嗣同出于与康有为同样的泛爱情怀，发愿"以心度一切苦恼众生"，普度包括西方列强在内的一切含生之类。为此，谭嗣同将仁与佛学的慈悲联系起来，使仁汇聚为普度众生的救世情怀。在近代，除了孙中山之外，从康有为、谭嗣同、梁启超、严复到章炳麟都对佛学推崇有加。谭嗣同推崇佛学的原因之一就是张扬佛学的慈悲为怀和救世度人。为此，他直接以慈悲释仁，声称"慈悲，吾儒所谓'仁'也"③，使仁与慈悲成了异名而同实的同一个概念。在此基础上，谭嗣同将慈悲与平等连为一体："盖心力之实体，莫大于慈悲。慈悲则

---

① 《大同书》，中州古籍出版社 1998 年版，第 361 页。

② 《南海康先生传》，《梁启超全集》，北京出版社 1999 年版，第 488 页。

③ 《仁学》，《谭嗣同全集》（增订本），中华书局 1998 年版，第 357 页。

我视人平等，而我以无畏；人视我平等，而人亦以无畏。"① 按照他的理解，慈悲就是度人的救世精神，仁就是一视同仁乃至普度众生的慈悲，二者相互印证。为此，谭嗣同将佛学纳入仁学之中，张扬度人的救世情怀。正是在这个意义上，他断言："救人之外无事功，即度众生之外无佛法。"② 至此，谭嗣同的仁—通—平等使仁通向了最广博的爱，进而大声疾呼"通天地万物人我为一身"。可以看到，谭嗣同始终心怀慈悲，由此发下普度包括西方列强在内的人类和"一切含生之类"的宏图大愿。

二、仁与救世情怀

基于对仁的推崇，康有为、谭嗣同均以救世度人为己任。康有为把自己的价值目标和人生追求锁定为普度无边苦海中的芸芸众生，表示"其来现也，专为救众生而已。……故日日以救世为心，刻刻以救世为事，舍身命而为之"③。梁启超对康有为的评价是，"以故日以救国救民为事，以为舍此外更无佛法"④。谭嗣同从少年时代起就心怀救世之志，救世度人的志向根深蒂固。对此，他表白说："吾自少至壮，遍遭纲伦之厄，涵泳其苦，殆非生人所能任受，濒死累矣，而卒不死。由是益轻其生命，以为块然躯壳，除利人之外，复何足惜。深念高望，私怀墨子摩顶放踵之志矣。……窃揣历劫之下，度尽诸苦厄，或更语以今日此土之愚之弱之贫之一切苦，将笑为诳语而不复信，则何可不千一述之，为流涕哀呺，强聒不舍，以速其冲决网罗，留作券剂耶？"⑤ 按照谭嗣同自己的说法，自己早年就有轻生之念，之所以不死是为了利济苍生。于是，普度众生成为他为之奋斗的价值目标，也成为谭嗣同生存的唯一意义。

需要提及的是，无论博爱精神、"大平等"情结还是慈悲救世都使康有为、

---

① 《上欧阳中鹄十》，《谭嗣同全集》（增订本），中华书局 1998 年版，第 464 页。

② 《仁学》，《谭嗣同全集》（增订本），中华书局 1998 年版，第 371 页。

③ 《我史》，《康有为全集》（第五集），中国人民大学出版社 2007 年版，第 64 页。

④ 《南海康先生传》，《梁启超全集》（第一册），北京出版社 1999 年版，第 488 页。

⑤ 《仁学》，《谭嗣同全集》（增订本），中华书局 1998 年版，第 289—290 页。

谭嗣同的仁学思想最后演绎为拯救全世界的宏图大愿。其实，这也是大多数近代哲学家的共同心愿。他们纷纷表示：

> 以心挽劫者，不惟发愿救本国，并彼极强盛之西国，与夫含生之类，一切皆度之。①

> 《仁学》何为而作也？……以救全世界之众生也。②

> 我辈宗旨，……乃救地球及无量世界众生也，非救一国也。……今我以数年之功成学，学成以后救无量世界。③

必须提及的是，儒家从孔子、孟子开始就强调仁爱对象的广泛性。孔子主张"泛爱众"（《论语·学而》），孟子声称"亲亲而仁民，仁民而爱物"（《孟子·尽心上》）。这些都将爱的对象推及到了一切人，并且恩泽自然界的天地万物。宋明理学家的"仁者以天地万物为一体"更是在"民胞物与"和"天下一家，中国一人"中使仁拥有了更大的广泛性和普遍性。尽管如此，一个不可回避的事实是，古代哲学家都强调仁爱的差等，仁爱的差等原则阻碍了仁的博爱内涵，至少限制了仁爱面对不同对象时的一视同"仁"。与此不同，近代仁爱的平等内涵为近代哲学家最大限度地伸张仁爱的博爱情怀打通了道路，康有为、谭嗣同普度众生的"大平等"境界和挽救全世界的博大情怀更是古代哲学家所无法想象的。

第四节　仁之大同境界

从仁之境界上看，正如自由、平等、博爱是近代的价值观念一样，对大同

---

① 《仁学》，《谭嗣同全集》（增订本），中华书局1998年版，第358页。

② 《仁学》序，《谭嗣同全集》（增订本），中华书局1998年版，第373页。

③ 《与康有为书》，《戊戌变法》（第二册），上海人民出版社2000年版，第544—545页。

社会心驰神往的近代哲学家都将大同社会说成是实现了自由、平等、博爱的世界。如果说这一点是康有为、谭嗣同与其他近代哲学家的共识的话，那么，两人与其他近代哲学家不同的是则将大同社会说成是仁之最高境界和理想状态。有鉴于此，康有为、谭嗣同借助仁学建构理想中的大同社会，也使大同成为仁不可或缺的内涵。

一、仁与大同的人性根基

康有为、谭嗣同所讲的仁与大同社会密切相关，甚至可以说，没有仁，大同社会也就无从谈起。这是因为，无论康有为以不忍人之心释仁还是谭嗣同以慈悲之心释仁，有一点是相同的，那就是：都将仁说成是人类共同进入大同世界的人性基础。

康有为反复强调仁是孔子思想的主线和宗旨，大同是孔子梦寐以求的理想蓝图。在此基础上，他一面将公羊三世说中的太平世诠释为大同社会（大同世），将大同社会说成是仁的最高境界；一面凭借仁论证大同社会的正当性、合理性，通过仁拉近大同社会与现实世界的距离。在他看来，仁为大同社会的实现奠定了人性基础，因而预示了大同社会的必然到来。对此，康有为一再表示：

> 人道之所以合群，所以能太平者，以其本有"爱质"而扩充之。……
> 而止于至善，极于大同。①

> 同好仁而恶暴，同好文明而恶野蛮，同好进化而恶退化。积之久，故可至太平之世，大同之道。②

---

① 《大同书》，中州古籍出版社 1998 年版，第 344 页。

② 《孟子微》，《康有为全集》（第五集），中国人民大学出版社 2007 年版，第 427 页。

"爱质"是康有为对仁的别称,"太平之世"是他对大同社会的另一种叫法。在康有为看来,仁是人的本性,人生来就有不忍人之心。这使文明臻于至善的大同社会成为人的共同追求,博爱是进入大同的人性基础。循着同样的逻辑,谭嗣同幻想慈悲之心的相互感化。他相信:"心之用莫良于慈悲;慈悲者,尤化机心之妙药。"[1] 因此,有了慈悲之心,"以感一二人而一二化;则以感天下而劫运可挽也"[2]。这就是说,通过慈悲之心化解机心,可以泯灭彼此而天下大同。从这个意义上说,没有仁,大同社会只是遥远的梦幻,正是仁使大同社会变得不再遥远。

二、仁与大同社会的存在状态

大同社会究竟什么样,康有为、谭嗣同通过对仁的解读和诠释进行了回答。具体地说,与对仁之平等内涵的界定一脉相承,两人极力将"平""同""一"说成是大同社会的基本特征。

康有为认为,大同社会人人"至仁""至公",从根本上实现了平等。康有为宣称:"大同之道,至平也,至公也,至仁也,治之至也,虽有善道,无以加此矣。"[3] 他在这里所讲的"至平"即完全平等,由于消除了个体差异,故而与"至公"相提并论。具体地说,大同社会之所以"至平""至公",完全平等,是因为在这里没有国家、没有阶级,没有种族之分和人种差异,没有上下、尊卑之分,乃至没有文化、政治之别。正是在这个意义上,康有为强调:"太平之世,人人平等,无有臣妾奴隶,无有君主统领,无有教主教皇。"[4]

对于大同社会的景象,谭嗣同如是畅想:"人人能自由,是必为无国之民。无国则畛域化,战争息,猜忌绝,权谋弃,彼我亡,平等出;且虽有天下,若无天下矣。君主废,则贵贱平;公理明,则贫富均。千里万里,一家一

---

[1] 《上欧阳中鹄》十,《谭嗣同全集》(增订本),中华书局 1998 年版,第 467 页。

[2] 《仁学》,《谭嗣同全集》(增订本),中华书局 1998 年版,第 358 页。

[3] 《大同书》,中州古籍出版社 1998 年版,第 39 页。

[4] 《大同书》,中州古籍出版社 1998 年版,第 343 页。

人。……殆仿佛《礼运》大同之象焉。"① 基于这种理解，他断言，平等就是大同。正是在这个意义上，谭嗣同宣称："夫大同之治，不独父其父，不独子其子；父子平等，更何有于君臣?"②

至此可见，在康有为、谭嗣同那里，仁之平等与大同相互印证：一方面，平等表现为消灭各种差异的世界大同。为了消灭国家与国家、种族与种族之间的不平等，两人利用中国古代的大同理想为平等辩护，进而向往、提倡天下大同。对于康有为、谭嗣同来说，将来的世界或者说太平社会就是大同世界，那时全世界同一人种、同一国家、同一文化、同一政治乃至同一语言文字。于是，康有为断言："地既同矣，国既同矣，种既同矣，政治、风俗、礼教、法律、度量、权衡、语言、文字无一不同。"③ 这样的完全同一也就是两人所理解的绝对平等社会就是大同世界。另一方面，只有到了大同社会，才能彻底实现平等。康有为宣称："全世界人类尽为平等，则太平之效渐著矣。"④ 大同社会"至仁"，作为仁的最终实现为平等提供了最理想的场所。鉴于平等与大同的密切相关乃至不可分离，因循平等思路的康有为、谭嗣同对大同社会倍加关注，以自由为路径的严复很少提及大同。这从一个侧面印证了平等与大同之间的内在联系。

众所周知，大同理想最早出现在《礼记》的《礼运》篇，是儒家的千年梦想。近代哲学家延续了中国人的大同梦想，并赋予大同诸多新意蕴、新内涵：第一，近代化的进程将中国置于世界万国之林，大同理想与全球化相对接，成为处理各国关系的理想蓝本。第二，秉持进化理念的近代哲学家将大同社会视为人类历史进化的最高阶段，故而对大同理想津津乐道。例如，梁启超向往大同，视之为人类历史的未来蓝图。他坦言："大同之义，有为今日西人所已行者，有为今日西人所未及行，而可决其他日之必行者。"⑤ 孙中山提出了三民主义，其中的"民权时代"就是大同社会，这使大同理想成为他的奋斗目标。正

① 《仁学》，《谭嗣同全集》（增订本），中华书局 1998 年版，第 367 页。
② 《仁学》，《谭嗣同全集》（增订本），中华书局 1998 年版，第 335 页。
③ 《大同书》，中州古籍出版社 1998 年版，第 126 页。
④ 《大同书》，中州古籍出版社 1998 年版，第 148 页。
⑤ 《读〈孟子〉界说》，《梁启超全集》（第一册），北京出版社 1999 年版，第 159 页。

是在这个意义上，孙中山指出："人类进化之目的为何？即孔子所谓'大道之行也，天下为公'。"① 当然，康有为、谭嗣同对大同世界的热情与梁启超、孙中山相比有过之而无不及。康有为特别强调："大同者，孔门之归宿。"② 第三，古代哲学家所讲的大同社会与仁之间并无直接关系。在近代，大同社会与仁爱密切相关，成为仁的最高境界。对于康有为、谭嗣同来说，大同社会与仁更是密不可分。如果说人性根基促使康有为、谭嗣同设置了通往大同世界的路径的话，那么，"至平""致一"则注定了康有为、谭嗣同大同思想的大同主义、世界主义的走向和旨归。如果说离开了这两点便无法深刻把握两人大同思想的相同之处和理论误区的话，那么，不了解仁则无法全面理解康有为、谭嗣同大同思想的上述特点以及误区的由来和根源。

第五节　仁之中西维度

从仁之视野上看，康有为、谭嗣同的仁学建构融汇了古今中外的各种思想学说，拥有无与伦比的兼容性和汇通性。近代哲学家具有圆融无碍的学术胸襟和理论视野，近代哲学具有"不中不西即中即西"的显著特征。康有为、谭嗣同的仁学建构容纳了古今中外多种理论来源和构成要素，是梁启超这一说法的极好注脚。事实上，无论康有为还是谭嗣同的仁学都不是由单一成分构成的，其中的理论来源和构成要素除了儒家的仁爱思想外，还包括佛学和西学在内的各种思想要素。

一、仁学与中学

就中学而言，康有为、谭嗣同的仁之概念源于儒家理念，同时容纳了佛

---

① 《建国方略》，中州古籍出版社 1998 年版，第 98 页。

② 《论语注》，《康有为全集》（第六集），中国人民大学出版社 2007 年版，第 415 页。

学① 和墨家的思想成分。

首先，康有为、谭嗣同的仁学思想都以佛学为主要来源。

尽管康有为反复强调仁是孔子的立教宗教，然而，他承认佛学讲仁，声称仁是佛号。更有甚者，在他设想的作为仁之终极境界的大同社会，耶教、回教乃至孔教已经消亡，佛学却大行其道。

对于谭嗣同来说，由于将仁诠释为"慈悲"，仁学建构更是离不开佛学——甚至可以说以佛学为最主要的理论来源。②

其次，康有为、谭嗣同的仁学建构都借鉴了墨家的思想。

康有为尽管对孔子之仁与墨子之兼爱进行区分，然而，他承认墨子之兼爱源于孔子，是对《论语》中记载的孔子"泛爱众"思想的发挥。正是在这个意义上，推崇孔子以及孔教的康有为对墨子的仁学（兼爱）给予了肯定。更为重要的是，康有为不止一次地断言：

墨子甚仁。③

墨子至仁矣。④

基于这种认识，康有为在自己的仁学思想中为墨子的兼爱思想——也就是他所说的仁学保留了一席之地。正是由于这个原因，早在近代，就有学者评价康有为的学说"援儒入墨"。

与康有为相比，谭嗣同对墨子的青睐有过之而无不及，在仁学中吸收的墨学的成分也随之加大。谭嗣同特别强调，墨家的兼爱与儒家的仁爱都是仁。这

① 梁启超、章炳麟都是近代著名的国学家，同时都对佛教具有极高的造诣。两人异口同声地宣称佛学是国学的一部分，在此从此说。

② 谭嗣同没有将佛学归为中国文化，而是将之与中学（孔教）、西学（耶教）并列，并置于首位。

③ 《万木草堂讲义·七月初三夜讲源流》，《康有为全集》（第二集），中国人民大学出版社2007年版，第283页。

④ 《希腊游记》，《康有为全集》（第八集），中国人民大学出版社2007年版，第460页。

用他本人的话说便是："周秦学者必曰孔、墨，孔、墨诚仁之一宗也。"① 更精确地说，"墨有两派：一曰'任侠'，吾所谓仁也"②。在谭嗣同看来，墨学的任侠传统与慈悲、救世精神相贯通，成为谭嗣同度人救世的精神支柱。这就是说，他推崇墨家，就是推崇墨家之仁的好任侠。对于这一点，后人对谭嗣同的评价都有所反映：

> 谭君……少倜傥有大志，……好任侠，善剑术。③

> 他（指谭嗣同——引者注）于文事之暇，喜欢技击，会骑马，会舞剑。④

这就是说，谭嗣同对墨子顶礼膜拜，墨家的思想不仅融入到他的思想中，而且落实到了行动上。正是以墨子摩顶放踵利天下为榜样，谭嗣同建构了以普度一切苦恼众生为目标的仁学。

二、仁学与西学

康有为、谭嗣同的仁学建构都容纳了西学，对西学的选择和侧重也呈现出有别于其他近代哲学家的一致性。具体地说，就仁学的西学渊源而言，康有为、谭嗣同的仁学具有两个重要来源。这两个来源分别是自然科学和以基督教（耶教）为主体的人文科学。

首先，康有为、谭嗣同都借鉴西方东渐的自然科学来比附、说明仁，这种做法从形式上即在概念、范畴上丰富了仁，也使仁拥有了诸多名称。上文提到的康有为所讲的"爱质""爱力"以及下文提到的"吸摄之力"皆属此类，以太、电和力等更是与仁如影随形。更为重要的是，这些自然科学概念在康有为的论

---

① 《仁学》，《谭嗣同全集》（增订本），中华书局 1998 年版，第 289 页。
② 《仁学》，《谭嗣同全集》（增订本），中华书局 1998 年版，第 289 页。
③ 《谭嗣同传》，《谭嗣同全集》（增订本），中华书局 1998 年版，第 553 页。
④ 《上欧阳瓣姜书序》，《谭嗣同全集》（增订本），中华书局 1998 年版，第 536 页。

述中被用来说明仁，以此论证仁是何以相互感通而臻于平等和博爱的。康有为指出："山绝气则崩，身绝脉则死，地绝气则散。然则人绝其不忍之爱质乎？人道将灭绝矣。"[1] 对于所谓的"不忍之爱质"，他解释说："其欧人所谓以太耶？其古所谓不忍之心耶？"[2] 在此基础上，康有为断言："不忍者，吸摄之力也。"[3] 对此，他论证说，魂知相通，爱磁相摄，"如电之行于气而无不通也，如水之周于地而无不贯也"。这是因为，"神者有知之电也，光电能无所不传，神气能无所不感。神鬼神帝，生天生地，全神分神，惟元惟人。微乎妙哉，其神之有触哉！无物无电，无物无神。夫神者知气也，魂知也，精爽也，灵明也，明德也，数者异名而同实。有觉知则有吸摄，磁石犹然，何况于人！"[4]

谭嗣同在《仁学》中不止一次地把仁与以太、电和力等源自西方自然科学的概念相提并论，下仅举其一斑：

> 一、……以太也，电也，心力也，皆指所以通之具。
> 二、以太也，电也，粗浅之具也，借其名以质心力。[5]

这是"仁学界说"的第一条和第二条，"界说"现译为定义，是用来界定概念内涵的。谭嗣同对《仁学》的这种界定——或者说给仁学下的这个定义透露出仁与以太、电、力等概念以及自然科学的关系非同寻常。在此基础上，他拿以太的"质点"振荡说明仁的相互感应，具体如下：当人心发出一善念时，这一善念便传入空气，使"质点"（以太）产生震荡，从而传入众人的"脑气筋"。其间尽管重重阻挠，却也遏制不住这种感通，人心与人心的感通是没有界限、跨越时空的。对此，谭嗣同不禁一次又一次地自信宣布：

---

① 《大同书》，中州古籍出版社 1998 年版，第 35 页。
② 《大同书》，中州古籍出版社 1998 年版，第 34 页。
③ 《大同书》，中州古籍出版社 1998 年版，第 35 页。
④ 《大同书》，中州古籍出版社 1998 年版，第 35 页。
⑤ 《仁学》，《谭嗣同全集》（增订本），中华书局 1998 年版，第 291 页。

我之心力，能感人使与我同念。①

天下人之脑气筋皆相连者也。此发一善念，彼必有应之者，如寄电信然，万里无阻也。②

当函丈（指欧阳中鹄——引者注）焚香告天时，一心之力量早已传于空气，使质点大震荡，而入乎众人之脑气筋。虽多端阻挠，而终不能不皈依于座下。③

循着这个思路，谭嗣同坚信，通过仁和心力的相互感通，可以达到不分人我的"洞澈彼此，一尘不隔"④的理想境界。

除此之外，谭嗣同还利用生理学、解剖学的知识论证仁的相互感应和感通，当这些知识与以太相互注释时，则使他对仁学的论证无往而不胜：就一人而言，人的一言一行，一举一动都是神经⑤支配的，人的周身神经又是相连的；一个手指受伤，大脑就会感觉全身不适。就天地人我而言，众人的神经同出一源，是相通的；天地、人我、彼此相互感通，恰如人周身的神经相通一样。经过上述一番论证，谭嗣同得出结论，既然天地万物人我原本是相通的，那么，如果妄生分别就是麻木不仁。仁就是相互感通、不分人我。于是，他写道："任举万事中之一事，如一言，如一动，如一歌泣，如一思念，其为事亦至庸无奇矣，而要皆合全体之脑气筋发动而显。以我之脑气筋感我之脑气筋，于是乎有知觉。牵一发而全身为动，伤一指而终日不适。疾痛苛痒，一触即知。其机极灵，其传至速。……以我之脑气筋感人之脑气筋，于是乎有感应。善不善，千里之外应之；诚不诚，十手十目严之。……本合天地人我为一全体，

---

① 《仁学》，《谭嗣同全集》（增订本），中华书局1998年版，第295页。
② 《上欧阳中鹄十》，《谭嗣同全集》（增订本），中华书局1998年版，第462页。
③ 《上欧阳中鹄十》，《谭嗣同全集》（增订本），中华书局1998年版，第460页。
④ 《仁学》，《谭嗣同全集》（增订本），中华书局1998年版，第365页。
⑤ 英文nerve，谭嗣同称之为"脑气筋"。

合众脑气筋为一脑气筋，而妄生分别，妄见畛域，自隔自蔽，绝不相通者，尤麻木不仁之大者也。"①

　　其次，在利用西方传入的自然科学为仁学进行辩护的同时，康有为、谭嗣同均将西方的人文科学纳入仁学之中。康有为、谭嗣同所讲的大同社会源于中国古代的儒家理想，也融合了西方的思想要素。在这方面，康有为、谭嗣同都提到过一本叫做《百年一觉》的书，并拿它与大同相对照。于是，两人宣称：

　　　　美国人所著《百年一觉》书是大同影子。②

　　　　若西书中百年一觉者，殆仿佛《礼运》大同之象焉。③

　　当然，就西学来说，除了名目繁多的自然科学概念和学说之外，被康有为、谭嗣同搬来为仁作注脚的主要是基督教（耶教）。

　　康有为对基督教作过研究，并著有《欧洲哲学家之言上帝》一文。正是由于康有为对宗教的如醉如痴，乐此不疲，梁启超在为康有为作传时特意作《宗教家之康南海》一章，并对康有为的宗教思想进行了如是概括和介绍："先生于耶教，亦独有所见。以为耶教言灵魂界之事，其圆满不如佛；言人间世之事，其精备不如孔子。然其所长者，在直捷，在专纯。单标一义，深切著明，曰人类同胞也，曰人类平等也，皆上原于真理，而下切于实用，于救众生最有效焉，佛氏所谓不二法门也。虽然，先生之布教于中国也，专以孔教，不以佛、耶，非有所吐弃，实民俗历史之关系，不得不然也。"④据此可知，尽管康有为对耶教含有微词，然而，他对耶教是有所了解或做过研究的，所以才"独有所见"。对耶教的研究和了解为康有为援耶入仁以及以孔释佛提供了基础。基于对耶教的了解，他指出仁是孔教与耶教的共同特征，故而在仁的名义下使

---

① 《以太说》，《谭嗣同全集》（增订本），中华书局1998年版，第433—434页。

② 《南海康先生口说》，中山大学1985年版，第31页。

③ 《仁学》，《谭嗣同全集》（增订本），中华书局1998年版，第367页。

④ 《南海康先生传》，《梁启超全集》（第一册），北京出版社1999年版，第488页。

孔教与基督教相互贯通。

对于孔教与耶教相通，谭嗣同的看法与康有为别无二致。更有甚者，与以佛学的慈悲、度人发挥仁之博爱精神相一致，在康有为、谭嗣同的视界中，孔教与佛教原本即圆融无碍。这样一来，两人的仁学建构便成为孔教、佛教和耶教的融合：

> 以故三教可以合一（这是梁启超对康有为的介绍和评价——引者注），孔子也，佛也，耶稣也，其立教之条目不同，而其以仁为主则一也。以故当博爱，当平等，人类皆同胞，而一国更不必论，而所亲更不必论。[①]

> 能为仁之元而神于无者有三：曰佛，曰孔，曰耶。佛能统孔、耶，而孔与耶仁同，所以仁不同。[②]

> 其在孔教，臣哉邻哉，与国人交，君臣朋友也；不独父其父，不独子其子，父子朋友也；夫妇者，嗣为兄弟，可合可离，故孔氏不讳出妻，夫妇朋友也；至兄弟之为友于，更无论矣。其在耶教，明标其旨曰：'视敌如友。'故民主者，天国之义也，君臣朋友也；父子异宫异财，父子朋友也；夫妇择偶判妻，皆由两情自愿，而成婚于教堂，夫妇朋友也；至于兄弟，更无论矣。其在佛教，则尽率其君若臣与夫父母妻子兄弟眷属天亲，一一出家受戒，会于法会，是又普化彼四伦者，同为朋友矣。[③]

至此可见，康有为、谭嗣同将仁以及仁中蕴涵的平等说成是包括孔教、耶教和佛教在内的人类文化的共同特征，以此证明世界各国的文化、宗教均以追求仁和平等为宗旨。在这个维度中，仁成为普适的普世精神，孔教不唯不与其他文化相悖，反而与其他文化相贯相通。借助仁学，两人凸显了人类文化的共

---

① 《南海康先生传》，《梁启超全集》（第一册），北京出版社 1999 年版，第 488 页。
② 《仁学》，《谭嗣同全集》（增订本），中华书局 1998 年版，第 289 页。
③ 《仁学》，《谭嗣同全集》（增订本），中华书局 1998 年版，第 350—351 页。

同特征，也使仁学拥有了全球视界以及最大限度的普适性和包容性。

通过对仁之理论来源的考察不难发现，康有为、谭嗣同所讲的仁—平等不是源自西方的自由、平等思想而是源自以以太、电、力和脑为核心的自然科学概念和学说。这种情况的形成是因为当时所能接触到的西方社会科学少之又少，这一情形到严复翻译西方名著时才得以改善。康有为、谭嗣同以西方自然科学论证仁学的优点是显得有理有据，突出平等放之四海而皆准，作为宇宙本体的仁以及平等有普世性和普适性。这种论证的缺点同样显而易见：第一，对平等的论证不是从人类社会或人与人的关系切入的，故而有些牵强。第二，更为重要的是，就现实性来说，平等只是理想，只能存在于未来，是人类进化的结果。

第六节　仁学之辨析

上述五个方面是从不同角度立论的，共同构成了康有为、谭嗣同仁学的主体内容。这五个方面相互印证，彼此之间不仅具有密切的内在联系，而且共同呈现了康有为、谭嗣同仁学的一致性和相同点：如果说宇宙本原的地位凸显了仁的绝对权威而将仁的地位推向了无以复加的高度的话，那么，大同社会作为仁之极致的理想蓝图则在对仁的普世性的张扬中开辟了康有为、谭嗣同仁学的全球视野。如果说平等内涵和救世情怀构成了两人之仁的两个时代向度的话，那么，其中流露的则是近代仁学有别于古代的价值诉求和时代呼唤。如果说仁的宇宙本原地位注定了仁与生俱来的普世特质，使仁作为放之四海而皆准的原则成为各种文化的共同特征的话，那么，中西维度则使康有为、谭嗣同的仁学建构和合中外古今各种学说，成为与西学对接、走向世界以及现代化的平台；反过来说，融会中西使两人所讲的仁和合了诸多思想要素，既更新了仁之内涵，又印证了仁的至高无上性。这就是说，在康有为、谭嗣同的仁学中，仁的各种规定相互印证、相互开显。其中，平等、泛爱内涵和大同境界具有内在关联，仁的本原地位和中西维度相互映摄。与此同时，宇宙本原地位使仁最大限度地释放了平等和救世情怀，中西维度最大限度地为平等、救世情怀和世界大同提供了辩护。当然，康有为、谭嗣同仁学的一致性在很大程度上体现为鲜明的近代特征，无论平等内涵、救世情怀、大同理想还是中西维度均是如此。这是两人仁学呈现出诸多相同之处的原因所在，也使两人的仁学作为近代形态而与古代仁学相去甚远。

问题到此并没有结束，因为相同性只是康有为、谭嗣同仁学观的一个方面，问题的另一方面是，两人的仁学观存在不同性和差异性。不同之处对于认识、评价康有为、谭嗣同的仁学至关重要，与相同之处一样不可忽视。

一、仁礼关系

仁在中国古代与礼密切相关，康有为、谭嗣同有别于古人之处便是将仁作为独立范畴，并且奉为世界万物的本原。这是两人的一致性，也与古代哲学对仁以及仁礼关系的理解相去霄壤。在这个前提下应该看到，康有为、谭嗣同对礼的态度截然相反。一言以蔽之，康有为崇礼，谭嗣同黜礼。无论作为仁义礼智四端还是仁义礼智信五常之一都表明，礼对于中国古代哲学和传统文化不可或缺，尤其是对于儒家文化至关重要。在传统文化备受质疑的近代，礼作为传统文化的一部分自然在劫难逃。由于礼有别亲疏贵贱之义，更是成为首当其冲的被抨击者。在对待礼的态度上，康有为的做法独树一帜。虽然经历了先崇礼而后黜礼的态度转变，但是，他早期对礼的推崇引人注目。谭嗣同则对礼极尽贬损之能事。

对于康有为来说，仁礼是统一的。仁是人道，是人性，这一切都借助礼表现出来。仁礼关系凸显了礼对于仁的不可或缺，也从另一个角度暴露出康有为崇礼的深刻根源。具体地说，在康有为那里，仁指向天、人两个维度，礼指向个人、社会两个维度。这意味着仁侧重本体领域，是致思方向、价值理念和行为原则；具体到现实社会中，仁展示出个人、社会与人类等不同维度。这时，必须运用礼来处理远近、大小、内外之间的关系，分出一个先后缓急之序。例如，仁的基本内涵是自主、民权和博爱，然而，时之未至，不能躐等。因此，对于当时的中国人而言，不唯不能取消国界反而应该爱中国；不唯不能众生平等，即使是"男女平等各自独立"亦不可行。

谭嗣同像康有为一样尚仁，却不像康有为那样崇礼。事实上，谭嗣同对礼极力鞭挞，甚至可以说是五四新文化运动者提倡"礼教革命"的先驱。谭嗣同之所以对礼竭力拒斥，是因为他认为礼等贵贱、别亲疏，助长了人与人之间的亲疏之分和尊卑之别；而这一切正是导致人妄生分别，从而上下相隔的根源。基于这种认识，礼与谭嗣同推崇的平等格格不入、相互抵牾。由此，他对礼的深恶痛绝也就顺理成章了。

与此同时，康有为、谭嗣同对礼的态度与对荀子的态度互为表里。康有为、谭嗣同都认定荀子崇礼，无论推崇还是拒斥荀子之礼，对荀子的态度与对礼的态度都息息相通。一方面，康有为、谭嗣同的哲学最为接近，一起建构了中国哲学史上绝无仅有的仁学派。另一方面，谭嗣同不再像康有为那样尚仁而崇礼，而是尚仁而黜礼。这使两人的礼学观以及仁礼观呈现出巨大差异，谭嗣同对荀学的批判比康有为更彻底。

康有为、谭嗣同对礼的不同理解和态度使仁礼关系在两人的思想中相去甚远：在康有为那里，仁礼一致，相得益彰。具体地说，礼是仁的题中应有之义。这意味着崇礼并不妨碍尚仁，恰恰是尚仁的具体贯彻。有鉴于此，康有为一面尚仁，一面崇礼——甚至可以说，为了尚仁而崇礼。对仁之内涵的界定和礼之文本的侧重构成了康有为、谭嗣同不同的礼学观，也使两人对仁礼关系的理解大相径庭。

二、仁学底色

仁在中国古代主要是儒学范畴，康有为、谭嗣同所讲的仁则杂糅了佛学、西学和儒家、墨家代表的中学等各色学说。虽然两人的仁学都是对古今中外多元文化的和合，但是，康有为、谭嗣同对各种学说的取舍、侧重各异，建构的仁学拥有不同的底色。一言以蔽之，康有为的仁学底色是儒学，谭嗣同的仁学底色是佛学。

下面两段话是康有为、谭嗣同对两人信奉的宇宙本体——仁的论证，却给人天悬地隔之感：

先生之论理，以"仁"字为唯一之宗旨，以为世界之所以立，众生之所以生，家国之所以存，礼义之所以起，无一不本于仁。苟无爱力，则乾坤应时而灭矣。是故果之核谓之仁，无仁则根干不能苗，枝叶不能萌；手足麻木者谓之不仁。众生之在法界，犹四肢之在一身也，人而不相知不相爱，则谓之不仁，与一体之麻木者等。苟仁矣，则由一体可以为团体，由团体可以为大团体，由大团体可以为更大团体，如是遍于法界，不难矣。故悬仁以为鹄，以衡量天下之宗教、之伦理、之政治、之学术，乃至一人之言论行事，凡合于此者谓之善良，不合于此者谓之恶劣。以故三教可以合一，孔子也，佛也，耶稣也，其立教之条目不同，而其以仁为主则一也。以故当博爱，当平等，人类皆同胞，而一国更不必论，而所亲更不必论。故先生之论政论学，皆发于不忍人之心。人人有不忍人之心，则其救国救天下也，欲已而不能自已。如左手有痛痒，右手从而煦之也。不然者，则麻木而已矣，不仁而已矣，其哲学之大本，盖在于是。①

吾悲夫世之妄生分别也，犁然不可以缔合。寐者蘧蘧，乍见一我，对我者皆为人；其机始于一人我，究于所见，无不人我者。见愈小者，见我亦愈切。愚夫愚妇，于家庭则肆其咆哮之威，愈亲则愈甚，见外人反畏而忘之，以切于我与不切于我也。切于我者，易于爱；易于爱者，亦易于不爱；爱之所不及，亦不爱之所不及。同一人我，而人我之量，期其小者；大于此者，其人我亦大。……庄曰："室无空虚，妇姑勃豀。"以所处者小故也。汉儒训仁为相人偶。人于人不相偶，尚安有世界？不相人偶，见我切也，不仁矣，亦以不人。虽然，此之分别，由于人我而人我之也。甚至

---

① 《南海康先生传》，《梁启超全集》（第一册），北京出版社1999年版，第488页。

一身而有人我。①

前一段引文是梁启超对康有为哲学的介绍，代表了康有为的观点；后一段引文出自《仁学》，是谭嗣同对仁的论证。稍加比对即可发现，这两段话对仁的阐释存在本质区别：第一段引文将仁实化，包括自然界和人类社会在内的全部世界都成为仁生发的过程——康有为本人即有将作为世界万物本原的仁比喻为种子（果仁）的做法，与梁启超将生发世界之仁比喻为"果之核"相映成趣；第二段引文则从破对待的角度界定仁，使仁学成为破除所有分别、对待的通而"致一"，进而无我。由此可见，如果说康有为的仁学在儒家仁者爱人的基础上加入了佛教等其他非儒因素的话，那么，谭嗣同的仁学则借助汉儒的仁之"相偶"论证了佛学的无我思想。换言之，康有为所讲的仁脱胎于不忍人之心，他的仁学以儒家为母版。谭嗣同所讲的仁脱胎于破对待，他的仁学以佛学为依托。

康有为仁学的儒家本色最先表现在思想来源上。对于仁，康有为是沿着孔子、子思、孟子和董仲舒等儒家人物的思路讲起的。对此，康有为不止一次地说道：

> 不忍人之心，仁也，电也，以太也，人人皆有之，故谓人性皆善。……为万化之海，为一切根，为一切源。一核而成参天之树，一滴而成大海之水。人道之仁爱，人道之文明，人道之进化，至于太平大同，皆从此出。孟子直指出圣人用心，为儒家治教之本，霹雳震雷，大声抉发，学者宜体验而扩充矣。②

> 仁从二人，人道相偶，有吸引之意，即爱力也，实电力也。人具此爱力，故仁即人也。苟无此爱力，即不得为人矣。孟子曰：仁者，人也。合

---

① 《仁学》，《谭嗣同全集》（增订本），中华书局 1998 年版，第 298 页。
② 《孟子微》，《康有为全集》（第五集），中国人民大学出版社 2007 年版，第 414 页。

而言之，道也。盖人力行仁者，即为道也。此传子思之微言，为孔教的髓也。然爱者力甚大，无所不爱。①

与此同时，康有为仁学的儒家底色通过著述表现出来。众所周知，谭嗣同著有《仁学》一书，专门对仁以及仁学进行界定和阐发。康有为并没有专门的仁学著作，他的仁学思想通过《论语注》《中庸注》《礼运注》《孟子微》《春秋董氏学》《大同书》以及戊戌维新之前的讲稿零散地表现出来。仅从书名上即可看出，康有为是在掘发《论语》《中庸》《礼记》《孟子》《春秋》等儒家经典时界定仁并阐发仁学思想的。

如果说将仁与不忍人之心互释表明了康有为的儒家立场，致使他的仁学成为儒学形态的话，那么，将仁与慈悲互释则表明了谭嗣同的佛学立场，致使他的仁学成为佛学形态的仁学；如果说尚仁尊礼流露出康有为仁学的求乐意趣的话，那么，尚仁黜礼则从一个侧面预示了谭嗣同仁学与求乐无缘。凡此种种，不一而足。这些都是康有为、谭嗣同仁学的差异性和不同性，同时也展示了近代仁学的丰富性和多样性。

其实，有人早就注意到了康有为、谭嗣同仁学及哲学的这种区别。例如，蔡元培在盘点"近五十年来"的中国哲学时，就对康有为、谭嗣同的哲学如是说："方康氏著《大同书》的时候，他的朋友谭嗣同著了一部《仁学》。康氏说'以太'，说'电'，说'吸摄'，都作为'仁'的比喻；谭氏也是这样。康氏说'去国界'、'去级界'等等，谭氏也要去各种界限。这是相同的。但谭氏以华严及庄子为出发点，以破对待为论锋，不注意于苦乐的对待，所以也没有说去苦就乐的方法。"②

综上所述，康有为、谭嗣同都推崇仁为世界本原，一起成为近代哲学史上仁学派的代表。深入剖析、比较可以发现，康有为、谭嗣同的仁学观同异参半。如果说相同之处展示了近代仁学有别于古代的时代特征和全新风尚的话，

---

① 《中庸注》，《康有为全集》（第五集），中国人民大学出版社 2007 年版，第 379—380 页。
② 《五十年来中国之哲学》，《蔡元培全集》（第五卷），浙江教育出版社 1997 年版，第 121 页。

那么，不同之处则彰显了两人仁学的不同形态和样式。有鉴于此，对于康有为、谭嗣同的仁学，既要肯定其间的一致性、相同性，以此直观感受近代仁学有别于古代的时代诉求和基本特征；又要关注其间的差异性、不同性，借此领悟康有为、谭嗣同仁学各自的学术风采和独特意蕴。

第四章　康有为与谭嗣同科学观之比较

　　康有为、谭嗣同对仁学的建构是借鉴以电、力、以太为主的西方近代自然科学概念和学说完成的，两人建构了近代哲学的仁学形态也就决定了仁学与自然科学密不可分。更为重要的是，无论康有为还是谭嗣同都热衷于自然科学，并且善于将自然科学融入到自己的哲学建构之中。康有为对天文学造诣极深，《诸天讲》梳理了天文学的发展历程，并且对古今中外五花八门的天文学理论含英咀华。正因为如此，康有为被誉为中国近代最伟大的天文学家。无论这种赞誉是否恰当，有一点是不争的事实，那就是：康有为以对天文学为代表的自然科学兴趣盎然，晚年更是对天文学如醉如痴，并且喜欢将自然科学运用到自己的哲学建构之中。他对自然科学的运用如此炉火纯青，以至于让人难辨科学与哲学。对于这一点，康有为的弟子对于《诸天讲》究竟是科学家言还是宗教家言的争论便是明证。无独有偶，谭嗣同被誉为中国近代最著名的科学家，他赢得如此评价与对算学、天文学、地理学、生理学、解剖学以及牛顿力学等形形色色的自然科学的热衷和运用息息相关。谭嗣同从小就对算学产生了浓厚的兴趣，对算学的研究终身不辍。在《仁学》中，他更是将算学、格致之学说成是哲学社会科学的基础。康有为、谭嗣同不仅都对自然科学津津乐道，而且都喜欢用西方传入的自然科学建构自己包括仁学在内的哲学体系。这一点与严复、梁启超、孙中山和章炳麟等同时代的其他哲学家大不相同，因为从严复的不可知论、梁启超的唯意志论到孙中山的意识论、章炳麟的唯识论都不是主要借助西方传入的自然科学进行论证的。不仅如此，康有为、谭嗣同对西方自然科学的选择最为相似，都以物理学、天文学和解剖学为主要学科，并且都热衷于电、力、以太等自然科学概念。这一点与严复、孙中山对达尔文进化论的膜拜迥异其趣，与梁启超对唯意志论的偏袒更是相去霄壤。综观康有为、谭嗣同的思想可以看到，两人都有自然科学情结，秉持科学万能的理念，借助自然科学建构自己的哲学、论证以平等为核心的启蒙思想。正因为如此，康有为、谭嗣同的科学观在近代哲学家中最为相似，都带有中国近代哲学初级阶段与生俱来的鲜明印记和显著特征。

第一节　以太、电、力

作为平等派的启蒙思想家，康有为、谭嗣同极力张扬平等。两人的共同做法是：奉仁为世界本原，进而宣称仁的基本内涵和特征是平等，以此证明平等具有世界本原的意蕴而成为宇宙通行的普遍法则。在此过程中，两人证明仁是宇宙本原以及仁的基本内涵是平等的证据是从西方传入的以电、以太、力为代表的自然科学。

一、作为世界本原的仁

康有为、谭嗣同奉仁为宇宙本原，由此形成了中国近代乃至在中国哲学史上空前绝后的本体论意义上的仁学。

康有为曾断言元是万物本原，进而指出元显于人为人性。他写道："太一者，太极也，即元也。……其元气之降于人，为性灵明德者曰命，天命之谓性也。"[①] 后来，他直接宣称仁是宇宙间的最高存在，天地万物皆源于仁。这便是："仁也，电也，以太也，人人皆有之，……为万化之海，为一切根，为一切源。"[②] 按照这种说法，仁是"万化之海"，作为推动世界运动、变化的总根

---

① 《礼运注》，《康有为全集》（第五集），中国人民大学出版社 2007 年版，第 565 页。
② 《孟子微》，《康有为全集》（第五集），中国人民大学出版社 2007 年版，第 414 页。

源，是宇宙的真正主宰；仁"为一切根，为一切源"，是自然万殊乃至人类的最终本原。这一切都证明仁是宇宙间的最高权威。谭嗣同对仁的推崇无以复加，不仅将自己的代表作命名为《仁学》，而且宣称"仁为天地万物之源。"①对于仁，他从训诂学的角度进行了界定，肯定仁训为元即表示仁是天地万物的本原，是宇宙间的第一存在："仁，从二从人，相偶之义也。无从二从儿，儿古人字，是亦仁也。无，许说通元，为'无'，是'无'亦从二从人，亦仁也。"②

对于作为世界本原和主宰的仁究竟是什么，康有为、谭嗣同不约而同地彰显仁的平等内涵。为此，两人从训诂学的角度多次表示，仁"从二从人"，具有"相偶"之义，以此强调仁表示的是人与人之间的关系，进而将平等注入仁爱之中，使平等成为仁的概念内涵。康有为一贯强调仁的"相偶"之义，于是多次宣称：

> 仁者，人也。二人相偶，心中恻恺，兼爱无私也。③

> 天下之人物虽多，事理虽繁，而对待者只人与己。有所行者，应人接物，亦不外人与己之交而已。④

康有为的说法与上面提到的谭嗣同对仁的训诂如出一辙。按照这种理解，仁在本质上不是"私德"而是"公德"，是标志人与人关系的范畴。具体地说，仁即不忍之心，是一种平等之爱，其原则是"人人平等，爱人如己，……不独亲亲矣"⑤。可见，被康有为、谭嗣同奉为世界本原的仁虽然源于儒家观念，但是，仁却被两人注入了近代的价值观念和时代气息，最明显的表现是仁的基本内涵是平等。对于仁的内涵是平等，康有为一再声明：

---

① 《仁学》，《谭嗣同全集》（增订本），中华书局 1998 年版，第 292 页。
② 《仁学》，《谭嗣同全集》（增订本），中华书局 1998 年版，第 289 页。
③ 《论语注》，《康有为全集》（第六集），中国人民大学出版社 2007 年版，第 426 页。
④ 《论语注》，《康有为全集》（第六集），中国人民大学出版社 2007 年版，第 506 页。
⑤ 《孟子微》，《康有为全集》（第五集），中国人民大学出版社 2007 年版，第 415 页。

仁之极，所谓平等者。①

至平无差等，乃太平之礼。至仁之义，故触其大同之思。②

在中国近代，如果说首倡仁—平等的是康有为的话，那么，对仁之平等内涵从形而上学的高度进行系统论证的则非谭嗣同莫属。按照谭嗣同的说法，宇宙本体——仁最基本的内涵和特征是通，通即平等。这用他本人的话说便是："仁以通为第一义，……通之象为平等。"③正是基于仁的基本特征是平等这一理念，谭嗣同强调："苟仁，自无不通。亦惟通，而仁之量可完。"④

二、仁与以太、电、力

就概念出处而言，仁源自中国古代的儒家，平等则是近代西方的价值理念和社会理论。尽管如此，康有为、谭嗣同阐释仁之概念并赋予其平等内涵的主要理论武器之一是以太、电、力为首的西方自然科学。在两人的思想中，仁与电、力、以太相互诠释、相提并论，后者还往往被用来论证仁的内涵和特征是平等。

首先，康有为、谭嗣同都借鉴西方东渐的自然科学概念来比附、说明仁。

康有为、谭嗣同的做法在概念、范畴上使仁具有了诸多名称，如"爱质""爱力""热力"和"吸摄之力"等。于是，康有为、谭嗣同不厌其烦地断言：

仁者，热力也；义者，重力也；天下不能出此二者。⑤

---

① 《讲仁字》，《康有为全集》（第二集），中国人民大学出版社 2007 年版，第 227 页。

② 《礼运注》，《康有为全集》（第五集），中国人民大学出版社 2007 年版，第 554 页。

③ 《仁学》，《谭嗣同全集》（增订本），中华书局 1998 年版，第 291 页。

④ 《仁学》，《谭嗣同全集》（增订本），中华书局 1998 年版，第 296 页。

⑤ 《康子内外篇》，《康有为全集》（第一集），中国人民大学出版社 2007 年版，第 107 页。

不忍者，吸摄之力也。①

夫吸力即爱力之异名也。②

无以名之，名之曰"以太"。其显于用也，孔谓之"仁"，谓之"元"，谓之"性"；墨谓之"兼爱"；佛谓之"性海"，谓之"慈悲"；耶谓之"灵魂"，谓之"爱人如己"、"视敌如友"；格致家谓之"爱力"、"吸力"；咸是物也。③

康有为、谭嗣同将仁尽可能地与自己所接触到的自然科学相对接。例如，康有为把脑说成是有形之电，把电说成是无形之脑，进而将知、电与神相提并论。在他看来，魂知相通，爱磁相摄，"如电之行于气而无不通也，如水之周于地而无不贯也"，因为"神者有知之电也，光电能无所不传，神气能无所不感。神鬼神帝，生天生地，全神分神，惟元惟人。微乎妙哉，其神之有触哉！无物无电，无物无神。夫神者知气也，魂知也，精爽也，灵明也，明德也，数者异名而同实。有觉知则有吸摄，磁石犹然，何况于人！"④

谭嗣同所讲的仁之所以不生不灭，与化学对元素（谭嗣同称之为"元质"）的界定——用化合或分解的方法所得到的最小单位密切相关，并且杂糅了物质不灭与守恒定律的要素。正是利用以化学元素说为主体的诸多自然科学要素，他多次论证了世界的不生不灭：

彼动植之异性，为自性尔乎？抑无质点之位置与分剂有不同耳。质点不出乎六十四种之原质，某原质与某原质化合则成一某物之性；析而与他原质化合，或增某原质，减某原质，则又成一某物之性。即同数原质化合，而多寡主佐之少殊，又别成一某物之性。纷纭藩变，不可纪极，虽聚

① 《大同书》，中州古籍出版社1998年版，第35页。
② 《仁学》，《谭嗣同全集》（增订本），中华书局1998年版，第303页。
③ 《仁学》，《谭嗣同全集》（增订本），中华书局1998年版，第293—294页。
④ 《大同书》，中州古籍出版社1998年版，第35页。

千万人之毕生精力治化学，不能竟其绪而宣其蕴，然而原质则初无增损之故也。①

不生不灭有征乎？曰：弥望皆是也。如向所言化学诸理，穷其学之所至，不过析数原质而使之分，与并数原质而使之合，用其已然而固然者，时其好恶，剂其盈虚，而以号曰某物某物，如是而已；岂能竟消磨一原质，与别创造一原质哉？矿学之取金类也，不能取于非金类之矿；医学之御疵疠也，不能使疵疠绝于天壤之间。本为不生不灭，乌从生之灭之？譬于水加热则渐涸，非水灭也，化为轻气养气也。使收其轻气养气，重与原水等，且热去而仍化为水，无少减也。譬于烛久爇则尽跋，非烛灭也，化为气质流质定质也。使收其所发之炭气，所流之蜡泪，所余之蜡煤，重与原烛等。且诸质散而滋育他物，无少弃也。②

总之，在论证仁为世界本原以及仁之平等内涵时，康有为、谭嗣同试图将仁与五花八门的自然科学相对接，其中，用得最多的还是以太、电、力等自然科学成果。在两人的著作中，仁往往与以太、电、力如影随形、相互论证。在这方面，康有为、谭嗣同的认识相同，甚至连话语结构也如出一辙。不仅举其一斑：

仁也，电也，以太也，人人皆有之，故谓人性皆善。③

以太也，电也，心力也，皆指所以通之具。……以太也，电也，粗浅之具也，借其名以质心力。④

---

① 《仁学》，《谭嗣同全集》（增订本），中华书局 1998 年版，第 306 页。
② 《仁学》，《谭嗣同全集》（增订本），中华书局 1998 年版，第 306—307 页。
③ 《孟子微》，《康有为全集》（第五集），中国人民大学出版社 2007 年版，第 414 页。
④ 《仁学》，《谭嗣同全集》（增订本），中华书局 1998 年版，第 291 页。

谭嗣同在《仁学》中不止一次地把仁与以太、电、力等相提并论，致使这些自然科学概念成为仁的内在规定。于是，电、力、以太被他写进"仁学界说"的第一条和第二条。"界说"的英文是 definition，现译为定义，是用来规定概念内涵的。谭嗣同对《仁学》的这种界定透露出仁与以太、电、力等自然科学的关系非同寻常。以太代表的自然科学对于仁——平等如此重要，以至于谭嗣同强调"学者第一当认明以太之体与用，始可与言仁"①，甚至多次表示仁即以太，以太即仁。

其次，更为重要的是，以太、电、力为首的自然科学在康有为、谭嗣同的论述中被用来说明仁是何以相互感通而臻于平等的。

康有为指出："山绝气则崩，身绝脉则死，地绝气则散。然则人绝其不忍之爱质乎？人道将灭绝矣。"② 对于所谓的"不忍之爱质"，他解释说："其欧人所谓以太耶？其古所谓不忍之心耶？"③ 在此基础上，康有为论证说，人皆有不忍之心，不忍之心可以感沟和传递，于是可以人人平等。不仅如此，人皆有不忍之心成为人具有自由、平等之权的资格。

谭嗣同宣称："性一以太之用，以太有相成相爱之能力，故曰性善也。"④ 早在"北游访学"期间，在上海见到傅兰雅初遇以太时，谭嗣同即产生丰富联想，将以太与仁的无所不在、彼此沟通相互印证。这成为他以后一贯的主张，也奠定并形成了其借助以太论证仁相互贯通而臻于平等的基本思路和一贯内容。在谭嗣同看来，以太是宇宙间的最小微粒。于是，他一再宣称：

> 原质之原，则一以太而已矣。……任剖某质点一小分，以至于无，察其为何物所凝结，曰惟以太。⑤

---

① 《仁学》，《谭嗣同全集》（增订本），中华书局 1998 年版，第 295 页。
② 《大同书》，中州古籍出版社 1998 年版，第 35 页。
③ 《大同书》，中州古籍出版社 1998 年版，第 34 页。
④ 《仁学》，《谭嗣同全集》（增订本），中华书局 1998 年版，第 300 页。
⑤ 《仁学》，《谭嗣同全集》（增订本），中华书局 1998 年版，第 294 页。

然原质犹有六十四种之异，至于原质之原，则一以太而已矣。①

这就是说，如果说"原质"是构成万物的质料的话，那么，"原质"又以以太为本原。这说明，只有以太才是宇宙间最微小的存在，是万物真正的、最终的质料。从这个意义上说，以太自己是自己存在的依据，不依赖任何他物为质料或本原。有鉴于此，谭嗣同断言，以太与仁一样充塞宇宙，并且是维系宇宙、粘砌万物的凝聚力量。对此，他写道：

遍法界、虚空界、众生界，有至大、至精微，无所不胶粘、不贯洽、不筦络，而充满之一物焉。目不得而色，耳不得而声，口鼻不得而臭味，无以名之，名之曰"以太"。……法界由是生，虚空由是立，众生由是出。②

按照这种说法，法界、虚空界、众生界都由于以太的胶粘、贯洽和筦络才得以生、得以立，以太是主宰其生成的决定力量。鉴于以太对于仁的至关重要，谭嗣同专门作《以太说》，对以太予以夸大和推崇。正因为谭嗣同对以太的极力重视和夸大，有些学者甚至断言谭嗣同哲学的宇宙本体是以太。无论这种评价正确与否，谭嗣同对以太的推崇由此可见一斑。正如谭嗣同规定的那样，以太是"所以通之具"——论证仁之所以平等的工具。问题的关键是，以太虽属工具，但其作用是毋庸置疑的。以太的无所不在尤其是"胶粘"、"贯洽"和"筦络"功能使其足以胜任仁心的传递、善念的沟通，于是臻于通人我的平等境界。对此，谭嗣同拿以太的"质点"振荡说明人心的相互感应，具体如下：人心发出一善念，这一善念传入空气，使"质点"（以太）产生震荡，从而传入众人的神经（谭嗣同称之为"脑气筋"）。其间即使重重阻挠，也遏制不住这种感通，人心与人心的感通是没有界限、跨越时空的。对此，谭嗣同不禁一次又一次地自信宣布：

---

① 《仁学》，《谭嗣同全集》（增订本），中华书局 1998 年版，第 294 页。
② 《仁学》，《谭嗣同全集》（增订本），中华书局 1998 年版，第 293—294 页。

> 我之心力，能感人使与我同念。①

> 天下人之脑气筋皆相连者也。此发一善念，彼必有应之者，如寄电信然，万里无阻也。②

> 当函丈（指欧阳中鹄——引者注）焚香告天时，一心之力量早已传于空气，使质点大震荡，而入乎众人之脑气筋。虽多端阻挠，而终不能不皈依于座下。③

此外，谭嗣同把以太、电与人脑相联系，利用生理学、解剖学和神经学的知识进一步证明仁—通的可能性和必然性。对此，他一再强调：

> 脑为有形质之电，是电必为无形质之脑。人知脑气筋通五官百骸为一身，即当知电气通天地万物人我为一身也。……夫固言脑即电矣，则脑气筋之周布即电线之四达，大脑小脑之盘结即电线之总汇。一有所切，电线即传信于脑，而知为触、为痒、为痛。其机极灵，其行极速。惟病麻木萎痹，则不知之，如电线已摧坏，不复能传信至脑，虽一身如异域然，如医家谓麻木萎痹为不仁。……通者如电线四达，无远弗届，异域如一身也。④

> 以太之用之至灵而可征者，于人身为脑。……于虚空则为电，而电不止寄于虚空。盖无物不弥纶贯彻。脑其一端，电之有形质者也。……学者又当认明电气即脑，无往非电，即无往非我，妄有彼我之辨，时乃不仁。虽然，电与脑犹以太之表著于一端者也；至于以太，尤不容有差别，而电

---

① 《仁学》，《谭嗣同全集》（增订本），中华书局 1998 年版，第 295 页。
② 《上欧阳中鹄十》，《谭嗣同全集》（增订本），中华书局 1998 年版，第 462 页。
③ 《上欧阳中鹄十》，《谭嗣同全集》（增订本），中华书局 1998 年版，第 460 页。
④ 《仁学》，《谭嗣同全集》（增订本），中华书局 1998 年版，第 295—296 页。

与脑之名亦不立。①

谭嗣同认为，人与人的感通是脑神经的作用，从这个角度看，人与人的通而平等不仅是可能的，而且是自然而然的：就一人而言，人的一言一行、一举一动都是神经支配的，人的周身神经又是相连的；一个手指受伤，大脑就会感觉全身不适。就天地人我而言，众人的神经同出一源，是相通的；天地、人我、彼此相互感通，恰如人的周身神经相通一样。既然天地万物人我原本是相通的，那么，原本就应该相互感通、不分人我，如果妄生分别就是麻木不仁。于是，谭嗣同写道：

> 任举万事中之一事，如一言，如一动，如一歌泣，如一思念，其为事亦至庸无奇矣，而要皆合全体之脑气筋发动而显。以我之脑气筋感我之脑气筋，于是乎有知觉。牵一发而全身为动，伤一指而终日不适。疾痛疴痒，一触即知。其机极灵，其传至速。……以我之脑气筋感人之脑气筋，于是乎有感应。善不善，千里之外应之；诚不诚，十手十目严之。……本合天地人我为一全体，合众脑气筋为一脑气筋，而妄生分别，妄见畛域，自隔自蔽，绝不相通者，尤麻木不仁之大者也。②

循着这个思路，谭嗣同坚信，通过仁和心力的相互感通，可以达到洞彻彼此、不分人我的境界。在他看来，这种境界就是"洞澈彼此，一尘不隔"的绝对平等境界。

总之，尽管康有为、谭嗣同所讲的仁而平等与中国近代哲学一样融汇了古今中外的各种思想学说，拥有无与伦比的兼容性和汇通性，然而，就对平等是宇宙法则以及仁何以平等的论证而言，两人运用的主要工具则是以太、电、力为首的自然科学。这一点在维新派乃至在近代思想家中是较为特殊的。在这个

---

① 《仁学》，《谭嗣同全集》（增订本），中华书局1998年版，第295页。

② 《以太说》，《谭嗣同全集》（增订本），中华书局1998年版，第433—434页。

意义上，如果说康有为、谭嗣同一起奉仁为宇宙本原尚属巧合的话，那么，两人不约而同地用以太、电、力等自然科学概念论证仁的平等内涵则显得颇为意味深长。

第二节　星云假说、牛顿力学和科学技术

康有为、谭嗣同提倡平等，是鉴于中国严重不平等的现实。按照两人的说法，为了救亡图存必须改变当时中国社会上下相隔的不平等状况而实现平等，于是才有了本体哲学领域对平等地位的提升。康有为、谭嗣同将平等提升到形而上学高度的做法张扬了平等的至上性和普适性，却引发了一个新的问题：既然作为宇宙法则的仁已经证明了平等是世界法则，现实社会为什么还会处处存在着不平等现象？既然如此，为什么说平等是必然的？人们为什么还要相信平等会实现？面对这个理论困惑，康有为提出了仁分大小说。他宣称："凡世有进化，仁有轨道，世之仁有大小，即轨道大小，未至其时，不可强为。"① 如此说来，处于据乱世的当下社会由于仁小，行仁之轨道有限而仁彰显不出来，故而存在不平等的现象也就不足为奇了。为了证明平等的必然到来，康有为、谭嗣同一面宣称进化是世界的必然规律，一面断言人类社会进化的法则是从不平等到平等，历史进化的最高阶段——大同社会就是一个消除一切差异而人人平等的社会。为了阐明这个问题，两人找到了进化论、牛顿力学、星云假说和地质学等诸多自然科学作为思想武器。

一、星云假说和力学

与其他近代哲学家一样，康有为、谭嗣同之所以认定人类社会是不断进化的，是由于秉持进化理念。正是利用进化论，同时借助牛顿力学、星云假说、

---

① 《孟子微》，《康有为全集》（第五集），中国人民大学出版社 2007 年版，第 415—416 页。

日心说、考古学和地质学等一系列自然科学成果，两人在对世界进化的认识中揭示了人类社会的进化，使平等作为人类进化的趋势具有了某种必然性。

早在 1896 年，康有为在广州万木草堂时从梁启超那里读到了严复翻译的《天演论》并大加欣赏，进而成为进化论的信奉者。康有为是中国近代为数不多的运用康德—拉普拉斯的星云假说来系统解释天体演化的思想家，《诸天讲》就是这方面的代表作。在书中，康有为指出，各个天体形成之前，无限的宇宙充塞着朦朦胧胧的瓦斯体，这种瓦斯体就是星云。宇宙之间，浮游着无数这样的星云团，银河系就是这数以万计的星云团中的一个。对此，他不止一次地宣称：

> 各天体创成以前是朦胧之瓦斯体，浮游于宇宙之间，其分子互相引集，是谓星云，实则瓦斯之一大块也。[1]

> 其星云团凡十六万，吾银河天乃十六万星云团之一。[2]

康有为还接受了哥白尼的日心说，认为地球是绕太阳运行的行星之一，得出了"地之为游星绕日"[3]的结论。与此同时，他利用牛顿力学解释了太阳系以及地球的形成和演化，肯定地球是由炽热的太阳爆裂而来的。太阳本身具有巨大的离心力与吸引力：由于离心力的作用，地球被太阳抛出来，成为一个独立的星球；由于吸引力的作用，地球围绕太阳公转，不至被抛出运行轨道。其他行星之所以围绕太阳运行，也是由于太阳吸引力的作用。康有为进而强调，地球本身也经历了一个演变和进化的历程。从地球形成到如今，先后经历了"荒古"、"远古"和"近古"几个时期，并且仍在进化之途。地球出现后，经历数百亿年的进化，从无机物到有机物产生了生命，于是，拉开了生物进化的序幕。

---

[1]　《诸天讲》，《康有为全集》（第十二集），中国人民大学出版社 2007 年版，第 20 页。
[2]　《诸天讲》，《康有为全集》（第十二集），中国人民大学出版社 2007 年版，第 79 页。
[3]　《诸天讲》，《康有为全集》（第十二集），中国人民大学出版社 2007 年版，第 19 页。

在康有为看来，与太阳和地球的形成一样，万物的产生和进化也是力与气相互作用的结果。对此，康有为断言：

> 若积气而成为天，摩励之久，热、重之力生矣，光、电生矣，原质变化而成焉。于是生日，日生地，地生物。①

对于生物进化的具体过程，康有为把它描绘为一个不断演变的有机序列。他指出："凡物，积粗而后精生焉。……积土石而草木生，积虫介而禽兽生，人为万物之灵，其生尤后者也。"②在此基础上，康有为进一步指出，有了人类便拉开了人类历史进化的帷幕，人类社会的具体进化过程是："由独人而渐立酋长，由酋长而渐正君臣，由君臣而渐为立宪，由立宪而渐为共和。"③在他看来，人类社会进化的过程就是一个从野蛮到文明、从不平等到平等的过程。这个过程可以划分为"据乱世"、"升平世"和"太平世"三大阶段。在此基础上，康有为强调，从"据乱世"至"升平世"再至"太平世"的过程即从不平等逐渐变得平等的过程是一种普遍规律，"盖自据乱进为升平，升平进为太平"是"验之万国，莫不同风"④的。康有为特别强调这一变化的渐进性，指出由"据乱世"至"升平世"是一个渐至平等的过程。于是，他写道：

> 我国从前尚守孔子据乱之法，为据乱之世，然守旧太久，积久生弊，积压既甚，民困极矣。今当进至升平，君与臣不隔绝而渐平，贵与贱不隔绝而渐平，男与女不压抑而渐平，良与奴不分别而渐平，人人求自主而渐平，人人求自立而渐平，人人求自由而渐平。⑤

---

① 《康子内外篇》，《康有为全集》（第一集），中国人民大学出版社2007年版，第110—111页。
② 《孔子改制考》卷二，《康有为全集》（第三集），中国人民大学出版社2007年版，第8页。
③ 《论语注》，《康有为全集》（第六集），中国人民大学出版社2007年版，第393页。
④ 《论语注》，《康有为全集》（第六集），中国人民大学出版社2007年版，第393页。
⑤ 《春秋笔削大义微言考》，《康有为全集》（第六集），中国人民大学出版社2007年版，第17页。

需要说明的是，尽管康有为突出进化的渐进性，将改变中国的不平等而臻于平等视为缓慢的积累过程，然而，进化论使他对历史进化充满了信心，坚信·进化成为其哲学的主要特征。有鉴于此，梁启超将康有为的哲学归结为"进化派哲学"，并且给予了极高的评价。梁启超写道：

> 先生（指康有为——引者注）之哲学，进化派哲学也。中国数千年学术之大体，大抵皆取保守主义，以为文明世界，在于古时，日趋而日下。先生独发明《春秋》三世之义，以为文明世界，在于他日，日进而日盛。盖中国自创意言进化学者，以此为嚆矢焉。①

根据当时地质学的新发现，谭嗣同认识到，天地万物无时无刻不处于变化之中，并且通过"地学者""考察僵石"的成果领悟出生物进化的阶梯。于是，他不止一次地宣称：

> 万年前之僵石，有植物、动物痕迹存其中，大要与今异，天地以日新，生物无一瞬不新也。今日之神奇，明日即已腐臭。②

> 而究天地生物之序，盖莫先螺蛤之属，而鱼属次之，蛇龟之属又次之，鸟兽之属又次之，而人其最后焉者也。③

在此基础上，谭嗣同指出，生物在进化，人类在进化，社会历史也在进化。人类社会的进化按照从"逆三世"到"顺三世"的程序进行：洪荒太古之时，"无教主亦无君主"，是"太平世"；后来，"渐有教主、君主矣"，是"升平世"（这相当于中国的三皇五帝时代）；再后来，"君主始横肆"，遂至"据乱世"。以上便是"逆三世"。漫长的君主横肆时代为"据乱世"，这一时期相当于中

---

① 《南海康先生传》，《梁启超全集》（第一册），北京出版社 1999 年版，第 489 页。
② 《上欧阳中鹄十》，《谭嗣同全集》（增订本），中华书局 1998 年版，第 458 页。
③ 《石菊影庐笔识·思篇十五》，《谭嗣同全集》（增订本），中华书局 1998 年版，第 131 页。

国的"孔子之时至于今日";将来,"地球群教将同奉一教主,地球群国将同奉一君主",全球出现"大一统"的局面,进入"升平世";再向前进化,"人人可有教主之德而教主废,人人可有君主之权而君主废",全球通地为民主,人类进入"太平世"。这个阶段才是真正的太平盛世。以上便是"顺三世"。①在谭嗣同看来,"太平世"是一个没有国界、没有等级的社会,是一种绝对平等的社会状态。

至此可见,康有为、谭嗣同之所以坚信中国可以由不平等走向平等,是因为秉持进化理念。从进化论的立场审视世界,平等是历史进化的必然结果和最高阶段,世界万国概莫能外,中国当然也是如此。在这个前提下,牛顿力学、日心说和地质学等各种自然科学成果则从不同角度印证或充实了这一结论。

二、科学技术与平等乐园

康有为、谭嗣同不仅论证了从不平等到平等是人类社会的进化法则,强化了平等实现的必然性,而且专门论证了平等的理想境界。为此,两人将平等与大同社会联系起来,断言自由、平等的大同社会就是历史进化的最后阶段。大同社会消灭了一切等级和差异,没有国家、没有阶级,没有种族之分和人种差异,没有上下、尊卑乃至没有文化、政治之别。对于大同社会的平等景象,康有为、谭嗣同如是畅想:

> 太平之世,人人平等,无有臣妾奴隶,无有君主统领,无有教主教皇。②

> 人人能自由,是必为无国之民。无国则畛域化,战争息,猜忌绝,

---

① 《仁学》,《谭嗣同全集》(增订本),中华书局 1998 年版,第 370 页。
② 《大同书》,中州古籍出版社 1998 年版,第 343 页。

权谋弃，彼我亡，平等出；且虽有天下，若无天下矣。君主废，则贵贱平；公理明，则贫富均。千里万里，一家一人。……殆仿佛《礼运》大同之象焉。①

大同的提法古已有之，语出《礼记·礼运》篇。康有为、谭嗣同的独特之处在于将大同社会与平等联系起来，将平等视为大同社会的主要标识。正是在这个意义上，康有为宣称："大同之道，至平也，至公也，至仁也，治之至也，虽有善道，无以加此矣。"②

尤其值得一提的是，康有为、谭嗣同所讲的大同社会离不开自然科学，正如大同社会的出现作为人类历史的最高阶段是进化论为核心的自然科学推演出来的结果一样，自然科学对于大同社会成为平等乐园起了决定性作用。在这方面，如果说进化论证明了平等是人类社会的必然结果，大同社会作为人类社会的最高阶段是平等的理想境界的话，那么，自然科学的新成果、新方法则共同支持了大同社会的平等和美好。

早在对社会进化过程的说明中，康有为就将科学技术支持的物质文明的进化视为人类社会从野蛮到文明、从苦难到快乐的主要内容之一，指出人类曾经"废席地而用几桌，废豆登而用盘碟"，"后此之以楼代屋，以电代火，以机器代人力"③。这表明，科学技术是进化的保障，科学技术支撑的物质文明是进化的主要内容。无论是科技的进步还是物质文明的进化都是人类臻于平等所必不可少的。基于这一理念，在康有为描述平等的《大同书》中，科学技术占据主要位置，甚至成为其中的主角。例如，大同社会之所以"愿求皆获"，可以最大限度地满足人们的各种愿望，并且使人快乐享受，是因为其建立在高度电气化、机械化和自动化之上，以科学技术的高度发达作为前提。自然科学和技术奠定了大同社会的物质基础，不仅为"至乐"提供了经济后盾，而且为"至公"、"至平"而人人平等奠定了物质条件。

① 《仁学》，《谭嗣同全集》（增订本），中华书局 1998 年版，第 367 页。

② 《大同书》，中州古籍出版社 1998 年版，第 39 页。

③ 《礼运注》，《康有为全集》（第五集），中国人民大学出版社 2007 年版，第 568 页。

康有为、谭嗣同一起提到大同社会全球统一而同化语言，这一提法本身即是进化理念在语言文化中的运用，而同化语言的方法和措施更是加入了众多的自然科学要素。对于两人来说，无论是为何同化还是如何同化语言文字，都离不开自然科学。例如，对于如何同化语言文字，谭嗣同多次提出了自己的看法，其中贯穿着由繁入简的进化原则。对此，他反复如是说：

> 文化之消长，每与日用起居之繁简得同式之比例。……教化极盛之国，其言者必简而轻灵，出于唇齿者为多，舌次之，牙又次之，喉为寡，深喉则几绝焉。发音甚便利，而成言也不劳；所操甚约，而错综可至于无极。教化之深浅，咸率是以为差。①

> 是故地球公理，其文明愈进者，其所事必愈简捷。……又如一文字然，吾尚形义，经时累月，诵不盈帙；西人废象形，任谐声，终朝可辨矣，是年之不耗于识字也。②

在谭嗣同看来，语言文字是进化的，进化的法则是由繁杂到简洁。由繁入简的文化乃至语言文字进化法则使难认、难写、难学的中国象形文字与西方的字母文字相比相形见绌，也使改变中国现存的语言文字具有了必要性和必然性。同样，自然科学支持了同一语言，建立全球通行且同一的世界语的可能性和现实性。在康有为那里，世界语的创立处处本着科学精神，容纳了各种自然科学要素。他设想：

> 全地语言文字皆当同，不得有异言异文。考各地语言之法，当制一地球万音室。制百丈之室，为圆形，以像地球，悬之于空，每十丈募地球原产人于其中。每度数人，有音异者则募置之，无所异者则一人可矣。

---

① 《仁学》，《谭嗣同全集》（增订本），中华书局1998年版，第361—362页。

② 《延年会叙》，《谭嗣同全集》（增订本），中华书局1998年版，第410页。

既合全地之人，不论文野，使通音乐言语之哲学士合而考之，择其舌本最轻清圆转简易者，制以为音，又择大地高下清浊之音最易通者制为字母。……择大地各国名之最简者如中国采之，附以音母，以成语言文字，则人用力少而所得多矣。……惟中国于新出各物尚有未备者，当采欧、美新名补之。惟法、意母音极清，与中国北京相近而过之。夫欲制语音，必取极清高者，乃宜于唱歌协乐，乃足以美清听而养神魂。大概制音者，从四五十度之间，广取多音为字母，则至清高矣；附以中国名物，而以字母取音，以简易之新文写之，则至简速矣。夫兽近地，故音浊；禽近空，故音清。今近赤道之人，音浊近兽；近冰海之人，音清转如鸟，故制音者多取法于四五十度也。闻俄人学他国语最易而似，岂非以其地度高耶？制语言文字既定以为书，颁之学堂则数十年后，全地皆为新语言文字矣。①

康有为提出的创立世界语的方案与谭嗣同一样因循语言由繁入简的进化法则，其中包含许多自然科学要素，并且揭示出同一语言与国家平等、人种平等之间的内在联系。其实，无论对于康有为还是谭嗣同来说，大同社会之所以同一语言，最根本的目的是消除各国各民族的语言差异，为国家平等、人种平等以及其间的平等交流提供便捷。在此，使这一做法具有必要性和可能性的都是自然科学。

总而言之，康有为、谭嗣同在对平等的必然性和理想境界的描述中，除了以进化论作理论前提和精神支柱贯穿始终之外，天体演化学、星云假说和牛顿力学等其他自然科学成果成为进化的前提。更为重要的是，利用自然科学的新发现或受自然科学启发，两人对人类未来的图景予以憧憬，形成了关于大同社会的构想。康有为、谭嗣同对大同社会的理解和描述与自然科学关系密切，各种自然科学在饮食、服饰、生活日用、交游和文化等各个方面的作用更是无处不在。

---

① 《大同书》，中州古籍出版社 1998 年版，第 120 页。

第三节　人种学、营养学、解剖学和生理学

对于康有为、谭嗣同来说，平等的地位和价值作为宇宙公理是至高无上的，平等的实现作为人类社会进化的结果是毋庸置疑的。那么，如何通往平等呢？正如前面的做法一样，两人不约而同地想到了自然科学。在康有为、谭嗣同的设想中，人种学、营养学、解剖学和生理学等作为主要的思想来源成为通往平等的凭借。

一、人种学、遗传学和营养学

康有为、谭嗣同将人种平等视为通往平等的前提或实现平等的主要途径，而人种的进化和同一则依靠自然科学。依据进化论，两人确信人种是不断进化的，并且坚信世代进化后的"新人种"是全球同一、毫无差异的平等人种。对此，康有为、谭嗣同从不同角度进行了具体规划和描述：

> 故经大同后，行化千年，全地人种，颜色同一，状貌同一，长短同一，灵明同一，是为人种大同。合同而化。……当是时也，全世界人皆美好，由今观之，望若神仙矣。①

> 必别生种人，纯用智，不用力，纯有灵魂，不有体魄。……可以住水，可以住火，可以住风，可以住空气，可以飞行往来于诸星诸日，虽地球全毁，无所损害。②

康有为、谭嗣同所设计的"新人种"不尽相同，其间的相同点却十分明显：

---

① 《大同书》，中州古籍出版社 1998 年版，第 150 页。

② 《仁学》，《谭嗣同全集》（增订本），中华书局 1998 年版，第 366—367 页。

第一，"新人种"提供了平等的前提，本身就是没有差异的全球同一的平等人种。第二，全球同一的"新人种"之所以会出现，之所以如此美好、自由和平等，全靠自然科学的帮助。在人种进化和同一的过程中，除了进化论和人种学之外，营养学、医学、地理学、生物学、化学、力学、光学和农学等自然科学均功不可没。

　　拿康有为的构想来说，确保人种进化而不退化、坚信各种肤色的人种乃至黑人可以同一以及人能貌美如仙的是医学以及遗传学、营养学等新兴自然科学。对此，他写道："当千数百年后，大地患在人满，区区黑人之恶种者，诚不必使乱我美种而致退化。以此沙汰，则遗传无多，而迁地杂婚以外，有起居服食以致其养，有学校教育以致其才，何患黑人之不变，进而为大同耶！"[①] 可见，正是日新月异、层出不穷的自然科学成果使康有为相信，人种可以不断进化而臻于完美。正是在这个意义上，他坚信："大抵由非洲奇黑之人数百年可进为印度之黑人，由印度之黑人数百年可进为棕人，不二三百年可进为黄人，不百数十年可变为白人。由是推之，速则七百年，迟则千年，黑人亦可尽为白人矣。服食既美，教化既同，形貌亦改，头目自殊。虎入海而股化为翅，鱼入洞而目渐即盲，积世积年，移之以渐。"[②] 在名目繁多的自然科学中，康有为十分重视医学和营养学对于改良人种的重要作用。因此，除了"通婚"和"迁地"之外，他对通过"改食之法"改良、同化人种寄予厚望，"改食之法"是建立在以营养学为主体的自然科学基础之上的。对于饮食可以改变人种，康有为解释说：

　　　　野人之食，不解火化，多用生食，不知择有益于胃，易化于胃之物，但见可食者即食之。其昆虫异草与胃不宜者，若误食之，胃不消化，胸腹肿胀，面色黄瘦，体气腥膻，皆以所食成之，传世久而化之矣。若改易其食，加以火化，去其昆虫异草与胃腹不宜者，则形色必变，所举加拿

----

① 《大同书》，中州古籍出版社 1998 年版，第 160 页。

② 《大同书》，中州古籍出版社 1998 年版，第 150 页。

大、亚齐之华人既有然矣。然则变棕、黑人之饮食与黄、白人同者,久之
必亦为黄、白人矣。或问:美国之黑人,服食与美人同矣,而身中腥臭之
气至今不除,故白人皆畏厌恶贱之。应之曰:是其变也不过数十年、一二
世耳,以千万世臭秽腥臊之传种而欲以数十年、一二世尽去之,固不如是
其易也。然若假以岁年,多历传世,若十数世、千数百年焉,熏香美食与
黄、白人同,可决其腥臭必尽而体气皆香也。①

与各种自然科学坚定了康有为认定神仙一般的大同平等人种可以出现的信
心类似,谭嗣同之所以设计出只有精神而没有形体的"新人种"并非完全是突
发奇想,而是基于林林总总的自然科学。对于用自然科学改进人种的具体思
路,他进行了详细的论证和解释:

斯农之所以贵有学也。地学审形势,水学御旱潦,动植学辨物性,化
学察品质,汽机学济人力,光学论光色,电学助光热。有学之农,获数十
倍于无学之农。然竭尽地球之力,则尤不止于此数。使地球之力,竭尽无
余,而犹不足以供人之食用,则必别有他法,考食用之物,为某原质配
成,将用各原质化合为物,而不全恃乎农。使原质又不足以供,必将取于
空气,配成质料,而不全恃乎实物。且将精其医学,详考人之脏腹肢体所
以必需食用之故,而渐改其性,求与空气合宜,如道家辟谷服气之法,至
可不用世间之物,而无不给矣。又使人满至于极尽,即不用一物,而地球
上骈肩重足犹不足以容,又必进思一法,如今之电学,能无线传力传热,
能照见筋骨肝肺,又能测验脑气体用,久之必能去其重质,留其轻质,损
其体魄,益其灵魂,兼讲进种之学,使一代胜于一代,万化而不已。②

由上可见,谭嗣同与康有为一样意识到了营养、饮食与人的形体之间的关

① 《大同书》,中州古籍出版社1998年版,第160页。
② 《仁学》,《谭嗣同全集》(增订本),中华书局1998年版,第366页。

系，所不同的是，他不仅搬来了更为繁多的自然科学前来助阵，而且在"取于空气"供人食用的前提下，通过吸食空气使人"去其重质，留其轻质，损其体魄，益其灵魂"。于是，谭嗣同将在康有为那里的"颜色同一，状貌同一，长短同一，灵明同一"变成了没有形体、状貌、长短只有灵明的"隐形人"。看似荒诞、离奇的结论却是依据各种自然科学成果推演得来的，不仅顺理成章，而且合情合理。

二、化学、生理学和解剖学

在凭借形形色色的自然科学改良人种、推出全球同一的平等人种的同时，康有为、谭嗣同兼采各种自然科学知识来铺设通往平等之路。为此，两人对化学、生理学和解剖学等自然科学倍加推崇。

自然科学为康有为开阔了思路，自然科学的方法和因素在他所设想的平等方案中随处可见。例如，康有为呼吁"大平等"，将平等界定为始于男女平等、包括中外平等、终于众生平等的"大平等"。正是在这个意义上，他明确指出："是时（指"大同之世"——引者注）则全世界当戒杀，乃为大平等。……始于男女平等，终于众生平等，必至是而吾爱愿始毕。"[1] 按照康有为的说法，作为平等的理想状态，大同社会"戒杀生"，进入众生平等的境界；也只有"戒杀生"进入"众生平等"，平等才算最终实现。在此，是自然科学再次大显身手——因为此时的"戒杀生"之所以可行，得益于物理学、化学的长足发展。康有为畅想："至于太平世，众生如一，必戒杀生。当时物理化学日精，必能制物代肉。则虎豹豺狼之兽久已绝种，所余皆仁兽美鸟，众生熙熙，同登春台矣。"[2]

尽管与康有为用以太、电、力提升平等地位，以进化论为依托来同一语言和人种的想法如出一辙，然而，一个简单的事实是，谭嗣同的平等方案与康

---

[1] 《大同书》，中州古籍出版社 1998 年版，第 361 页。

[2] 《孟子微》，《康有为全集》（第五集），中国人民大学出版社 2007 年版，第 415 页。

有为相比更依赖自然科学。这或许是梁启超所说的《仁学》"欲将科学、哲学、宗教冶为一炉"①的具体表现吧！事实上，与"别生种人"需要名目繁多的自然科学来共同完成一样，离开了生理学、解剖学、心理学以及上面提到的以太等等自然科学的新成果和新发现，谭嗣同所设想的平等的实现是难以想象的。按照他的分析，现实社会不平等的根源是妄生分别，实现平等的方法是破除人我、彼此之对待而弥合一切分别。进而言之，人们之所以妄生分别、彼此和对待，出于两个方面的原因：第一，体魄所限。谭嗣同认为，"亲疏者，体魄乃有之"，人与人之间之所以不平等，是由于"泥于体魄"而彼此有亲疏、有分别。根据这个分析，要实现平等，必须"超出体魄之上而独任灵魂，……不能超体魄而生亲疏，亲疏生分别"②。沿着这个思路，谭嗣同设想："通则必尊灵魂；平等则体魄可为灵魂。"③ 如果人人都轻体魄、重灵魂的话，便可以"损其体魄，益其灵魂"，最终必然泯灭人的一切形体差异而"别生种人"；也只有这种没有形体只有灵魂且脑气筋动法相同的人才可能自由自在，彼此之间不分亲疏而绝对平等。第二，神经动法不同。谭嗣同指出，人与人之间之所以有分别、彼此和对待，是由于每个人的意识、想法不同，想法不同的根源在于脑气筋的动法不同。基于这种分析而对症下药，他将平等的实现和推进归结为改变人之脑气筋的动法。

需要说明的是，与"超出体魄之上而独任灵魂"得益于自然科学支持的"别生种人"一样，改变脑气筋动法的前提是借助解剖学、生理学等自然科学成果对人脑的了解。具体地说，谭嗣同之所以将平等的方案归结为"改其脑气之动法"具有深层的认识根源，主要源于对人脑的了解和认定人脑是电。谭嗣同是中国近代最早也最系统地对人脑进行关注和研究的哲学家。依据当时传入的解剖学和生理学知识，他具体而详细地剖析了大脑的构造和功能，并在《仁学》中阐述了人脑的生理结构、形状、分布和生理机能，对人脑给予了较为实证的描述。例如，关于人脑的颜色和形状，谭嗣同形象而生动地写道："剖脑而察

---

① 《清代学术概论》，《梁启超全集》（第五册），北京出版社 1999 年版，第 3102 页。

② 《仁学》，《谭嗣同全集》（增订本），中华书局 1998 年版，第 312 页。

③ 《仁学》，《谭嗣同全集》（增订本），中华书局 1998 年版，第 291 页。

之，其色灰败，其质脂，其形洼隆不平，如核桃仁。"① 在此基础上，他进一步明确说明了人脑的结构分布，把人脑分为六个部分，并且把人周身的神经网络也说成是人脑的组成部分。这便是："其（指人脑——引者注）别有六：曰大脑，曰小脑，曰脑蒂，曰脑桥，曰脊脑，其分布于四肢周身之皮肤曰脑气筋。"② 基于这种认识，谭嗣同认定大脑是思维器官，提出了知"必出于脑"③ 的观点。在他看来，人的认识源于大脑，脑而非心才是真正的思维器官，人的所有视听等活动也离不开大脑的参与和主宰：当外物把它的形状、大小和颜色等信息传达给人的眼睛时，眼睛通过"眼帘"（即角膜）描绘它的图景，然后把这一图像传递给大脑，于是形成视觉；当外物的声音刺激人的耳朵时，"耳鼓"（即耳膜）模仿它的声音，然后把之传递给大脑，最后形成听觉。④

　　基于对人脑的认识和对人的认识活动的实际考察，谭嗣同坚信人脑主宰人的一切认识，同时确信人脑是电，以此证明人脑可以感通，并且可以像电一样被分析和认识。于是，他接着写道：

> 吾每于静中自观，见脑气之动，其色甚白，其光璨烂，其微如丝，其体纤曲缭绕。其动法：长短多寡有无，屡变不定，而疾速不可名言，如云中之电，无几微之不肖。信乎脑即电也。⑤

　　正是借助对脑的了解，谭嗣同设计了一套通往平等的具体方案，幻想通过断绝意识而通向平等："原夫人我所以不通之故，脑气之动法各异也。……今求通之，必断意识；欲断意识，必自改其脑气之动法。……意识断，则我相除；我相除，则异同泯；异同泯，则平等出。"⑥ 可见，凭借自然科学对人脑的认识

---

① 《仁学》，《谭嗣同全集》（增订本），中华书局 1998 年版，第 311 页。
② 《仁学》，《谭嗣同全集》（增订本），中华书局 1998 年版，第 295 页。
③ 《仁学》，《谭嗣同全集》（增订本），中华书局 1998 年版，第 311 页。
④ 《仁学》，《谭嗣同全集》（增订本），中华书局 1998 年版，第 317—318 页。
⑤ 《仁学》，《谭嗣同全集》（增订本），中华书局 1998 年版，第 364 页。
⑥ 《仁学》，《谭嗣同全集》（增订本），中华书局 1998 年版，第 364—365 页。

尤其是对脑气筋动法的了解，谭嗣同相信可以改变神经的动法。在这个前提下，鉴于人与人的脑气筋动法各异而导致的麻木不仁、塞而不通阻碍了平等，他将实现平等的希望寄托于改变脑气筋的动法。

　　无论康有为还是谭嗣同通往平等的道路都是由自然科学铺就的。在此过程中，两人都热衷于人种学和进化论，同时又对其他自然科学各取所需：如果说康有为过多地借助营养学的话，那么，谭嗣同则把目光投向了生理学和解剖学。康有为、谭嗣同的做法不仅加大了自然科学的范围，而且从一个侧面印证了两人对自然科学的广泛喜好。

第四节　自然科学情结及其误区

　　上述内容显示，康有为、谭嗣同的平等思想与自然科学密不可分，所涉猎的自然科学成果五花八门、包罗万象，从以太说、电子论、牛顿力学、进化论、元素说到解剖学、生理学、营养学再到人种学、物理学、化学和农学等，林林总总，名目繁多。可以想象，离开西方传入的自然科学，两人的平等思想无从谈起。接下来的问题是，康有为、谭嗣同为什么借助自然科学而不是直接利用西方的平等思想来宣扬自己的平等主张？利用自然科学，两人能够达到推崇平等的目的吗？自然科学在康有为、谭嗣同的平等思想乃至全部哲学中处于何等地位？

一、对自然科学的推崇和运用

　　康有为、谭嗣同借助自然科学来论证平等及其哲学思想的做法带有鲜明的近代哲学的时代特征：一是全球语境中的多元文化并存心态。近代是中西文化交融、贯通的时代，近代哲学具有"不中不西即中即西"的特点。这使近代哲学家都利用东渐的西学来建构自己的思想，自然科学成果也在其中。一是崇尚自然科学的价值倾向，利用自然科学论证包括平等在内的政治学说和形而上学是普遍的时代风气。康有为、谭嗣同用来论证平等的自然科学是舶来品。令人疑惑的是，既然自然科学与平等思想一样都是对西学的现学现卖，为什么不直接从西方输入平等学说反而要采取迂回的办法，让自然科学为属于社会科学的平等辩护？这种舍近求远的做法表面看来有些令人不可思议，深入思考却在情理之中：最简单的理由是，从现实处境来看，身处十九世纪末的康有为、谭嗣同所能接触到的西学范围非常有限，主要是一些工艺技术或自然科学知识，社会科学少之又少。梁启超回顾19世纪七八十年代中国译书的情况时说："彼时所译者，皆初级普通学，及工艺、兵法、医学之书，否则耶稣经典论疏耳，于政治哲学，毫无所及。"[1] 从这个角度看，康有为、谭嗣同借助自然科学来论证平等思想有些迫不得已——至少是受客观条件的限制而不得不如此。其实，这只是表层原因。除此之外，还有一个深层原因，那就是：康有为、谭嗣同都对自然科学表现出浓厚的兴趣，与康有为"乃悉购江南制造局及西教会所译出各书尽读之"[2] 一样，"嗣同幼治算学，颇深造，亦尝尽读所谓'格致'类之译书。……又治佛教之'唯识宗'、'华严宗'，用以为思想之基础，而通之以科学"[3]。事实上，两人都重视自然科学。从思维方式来看，康有为、谭嗣同都强调自然科学与平等思想密不可分，自觉利用自然科学为自己的平等思想做辩护。

康有为认为，平等是人类社会的"制度"，属于公法，是从实理中推出来的。对此，他论证并解释说：

> 凡天下之大，不外义理、制度两端。义理者何？曰实理，曰公理，曰私理是也。制度者何？曰公法，曰比例之公法、私法是也。实理明则公法定，间有不能定者，则以有益于人道者为断。[4]

---

[1] 《南海康先生传》，《梁启超全集》（第一册），北京出版社1999年版，第483页。

[2] 《南海康先生传》，《梁启超全集》（第一册），北京出版社1999年版，第483页。

[3] 《清代学术概论》，《梁启超全集》（第五册），北京出版社1999年版，第3102页。

[4] 《实理公法全书·凡例》，《康有为全集》（第一集），中国人民大学出版社2007年版，第147页。

有实测之实。格致家所考明之实理是也。①

谭嗣同认识到自然科学（格致）尤其是数学（算学）是论证问题的基本方法，进而将自然科学中的公理演绎系统运用到社会科学乃至哲学之中。他特别强调，平等要从理解自然科学开始，平等的方法——破对待更是依赖声、光、化、电、气、重等自然科学。正是在这个意义上，谭嗣同一再申明：

算学即不深，而不可不习几何学，盖论事办事之条段在是矣。②

声光化电气重之说盛，对待或几几乎破矣。欲破对待，必先明格致；欲明格致，又必先辨对待。有此则有彼，无独有偶焉，不待问而知之，辨对待之说也。无彼复无此，此即彼，彼即此焉，不必知亦无可知，破对待之说也。③

基于这种理解，在《仁学》一开头，谭嗣同便用一系列令人目眩的数学公式和方程推出了仁—通—平等。在他那里，通而平等是仁的题中应有之义，生与灭平等，犹如数学的方程式两端永远平等一样，一切都如此简单而不证自明。于是，谭嗣同写道：

平等生万化，代数之方程式是也。其为物不贰，故生物不测。不贰则无对待，不测则参伍错综其对待。代数如权衡然，参伍错综之不已，必平等，则无无。

试依第十四条"不生与不灭平等，则生与灭平等，生灭与不生不灭亦

---

① 《实理公法全书·实字解》，《康有为全集》（第一集），中国人民大学出版社 2007 年版，第 147 页。
② 《仁学》，《谭嗣同全集》（增订本），中华书局 1998 年版，第 293 页。
③ 《仁学》，《谭嗣同全集》（增订本），中华书局 1998 年版，第 317 页。

平等"之理，用代数演之。（接下来便是方程式——引者注）①

康有为、谭嗣同之所以不遗余力地搬来各种自然科学为平等辩护，是因为两人都夸大自然科学的实证能力和适用范围，认为自然科学具有无可辩驳且适用于一切领域的实证能力，通过自然科学论证的平等可以变得放之四海而皆准。这里隐藏着一个理论前提：世界有公理，这些公理具有普世性和普适性，可以贯通中西适用于全世界，当然也可以从自然界推广到人类社会。可以从自然科学中推出人类法则，事实领域的真与社会领域的善、美完全同一，是即应当。基于这一理念，康有为写《实理公法全书》伸张平等、自主的正当性，理由是："人类平等是几何公理。"② 基于相同的理念，"人有自主之权"是"公法"，因为"此为几何公理所出之法，……最有益于人道"③。

进而言之，利用自然科学，康有为、谭嗣同能够达到论证平等的目的吗？自然科学具有实证性，与社会科学相比具有显而易见性。康有为、谭嗣同以自然科学论证平等使其理论显得有理有据。况且，近代是一个中西文化多元并存的时代，自然科学得到一致认同，用自然科学方法论证社会问题是一种时代风尚。借助自然科学论证哲学是近代哲学有别于古代哲学的显著特点，不仅推动了近代哲学的变革，而且展示了近代哲学迥异于古代的思维方式和价值旨趣。康有为、谭嗣同利用自然科学对平等的论证直观地展示了这种近代风尚，也具有一定的积极作用。与两人所标榜的自然科学适用于一切领域的看法相类似，自然科学的论证方式在一定程度上彰显了平等的普适性和普世性。谭嗣同断言："夫仁、以太之用，而天地万物由之以生，由之以通。星辰之远，鬼神之冥漠，犹将以仁通之；况同生此地球而同为人，岂一二人之私意所能塞之？亦自塞其仁而已。……可以通学，可以通政，可以通教，又

---

① 《仁学》，《谭嗣同全集》（增订本），中华书局1998年版，第292页。
② 《实理公法全书·总论人类门》，《康有为全集》（第一集），中国人民大学出版社2007年版，第148页。
③ 《实理公法全书·总论人类门》，《康有为全集》（第一集），中国人民大学出版社2007年版，第148页。

况于通商之常常者乎?"① 凭借仁—通—平等,谭嗣同把平等说成是宇宙本原——仁的基本特征,使作为宇宙本原属性的平等无所不在,涵盖文化、政治、宗教和经济等各个领域。除此之外,他还探讨了平等的主体问题,断言"通有四义",分别是"中外通"、"上下通"、"男女内外通"和"人我通"。这表明,平等包括中外平等、等级平等、男女平等和人我平等。当然,从具体操作来看,平等始于人破除对待的"人我通",又以"洞澈彼此,一尘不隔"的"人我通"为境界,仁之"无"的界定即表示平等的最高境界是"通天地万物人我为一身"②的平等境界。

其实,并不只是康有为、谭嗣同过于相信自然科学的实证能力,近代哲学家都不同程度地具有认定自然科学适用于一切领域的自然科学情结。在这种历史背景下,康有为、谭嗣同的做法不唯没有被视为不当的,反而得到了广泛的认同。例如,在中国首次系统传播进化论的严复将进化论奉为宇宙的通行法则,指出"达尔文曰:'物各竞存,最宜者立。'动植如是,政教亦如是也。"③之所以这样,原因很简单:"动植如此,民人亦然。民人者,固动物之类也。"④不仅如此,他对平等、自由的推崇与自然科学密切相关,归根结底源于对西方政治以自然科学为本、一一皆本于"即物实测"的认识。对此,严复曾经说:"名、数、质、力,四者皆科学也。其通理公例,经纬万端,而西政之善者,即本斯而立。……中国之政,所以日形其绌,不足争存者,亦坐不本科学,而与通理公例违行故耳。"⑤

对于严复对自然科学的滥用,章炳麟一针见血指出,严复的错误在于不了解自然科学有别于社会科学的特殊性,故而将自然科学作为普遍的真理运用于社会科学领域。章炳麟云:"社会之学,与言质学者殊科,几何之方面,重力之形式,声光之激射,物质之化分,验于彼土者然,即验于此土者亦无不然。

---

① 《仁学》,《谭嗣同全集》(增订本),中华书局1998年版,第297页。

② 《仁学》,《谭嗣同全集》(增订本),中华书局1998年版,第296页;另见同书第312页。

③ 《原强修订稿》,《严复集》(第一册),中华书局1986年版,第26—27页。

④ 《原强修订稿》,《严复集》(第一册),中华书局1986年版,第16页。

⑤ 《与〈外交报〉主人书》,《严复集》(第三册),中华书局1986年版,第559页。

若夫心能流衍，人事万端，则不能据一方以为权概，断可知矣！"①章炳麟强调社会科学与自然科学差异的做法可谓是清醒而客观的，然而，相对于大多数近代哲学家的自然科学情结而言显然是曲高和寡、同道寥寥。正因为如此，始于康有为、谭嗣同和严复等人的对自然科学的这种夸大倾向并没有因为章炳麟的抨击而得以遏制，反而一路延续下来，愈演愈烈。从鸦片战争到五四运动，尽管其间出现过科学与玄学以及科学与人生观问题的大讨论，对科学万能（主要是自然科学）发出过质疑的声音，然而，夸大自然科学的倾向依然延续着，并且占据主导地位。

　　五四运动时期，科学与民主的口号就是自然科学情结的极端表露，从科学中寻求民主的根据是那一时期的主旋律——用科学解决一切问题，民主是科学的结果，只有从科学中才能引申出民主（"人为法"）。在这方面，陈独秀的思想便是极为典型。陈独秀承认宇宙之间的"法则"有二："一曰自然法，一曰人为法。自然法者，普遍的，永久的，必然的也，科学属之；人为法者，部分的，一时的，当然的也，宗教道德法律皆属之。"②尽管陈独秀看到了"自然法"与"人为法"的区别，然而，自然科学情结使他偏向"自然法"，主张以"自然法"（"科学"）改正"一切人为法则，使与自然法则有同等之效力"。更有甚者，陈独秀将用"自然法"改正"人为法"奉为"吾人最大最终之目的"。③这个说法反映了他的自然科学情结，更暴露出他试图以自然科学方法来改造宗教、道德和法律等社会科学的思想意图。由于将"科学"视为解决一切问题的法宝，陈独秀坦言，自己的"信仰"即是相信"人类将来真正之信解行证，必以科学为正轨"，而"一切宗教，皆在废弃之列"。④他甚至还主张"以科学代宗教"，以"开拓吾人真实之信仰"。⑤至此，陈独秀以奉"科学"为神圣，视"科学"为解决一切问题的灵丹妙药始，以主张"以科学代宗教"，建立对于"科学"

---

① 《〈社会通诠〉商兑》，《章太炎全集》（四），上海人民出版社1985年版，第323页。
② 《再论孔教问题》，《独秀文存》，安徽人民出版社1987年版，第91页。
③ 《再论孔教问题》，《独秀文存》，安徽人民出版社1987年版，第91页。
④ 《再论孔教问题》，《独秀文存》，安徽人民出版社1987年版，第91页。
⑤ 《再论孔教问题》，《独秀文存》，安徽人民出版社1987年版，第91页。

的新信仰终。显而易见，他所讲的科学只是作为"自然法"的自然科学，并不包括作为"人为法"的社会科学。这一切使人不由想起了康有为用自然法则推出人为法的做法。

康有为论证平等的方法是从"格致家所考明之实理"中推出的，"演大同之义"的是《人类公理》，《实理公法全书》也是从自然科学中推导出平等、自主之权的。不仅如此，对《实理公法全书》中的"实"字，康有为专门作了如下解释："有虚实之实。如出自几何公理之法，则其理较实；出自人立之法，则其理较虚。又几何公理所出之法，称为必然之实，亦称为永远之实。人立之法，称为两可之实。"① 可见，康有为一面对出自自然科学的公理之法与出自人类社会的人立之法予以区分，一面强调前者是实、后者是虚，进而彰显公理、实法的公效性和权威性。这与陈独秀以"自然法"改正"人为法"的价值旨趣和思维方式如出一辙。

二、对自然科学作用的夸大及其误区

康有为、谭嗣同确信宇宙公理既适用于自然界，又适用于人类社会，由此使自然科学方法成为万能的。当两人利用自然科学论证平等思想时，即流露出浓郁的自然科学情结。无论康有为、谭嗣同本人是否注意到了这一点，用自然科学来论证平等的缺点毋庸讳言，并且引出了看似矛盾的结论：一方面，平等是宇宙本体——仁的特征，作为宇宙的一部分，人类社会也应以平等为原则。另一方面，由于不是专门从人与人的关系入手探讨平等的，康有为、谭嗣同所讲的平等远离人类社会甚至显得牵强；更致命的是，人类社会存在不平等的事实本身即雄辩地反驳了平等是宇宙法则、贯穿于自然界和人类社会等一切领域的说法。在这种情况下，如果硬要说平等适用于人类社会，也只好像康有为、谭嗣同所承认的那样只能存在于未来——平等作为——甚至只能作为人类进化

---

① 《实理公法全书·实字解》，《康有为全集》（第一集），中国人民大学出版社 2007 年版，第 147 页。

的最终结果才能存在。这等于在现实性上取消了平等，与两人提倡平等的理论初衷背道而驰。同样意味深长的是，用进化论等自然科学论证中国缺少民主，必须实行平等、自由的严复最终用自然科学取代了平等、自由等社会政治学说。他写道：

> 今世学者，为西人之政论易，为西人之科学难。政论有骄嚣之风，如自由、平等、民权、压力、革命皆是。科学多朴茂之意，且其人既不通科学，则其政论必多不根，而于天演消息之微，不能喻也。此未必不为吾国前途之害。故中国此后教育，在在宜著意科学，使学者之心虑沈潜，浸渍于因果实证之间，庶他日学成，有疗病起弱之实力，能破旧学之拘挛，而其于图新也审，则真中国之幸福矣！①

严复的这个结论与康有为、谭嗣同的做法相互印证，证明了用自然科学成果论证平等是注定行不通的。作为属于人类社会的现象，平等围绕着人的生存状态以及人与人、人与社会的关系展开。正是由于这个原因，只有从人和人类社会入手，对平等的论证才能具有现实性。否则，用具有最大普遍性的自然科学公理来论证特殊的社会现象，不仅空泛、抽象，而且难以操作。在这方面，康有为、谭嗣同的做法有两点足以引起注意：第一，鉴于公理的公而无私，将平等理解为毫无差异的绝对平均。第二，鉴于平等是宇宙的普遍法则，将平等的实现寄托于全球一体的大同社会。如果说前者注定了两人所讲的平等远离具体的历史情境而无法实现的话，那么，后者则在取消国界中远离了以平等救亡图存的立言宗旨和理论初衷。从这个意义上说，康有为、谭嗣同以自然科学来论证平等的做法是永远也达不到目的的。更有甚者，两人在对平等的论述中，由于自然科学的滥用和自然科学情结的膨胀，往往引发荒唐的结论。例如，为了破除善恶、男女对待而臻于男女平等，秉持自然科学万能信念的谭嗣同援引医学、生理学和人体解剖学等自然科学成果来分析男女之异和男女之事，竟然

---

① 《与〈外交报〉主人书》，《严复集》（第三册），中华书局1986年版，第564—565页。

得出了这样的结论：

> 夫男女之异，非有他，在牝牡数寸间耳，犹夫人之类也。……而不知
> 男女构精，特两机之动，毫无可羞丑，而至予人间隙也。中国医家，男有
> 三至、女有五至之说，最为精美，凡人皆不可不知之。若更得西医之精化
> 学者，详考交媾时筋络肌肉如何动法，涎液质点如何情状，绘图列说，毕
> 尽无余，兼范腊肖人形体，可拆卸谛辨，多开考察淫学之馆，广布阐明淫
> 理之书，使人人皆悉其所以然，徒费一生嗜好，其事乃不过如此如此，机
> 器焉已耳，而其动又有所待，其待又有待，初无所谓淫也，更何论于断不
> 断，则未有不废然返者。①

在这里，谭嗣同的逻辑是，既然男女之事可以用自然科学的手段加以分析
和解释，那么，便没有任何神秘、神圣可言，甚至不存在隐私或羞耻问题；既
然男女之别天然如此，并且可以诉诸自然科学，当然也就超越了善恶等道德界
限。正是循着这个逻辑，他公然声称：

> 男女构精，名之曰"淫"，此淫名也。淫名，亦生民以来沿习既久，
> 名之不改，故皆习谓淫为恶耳。向使生民之初，即相习以淫为朝聘宴飨之
> 钜典，行之于朝庙，行之于都市，行之于稠人广众，如中国之长揖拜跪，
> 西国之抱腰接吻，沿习至今，亦孰知其恶者？乍名为恶，即从而恶之矣。
> 或谓男女之具，生于幽隐，人不恒见，非如世之行礼者光明昭著，为人易
> 闻易睹，故易谓淫为恶耳。是礼与淫，但有幽显之辨，果无善恶之辨矣。
> 向使生民之始，天不生其具于幽隐，而生于面额之上，举目即见，将以淫
> 为相见礼矣，又何由知为恶哉？②

---

① 《仁学》，《谭嗣同全集》（增订本），中华书局1998年版，第303—305页。

② 《仁学》，《谭嗣同全集》（增订本），中华书局1998年版，第301—302页。

　　这个结论不仅仅令人难以接受，简直令人瞠目结舌。难怪章炳麟对之予以无情讽刺和反驳。其实，尽管谭嗣同的结论极端偏激，荒唐至极，却从一个侧面展示了自然科学情结的潜在危险。如果将包括平等在内的一切问题的解决都诉诸自然科学，难免得出如此荒谬的结论。看看五四时期根据自然科学对人的认识便会发现，有些观点与谭嗣同的结论别无二致，也足以引起人们对自然科学情结的警醒和反思。吴稚晖在用自然科学方法对人进行分析、分解之后，将"人"看成是由物质"凑合而成"的，进而剥离其精神性的因素，"以为居此人境，止有物质，并无物质以外之精神"[1]。这是因为，"精神不过从物质凑合而生也，用清水一百磅，胶质六十磅，蛋白质四磅三两，纤维质四磅五两，油质十二两，会逢其适，凑合而成一百四十七磅之我，即以我之名义盲从此物理世界之规则，随便混闹一阵，闹到如何地步，即以我之清水油胶等质，各自分离而后止。"[2] 至此，通过自然科学的分析，人的一切都变得如此简单、明了，人在不再神秘的同时也不再神圣，由于只能盲从"物理世界之规则"而彼此平等。

　　与此同时，在康有为、谭嗣同利用自然科学为平等辩护的过程中，不仅存在自然科学的滥用，而且存在着对自然科学的歪曲。综观两人的平等思想乃至全部哲学可以发现，从根本上说，康有为、谭嗣同既没有恪守自然科学的求真精神，也没有尊重自然科学成果的原初意义，而是基于论证平等的需要对各种自然科学各取所需、大肆发挥而为我所用。从这个意义上说，康有为、谭嗣同的真正目的或兴趣并不在自然科学上。两人之所以在阐释平等或其他思想时念念不忘自然科学，是因为认为用自然科学作论证可以使自己的阐释有理有据、绘声绘色，给人一种似是而非的满足，这种情形与传教士利用自然科学传播基督教的福音颇为相似。对于这个问题，康有为的一段话耐人寻味："有实论之实。如古时某教如何教人，则人之受教者如何；某国如何立法，则人之受治者如何。其功效高下，皆可列为表，而实考之。唯有实论之法，愈今则愈妙，因

----

[1]　《与友人论物理世界及不可思议书》，转引自郭颖颐：《中国现代思想中的唯科学主义》，江苏人民出版社 1995 年版，第 33 页。

[2]　《与友人论物理世界及不可思议书》，转引自郭颖颐：《中国现代思想中的唯科学主义》，江苏人民出版社 1995 年版，第 33—34 页。

今之唯恐其不今者。如今日地球上某教士用某法教人，则人乐从，且可获益若何；某国新用某法，则某等案件每年少若干，民间获益若何；因其功效可以定其法之得失，而等第之。……虽其他所谓实论者尚多，然总不得虚论空论。"[①]

其实，康有为、谭嗣同学习自然科学的主要途径之一就是接触基督教的传教士。与传教士关心的不是自然科学本身而是布道的效果如何相似，对于康有为、谭嗣同来说，肯定自然科学的意义在于自然科学的实证性，自然科学具有社会科学无可比拟的工具价值，可以为自己的哲学（包括仁学、平等思想在内）提供简捷方便、通俗易懂且具有权威性的论证。受制于这一理论初衷和价值旨趣，自然科学在两人的思想中充其量只是论证工具。与此相关，康有为、谭嗣同均强调自然科学从属于哲学，是为平等在内的哲学和政治学说服务的。例如，对于自然科学处于何等地位，谭嗣同明确规定说，以太等自然科学只是"托言"[②]，充其量只是仁的代言或托词。正因为如此，他一面将仁与以太相提并论，一面强调其间的精粗、体用关系。沿着这个思路，既然各种自然科学仅仅是托词，那么，便可以这样称呼也可以那样称呼，可以用这一自然科学概念代言也可以用那一自然科学概念代言。明白了这一点，便不难理解康有为、谭嗣同均将仁与众多自然科学的新名词相提并论，在论证平等时罗列众多自然科学的做法了。

与此同时，包括康有为、谭嗣同在内的近代哲学家大都是通过自学了解自然科学的，这种方式决定了他们对自然科学只能袭其皮毛而不可能有系统、深入的了解，再加上肆意发挥，致使他们所讲的自然科学与其本来意思相去甚远。在这方面，以太便是典型的例子。以太在康有为、谭嗣同那里可以叫作仁、电、力，也可以叫做热力、爱质、爱力、不忍之心（康有为的说法）和慈悲、性海、兼爱、心力（谭嗣同的说法）等，正如在严复那里叫做气，在孙中山那里不妨称为太极，在章炳麟那里可以称为原子(atom，章炳麟称之为阿屯)一样。这种肆意发挥淋漓尽致地暴露了近代哲学家对待自然科学的主观性、随

---

① 《实理公法全书·实字解》，《康有为全集》（第一集），中国人民大学出版社 2007 年版，第 147 页。

② 《仁学》，《谭嗣同全集》（增订本），中华书局 1998 年版，第 331 页。

意性，致使自然科学最终沦为点缀，甚至是徒有其名无有其实。

过分夸大自然科学作用的自然科学情结从本质上说是与自然科学的求真精神相悖的，康有为、谭嗣同的这种做法不仅预示着由此而推导出来的平等思想带有不可逾越的理论误区，而且导致了对自然科学的非科学对待。可以看到，一旦自然科学与自己的思想相抵触，篡改甚至放弃自然科学也在预料之中。例如，康有为著《诸天讲》，通过"直隶于天"而申明人人平等。在书中，讲述天体演化的物理学、天体学与哲学以及各种宗教思想如佛教和基督教等相混合。这从《诸天讲》篇章的安排上即可一目了然：第十篇是《诸天二百四十二天篇》，第十一篇名为《上帝篇》，该篇的上节是《欧洲哲学家之言上帝》，下节是《上帝之必有》，接下来的第十二篇是《佛之神通大智然不知日月诸星诸天所言诸天皆虚想篇》。按照一般逻辑，天体演化属于自然科学，与上帝存在和佛的神通广大在学科上并不搭界。出乎一般逻辑和人们的预料，康有为从天体演化中证明了天的无界和佛法的无边。与其说这一结论令人称奇，毋宁说这一切都源于他对自然科学是哲学论证工具的定位。不仅如此，正是对自然科学的这一定位使康有为随意对待自然科学，既不关心其真伪，也不在乎其有无。于是，为了证明上帝之有和佛之无边威力，他最终放弃了先前推崇的各种自然科学，不惜否认了自己宣传并推崇的达尔文进化论、牛顿力学和拉普拉斯的星云假说。于是，康有为公然声称：

> 然天下之物至不可测，吾人至渺小，吾人之知识至有限，岂能以肉身之所见闻，而尽天下之事理乎？……试问奈端、拉伯拉室、达尔文等能推有形之物质矣，其能预推无形之事物乎？庄子曰：人之生也有涯，其知也无涯。以奈端、拉伯拉室、达尔文之知至少，而欲尽知天乎？而可决无上帝乎？多见其不知量也。[1]

康有为的这一举动表明，他利用自然科学来论证平等的做法与对自然科学

---

[1]　《诸天讲》，《康有为全集》（第十二集），中国人民大学出版社 2007 年版，第 93—94 页。

的定位之间存在相互矛盾。事实上，在对待自然科学的问题上，康有为、谭嗣同都采取了相互矛盾的态度和做法：一方面，为了证明自己选择的自然科学方法是万能的，经过这种方法推导出来的理论（如平等）即是不容置疑的真理，康有为、谭嗣同极力彰显自然科学的意义和价值，断言自然科学及其方法具有绝对权威；另一方面，对于两人的思想来说，自然科学始终只是论证工具而不是价值或自己主张的观点，得意忘言便成为注定的结局。于是，在利用自然科学论证平等思想之后，正如当初为了平等可以随意取之、改之一样，同样可以为了平等而随意弃之。

以康有为、谭嗣同利用自然科学论证平等以及严复等人以进化论为武器宣传救亡图存为开端，自然科学被纳入哲学视野，成为近代哲学视界中的显学。科学与哲学、科学与玄学以及科学与人生成为聚讼纷纭的热门话题。这些问题并没有因为争论而得到解决，仍然是当下的焦点问题。在这方面，康有为、谭嗣同的做法足以引起我们的深思。

第五章　康有为与谭嗣同平等观之比较

　　无论康有为宣称平等是仁的题中应有之义还是谭嗣同将通而平等说成是仁最基本的特征，都使两人对平等推崇有加。一方面，康有为、谭嗣同既通过对平等的论证建构了中国近代启蒙思想的平等派，又展示了彼此思想的一致性，故而与严复、梁启超建构的自由派渐行渐远；另一方面，康有为、谭嗣同无论对平等的界定还是对平等路径的设计都不可同日而语，故而建构了两种不同样式的平等观。至此，人们不禁要问：在中国近代，平等是否只有一种模式？康有为、谭嗣同平等思想的相同之处说明了什么？这个问题与两人平等观的异同互为表里，可以通过对康有为、谭嗣同平等观的比较寻找答案。深入分析、比较两人的平等观，既有助于深刻把握康有为、谭嗣同启蒙观的一致性，又有助于直观感受两人平等观以及启蒙观的差异性。

第一节　对平等的论证

　　康有为、谭嗣同对平等的关注和推崇呈现出惊人的一致性，这不仅体现为两人在仁学建构中极力凸显仁的平等内涵，而且体现为在中国启蒙路径的选择上投向了平等。在论证平等的过程中，从对平等地位的提升到对平等内涵的理解，再到对平等理想境界的描述，康有为、谭嗣同的做法都如出一辙。这些构成了两人平等观的基本内容，同时也体现了康有为、谭嗣同平等观的相同性和一致性。

一、平等是宇宙本原的题中应有之义

与对平等的热切关注互为表里，康有为、谭嗣同对平等倍加推崇，以至于将平等提升到了宇宙法则的地位。不仅如此，为了提升平等的地位和权威，两人采取了相同的方法——将平等与世界本原直接联系起来。在这方面，康有为、谭嗣同的共同做法有二：一是宣称仁为天地万物的本原，二是断言平等是仁的题中应有之义。

首先，康有为、谭嗣同在声称仁是天地万物本原的前提下，极力凸显仁的平等内涵和意蕴。

康有为认为，仁是宇宙间的最高存在，天地万物皆源于仁。于是，他宣称："不忍人之心，仁也，电也，以太也，人人皆有之，……为万化之海，为一切根，为一切源。一核而成参天之树，一滴而成大海之水。人道之仁爱，人道之文明，人道之进化，至于太平大同，皆从此出。"[1] 这就是说，仁是"万化之海"，作为推动世界运动、变化的总根源，是宇宙的真正主宰；仁"为一切根，为一切源"，是世界万殊和人类的最终本原。

谭嗣同对仁的推崇更是无以复加，不仅将自己的代表作命名为《仁学》，而且宣布"仁为天地万物之源"[2]。对于仁为何成为世界本原，他从训诂学的角度对仁进行了如是界定："'仁'从二从人，相偶之义也。'元'从二从儿，'儿'古人字，是亦'仁'也。'无'，许说通'元'为'无'，是'无'亦从二从人，亦'仁'也。故言仁者不可不知元，而其功用可极于无。"[3] 如此说来，仁具有两个本质规定：一为元，一为无；其中，仁为元表明仁是天地万物的本原，是宇宙间的第一存在。

被康有为、谭嗣同奉为世界本原的仁源于儒家观念，同时被注入了近代的价值诉求和时代气息，最明显的表现是仁的基本内涵是平等。康有为一贯强调仁的相偶之义，指出仁在本质上不是"私德"而是"公德"，是标志人与人关

---

[1] 《孟子微》，《康有为全集》（第五集），中国人民大学出版社 2007 年版，第 414 页。

[2] 《仁学》，《谭嗣同全集》（增订本），中华书局 1998 年版，第 292 页。

[3] 《仁学》，《谭嗣同全集》（增订本），中华书局 1998 年版，第 289 页。

系的范畴。具体地说，仁即不忍人之心，是一种平等之爱，仁爱的原则是"人人平等，爱人如己，……不独亲亲矣"①。对于仁的内涵是平等，他一再声明：

仁之极，所谓平等者。②

至平无差等，乃太平之礼，至仁之义。③

鉴于仁的本体地位和平等内涵，康有为对平等格外关注，对男女平等的大声疾呼更是令人瞩目。与此同时，为了描绘、构建平等的理想乐园，他创作了《大同书》，详细规划、描述了全球平等、天下大同的理想蓝图。

在中国近代，如果说首倡仁——平等的是康有为的话，那么，对仁之平等内涵从形而上学的高度进行系统论证的则非谭嗣同莫属。按照谭嗣同的说法，宇宙本原——仁最基本的内涵和特征是通，通即平等，这便是："仁以通为第一义"，"通之象为平等。"④ 在他看来，平等涵盖了文化、政治、宗教和经济等各个领域。正是在这个意义上，谭嗣同反复强调：

苟仁，自无不通。亦惟通，而仁之量可完。⑤

夫仁，以太之用，而天地万物由之以生，由之以通。星辰之远，鬼神之冥漠，犹将以仁通之；况同生此地球而同为人，岂一二人之私意所能塞之？亦自塞其仁而已。……可以通学，可以通政，可以通教，又况于通商之常常者乎？⑥

① 《孟子微》，《康有为全集》（第五集），中国人民大学出版社2007年版，第415页。
② 《南海师承记·讲仁字》，《康有为全集》（第二集），中国人民大学出版社2007年版，第227页。
③ 《礼运注》，《康有为全集》（第五集），中国人民大学出版社2007年版，第554页。
④ 《仁学》，《谭嗣同全集》（增订本），中华书局1998年版，第291页。
⑤ 《仁学》，《谭嗣同全集》（增订本），中华书局1998年版，第296页。
⑥ 《仁学》，《谭嗣同全集》（增订本），中华书局1998年版，第297页。

除此之外，谭嗣同还探讨了平等的主体问题，断言"通有四义"："中外通"、"上下通"、"男女内外通"和"人我通"，仁之"无"的界定即表示其最高境界是"通天地万物人我为一身"①的平等境界。总之，凭借仁—通—平等，谭嗣同把平等说成是宇宙本原——仁的基本特征，从而赋予平等以本体高度和形上意蕴。

其次，康有为、谭嗣同对仁之平等内涵的挖掘提升了平等的地位，在使平等拥有最大限度的普适性和普世性的同时，拉开了两人与其他近代哲学家之间的距离。

为了提升平等的地位，康有为、谭嗣同将平等说成是世界本原——仁的题中应有之义，最大限度地张扬平等的权威性和普适性。在此过程中，两人不约而同地宣称仁是天地万物的本原，进而将平等与仁联系起来。由于康有为、谭嗣同对仁加以推崇和侧重，致使两人的哲学成为以仁为主的仁学。正因为康有为的哲学以仁为主，梁启超将他的哲学称为"博爱派哲学"。"博爱派哲学"是梁启超对康有为哲学的评价，他的依据是康有为哲学"以'仁'字为唯一之宗旨"②。从"以'仁'字为唯一之宗旨"来说，梁启超的评价也适用于谭嗣同的哲学。梁启超之所以将康有为的哲学概括、归结为"博爱派哲学"，是因为康有为所讲的仁含有博爱之义。

值得一提的是，作为中国古代哲学的基本范畴，仁最原初的含义是爱人，这意味着仁从一开始就与爱密不可分。对于这一点，中国哲学家并无分歧，分歧聚焦在如何爱上。沿着这个思路审视谭嗣同的仁学可以发现，一方面，他将仁与佛教的慈悲相提并论，并不像康有为那样以博爱释仁。从这个意义上说，谭嗣同的仁学不可以视为"博爱派哲学"。如果说是否以博爱释仁体现了康有为、谭嗣同思想的分歧的话，那么，以平等释仁则是两人仁学的相同之处。另一方面，无论康有为还是谭嗣同对仁的界定和诠释都凸显其中的平等内涵。不仅如此，在谭嗣同的哲学中，仁的平等内涵与康有为相比更为突出。检视中国

---

① 《仁学》，《谭嗣同全集》（增订本），中华书局1998年版，第296页；另见同书第312页。

② 《南海康先生传》，《梁启超全集》（第一册），北京出版社1999年版，第488页。

近代乃至全部中国哲学史可以发现，将仁说成是世界本原的只有康有为和谭嗣同。正因为如此，两人的哲学成为中国近代心学中极具特色的仁学派，与梁启超以西方传入的唯意志论为主体的情感派和章炳麟以唯识宗为主体的佛学派一起构成了中国近代心学的三个主要流派。①

进而言之，康有为、谭嗣同对仁的推崇和把仁奉为宇宙本原与对平等的推崇息息相关，仁的本原地位反过来又决定了两人对平等的理解和界定：第一，在对平等的内涵界定上，康有为、谭嗣同强调，平等与宇宙本原——仁息息相关，致使平等借助仁而拥有了宇宙法则之义；而宇宙法则之义使平等拥有了与生俱来的普适性，不能只限于人而应普及万物；循着这个思路推演下去，平等并不仅仅指涉人与人以及由此构成的群体与群体之间的关系，而是指涉人与人、人与物之间的一切关系。正是循着相同的逻辑，康有为、谭嗣同都对平等做绝对和极端理解。第二，在对平等的操作途径上，平等的实现依赖仁心②的发现。这是因为，平等隐藏在作为宇宙本原的仁中，是仁的基本内涵和表现。对于康有为来说，人人皆生而自主、平等是因为人性善，人皆有不忍人之心。对于谭嗣同来说，"慈悲，吾儒所谓'仁'也。"③慈悲就是人与人之间破除分别、人我而平等相待。这用他本人的话说便是："盖心力之实体，莫大于慈悲。慈悲则我视人平等，而我以无畏；人视我平等，而人亦以无畏。"④在康有为、谭嗣同的平等思想中，无论对平等内涵的理解还是对平等途径的选择都可以在宇宙本原——仁那里得到解释和印证。

需要说明的是，尽管自由、平等是戊戌启蒙思想家的一致追求，然而，只有康有为、谭嗣同对平等倍加关注和推崇，视之为解决中国的根本出路，进而从本体哲学的高度对平等予以论证。正是由于这个原因，两人成为平等派的戊戌启蒙思想家。

---

① 《中国近代哲学的宏观透视》，黑龙江教育出版社 1994 年版，第 145—154 页。

② 康有为称为不忍之心，谭嗣同称为慈悲之心。两人的称谓不同，实际所指都是仁。

③ 《上欧阳中鹄十》，《谭嗣同全集》（增订本），中华书局 1998 年版，第 464 页。

④ 《仁学》，《谭嗣同全集》（增订本），中华书局 1998 年版，第 357 页。

二、平等是绝对平均而大同

康有为、谭嗣同借助作为世界万物本原的仁将平等诠释为宇宙的普遍法则之日，也就是对平等的认识陷入空洞、抽象和极端之时。事实上，对平等与作为世界万物本原的仁的相提并论不仅预示着两人对平等的绝对化、极端化理解，而且使康有为、谭嗣同将平等的最终实现推向了无限遥远的大同社会。

首先，康有为、谭嗣同在凸显作为世界万物本原的仁的平等内涵的前提下，分别选择了不忍人之心（不忍之心）、慈悲之心（愿心）来界定仁。这无疑更助长了平等的虚幻性和抽象性。与对平等作虚幻和抽象理解相印证，康有为、谭嗣同将平等界定为泯灭一切差异的绝对平等或平均，致使平等绝对化、极端化。

对于平等的标准或境界，康有为多次如是说：

> 全世界人皆平等，无爵位之殊，无舆服之异，无仪从之别。①

> 无贵贱之分，无贫富之等，无人种之殊，无男女之异。②

依据这个标准，平等不仅表现在政治上消灭贵族特权和经济上弥合贫富差距，而且表现在消除人种之分和男女之别。如果说康有为提出的消除人种之分仅仅针对种族歧视、民族压迫而呼吁各色人种和所有民族一律平等的话，是可以理解的，也是积极的。问题的关键是，康有为的本意并非如此。他的初衷是要同化人种，具体途径则是通过不同的办法——如通婚、迁地和饮食等来消灭有色人种。不仅如此，从消除"男尊女卑""夫为妻纲"观念，提倡男女平等的角度看，康有为的观点具有极强的现实针对性。他的设想显然并不止于这些。对于消除男女之别，康有为的说法是"无男女之异"。为此，他

---

① 《大同书》，中州古籍出版社 1998 年版，第 315 页。

② 《礼运注》，《康有为全集》（第五集），中国人民大学出版社 2007 年版，第 555 页。

大声疾呼男女一切皆同。在康有为魂牵梦萦的理想社会，大同人种长相一样，在外貌上已经没有任何差异。在此基础上，康有为主张男女服饰相同，这就让人难以理解和认同了。与此相联系，他所讲的"无舆服之异"不仅行于上下级之间，而且行于男女之间。凡此种种，无不暴露出康有为平等观念的极端化、绝对化。

与康有为对平等的极端、绝对理解相类似，谭嗣同对平等的境界和内涵多次界定说：

> 至于平等，则洞澈彼此，一尘不隔，为通人我之极致矣。①

> 无对待，然后平等。②

> 平等者，致一之谓也。一则通矣，通则仁矣。③

毫无疑问，无论"一尘不隔"还是"无对待""致一"都表明，谭嗣同理解的平等即毫无差别的绝对同一。正因为如此，谭嗣同设想，实现平等便意味着"无所谓国，若一国；无所谓家，若一家；无所谓身，若一身"④。更有甚者，为了达到绝对平等的境界，也为了防止人们妄生分别，他提出了断灭意识的平等方案。谭嗣同声称："原夫人我所以不通之故，脑气（又称"脑气筋"，英文nerve，神经的通俗译法——引者注）之动法各异也。……今求通之，必断意识；欲断意识，必自改其脑气之动法。……意识断，则我相除；我相除，则异同泯；异同泯，则平等出。"⑤ 与此同时，鉴于有体魄便有分别的认识，谭嗣同提出了"超出体魄之上而独任灵魂"的设想，并且幻想未来"必别生种人，纯

---

① 《仁学》，《谭嗣同全集》（增订本），中华书局1998年版，第365页。
② 《仁学》，《谭嗣同全集》（增订本），中华书局1998年版，第292页。
③ 《仁学》，《谭嗣同全集》（增订本），中华书局1998年版，第293页。
④ 《仁学》，《谭嗣同全集》（增订本），中华书局1998年版，第351页。
⑤ 《仁学》，《谭嗣同全集》（增订本），中华书局1998年版，第364—365页。

用智，不用力，纯有灵魂，不有体魄。……可以住水，可以住火，可以住风，可以住空气，可以飞行往来于诸星诸日，虽地球全毁，无所损害。"① 这就是说，未来的人种由于没有了产生分别的体魄，便从根本上消除了差异。至此可见，如果说康有为还承认人我之间的分别的话，那么，在谭嗣同那里，则没有了人我之分，人的所有一切差异和个性都泯灭了。

依据康有为、谭嗣同设想的标准，平等是绝对平均，人与人平等便意味着在所有方面都绝无差异。这是一种"大同"——完全相同，这种没有任何差异的绝对同一就是平等。对此，康有为明确指出，同即平等，平等即同。这正如他所言："'同'字、'平'字，先同而后能平。"②

其次，正是基于平等是消除一切差异的绝对同一的理解，康有为、谭嗣同都将平等的实现寄托于无限遥远的大同社会。

康有为习惯于从"至平""大同"的角度理解、畅想大同社会，将"大同"之道视为大同社会的基本原则。对此，他宣称："大同之道，至平也，至公也，至仁也，治之至也，虽有善道，无以加此矣。"③ 这里所讲的"至平"即完全平均，由于消除了各种差异，故而与"至公"相提并论。为了达到"至平""至公"的境界，康有为强调，大同社会没有国家、没有阶级，没有种族之分和人种差异，没有上下、尊卑乃至没有政治、文化乃至文字之别。正是在这个意义上，他断言："太平之世，人人平等，无有臣妾奴隶，无有君主统领，无有教主教皇。"④

对于谭嗣同来说，平等就是大同，绝对平等的未来社会就是全球大一统的大同世界。基于这种认识，他设想："人人能自由，是必为无国之民。无国则畛域化，战争息，猜忌绝，权谋弃，彼我亡，平等出；且虽有天下，若无天下矣。君主废，则贵贱平；公理明，则贫富均。千里万里，一家一人，……殆仿

---

① 《仁学》，《谭嗣同全集》（增订本），中华书局 1998 年版，第 366—367 页。
② 《万木草堂讲义·中庸》，《康有为全集》（第二集），中国人民大学出版社 2007 年版，第 293 页。
③ 《大同书》，中州古籍出版社 1998 年版，第 39 页。
④ 《大同书》，中州古籍出版社 1998 年版，第 343 页。

佛《礼运》大同之象焉。"①

在康有为、谭嗣同的思想中，将来的世界——或者说太平社会就是大同世界，那时全世界同一人种、同一国家、同一政治、同一文化乃至同一语言文字。在大同社会中，一切皆同，故而绝对平等。于是，康有为断言："地既同矣，国既同矣，种既同矣，政治、风俗、礼教、法律、度量、权衡、语言、文字无一不同。"②

众所周知，大同思想脱胎于《礼记》的《礼运》篇，是中国人的千年梦想。在近现代哲学家中，从康有为、谭嗣同、孙中山到蔡元培和李大钊都有大同情结。③ 所不同的是，康有为、谭嗣同的大同情结与其他近现代哲学家相比更为典型和执著，对大同思想的论证也更为系统和全面。更为重要的是，康有为、谭嗣同对大同社会的界定也与其他近现代哲学家具有差异，那就是：与对平等的推崇和界定息息相关，两人断言，平等就是没有任何差异的大同，大同社会的主要标识是人人平等、一切平等。由于康有为、谭嗣同对平等的抽象理解，大同对于两人的平等思想具有了非同一般的意义。

对于康有为、谭嗣同来说，平等观与大同观密不可分，平等与大同相互印证：一方面，平等表现为消灭各种差异的绝对平等或平均，这就是大同。另一方面，只有到了大同社会，才能彻底实现平等。这用康有为本人的话说便是："全世界人类尽为平等，则太平之效渐著矣。"④ 事实上，他不仅一再重申这一点，而且给出了如下原因和理由："夫有国、有家、有己，则各有其界而自私之。其害公理而阻进化，甚矣。惟天为生人之本，人人皆天所生而直隶焉。凡隶天之下者皆公之，故不独不得立国界，以至强弱相争。并不得有家界，以至

① 《仁学》，《谭嗣同全集》（增订本），中华书局 1998 年版，第 367 页。
② 《大同书》，中州古籍出版社 1998 年版，第 126 页。
③ 梁启超强调："世界大同之理想，在过去为成功，在将来亦为成功，不必以目前之失败介意，我国民宜常保持此'超国界'的精神，力求贯彻。"（《历史上中华国民事业之成败及今后革进之机运》，《梁启超哲学思想论文选》，北京大学出版社 1984 年版，第 297 页）同样，孙中山指出："人类进化之目的为何？即孔子所谓'大道之行也，天下为公'。"（《建国方略》，中州古籍出版社 1998 年版，第 98 页）
④ 《大同书》，中州古籍出版社 1998 年版，第 148 页。

亲爱不广。且不得有身界，以至货力自为。故只有天下为公，一切皆本公理而已。公者，人人如一之谓，无贵贱之分，无贫富之等，无人种之殊，无男女之异。分等殊异，此狭隘之小道也；平等公同，此广大之道也。无所谓君，无所谓国，人人皆教养于公产，而不恃私产。人人即多私产，亦当分之于公产焉。则人无所用其私，何必为权术诈谋以害信义？更何肯为盗窃乱贼以损身名？非徒无此人，亦复无此思。内外为一，无所防虞。故外户不闭，不知兵革。此大同之道，太平之世行之。惟人人皆公，人人皆平，故能与人大同也。"①

至此可见，如果说康有为、谭嗣同对平等的论证以作为世界万物本原的仁为切入点决定了两人的平等观与仁学观一脉相承的话，那么，由此而来的平等的普世性和普适性的无限放大则导致康有为、谭嗣同对平等的绝对化、极端化理解。这使两人不是将平等理解为历史进程，而是将之推向了无限遥远的未来。于是，只有到了大同社会，才能实现平等。对于康有为、谭嗣同来说，大同社会是平等的最终实现，也是仁的理想境界。正如两人的仁学观决定了平等观一样，康有为、谭嗣同的仁学观也决定着大同观。当然，与对平等的绝对化理解互为表里，两人将平等的虚幻化、极端化带入到大同社会，最终由对大同社会的向往而陷入大同主义。这表明，康有为、谭嗣同的仁学观、平等观和大同观相互作用，三位一体。正如只有从作为世界万物本原的仁来解读两人的平等观才能深刻把握其特色和误区一样，只有从平等的诉求来分析康有为、谭嗣同的大同思想，才能全面领悟其特色和误区。

三、以自然科学论证平等

通过康有为、谭嗣同的提倡和论证，平等具有了至高无上的地位和境界。接下来的问题是，在没有进入大同社会之前，平等是否存在？或者说，无论平等还是大同社会都令人神往，如何才能进入大同社会而实现平等？对于这些问题，康有为、谭嗣同的回答是一致的，那就是：两人不约而同地选择了以太、

---

① 《礼运注》，《康有为全集》（第五集），中国人民大学出版社 2007 年版，第 555 页。

电和力等西方传入的自然科学概念来比附、论证仁心的相互感应和感通，以此搭建臻于平等的路径。

康有为、谭嗣同对仁之概念的阐释并赋予其平等内涵的主要理论来源既不是中国古代恪守仁者爱人的儒家思想，也不是西方宣扬自由、平等的社会学说，而是以太、电、力为首的西方自然科学。在两人的思想中，仁与电、力、以太相互混杂、相提并论。康有为、谭嗣同这样做的主要目的之一，便是用它们论证仁的内涵和特征是平等。有鉴于此，如果说康有为、谭嗣同对平等地位的提升是借助作为世界万物本原的仁完成的话，那么，两人对这一切的论证则是借助电、力和以太等源自西方近代的自然科学概念和学说完成的。

首先，康有为、谭嗣同都喜欢用以太、电、力等自然科学概念来比附仁之概念。如上所述，两人提升平等地位的方法是将平等说成是仁的基本内涵。与此相似，康有为、谭嗣同论证平等实现的方法是用源自西方近代自然科学的概念比附仁之概念。

事实上，康有为、谭嗣同都借鉴西学东渐的自然科学概念来比附、说明仁，这种做法在概念、范畴上丰富了仁，使仁具有了诸多名称，其中用得最多并且两人最为相近的有以太、电、"爱力"、"热力"和"吸摄之力"等。对此，康有为、谭嗣同不止一次地一致声称：

> 仁者，热力也；义者，重力也；天下不能出此二者。总言之日：立气之道，日阴与阳，日热与重；立人之道，日仁与义。[①]

> 不忍者，吸摄之力也。[②]

> 夫吸力即爱力之异名也。善用爱者，所以贵兼爱矣。有所爱，必有所大不爱也；无所爱，将留其爱以无不爱也。[③]

---

① 《康子内外篇》，《康有为全集》（第一集），中国人民大学出版社 2007 年版，第 107 页。
② 《大同书》，中州古籍出版社 1998 年版，第 35 页。
③ 《仁学》，《谭嗣同全集》（增订本），中华书局 1998 年版，第 303 页。

无以名之，名之曰"以太"。其显于用也，孔谓之"仁"，谓之"元"，谓之"性"；墨谓之"兼爱"；佛谓之"性海"，谓之"慈悲"；耶谓之"灵魂"，谓之"爱人如己"、"视敌如友"；格致家谓之"爱力"、"吸力"；咸是物也。①

康有为、谭嗣同所讲的仁无所不包，于是便将仁尽可能地与自己所接触到的各色自然科学概念相对接。例如，康有为把脑说成是电，进而将知、电与神相提并论。谭嗣同所讲的仁之所以不生不灭，是因为他将仁与以太、元素（原质或元质）相提并论，进而将不生不灭等同于微生灭。正是在这个意义上，谭嗣同反复强调：

彼动植之异性，为自性尔乎？抑无质点之位置与分剂有不同耳。质点不出乎六十四种之原质，某原质与某原质化合则成一某物之性；析而与他原质化合，或增某原质，减某原质，则又成一某物之性。即同数原质化合，而多寡主佐之少殊，又别成一某物之性。纷纭蕃变，不可纪极，虽聚千万人之毕生精力治化学，不能竟其绪而宣其蕴，然而原质则初无增损之故也。②

不生不灭有征乎？曰：弥望皆是也。如向所言化学诸理，穷其学之所至，不过析数原质而使之分，与并数原质而使之合，用其已然而固然者，时其好恶，剂其盈虚，而以号曰某物某物，如是而已；岂能竟消磨一原质，与别创造一原质哉？矿学之取金类也，不能取于非金类之矿；医学之御疵疠也，不能使疵疠绝于天壤之间。本为不生不灭，乌从生之灭之？譬于水加热则渐涸，非水灭也，化为轻气养气。使收其轻气养气，重与原水等，且热去而仍化为水，无少减也。譬于烛久蒸则尽跋，非烛灭也，化为气质流质定质也。使收其所发之炭气，所流之蜡泪，所余之蜡煤，重与

① 《仁学》，《谭嗣同全集》（增订本），中华书局 1998 年版，第 293—294 页。
② 《仁学》，《谭嗣同全集》（增订本），中华书局 1998 年版，第 306 页。

原烛等。且诸质散而滋育他物，无少弃也。①

需要说明的是，尽管康有为、谭嗣同试图将仁与五花八门的自然科学概念相对接，然而，两人用得最多并且彼此相同的还是以太、电、力等物理学概念。在康有为、谭嗣同的著作中，往往是以太、电、力与仁如影随形、相互论证。在这方面，两人的观点如出一辙，甚至连话语结构也别无二致。下仅举其一斑：

> 不忍人之心，仁也，电也，以太也，人人皆有之，故谓人性皆善。②

> 以太也，电也，心力也，皆指所以通之具。……以太也，电也，粗浅之具也，借其名以质心力。③

谭嗣同在《仁学》中不止一次地把仁与以太、电、力等自然科学概念相提并论，致使这些自然科学概念成为仁的内在规定。于是，电、力、以太被写进《仁学》中，成为"仁学界说"的第一条和第二条的主要概念。"界说"即英文definition 的中文译名，现通译为定义，是用来规定概念内涵的。谭嗣同对仁以及《仁学》的这种界定透露出仁与以太、电、力等自然科学概念之间的关系非同寻常。以太代表的自然科学对于仁—平等如此重要，以至于他强调："学者第一当认明以太之体与用，始可与言仁。"④此外，谭嗣同甚至多次表示，仁即以太，以太即仁。

其次，更为重要的是，以太、电、力为首的自然科学被康有为、谭嗣同用来论证仁是何以相互感通而臻于平等的。

康有为指出："山绝气则崩，身绝脉则死，地绝气则散。然则人绝其不忍

---

① 《仁学》，《谭嗣同全集》（增订本），中华书局 1998 年版，第 306—307 页。

② 《孟子微》，《康有为全集》（第五集），中国人民大学出版社 2007 年版，第 414 页。

③ 《仁学》，《谭嗣同全集》（增订本），中华书局 1998 年版，第 291 页。

④ 《仁学》，《谭嗣同全集》（增订本），中华书局 1998 年版，第 295 页。

之爱质乎？人道将灭绝矣。"① 对于所谓的"不忍之爱质"，他解释说："其欧人所谓以太耶？其古所谓不忍之心耶？"② 在此基础上，康有为论证说，魂知相通，爱磁相摄，"如电之行于气而无不通也，如水之周于地而无不贯也"，因为"神者有知之电也，光电能无所不传，神气能无所不感。神鬼神帝，生天生地，全神分神，惟元惟人。微乎妙哉，其神之有触哉！无物无电，无物无神。夫神者知气也，魂知也，精爽也，灵明也，明德也，数者异名而同实。有觉知则有吸摄，磁石犹然，何况于人！"③ 在他看来，人皆有不忍之心，在不忍之心的感通和传递下可以臻于人人平等的境界。

谭嗣同宣称："性一以太之用，以太有相成相爱之能力。"④ 早在"北游访学"期间，在上海见到傅兰雅初遇以太时，他即由此产生丰富联想，将以太与仁的无所不在、彼此沟通相互印证，这成为谭嗣同以后一贯的主张，也奠定并形成了其借助以太论证仁心相互贯通而臻于平等的基本思路。按照他的说法，以太与仁一样充塞宇宙，并且是宇宙间的最小微粒。正是在这个意义上，谭嗣同一再断言：

> 原质之原，则一以太而已矣。……剖某质点一小分，以至于无，察其为何物所凝结，曰惟以太。⑤

> 然原质犹有六十四种之异，至于原质之原，则一以太而已矣。⑥

依据这个观点，如果说"原质"（谭嗣同有时称之为"元质"或"质点"，英文 element，今译为元素）是构成万物的质料的话，那么，"原质"又以以太

---

① 《大同书》，中州古籍出版社 1998 年版，第 35 页。
② 《大同书》，中州古籍出版社 1998 年版，第 34 页。
③ 《大同书》，中州古籍出版社 1998 年版，第 35 页。
④ 《仁学》，《谭嗣同全集》（增订本），中华书局 1998 年版，第 300 页。
⑤ 《仁学》，《谭嗣同全集》（增订本），中华书局 1998 年版，第 293—294 页。
⑥ 《仁学》，《谭嗣同全集》（增订本），中华书局 1998 年版，第 293—294 页。

为本原。这说明只有以太才是宇宙间最微小的存在，是万物真正的、终极的本原。从这个意义上说，以太自己是自己存在的依据，不依赖任何他物为质料或本原。在此基础上，谭嗣同进而指出，以太是维系宇宙、粘砌万物的凝聚力量。对此，他写道："遍法界、虚空界、众生界，有至大、至精微，无所不胶粘、不贯洽、不筦络，而充满之一物焉。目不得而色，耳不得而声，口鼻不得而臭味，无以名之，名之曰'以太'。……法界由是生，虚空由是立，众生由是出。"① 按照谭嗣同的理解，法界、虚空界、众生界都由于以太的"胶粘""贯洽"和"筦络"才得以生、得以立。从这个意义上说，以太是主宰其生成的决定力量。不仅如此，鉴于以太对于仁的至关重要，谭嗣同专门作《以太说》，对以太予以界定和夸大。由于谭嗣同对以太如此重视和夸大，以至于有些学者甚至断言谭嗣同哲学的宇宙本原是以太。无论这种评价恰当与否，谭嗣同对以太的重视由此可见一斑。

在谭嗣同那里，以太的无所不在尤其是"胶粘""贯洽"和"筦络"功能使其足以胜任仁心的传递、善念的沟通。对此，他拿以太的"质点"振荡说明人心的相互感应，具体如下：当人心发出善念时，这一善念便传入空气，使"质点"（以太）产生震荡，从而传入众人的神经。其间虽然重重阻挠，也遏制不住这种感通——因为天下人的神经相连，人心与人心的感通是没有界限、跨越时空的。于是，谭嗣同不禁一遍又一遍地自信宣布：

> 我之心力，能感人使与我同念。②

> 天下人之脑气筋皆相连者也。此发一善念，彼必有应之者，如寄电信然，万里无阻也。③

> 当函丈（指欧阳中鹄——引者注）焚香告天时，一心之力量早已传于

---

① 《仁学》，《谭嗣同全集》（增订本），中华书局1998年版，第293—294页。
② 《仁学》，《谭嗣同全集》（增订本），中华书局1998年版，第295页。
③ 《上欧阳中鹄十》，《谭嗣同全集》（增订本），中华书局1998年版，第462页。

空气，使质点大震荡，而入乎众人之脑气筋。虽多端阻挠，而终不能不皈依于座下。①

与此同时，谭嗣同把以太、电与人脑联系起来，利用各种生理学、解剖学和神经学的最新成果来进一步证明仁——通的可行性和必然性。对此，他不止一次地解释说：

> 脑为有形质之电，是电必为无形质之脑。人知脑气筋通五官百骸为一身，即当知电气通天地万物人我为一身也。……夫固言脑即电矣，则脑气筋之周布即电线之四达，大脑小脑之盘结即电线之总汇。一有所切，电线即传信于脑，而知为触、为痒、为痛。其机极灵，其行极速。惟病麻木萎痹，则不知之，如电线已摧坏，不复能传信至脑，虽一身如异域然，如医家谓麻木萎痹为不仁。……通者如电线四达，无远弗届，异域如一身也。②

> 以太之用之至灵而可征者，于人身为脑。……于虚空则为电，而电不止寄于虚空。盖无物不弥纶贯徹。脑其一端，电之有形质者也。……学者又当认明电气即脑，无往非电，即无往非我，妄有彼我之辨，时乃不仁。虽然，电与脑犹以太之表著于一端者也；至于以太，尤不容有差别，而电与脑之名亦不立。③

基于上述认识，谭嗣同进一步指出，人与人的感通是脑神经的作用，不仅是可能、可行的，而且是自然而然的：就一人而言，人的一言一行、一举一动都是神经支配的，人的周身神经又是相连的；一个手指受伤，神经传入大脑，人就会感觉全身不适。就天地人我而言，众人的神经同出一源，是相通的；天地、人我、彼此相互感通，恰如人的周身神经相通一样。既然天地万物人我原

---

① 《上欧阳中鹄十》，《谭嗣同全集》（增订本），中华书局1998年版，第460页。
② 《仁学》，《谭嗣同全集》（增订本），中华书局1998年版，第295—296页。
③ 《仁学》，《谭嗣同全集》（增订本），中华书局1998年版，第295页。

本是相通的，那么，如果妄生分别就是麻木不仁，仁就是相互感通、不分人我。正是在这个意义上，他写道："任举万事中之一事，如一言，如一动，如一歌泣，如一思念，其为事亦至庸无奇矣，而要皆合全体之脑气筋发动而显。以我之脑气筋感我之脑气筋，于是乎有知觉。牵一发而全身为动，伤一指而终日不适。疾痛疴痒，一触即知。其机极灵，其传至速。……以我之脑气筋感人之脑气筋，于是乎有感应。善不善，千里之外应之；诚不诚，十手十目严之。……本合天地人我为一全体，合众脑气筋为一脑气筋，而妄生分别，妄见畛域，自隔自蔽，绝不相通者，尤麻木不仁之大者也。"① 循着这个思路，谭嗣同坚信，通过仁和心力的相互感通，可以达到洞澈彼此、不分人我的"一尘不隔"的绝对平等境界。

中国近代哲学都是中西杂糅的产物，用梁启超的话说便是具有"不中不西即中即西"② 的共同特征。在这一点上，康有为、谭嗣同的思想如此，其他近代哲学家的思想也不例外；中国近代的哲学思想如此，中国近代的平等思想也不例外。在这个前提下尚须进一步澄清的是，近代哲学家对中学、西学的取舍侧重集苑集枯，彼此之间天差地别。康有为、谭嗣同平等观的一致性不仅表现为青睐平等，而且表现为在论证平等时从中西古今的资料库中选出的理论武器如出一辙：在中学中推崇孔子之学，仁的本原地位即证明了这一点；在西学中侧重以太、电、力为代表的自然科学。

更为重要的是，这是康有为、谭嗣同思想的相同之处，也是只有他们两个人之间才有的默契，因而显示出与其他近代哲学家的区别：第一，就平等的西学渊源来说，在康有为、谭嗣同热衷于自然科学之时，与两人同属于戊戌启蒙四大家的梁启超、严复则以天赋人权论、社会契约论为主，对西方的社会政治学说格外青睐而不是像康有为、谭嗣同那样专注于自然科学。第二，就对自然科学的选择来说，尽管近代哲学家与古代哲学家相比都对自然科学表现出极大的兴趣甚至认识到了自然科学与哲学的关系，而试图以自然科学为自己的哲学

---

① 《以太说》，《谭嗣同全集》（增订本），中华书局 1998 年版，第 433—434 页。
② 《清代学术概论》，《梁启超全集》（第五册），北京出版社 1999 年版，第 3104 页。

提供辩护，然而，每个人的理论兴奋点或侧重点却明显不同：康有为、谭嗣同运用以太、电、力论证仁、平等的做法与严复对进化论的鼎力传播和用力阐释宇宙进化的思路形成鲜明对照，与章炳麟和孙中山等人用原子论、细胞学说阐释万物由来的做法更是相去甚远。

综观中国近代哲学可以发现，如果说以太在被康有为、谭嗣同推崇的同时也被其他近代哲学家所关注的话[①]，那么，用电、力来比附仁（康有为称之为不忍人之心、不忍之心，谭嗣同称之为慈悲之心或愿心）的神通奇妙、相互感通则是康有为、谭嗣同的独特之处。在这方面，一边是康有为把不忍人之心称为"爱力""爱质""热力""吸摄之力"，谭嗣同则心与力并提而称为心力，并指出心力略举之就有 18 种之多；一边是孙中山在"生元（细胞）有知"中寻找人心伟大的证据，章炳麟则将阿屯（atom，现译为原子）说成是构成万物的基本单位。由此，构成了近代哲学的一大景观。进而言之，康有为、谭嗣同之所以选中电来论证仁和平等，是因为看中了电的传导功能而将之诠释为相互感应。显而易见，电的这个功能是包括细胞、原子在内的其他自然科学概念所没有的。康有为、谭嗣同用电论证仁、平等的做法使人不由想到了电子在孙中山所讲的"物质进化之时期"的昙花一现："元始之时，太极（此用以译西名'伊太'也）动而生电子，电子凝而成元素，元素合而成物质，物质聚而成地球。"[②] 稍加留意即可发现，电子在孙中山的哲学中的特点或功能不是由 N 极到 S 极的传递或传导，而是由静止而来的凝聚。按照孙中山的说法，由于太极的运动产生了电子，电子的作用恰恰通过使太极在绝对运动中有了相对静止而凝聚为元素。康有为、谭嗣同之所以热衷于力这一概念，是因为力这一概念本身即代表着力量，内涵着无法阻挡的必然性力量；如果说力的这一属性在严复、章炳麟和孙中山那里也适用的话，那么，就将心之威力无比的强大力量与精神尤其是仁爱、慈悲精神相提并论而论则不能不说是只属于康有为和谭嗣同两个人的专利了。

---

① 尽管以太的地位没有像在康有为、谭嗣同哲学中那样显赫，然而，严复、孙中山和章炳麟毕竟在自己的哲学中提到了以太。

② 《建国方略》，中州古籍出版社 1998 年版，第 97 页。

第二节　相同的根基和本质

上述内容显示，康有为、谭嗣同对平等的地位提升、内涵理解和论证方式均大体相同。这些既是两人平等思想的基本内容，也展示了两人平等观的相同性和一致性。接下来的问题是，作为中国近代平等派的领军人物，康有为、谭嗣同对平等思想的论证构成了中国近代平等思想的主体内容和基本样式。两人平等观的一致性彰显了近代平等思想的共同特征和时代气息，也暴露出近代平等思想与生俱来的历史局限。

一、平等的虚幻

康有为、谭嗣同心目中的平等是抽象的，虚幻性和空洞性是两人平等观的共同特征。平等作为一个历史范畴在不同时期具有不同的表现形态和现实内容，平等的实现同样是一个历史过程。这就是说，平等是现实的、具体的，因而是相对而言的，没有绝对的平等。无论男女绝对平等还是取消家庭都表明了康有为思想的乌托邦性质，暴露出他的平等思想的空想性。康有为、谭嗣同对平等的绝对理解和极端抽象从一开始就注定了两人所讲的平等永远都无法在现实生活中实现，最终只能流于虚幻和空想。

正是因为对平等的抽象和绝对理解以及由此造成的脱离实际，康有为、谭嗣同在将平等等同于"大同"——完全相同、没有差异的同时，宣布平等只能存在于无限遥远的未来，即大同社会，这便预示着平等实现的遥遥无期。对于平等何时实现以及如何实现，康有为反复申明：

> 人人皆平等，乃太平大同世之极。[①]

[①]　《孟子微》，《康有为全集》（第五集），中国人民大学出版社 2007 年版，第 417—418 页。

世有三：曰乱世，曰升平世，曰太平世。必拨乱世，反之正，升于平世，而后能仁。盖太平世行大同之政，乃为大仁，小康之世犹未也。①

康有为先是将平等的实现推向无限遥远的大同社会，旨在强调他所处的清代即使是"升平世"也不能实现平等；然后指出"据乱世"、"升平世"和"太平世"（大同世）中复有三世，三世由此演绎为九世，九世之中各有"据乱世"、"升平世"和"太平世"之三世，故而八十一世乃至无穷世。更有甚者，康有为的上述言论不仅印证了对平等的极端抽象，而且表明了他所理解和向往的平等与当下社会格格不入——因为当时的中国还处于"据乱世"，与处处平等的太平盛世相去甚远。

循着这个逻辑，鉴于平等只能存在于大同社会而与当下社会格格不入。康有为不仅不急于推进平等，反而声称在中国当时的情况下，不平等在所难免，甚至是应该的。与这一认识相联系，他作出了一面极力呼吁平等、一面阻挠平等的矛盾举动。对于这种令人费解的行为，康有为极为坦诚地道出了自己的良苦用心："中国之人，创言民权者仆也，创言公理者仆也，创言大同者仆也，创言平等者仆也；然皆仆讲学著书之时，预立至仁之理，以待后世之行耳，非谓今日即可全行也。仆生平言世界大同，而今日列强交争，仆必自爱其国，此《春秋》据乱世所以内其国而外诸夏也。仆生平言天下为公，不可有家界，而今日人各自私，仆必自亲其亲、自私其子，此虽孔子，亦养开官夫人伯鱼，而不能养路人也。仆言众生皆本于天，皆为兄弟，皆为平等，而今当才智竞争之时，未能止杀人，何能戒杀兽？……仆生平言男女平等、婚姻自由、政事同权，而今日女学未至、女教未成，仆亦不遽言以女子为官吏也。仆生平言民权、言公议，言国为民公共之产，而君为民所请代理之人，而不愿革命民主之事，以时地相反，妄易之则生大害，故孔子所以有三世三统之异也。"②

深入分析不难发现，与其说康有为的矛盾举动是迫于中国近代的社会现实

---

① 《论语注》，《康有为全集》（第六集），中国人民大学出版社 2007 年版，第 482 页。

② 《答南北美洲诸华商论中国只可行立宪不能行革命书》，《康有为全集》（第六集），中国人民大学出版社 2007 年版，第 321 页。

不得不然，不如说是他的抽象的平等理念使然。出于同样的考虑，康有为虽然在中国"创言民权"，但是，他反对梁启超等人抗击专制、倡导民权的言行。对此，康有为给出的解释和理由是："仆在中国实首创言公理，首创言民权者，然民权则志在必行，公理则今日万不能尽行也。"① 按照这种说法，他对平等的呼吁、倡导充其量只能是理论上的，并不涉及现实操作甚至与当时的社会现实无关。梁启超对康有为思想的介绍和评价印证了这一判断。据梁启超披露，康有为在完成《大同书》后，一直"秘不以示人，亦从不以此义教学者，谓今方为'据乱'之世，只能言小康，不能言大同，言则陷天下于洪水猛兽。……有为始终谓当以小康义救今世，对于政治问题，对于社会道德问题，皆以维持旧状为职志。"② 这也从一个侧面印证了康有为所讲的平等不仅带有与生俱来的虚幻性、空想性和抽象性，而且远离现实，因而只能束之高阁或者供他本人用来聊以自慰。

接下来的问题是，在康有为那里，既然对平等的推崇、提倡和宣传等等一切都只限于纸上谈兵或聊以自慰，那么，随便说说也无妨，无论如何虚幻乃至不切实际也就无关大旨了。例如，康有为认为，平等从男女平等开始，为了男女平等必须取消家庭，理由是只要家庭存在，男女就不可能完全平等；更何况私有财产是万恶之源，只要家庭存在就无法彻底废除私有财产。如此说来，取消家庭势在必行，康有为在《大同书》中用浓墨重彩抒发了对取消家庭的设想。对于康有为推进平等的大同理想及"毁灭家族"的操作方案，连梁启超都直言不讳地说："全书（指《大同书》——引者注）数十万言，于人生苦乐之根原，善恶之标准，言之极详辩，然后说明其立法之理由。其最要关键，在毁灭家族。……有为悬此鹄为人类进化之极轨，至其当由何道乃能致此？则未尝言。其第一眼目所谓男女同栖当立期限者，是否适于人性，则亦未甚能自圆其说。"③ 值得注意的是，梁启超发现了其师学说的"秘密"，那就是：康有为的平

① 《答南北美洲诸华商论中国只可行立宪不能行革命书》，《康有为全集》（第六集），中国人民大学出版社 2007 年版，第 314 页。

② 《清代学术概论》，《梁启超全集》（第五册），北京出版社 1999 年版，第 3099 页。

③ 《清代学术概论》，《梁启超全集》（第五册），北京出版社 1999 年版，第 3098—3099 页。

等思想奢于空谈，少涉实际，其中的虚幻性集中表现为"毁灭家族"的不切实际和不近人情。梁启超的这个评价从侧面印证了康有为平等思想纸上谈兵的空想性。

谭嗣同虽然没有明确说过当今中国不适于实现平等，但是，他与康有为一样认定当时的中国正处于"据乱世"。依据这一鉴定，谭嗣同认为，中国的情形与平等的大同世界存在巨大的时代差距，实现平等成为遥不可及的事。更有甚者，鉴于对中国上下隔绝、严重不平等的分析，谭嗣同指出中国网罗重重，进而发出了"冲决网罗"的呐喊。"冲决网罗"被视为中国近代启蒙思想的最强音，也在某种程度上使谭嗣同站在了中国近代启蒙思想的最前沿。尽管如此，当谭嗣同宣布阻碍平等的重重网罗为虚幻时，现实社会的不平等被淡化了，平等的实现似乎也变得无足轻重了。

综观康有为、谭嗣同的平等思想可以看到，两人提出的通往平等的途径是虚幻的，对平等地位的提升和对平等内涵的理解无不如此。康有为、谭嗣同平等思想中的空想成分除了表现为对平等的绝对化、极端化的理解之外，还有面对中国积弱积贫的严酷现实而缺乏信心的表现。

二、近代平等的初级阶段

对于康有为、谭嗣同的平等思想来说，早在作为宇宙法则最大限度地张扬平等的普适性和普世性之时，平等就显得空泛而缺乏切实的下手处。在此基础上，两人将平等理解为消除差异的绝对平均，这注定了平等无法兑现的空想性和虚幻性。最终，当康有为、谭嗣同借助自然科学论证属于人类社会的平等原则时，难免让人感觉离题万里、隔靴搔痒。毋庸讳言，夸大自然科学的使用范围和作用功能，利用自然科学论证社会法则是戊戌启蒙思想家的通病，最终膨胀为自然科学情结。其实，最早在中国系统传播进化论的严复就将进化论的适用范围无限放大，将生存竞争法则说成是适用一切领域的通用法则。沿着这个思路，无论严复早期提出的"鼓民力""开民智""新民德"三大纲领还是后期的《政治讲义》皆奠基在以进化论为主体的自然科学之上。对于严复的做法，章炳麟当时就提出了严正批评，指出严复所犯的错误乃是将自然科学真理的普遍性运用于社会科学领域。于是，他写道："社会之学，与言质学者殊科，几何之方面，重力之形式，声光之激射，物质之化分，验于彼土者然，即验于此土者亦无不然。若夫心能流衍，人事万端，则不能据一方以为权概，断可知矣！"①章炳麟的批评是针对严复发出的，对于康有为、谭嗣同的平等思想也同样适用。与严复相比，康有为、谭嗣同无论对自然科学的依赖还是自然科学情结都有过之而无不及。这是因为，两人所处的年代正是"学问饥荒"的时代，所接触到的西学就是声光化电为主的"初级普通学"。这种历史背景和学术条件决定了康有为、谭嗣同对西学的借鉴和运用以自然科学为主，不同于严复、梁启超对包括启蒙思想在内的西方社会科学和哲学的涉猎。康有为、谭嗣同对平等的抽象理解与将平等视为宇宙本原——仁的基本内涵而贯穿自然界和人类社会密切相关。

分析至此可以得出如下认识，康有为、谭嗣同是中国近代推崇平等的杰出代表，两人的平等思想带有中国近代平等思想的一般特征。就理论意义和实践价值而言，将平等与中国近代迫在眉睫的救亡图存联系起来，不仅关注中国社会内部的平等，而且关注中国与西方列强之间的平等，在对三纲的批判中将中国的启蒙历程向前推进了一大步等等。就理论误区和时代局限而言，抽象、空洞是康有为、谭嗣同平等思想的相同点，也是近代平等思想的共同点。尽管不像康有为、谭嗣同那样对平等倍加推崇和提倡，然而，在对平等的理解和认识上，近代哲学家大都或多或少地存在着抽象、空洞的理论倾向，致使平等思想呈现出与康有为、谭嗣同类似的理论误区。从这个意义上说，康有为、谭嗣同平等思想的抽象、空洞具有普遍性，因而成为近代平等思想共同的时代印记和特征。

在这个前提下尚须看到，康有为、谭嗣同的平等观并没有达到严复、梁启超以及章炳麟等人的水平，因而属于近代平等观的第一阶段。换言之，康有为、谭嗣同的平等观带有近代第一阶段独有的特征和局限，而这些在其他近代

---

① 《〈社会通诠〉商兑》，《章太炎全集》（四），上海人民出版社1985年版，第323页。

哲学家那里或者已经被克服或者已经不再那么明显。具体地说，康有为、谭嗣同平等观的独有缺陷主要包括三个方面：第一，两人对平等作平均解，故而只讲相同而不讲差异，由此导致对平等的极端化和绝对化。在某些情况下，承认差异恰恰是平等的表现。康有为、谭嗣同显然并不懂得这个道理，严复、章炳麟都深谙其道。无论严复对卢梭平等思想的反驳还是章炳麟借助庄子的齐物论对平等的诠释都将差异视为平等的题中应有之义。第二，平等与自由、博爱是西方启蒙思想的产物，康有为、谭嗣同论证平等的理论武器是源自西方近代自然科学的概念和学说。这样做的后果既导致两人对平等的绝对化理解，又使平等成为放诸四海而皆准的普遍法则而极端抽象化。与此相一致，两人所讲的平等不仅聚焦人与人、国家与国家之间的关系，而且关注人与众生平等。正因为如此，康有为、谭嗣同的平等观避开社会制度、政治环境和经济条件不谈，最终扼杀了平等思想的现实性和启蒙性。无论严复还是梁启超都将平等以及自由与国民的素质联系起来，相比于康有为、谭嗣同的做法则较为现实。第三，康有为、谭嗣同将平等的实现与大同社会勾连在一起，在使平等的实现变得遥遥无期的同时，暴露出试图以爱神创造奇迹的幻想。这个爱神在康有为那里叫做爱力、爱质或不忍人之心，在谭嗣同那里叫做慈悲之心、愿心。更有甚者，两人由平等的实现在大同社会，最终走向世界主义、大同主义，背离了救亡图存的初衷。西方列强对中国近代社会发动的一系列侵略战争使中国与西方列强的关系处于敌对的乃至你死我活的态势之中，在人为刀俎我为鱼肉的危急情形下，全人类携手共同进入大同社会怎么可能！相比于康有为、谭嗣同的幻想，严复宣传的"物竞天择，适者生存"显然更为现实。难怪连对康有为亦步亦趋的梁启超，在经过民族主义的洗礼之后都醒悟到康有为的大同思想无异于"宗教家的梦呓"。

第三节　权利与状态

在康有为和谭嗣同的思想中，平等的起点相同，终点相同，却是从不同路径进入的。这就是说，两人从同一地点——仁出发，最终达到了同一目的地——大同社会，而这一切却是凭借不同的路径到达的。具体地说，康有为明确提出平等的第一步是"男女平等，各自独立"，将"毁灭家族"、消灭私有财产奉为通往平等的必经之路；谭嗣同指出平等从破除对待开始，具体方法是"超出体魄之上而独任灵魂"，企图通过改变人之脑气筋的方法泯灭人我之别而"通天地万物人我为一身"。面对康有为、谭嗣同平等思想的这种情形，人们不禁要问：既然起点相同——都从宇宙本原——仁讲起，归宿相同——都向往并臻于大同社会，那么，彼此之间的路径的差异从何而来？这是一个饶有兴趣的问题，探讨之对于推进对中国近代平等思想的认识意义非凡。

上述内容显示，康有为、谭嗣同的平等观在近代哲学家中最为相似，由此构成了近代平等观的第一阶段。在此基础上进一步分析可以看到，两人的平等观呈现出巨大分歧，属于两种不同形态的平等观。总的说来，康有为与谭嗣同对平等内涵的界定是从不同角度立论的：康有为将平等理解为人的天赋权利，谭嗣同将平等理解为一种宇宙状态。

一、平等是人"直隶于天"的天赋权利

崇尚孟子的康有为将孟子的性善说与平等、天赋权利联系起来，进而断言人性善是因为人皆有仁、不忍人之心，这种善性决定了人皆具有享受自由、平等的资格和权利。于是，他写道："人人有是四端，故人人可平等自立。"[①] 在康有为的思想中，性善说与人人生而具有自由、平等之权的天赋人权论相互印证，在以孔子、孟子代表的儒家思想为蓝本的基础上，兼容了西方的天赋人权论，进而将人人平等、自主说成是人类公理。这表明，他是从权利的角度界定平等的，所讲的平等就是与生俱来的天赋权利。正因为康有为所讲的平等是从天赋权利的角度立论的，所以与"自立"、"自主"如影随形。例如，康有为反复断言：

---

① 《孟子微》，《康有为全集》（第五集），中国人民大学出版社 2007 年版，第 414 页。

盖天之生物，人为最贵，有物有则，天赋定理，人人得之，人人皆可平等自立。故可以全世界皆善，恺悌慈祥，和平中正，无险诐之心，无愁欲之气。建德之国，妙音之天，盖太平大同世之人如此。尧、舜者，太平大同之道也。①

人人独立，人人平等，人人自主，人人不相侵犯，人人交相亲爱，此为人类之公理，而进化之至平者乎！②

综观康有为的思想可以发现，他论证平等有一个一以贯之的习惯，即从天谈起：从《孟子微》《论语注》《中庸注》《礼运注》《春秋董氏学》到《大同书》《诸天讲》无一例外，这印证了平等权利的"天赋"性。鉴于天对于人之平等权利的至关重要，天成为康有为受用终身的重要范畴。这一点在心学大行其道的近代是特殊的个案，甚至是不合时宜的。康有为之所以对天如此念念不忘，倍加推崇，是为了强调平等是人的天赋权利，让天为人的平等辩护。按照他的说法，天是人人平等的哲学依托，因为人人皆天生并非父母所生，故而人人平等。正是在这个意义上，康有为一而再、再而三地写道：

人人皆天生，故不曰国民而曰天民。人人既是天生，则直隶于天，人人皆独立而平等，人人皆同胞而相亲如兄弟。③

人非人能为，天所生也。性者，生之质也，禀于天气以为神明，非传于父母以为体魄者，故本之于天。……言孔子教之始于人道，孔子道之出于人性，而人性之本于天生，以明孔教之原于天，而宜于人也。④

---

① 《孟子微》，《康有为全集》（第五集），中国人民大学出版社 2007 年版，第 413 页。
② 《孟子微》，《康有为全集》（第五集），中国人民大学出版社 2007 年版，第 423 页。
③ 《孟子微》，《康有为全集》（第五集），中国人民大学出版社 2007 年版，第 417 页。
④ 《中庸注》，《康有为全集》（第五集），中国人民大学出版社 2007 年版，第 369—370 页。

人天所生也；托借父母生体而为人，非父母所得专也，人人直隶于天无人能间制之。盖一人身有一人身之自立，无私属焉。……人皆天所生也。同为天之子，同此圆首方足之形，同在一种族之中，至平等也。①

按照康有为的理解，人皆天生证明了人直接隶属于天而不是隶属于国，亦非隶属于家；人隶属于天表明，人人都是独立的，"自主"、"自立"而"无私属"，因此是生而平等的。如此说来，人隶属于天是人人平等的依据，也是人摆脱各种拖累而走向平等、独立的关键。正因为如此，康有为始终将阐明人是"天人""天上人""天上之人"作为自己平等思想的哲学基础和理论依托。这一点正如他本人在《〈诸天讲〉自序》中所言："吾之谈天也，欲为吾同胞天人发聋振聩，俾人人自知为天上人，知诸天之无量。人可乘为以太而天游，则天人之电道，与天上之极乐，自有在矣。夫谈天岂有尽乎？故久而未布。丙寅讲学于天游学院，诸门人咸请刻布此书以便学者，虽惭简陋，亦足为见大心泰之助，以除人间之苦，则所获多矣。春编校于西湖一天园开天天室，夏五避暑焦山大观台听涛书屋，日俛［俯］长江听奔涛。校成序之，天游化人康有为。"②

这明白无误地道出了康有为人在地球、心系天界的心态，与他在《诸天讲》序后署名"天游化人康有为"正相印证。这一做法与康有为侧重从天赋权利的角度理解平等一脉相承，也暴露出他讲平等的秘密是让人"直隶于天"。他一再强调蔽于一家、一国是各种忧患的根源，人只有摆脱了家庭、国家之禁锢，才能独立自主，享有自主、平等之乐。有鉴于此，康有为一再让人知道自己是"天上人"和"天人"，呼吁人们为"天人"而不为"家人"，做"天民"而不做"国民"，以此摆脱世间的种种羁绊而臻于人人独立、平等的境界。对此，他论证并解释说：

吾人生而终身居之、践之、立之者，岂非地耶？岂可终身不知地所自

① 《大同书》，中州古籍出版社 1998 年版，第 78 页。
② 《〈诸天讲〉自序》，《康有为全集》（第十二集），中国人民大学出版社 2007 年版，第 13 页。

耶！地者何耶？乃日所生，而与水、金、火、木、土、天王、海王同绕日之游星也。吾人在吾地，昔昔矫首引镜仰望土、木、火诸星，非光华炯炯行于天上耶？若夫或昏见启明，熠耀宵行于天上，尤人人举目所共睹。然自金、水、火、木、土诸星中，夜望吾地，其光华烂烂运行于天上，亦一星也。夫星必在天上者也，吾人既生于星中，即生于天上。然则，吾地上人皆天上人也，吾人真天上人也。人不知天，故不自知为天人。故人人皆当知天，然后能为天人；人人皆当知地为天上一星，然后知吾为天上人。庄子曰："人之生也，与忧俱来。"（语出《庄子·至乐》，原文为"人之生也，与忧俱生"——引者注）吾则以为，人之生也，与乐俱来。生而为天人，诸天之物咸备于我，天下之乐孰大于是！

自至愚者不知天，只知有家庭，则可谓为家人；或只知有里同族党，而不知天，则可谓为乡人；进而知有郡邑而不知天，则可谓为邑人；又进而知有国土而不知天，则可谓为国人。近者大地交通，能游寰球者，数五洲如家珍，而不知天，则可谓为地人。蔽于一家者，其知识神思行动以一家之法则为忧乐，若灶下婢然，终身蓬首垢面于灶下，一食为饱，快然自足，余皆忧苦，为地最隘最小，则最苦矣。蔽于一乡一邑者，其知识、神思、行动以一乡一邑之风俗为忧乐，多谷翁之十斛麦，乘障吏之自尊，其为地亦最隘小，而苦亦甚矣。蔽于一国者，其神思知识行动以一国之政教为忧乐，或以舞刀笔效官职，或以能杀人称功名，或以文学登高科至高位，或以生帝王家为亲贵、为王、为帝，上有数千年之教俗，下有万数千里之政例，自贵而相贱，自是而相非，以多为证，以同为正，用以相形而相逼、相倾、相织也，其为地亦隘小矣，其为人亦苦而不乐矣。夫大地棣通，游学诸国，足遍五洲，全球百国之政艺俗日输于脑中耳目中，其神思知识行动以欧、美为进退，或更兼搜埃及、印度、波斯、阿拉伯各哲学与其旧政旧俗为得失，比较而进退焉；斯为地人，其庶几至矣乎，其亦乐矣乎。然彼欧、美之论说、风俗，溺于一偏，易有流弊，其更起互落，骤兴乍废，不可据依者皆是也。当时则荣，没则已焉，奚足乐哉？其去至人也，抑何远矣！

然则，欲至人道之极乐，其为天人乎？庄子曰："人之生也，与忧俱来。"况其寿至短，其知有涯，以至短之寿，有限之知，穷愁苦悲，日夕之劳困不释。或苦寒饥，家累国争，憧憧尔思，雷风水火，震撼骇疑；或日月遇食，彗星流飞，火山喷火，地裂海啸，洪水泛滥，神鬼精魅，幻诡离奇，不辨其物质，不得其是非，哀恐畏慑，忧患伤之，痛心莫解，惊魂若痴，此亦人间世之最可悯悲者也。且爱恶相攻而吉凶生，情伪相感而利害生，惟天生人，有欲不能无求，求之不给不能无争，争则不能无乱，一战之惨，死人百万，生存竞争，弱肉强食。故诸教主哀而拯救之，矫托上天，神道设教，怵以末日地狱，引以极乐天国，导以六道轮回，诱以净土天堂，皆以抚慰众生之心，振拔群萌之魂。显密并用，权实双行，皆所以去其烦恼，除其苦患，以至极乐而已。然裹饭以待饿夫，施药以救病者，终未得当焉。以诸教主未知吾地为天上之星，吾人为天上之人，则所发之药，未必对症也。康有为生于绕日之地星，赤道之北，亚洲之东，昆仑之西南，中华之国土，发现海王星之岁以生。二十八岁时，居吾粤西樵山北银河之澹如楼，因读《历象考成》，而昔昔观天文焉。因得远镜见火星之火山冰海，而悟他星之有人物焉。因推诸天之无量，即亦有无量之人物、政教、风俗、礼乐、文章焉，乃作《诸天书》，于今四十二年矣，历劫无恙，日为天游。吾身在此地星之人间，吾心游诸天之无量，陶陶然浩浩然。俯视吾地星也，不及沧海之一滴也；俯视此人间世也，何止南柯之蚁国也。①

按照这个说法，人虽然生活在地球上，但是，人却不应该自认是地球人，因为地球只是天上众多星球中的一颗普通星球而已；地球从属于天，地球之人其实都是"天人""天上人"和"天上之人"。人只有懂得了自己是"天人""天上人"和"天上之人"而不是地人、家人或国人，才能超越家庭、家族和国家

---

① 《〈诸天讲〉自序》，《康有为全集》（第十二集），中国人民大学出版社 2007 年版，第 11—12 页。

的局限，摆脱忧苦而与乐俱生。进而言之，作"天人""天上人"和"天上之人"之所以快乐无忧，是因为消除了国界、家界，也就没有了种种不平等，故而人人独立而平等。

总之，康有为所讲的平等与天赋人权密切相关，推崇天就是为了论证自主、平等是人的天赋权利，把平等提升到天赋人权的高度。这使他所讲的平等具有了如下两种内涵：第一，平等就是人人皆有的天赋之权，故而神圣不可侵犯。第二，天赋人权说明人人皆有享受自由、平等权利的资格，人人具有博爱济众的责任。正是循着天赋人权、人人平等的进路，康有为宣称，平等始于"男女平等各自独立"，并由此而推出了"毁灭家族"、消除国界而人人成为"天民"的平等之方。

二、平等是"融化为一"的宇宙状态

谭嗣同的平等思想以庄子的思想为主要来源，尽管融合了孔子的仁学思想却与孟子的性善说没有直接关联。与对庄子的极力推崇相一致，他反复表示庄子提倡平等，并且利用庄子的破对待阐发自己的平等观念。在谭嗣同的平等思想中，从思维方式、操作途径、理想境界到具体主张都可以看到庄子的影响。在庄子的影响下，谭嗣同讲平等不像康有为那样基于天赋人权论而从独立、自主立论，而是将平等视为宇宙的本然状态。"仁为天地万物之源"，宇宙本原——仁本身就是一种平等状态，作为宇宙本原的仁处于庄子所描述的"方生方死，方死方生"之中，甚至"方则无生死"，宇宙及其万物是微生灭的，亦即不生不灭的。这种不生不灭的状态表示万物处于"旋生旋灭，即灭即生"之中，彼此之间不可分辨而"融化为一"，这种通而为一的状态就是平等。于是，他写道："不生不灭乌乎出？曰：出于微生灭。此非佛说菩萨地位之微生灭也，乃以太中自有之微生灭也。不生不灭，至于佛入涅槃，蔑以加矣，然佛固曰不离师子座，现身一切处，一切入一，一入一切，则又时时从兜率天宫下，时时投胎，时时住胎，时时出世，时时出家，时时成道，时时降魔，时时转法轮，时时般涅槃。一刹那顷，已有无量佛生灭，已有无量众生生灭，已有无量世界法界生灭。求之过去，生灭无始；求之未来，生灭无终；求之现在，生灭息息，过乎前而未尝或住。是故轮回者，不于生死而始有也，彼特大轮回耳。无时不生死，即无时非轮回。自有一出一处，一行一止，一语一默，一思一寂，一听一视，一饮一食，一梦一醒，一气缕，一血轮，彼去而此来，此连而彼断。去者死，来者又生；连者生，断者又死。何所为而生，何所为而死，乃终无能出于生死轮回之外，可哀矣哉！由念念相续而造之使成也。例乎此，则大轮回亦必念念所造成。佛故说‘三界惟心’，又说‘一切惟心所造’。人之能出大轮回与否，则于其细轮回而知之矣。细轮回不已，则生死终不得息，以太之微生灭亦不得息。庄曰：‘藏舟于壑，自谓已固，有大力者夜半负之而走。’吾谓将并壑而负之走也。又曰：‘鸿鹄已翔于万仞，而罗者犹视乎薮泽。’吾谓并薮泽亦一已翔者也。又曰：‘日夜相代乎前。’吾谓代则无日夜者。又曰：‘方生方死，方死方生。’吾谓方则无生死也。……非一非异，非断非常。旋生旋灭，即灭即生。生与灭相授之际，微之又微，至于无可微；密之又密，至于无可密。夫是以融化为一，而成乎不生不灭。成乎不生不灭，而所以成之之微生灭，固不容掩焉矣。”①

谭嗣同将世界说成是微生灭即不生不灭的，并且在“一切入一，一入一切”中使万物相互涵摄，进而“融化为一”，泯灭差异，通而平等。在这里，他将华严宗、唯识宗的“一多相容”“三世一时”和“三界惟心”等与以太相提并论，致使世界成为一种通而为一的状态。在这种状态中，弥合了生灭、前后之分别，消除了生死、人我之对待。这种没有差异、无法予以分辨的通而为一既是世界的本然状态，又是谭嗣同所理解的平等。正因为如此，他断言，仁最基本的内涵和特征就是平等，“仁以通为第一义”，“通之象为平等”②。

对于何为平等以及仁何以平等，谭嗣同在“仁学界说”中给予了详细的说明和论证。现摘录如下：

---

① 《仁学》，《谭嗣同全集》（增订本），中华书局 1998 年版，第 312—314 页。
② 《仁学》，《谭嗣同全集》（增订本），中华书局 1998 年版，第 291 页。

十三、不生不灭，仁之体。

十四、不生与不灭平等，则生与灭平等，生灭与不生不灭亦平等。

十五、生近于新，灭近于逝；新与逝平等，故过去与未来平等。

十六、有过去，有未来，无现在；过去、未来皆现在。

十七、仁一而已；凡对待之词，皆当破之。

十八、破对待，当参伍错综其对待。

十九、参伍错综其对待，故迷而不知平等。

二十、参伍错综其对待，然后平等。

二一、无对待，然后平等。

二二、无无，然后平等。

二三、平等生万化，代数之方程是也。其为物不贰，故生物不测。不
贰则无对待，不测则参伍错综其对待。代数如权衡然，参伍错综之不已，
必平等，则无无

……

二四、平等者，致一之谓也。一则通矣，通则仁矣。①

谭嗣同在《仁学》中给仁所下的定义（"界说"）共二十七条，有关破对
待的内容就多达十二条，占了将近二分之一，足见其何等重要。在他的平等思想
中，破对待既是仁的基本内涵，又是通往平等之方。与此相应，仁的基本内涵
之所以是平等，原因在于仁是不生不灭的"一"，无对待是平等的本相，也是
平等的方法。

毫无疑问，无论是"无对待""无无"还是"致一"都表明，谭嗣同所理
解的平等即毫无区别的绝对平等。在此基础上，他由宇宙状态讲到人类社会，
致使平等由宇宙状态贯彻到人类社会，落实到人与人的关系之中。在这方面，
谭嗣同宣称"通有四义"，分别是"中外通""上下通""男女内外通"和"人我通"。
当然，与将平等理解为一种宇宙状态密切相关，他认为作为宇宙本原的仁就是

---

① 《仁学》，《谭嗣同全集》（增订本），中华书局1998年版，第292—393页。

慈悲之心。正是在这个意义上，谭嗣同断言："慈悲，吾儒所谓'仁'也。"①慈悲之心的存在表明了人与人之间的平等的可能性，发扬慈悲之心自然成为通往平等的不二法门。这用他本人的话说便是："盖心力之实体，莫大于慈悲。慈悲则我视人平等，而我以无畏；人视我平等，而人亦以无畏。"②

在谭嗣同的视界中，宇宙本原——仁就是识、心，天下人的心可以相互感通，因为它们同出一源，原本就是平等的。至此，平等从不生不灭的"融化为一"的宇宙状态转化为无对待的心理状态和无我的人生状态，最终定格为人与人之间的平等。当然，与宇宙状态中的绝对平等相一致，人与人的平等也是毫无差别的绝对平等。对此，谭嗣同的描述是："至于平等，则洞澈彼此，一尘不隔，为通人我之极致矣。"③

至此可见，康有为、谭嗣同对平等的理解和界定迥然相异。大致说来，康有为将平等视为与性善相互印证的天赋权利，谭嗣同将平等理解为消除一切差异的通而"致一"。这就是说，在康有为的视界中，平等是一种权利；在谭嗣同的视界中，平等是一种状态。在建构近代平等思想第一阶段的过程中，康有为推出了近代平等思想的权利模式，谭嗣同则推出了近代平等思想的状态模式。这两种不同模式既展示了中国近代平等思想的丰富性和多样性，也证明了两人的平等观存在根本分歧，属于两种不同性质和形态的平等观。

综上所述，康有为、谭嗣同的平等观既高度相似，又迥然相异：一方面，无论两人对平等的推崇备至还是对平等的解读抽象都高度一致，带有近代平等思想第一阶段的鲜明印记和显著特征；另一方面，启蒙与救亡的双重历史使命决定了康有为、谭嗣同所讲的平等既包括理论构想又包括现实操作，无论两人对平等的内涵界定还是现实操作都渐行渐远。这些不仅构成了康有为、谭嗣同平等思想的差异性，而且产生了不同作用和影响。正是由于这个原因，对康有为、谭嗣同平等观的透视必须兼顾相同性与差异性。只有这样，才能全面认识两人思想的关系，从而客观评价中国近代的平等思想。

---

① 《上欧阳中鹄十》，《谭嗣同全集》（增订本），中华书局1998年版，第464页。

② 《仁学》，《谭嗣同全集》（增订本），中华书局1998年版，第357页。

③ 《仁学》，《谭嗣同全集》（增订本），中华书局1998年版，第365页。

第六章　康有为与谭嗣同启蒙观之比较

　　自由、平等是近代的核心话题和时代风尚，受到近代哲学家的一致认同和推崇。尽管如此，每一位近代哲学家对自由、平等的侧重并不相同。就戊戌启蒙四大家而言，康有为、谭嗣同侧重平等，梁启超、严复则侧重自由，由此形成了维新派内部的学术分野，也由此演绎出中国近代启蒙思想不同的启蒙路径。作为著名的戊戌启蒙思想家，康有为、谭嗣同一起开创了平等的启蒙路径；这一启蒙路径拉近了两人之间的距离，同时也显示出与同为戊戌启蒙四大家的梁启超、严复之间的分歧。与对平等的推崇息息相关，康有为、谭嗣同秉持平等的致思方向和价值旨趣抨击三纲，这一点与梁启超尤其是严复等人循着自由的致思方向和价值旨趣抨击三纲不可同日而语。对于这一点，拿同样侧重民主启蒙的谭嗣同与严复对三纲的批判进行比较，则可以看得更加清楚、明白。在这个前提下尚须进一步澄清的是，尽管康有为、谭嗣同的启蒙思想都侧重平等，然而，两人的启蒙观却存在着不容忽视的差异乃至对立。总的说来，康有为、谭嗣同启蒙观最根本的区别体现在对三纲的审视上：康有为对三纲的批判聚焦"夫为妻纲"，成为男女平等的代言人；谭嗣同对三纲的鞭挞对准"君为臣纲"，成为民主启蒙的急先锋。这个区别表明，康有为的启蒙思想较为温和，回避了社会制度以及君主的去留等现实问题；谭嗣同的启蒙思想与康有为相比较为激进，将批判的矛头直接指向了君主专制。异同互见使康有为、谭嗣同启蒙观的关系复杂而微妙，对二者的比较研究也随之变得十分必要并且饶有趣味起来。

第一节　相同的历史背景

康有为、谭嗣同的启蒙思想源于对中国近代特定的政治局面、社会环境的审视和反思，相同的时代背景、社会根基使两人的启蒙观具有了现实的针对性和内容的一致性。

一、启蒙与救亡

中国近代文化和哲学肩负着双重历史使命，即救亡图存与思想启蒙。与此相一致，中国近代的启蒙思想围绕着迫在眉睫的救亡图存展开，康有为、谭嗣同的启蒙观与救亡观具有内在的一致性。换言之，两人的启蒙观归根结底源于对中国近代社会的审视和估计，因而拥有相同的历史背景和文化语境。具体地说，康有为、谭嗣同的启蒙思想围绕着救亡图存这个共同的根本宗旨展开，对中国近代社会的相同分析造就了两人启蒙思想的一致性。

在对中国现实的估计上，康有为、谭嗣同都将上下阻隔而造成的严重不平等视为中国衰弱的根本原因，于是异口同声地对中国近代社会做出了如下诊断：

> 考中国败弱之由，百弊丛积，皆由体制尊隔之故。……如浮屠十级，级级难通；广厦千间，重重并隔。譬咽喉上塞，胸膈下滞，血脉不通，病危立至固也。[①]

> 君与臣隔，大臣与小臣隔，官与绅隔，绅与士隔，士与民隔，而官与官、绅与绅、士与士、民与民又无不自相为隔。[②]

[①]　《上清帝第七书》，《康有为全集》(第四集)，中国人民大学出版社 2007 年版，第 29—30 页。

[②]　《壮飞楼治事·通情》，《谭嗣同全集》(增订本)，中华书局 1998 年版，第 438 页。

循着这个思路，康有为、谭嗣同将改变中国上下隔绝的现实说成是拯救中国的出路，在启蒙思想中侧重平等也就不言而喻了。更为重要的是，相同的理论初衷、社会环境和历史背景决定了两人对中国不平等现象的揭露大同小异，将救亡图存的希望寄托于平等的做法更是惊人相似。

早在明清之际，中国的南部沿海就出现了中国的早期启蒙思潮。一方面，近代的启蒙思想延续了明清之际早期启蒙思潮的核心话题，如对三纲的质疑、关注三纲视域下的人与人如君臣、夫妇关系等。这些既是中国启蒙思想自发性的表现，也体现了中国启蒙历程的连续性。另一方面，中国近代启蒙思想是在西方列强的入侵下产生的，迫于刻不容缓的救亡斗争，因而带有明清之际的早期启蒙思潮所没有的外缘性。有鉴于此，与明清之际的早期启蒙思潮有别，中国近代启蒙思想肩负着救亡图存的历史使命，并且围绕着这个根本宗旨展开。救亡图存不仅开启了近代启蒙思想的新话题和新视域，而且决定着近代启蒙思想的新内容和新境界。例如，中国的平等与启蒙历程是同步进行的，平等无论在明清之际的早期启蒙思潮中还是在近代的启蒙思想中都是核心话题。由于救亡主题的加入，近代启蒙思想视域下的平等与明清之际早期启蒙思想家所讲的平等却不可同日而语。这是因为，包括康有为、谭嗣同在内的近代哲学家认为，平等的主体不仅有个人，而且有群体；他们所讲的平等包括由君臣、夫妇和父子代表的个人与个人之间的平等，同时加入了国家与国家之间的平等。有鉴于此，近代哲学家所讲的平等不仅包括中国内部的平等，而且包括世界平等，其中涉及种族、人种和国家代表的群体之间的平等问题。康有为、谭嗣同都将国家与国家的平等问题纳入视野，作为平等最根本的内容和标志，取消国家的大同社会的构想集中反映了两人的这一理论初衷。在对国家与国家平等的彰显和关注上，谭嗣同与康有为相比有过之而无不及。在《仁学》中，谭嗣同一面声称"通之象为平等"，一面强调"通有四义"，进而将"中外通"即中国与西方列强平等列在首位。

与此同时，尽管自由、平等、博爱语境下的平等是西方的舶来品，然而，康有为、谭嗣同却赋予其中国特征和中国意蕴。两人的具体做法是，围绕救亡图存的政治目标来提倡国家与国家之间的平等，针对三纲盛行的社会环境从改变君臣关系、父子关系和夫妇关系入手来推进中国的启蒙历程。康有为、谭嗣同对国家与国家、种族与种族以及人种与人种之间的平等的关注是由中国近代救亡图存的特定环境和政治需要决定的，也是包括近代哲学家的启蒙思想在内的中国近代启蒙思想的共同使命。在这方面，将拯救中国的希望寄托于平等的康有为、谭嗣同如此，声称自由是中国启蒙思想的必由之路的梁启超同样概莫能外。正因为如此，同为戊戌启蒙四大家而秉持自由的梁启超在宣传、界定自由时，将自由分为民族上的自由与政治上的自由。如果说政治上的自由是个人对于政府而确保自由，故而针对君主专制的话，那么，民族上的自由则是本国对于外国确保自由，故而针对西方列强。基于这种理解，梁启超对自由如是说："自由者，奴隶之对待也。……一曰政治上之自由，二曰宗教上之自由，三曰民族上之自由，四曰生计上之自由（即日本所谓经济上自由）。政治上之自由者，人民对于政府而保其自由也。……民族上之自由者，本国对于外国而保其自由也。"① 无论从理论初衷上还是从具体做法上看，梁启超在对自由的界定中凸显民族自由都与康有为、谭嗣同在为平等辩护时不忘国家和种族平等如出一辙。

二、启蒙与三纲

正如中西文化是两种不同性质和类型的文化一样，中国与西方的启蒙思想是两种不同样式和形态的启蒙。这不仅表现为中国近代启蒙的外缘式有别于西方启蒙的自发式（内缘式），而且表现为中国启蒙思想迥异于西方启蒙的核心话题和理论侧重。一言以蔽之，如果说西方启蒙思想的核心话题是自由、平等、博爱的话，那么，中国的启蒙思想则从明清之际的早期启蒙思潮开始就围绕着平等展开，直到近代依然如此。与以平等为核心话题互为表里，中国的启蒙思想在对三纲的质疑中拉开帷幕，对三纲的批判也因而成为中国启蒙乃至平等思想的主题。

---

① 《新民说》，《梁启超全集》（第二册），北京出版社 1999 年版，第 675 页。

值得一提的是，平等是中国与西方启蒙思想的共同主题，平等在中西启蒙思想中的地位和内涵却相去甚远：第一，就地位而言，平等是中国启蒙思想的主旋律，在中国的启蒙思想中占据绝对优势乃至拥有提纲挈领的地位和作用。平等在西方的启蒙思想中与自由、博爱三位一体，相互作用。这就是说，在西方的启蒙思想中，平等既需要自由、博爱的作用，又离不开后者的支撑。第二，就内容而言，中国的平等具有特定的针对性，以批判三纲为代表的宗法等级观念，提倡君臣平等、父子平等和夫妇平等为核心话题。西方的平等包括基于天赋人权的人人平等，也包括人神平等。正因为如此，西方的启蒙运动之前有一个宗教改革运动，宗教改革运动之前有一个人文主义思潮。中国特定的文化积淀和社会现实决定了中国启蒙思想的特定历程和特定内容。如果说明清之际重情的文学思潮与西方的文艺复兴有些类似的话，那么，中国从未有过宗教改革。当然，西方的人神平等并不是中国启蒙思想的主题，至于中国启蒙思想家关心的君臣平等、父子平等和夫妇平等显然不是西方启蒙思想家探讨的核心话题。康有为、谭嗣同的启蒙思想是中国近代启蒙思想的组成部分，既拥有中国启蒙思想的共同特质和神韵，又拥有近代启蒙思想与生俱来的时代烙印和特征。正是基于中国特殊的历史背景和社会环境，康有为、谭嗣同建构了自己的启蒙观。

康有为、谭嗣同的启蒙观与三纲观密切相关，对三纲的批判成为两人启蒙思想中不可或缺的内容。可以看到，康有为、谭嗣同将批判的矛头指向了三纲，谴责三纲违背了人人平等的原则。对此，两人宣称：

> 若夫名分之限禁，体制之迫压，托于义理以为桎梏，比之囚于图圄尚有甚焉。君臣也，夫妇也，乱世人道所号为大经也，此非天之所立，人之所为也。而君之专制其国，鱼肉其臣民，视若虫沙，恣其残暴。夫之专制其家，鱼肉其妻孥，视若奴婢，恣其凌暴。在为君为夫则乐矣，其如为臣民为妻者何！①

---

① 《大同书》，中州古籍出版社1998年版，第77页。

君臣之祸亟，而父子、夫妇之伦遂各以名势相制为当然矣。此皆三纲之名之为害也。名之所在，不惟箝其口，使不敢昌言，乃并锢其心，使不敢涉想。……三纲之慑人，足以破其胆，而杀其灵魂。①

稍加留意即可发现，无论康有为还是谭嗣同都是对三纲予以整体审视和鞭挞的。将三纲作为整体予以审视和批判至关重要，是近代启蒙思想有别于明清之际早期启蒙思潮的新特点、新风尚，也是康有为、谭嗣同的启蒙观所达到的新高度、新气象。

众所周知，明清之际的早期启蒙思想家最早对三纲发出了质疑之声，然而，他们不是像康有为、谭嗣同那样将三纲作为整体予以审视或抨击，而是或者单独质疑"夫为妻纲"，如李贽、唐甄等人；或者单独抨击"君为臣纲"，如黄宗羲、王夫之等人。早期启蒙思想家的做法暴露出一个无可辩驳的事实，那即是：他们并没有认识到三纲之间的相互作用、三位一体，也没有对三纲中的每一纲都进行批判。更有甚者，王夫之等人甚至以基于宗法血缘的父子关系的与生俱来维护"父为子纲"，进而以"父为子纲"的正当性驳斥"君为臣纲"的权威性。

与明清之际的早期启蒙思想家相比，康有为、谭嗣同对三纲的批判呈现出诸多前所未有的新特征。这大致可以归结为三个方面：第一，康有为、谭嗣同揭露三纲是压制人的名教，因而将三纲作为一个整体予以审视和批判。第二，两人对三纲的整体批判包括对构成三纲的每一纲的批判，故而牵涉君臣、父子和夫妇之间的关系。第三，康有为、谭嗣同对早期启蒙思想家卷舌不议乃至奉若神明的"父为子纲"展开批判。康有为取消家庭的设计不仅基于"夫为妻纲"对妇女的戕害，而且包括"父为子纲"异化了的父子关系。谭嗣同一面以庄子的"相忘"提倡父子平等，一面揭露"父为子纲"的种种危害。两人对大家庭的抨击都包括对"父为子纲"的批判，也使父子平等成为题中应有之义。康有为、谭嗣同批判三纲的这三个相同点既是两人与其他近代哲学家的一致性，又

---

① 《仁学》，《谭嗣同全集》（增订本），中华书局1998年版，第348页。

代表了近代启蒙思想的新高度和新气象，因而拉开了与明清之际早期启蒙思潮之间的距离。

进而言之，如果说对三纲进行整体批判表明康有为、谭嗣同与其他近代哲学家的启蒙思想的一致性的话，那么，基于平等的价值理念和致思方向审视、质疑和批判三纲则显示了两人与严复、梁启超等人的差异性，因而成为康有为与谭嗣同两个人之间的默契。

可以看到，在秉持平等原则批判三纲的过程中，康有为、谭嗣同鉴于中国古代家庭与三纲的密切相关，对准家庭关系中存在的父子不平等、夫妇不平等以及由此衍生的各种不平等现象，从不同角度揭露古代家庭关系的弊端和不合理性。正是本着平等的原则，两人对中国古代盛行的大家庭予以重新审视，进而发出了如下控诉：

故为新妇者，未明而起，夜分不寝，盛饰而朝，备食而献，执任而供，具物与奉，无小无大，莫不致敬尽礼以待之。自晓至夜无须臾之顷得息焉。不敢食夫家之食，而又不得自买食，必待母家来供，而不呈于姑，不分与叔妹，则加谯让。少有不如礼，则加詈骂，谥以不敬，号为无耻。盖新妇之奇苦大难，虽孝子之事父，义仆之事主，不能堪其劳者，大贤之束身，法吏之治狱，不能比其严者，此岂人情所能为哉！岂徒事舅姑而已，乃若小叔、女妹，一切供役，自理发、浴身、进膳、献茶、浣衣、濯足，一若固然。少不如意，即加诃骂，恶口相加，迫于忍受，更有持镜几以相掷，执火钳以相烙者。母家不忍，与之兴讼，女妹服礼，然夫妇遂此离焉。或有在厨与婢妪共食而不得与夫及姑妹共食者焉。又见小叔亦多立侍不坐，而尊长无论矣。小叔以男子之故，尤为专肆，至子女既长，随意骂詈，嫂惟吞声而已。①

夫彼之言天合者，于父子固有体魄之可据矣，若夫姑之于妇，显为体

---

① 《大同书》，中州古籍出版社1998年版，第180—181页。

魄之说所不得行，抑何相待之暴也？……今则虏役之而已矣，鞭笞之而已矣。至计无复之，辄自引决。村女里妇，见戕于姑恶，何可胜道？父母兄弟，茹终身之痛，无术以援之，而卒不闻有人焉攘臂而出，昌言以正其义。又况后母之于前子，庶妾之于嫡子，主人之于奴婢，其于体魄皆无关，而黑暗或有过此者乎！①

通过揭露中国古代家庭的种种罪恶，康有为、谭嗣同力图证明，中国古代社会的家庭关系一直笼罩在三纲的阴影之下；正如三纲有悖人伦一样，三纲统辖下的家庭关系已经成为禁锢人之身心的桎梏。这种家庭制度是造成人与人之间严重不平等的根源，也是一切灾难乃至罪恶的渊薮。沿着这个思路，两人极力呼吁改变中国古代社会的家庭体制。为此，康有为将男女平等视为解构家庭结构和家庭关系的起点，甚至为了彻底实现男女平等而提出了"毁灭家族"的主张。谭嗣同基于自己的经历关注大家庭中后母与前子、庶妾与嫡子以及主人与奴婢之间的关系，对西方的一夫一妻制艳羡不已。这些不仅是两人平等思想的组成部分，而且成为康有为、谭嗣同启蒙思想的重要一环。后一点既彰显了两人启蒙思想有别于同时代的近代哲学家的一致性，又在现实操作层面建构了从平等的路径推进中国启蒙进程的具体方案。

第二节　迥异的理论来源

作为中国近代启蒙思想中平等派的领军人物，康有为、谭嗣同对平等的推崇引人注目。不仅如此，两人启蒙思想的理论渊源和成分构成呈现出诸多相似性，这一点与其他戊戌启蒙思想家乃至近代哲学家相比显得更为突出。如果说相同的思想来源和理论侧重决定了康有为、谭嗣同启蒙思想的相同性的话，那么，两人启蒙思想的差异性也可以在其理论来源中得到解释和说明。原因在

---

① 《仁学》，《谭嗣同全集》（增订本），中华书局 1998 年版，第 348 页。

于，一方面，在其他近代哲学家的映衬下，康有为、谭嗣同的启蒙思想在理论来源上呈现出诸多相同性。另一方面，如果抛开其他近代哲学家，仅对康有为、谭嗣同的启蒙思想进行审视和比较则不难发现，两人启蒙思想的理论来源存在不容忽视的差异。

一、孟子与庄子

透过康有为、谭嗣同的启蒙思想可以发现，两人在建构启蒙思想的过程中对中西思想的取舍既有相同性，又有差异性。这种同异互见的情形在两人对中学的取舍中表现得尤为明显和重要。有鉴于此，以对中学的不同取舍为切入点分析康有为、谭嗣同启蒙思想的理论来源有助于更直观地体悟两人启蒙思想的差异。

诚然，康有为、谭嗣同在对待中学的态度上表现出明显的一致性，如都极力推崇孔子，不约而同地将孟子、庄子都说成是孔子后学等等。在这个前提下尚须看到，两人对孔学的理解存在差异，在孔学中给予孟子、庄子的地位更是迥然相异。一言以蔽之，康有为突出孟子的地位，谭嗣同则突出庄子的地位。这些差异性既流露出康有为、谭嗣同不同的学术意趣和情感好恶，又作为理论构成和思想导向在两人的启蒙思想中反映出来，并且预示着两人启蒙观的差异性。

在康有为的思想中，孔子是第一位的，孟子则是第二位的，之后还有荀子、董仲舒，然后是孔子的亲授弟子、再传弟子以及宋明理学家。孔学中包括庄子，因为康有为将庄子说成是孔子的再传弟子。依据康有为的这个排名可以得出两点认识：第一，康有为一再推崇孟子，对孟子的追捧和对孟子学说的张扬坚定不移。第二，康有为承认庄子是孔子后学，肯定作为孔子后学的庄子传承了孔子的自由、平等学说和大同思想，却始终没有将庄子纳入到自己思想的主流之中。正是由于这个原因，无论在康有为的哲学还是启蒙思想中，庄子都远没有达到像孟子那样的至关重要的程度。恰好相反，庄子的思想在康有为那里的际遇是，即使没有被边缘化，充其量也只是众多学说中的一种，与孟子思想的显赫地位不可同日而语。

与康有为一样，谭嗣同将孟子和庄子一起归为孔门后学。与康有为大相径庭的是，谭嗣同对庄子格外青睐乃至情有独钟。正是在这个意义上，谭嗣同不止一次地写道：

> 孔子之学，衍为两大支：一由曾子，再传而至孟子，然后畅发民主之理，以竟孔子之志；一由子夏，再传而至庄子，遂痛诋君主，逃之人外，不为时君之民，虽三代之君悉受其菲薄，虽似矫激，实亦孔氏之真传也。①

> 孔学衍为两大支：一为曾子传子思而至孟子，孟故畅宣民主之理，以竟孔之志；一由子夏传田子方而至庄子，庄故痛诋君主，自尧、舜以上，莫或免焉。②

谭嗣同的这两段议论出自不同的时期，第一段写于"北游访学"之时，此时的他正处于思想转变之中；第二段出于《仁学》，代表了谭嗣同思想定型时期的观点。尽管如此，谭嗣同的这两段话具有一个相同点，那就是：都确信孔子后学分为孟子与庄子代表的两大派别（"两大支"），均提到了庄子。在谭嗣同的视界中，庄子与孟子一样传承了孔子的思想，孔学的"两大支"分别由庄子和孟子而不是像康有为所说的那样分别由荀子与孟子担纲。

进而言之，谭嗣同尽管与康有为一样将孟子归于孔子后学，也在《仁学》的书目单上保留了《孟子》的地位，然而，谭嗣同并没有像康有为那样一再强调孟子得孔学真传，当然也没有使孟子的思想成为自己哲学或启蒙思想最主要的理论来源。事实上，在承认孟子是孔子后学并且将《孟子》列入《仁学》书目单之后，谭嗣同并没有像对待庄子那样对孟子的思想进行多角度的深入诠

---

① 《上欧阳中鹄十》，《谭嗣同全集》（增订本），中华书局 1998 年版，第 464 页。

② 《仁学》，《谭嗣同全集》（增订本），中华书局 1998 年版，第 335 页。

释。与康有为极力褒奖孟子形成强烈对比的是，谭嗣同对庄子推崇备至。一个最明显的证据是，谭嗣同每次提到庄子，都不忘加上诸如"孔氏之真传"或"孔氏之嫡派"之类的话以示提醒或强调。与对庄子的推崇一脉相承，在谭嗣同的启蒙思想中，各个环节均有庄子参与其中，庄子的显赫地位是孟子无法比拟的。

值得一提的是，康有为对庄子的身份归属提出了多种观点①，这意味着孔子后学并不是康有为给予庄子的唯一身份定位和学术归属。在承认庄子是孔子后学的同时，康有为还提出了有关庄子学术身份的多种说法。从庄子兼老学而以孔学为主、庄子与列子一起属于老学中"上清虚"的一派到庄子别开一派、庄子是中国的佛学再到庄子之学是玄学等等，可谓五花八门、不一而足。与康有为对庄子学术谱系和孔学身份的摇摆不定截然不同，谭嗣同由始至终都坚定不移地将庄子视为孔子后学，孔子后学也由此成为他给予庄子唯一的身份归属。即使是将庄子与列子归在一起，强调庄子思想的"性理"性质，谭嗣同也没有将庄子归为道家，当然也没有让庄子脱离孔学。更为重要的是，康有为将庄子归为孔学是万木草堂时期的观点，这种观点只延续到了中期，在《论语注》《孟子微》《中庸注》《礼运注》中还偶尔出现，到晚年则不再提起。具体地说，与认定庄子传承了孔子以平等、自由为核心的启蒙思想和大同思想相关，当康有为将孟子、董仲舒等人的思想与天赋人权论代表的西方启蒙思想相结合来阐释孔子的思想时，庄子便淡出了康有为启蒙思想的视野，因而在《大同书》中不见了踪影。康有为对待庄子的虎头蛇尾的态度和做法与谭嗣同对庄子始终如一的推崇形成了强烈的反差，这种反差与两人启蒙思想的差异具有明显的内在关联。

二、儒学与佛学

对孟子、庄子的不同偏袒表明，康有为、谭嗣同的启蒙思想具有不同的理论来源；反过来，不同理论来源决定了康有为、谭嗣同启蒙思想的不同底色，

① 参见《康有为对庄子的定位与近代哲学视界中的庄子》，《中国哲学史》2009 年第 3 期。

使两人的启蒙观呈现出两种不同的样式。

首先，正如孟子在康有为、谭嗣同视界中的地位并不等同一样，庄子对于两人的启蒙思想具有不可同日而语的地位和意义。

与对待孟子的态度相一致，康有为启蒙思想的主体内容是儒家的仁学、不忍人之心为主体的人性论和西方的天赋人权论。对于这一点，从康有为的一系列著作——《春秋董氏学》《论语注》《孟子微》《中庸注》《礼运注》和《大同书》等的书名上即可一目了然。综观康有为的思想不难发现，他一贯热衷于注释、阐发儒家经典，却没有对庄子思想的专门阐发或研究。因此，庄子的思想显然并不是康有为启蒙思想最主要的理论来源，孟子代表的儒家思想才是其底色。

透过谭嗣同对"孔学"或"孔子之学"学术派别和代表人物的勾勒，可以发现他对"孔学"内容的认定侧重民主政治。在这个视界中，得孔学真传的庄子是政治哲学家，或者说，是现实的批判者。在这个前提下，庄子的全部思想都围绕着抵制君主专制、提倡君臣平等这个中心而展开，追求平等特别是提倡君臣平等便是不言而喻的了。沿着这个逻辑，谭嗣同通过对庄子思想的诠释展开自己的启蒙思想，庄子的思想也因而成为其中的主要来源。

至此可见，在某种程度上甚至可以说，对孟子或庄子的不同态度或取舍是导致康有为、谭嗣同启蒙思想差异性的主要原因。这是因为，两人对孟子与庄子的不同偏袒决定着对孔学的理解，并由此直接决定着康有为、谭嗣同启蒙思想的理论构成和具体内容。

其次，康有为、谭嗣同对孟子与庄子的不同侧重不仅影响了两人启蒙思想的理论特色和主体内容，而且在某种程度上决定着康有为、谭嗣同对西学的不同取舍和阐释。孟子与庄子的思想各具特色，彼此之间从内涵意蕴、思维方式到价值旨趣都迥然相异。孟子、庄子的思想差异体现在康有为、谭嗣同的启蒙思想中，并且决定着两人对西学的不同取舍和选择。

就对西方自然科学的取舍来说，康有为、谭嗣同都习惯于将仁与以太、电、力等源自西方近代的自然科学概念相提并论，对以太、电、力的侧重却明显不同。三者之中，康有为使用最多的是力，仁又被他称为"爱力""热力""涨力"和"吸摄之力"等等便是明证。谭嗣同则对以太情有独钟，声称以太与仁异名而同实。康有为、谭嗣同对力与以太的不同偏袒又进一步导致了对中学中孔学的不同诠释和西学中其他思想的不同取舍。例如，就对孔学的诠释而言，康有为热衷的"爱力"就是源于孟子的不忍人之心，谭嗣同推崇的以太则是与庄子的"方生方死，方死方生"（《庄子·齐物论》）别无二致的不生不灭。更为重要的是，康有为、谭嗣同对孟子与庄子的不同选择导致了两人的启蒙思想沿着不同的方向展开，呈现出以孔释佛与以佛释孔的原则差异：康有为坚持孔教立场，将孔教排在首位，无论他对自主、平等、民权的呼吁还是变法维新的主张都是以孔子的名义发出的；谭嗣同则膜拜佛教，将佛教置于孔教之上，无论他对平等、民权的宣传还是对三纲的批判以及对五伦的调整都有佛学参与其中。

就对西方社会科学的取舍来说，康有为对天赋人权论情有独钟与孟子的性善说密切相关，因为他认为人之所以具有天赋之权是因为人皆性善；谭嗣同对社会契约论津津乐道，社会契约证明君是民共同选举出来的，君位面前人人平等，与庄子所讲的"时为帝""递相为君臣"相合。于是，一边是康有为在以仁、元为本原的前提下反复强调人为天所生，以人"直隶于天"来申明人的一切权利源自上天；一边是谭嗣同再三追溯生民之初的君臣关系，力图通过戳穿君权神授的神话，消解"君为臣纲"。康有为认为，最损害人权者莫过于"男尊女卑""夫为妻纲"，由此大声疾呼男女平等。于是，他的启蒙思想关注男女平等，对"夫为妻纲"的批判成为其中最主要的内容。谭嗣同主张人人平等，指责君主违背契约从原初的为民办事者而异化为祸国殃民的罪魁祸首。沿着这个逻辑，他对三纲的批判聚焦"君为臣纲"，对君主专制的批判也因而在谭嗣同的启蒙思想中占据核心地位。

由上可见，康有为、谭嗣同对孟子与庄子的不同侧重决定了两人的启蒙思想具有了不同的理论来源和内容构成，孟子与庄子的思想差异影响了康有为、谭嗣同对其他思想的吸收和鉴定，最终导致彼此的启蒙思想在思维方式、价值旨趣和意蕴风格等方面呈现出诸多差异。这些差异表明，尽管康有为、谭嗣同对孟子或庄子的推崇是在中学中发生的，却并不限于中学，故而不可小觑。只有重视这一点，并以此为切入点来审视康有为、谭嗣同启蒙思想的理论来源和思想底色，才能更好地把握两人启蒙思想的独特性，进而领略康有为、谭嗣同其他思想乃至全部思想的差异性。

第三节　殊途的路径设计

康有为、谭嗣同的启蒙思想以平等为核心，对平等内涵的界定隐含着对启蒙途径的设计。在这方面，两人对平等内涵的理解之差直接导致了通往平等的途径之别，并由此演绎出泾渭分明的启蒙路径。具体地说，康有为在人人自主、独立中从男女平等入手关注女子的自主和独立问题，将"男女平等各自独立"说成是通往平等的第一步，并在此基础上演绎为"毁灭家族"的平等之方。谭嗣同则独辟蹊径，以通而平等为前提执著于破除对待，在破除人我、彼此之对待中，通过"改其脑气之动法"和"别生种人"，达到"通天地万物人我为一身"的平等状态。

一、"男女平等各自独立"

大同社会是儒家的千年梦想，也是康有为魂牵梦萦的平等境界。事实上，他设计的平等方案就是通往大同理想的路径。康有为指出，现实社会的一切苦难都源于不平等，不平等的根源则是"阶级"（等级）的存在。换言之，如果说现实世界是无边苦海的话，那么，苦难的根源则在于不平等。循着这个思路，摆脱苦难的办法是消除各种不平等现象。这用他本人的话说便是："吾救苦之道，即在破除九界而已。"[①] 为了实现平等，康有为呼吁破除"九界"。

"九界"是康有为对现实社会存在的各种等级的概括和称谓，具体包括国界、种界、形界、类界、级界、家界、业界、乱界和苦界。他将"国界"排在

[①]　《大同书》，中州古籍出版社 1998 年版，第 86 页。

"九界"的首位，旨在强调破除"九界"应该从破除国界开始。按照这个思路，《大同书》在甲部的"入世界观众苦"中详细罗列世间的各种苦难，紧接着就在乙部的"去国界合大地"中筹划着消除"国界"。

值得注意的是，破除"国界"不是康有为平等之路的重镇，也不是起点。他设计的通往平等的方案以"毁灭家族"为重心，以"男女平等各自独立"为下手处和落脚点。在康有为那里，男女平等对于平等至关重要，是通往平等的第一步和关键所在。与此相关，他极其重视"去形界"和"去家界"："形界"指男女之间的性别之差以及由此而来的由"男尊女卑""夫为妻纲"造成的男女不平等，"家界"指由"夫为妻纲"和"父为子纲"造成的夫妇关系及父子关系的不平等。康有为指出，这两界造成了女子的非人处境，产生的后果是最严重的："损人权，轻天民，悖公理，失公益，于义不顺，于事不宜。"[①]与此相一致，他将世间的苦难分为三十八种之多[②]，同时强调妇女之苦是最惨无人道、违背公理的。康有为多次对虐待、歧视妇女的行为予以揭露和鞭挞，并发出了如下控诉：

> 古今以来所以待女子者，则可惊，可骇，可嗟，可泣，不平谓何！[③]

> 抑之，制之，愚之，闭之，囚之，系之，使不得自立，不得任公事，不得为仕宦，不得为国民，不得预议会，甚且不得事学问，不得发言论，不得达名字，不得通交接，不得预享宴，不得出观游，不得出室门。……此天下最奇骇、不公、不平之事，不可解之理矣！[④]

针对妇女的悲惨处境，康有为将男女之间的不平等视为产生苦难的根本原因，指出女子由于"形界"和"家界"的桎梏而遭受的残害是最惨无人道的，

---

① 《大同书》，中州古籍出版社 1998 年版，第 185 页。
② 《大同书》，中州古籍出版社 1998 年版，第 39—41 页。
③ 《大同书》，中州古籍出版社 1998 年版，第 166 页。
④ 《大同书》，中州古籍出版社 1998 年版，第 165 页。

这种危害不仅限于女子本身，而且危及全人类。这就是说，男女之间的不平等不仅影响到男女、夫妇关系，而且直接影响或决定着人类的处境和平等的最终实现。基于这种认识，他得出结论：男女平等是衡量社会进步的标准，实现平等的第一步是男女在平等的前提下各自独立。正是在这个意义上，康有为反复强调：

> 大概愈山野则抑女愈甚，稍近士夫则抑女稍少，其世家贵阀则或得从容读书游览，不下厨执役。此以知人道稍文明则男女稍平等。[①]

> 故全世界人欲去家界之累乎，在明男女平等各有独立之权始矣，此天予人之权也；全世界人欲去私产之害乎，在明男女平等各自独立始矣，此天予人之权也；全世界人欲去种界之争乎，在明男女平等各自独立始矣，此天予人之权也；全世界人欲致大同之世、太平之境乎，在明男女平等各自独立始矣，此天予人之权也；全世界人欲致极乐之世、长生之道乎，在明男女平等各自独立始矣，此天予人之权也；全世界人欲炼魂养神、不生、不灭、不增、不减乎，在明男女平等各自独立始矣，此天予人之权也；欲神气遨游、行出诸天、不穷、不尽、无量、无极乎，在明男女平等各自独立始矣，此天予人之权也。吾采得大同、太平、极乐、长生、不生、不灭、行游诸天、无量、无极之术，欲以度我全世界之同胞而永救其疾苦焉，其惟天予人权、平等独立哉，其惟天予人权、平等独立哉！[②]

按照康有为的说法，从消极方面的摆脱家庭之累、去除私产之害，到积极方面的至于太平之境、享受长生之道，都与男女平等密切相关，"男女平等各自独立"是实现平等不可逾越的第一步。如此看来，提倡男女平等不仅仅是康有为批判"夫为妻纲"的需要，而是还有更为重要的意义。正因为如此，他特

---

① 《大同书》，中州古籍出版社 1998 年版，第 182 页。
② 《大同书》，中州古籍出版社 1998 年版，第 303 页。

别重视男女平等。

既然男女平等至关重要，并且不可超越，接下来的问题是，如何实现男女平等呢？康有为提出了两项具体措施：一是"去形界保独立"，二是"去家界为天民"：前者为了彰显女子与男子相同的天赋自主之权，抨击"男尊女卑"；后者为了让妇女从家庭的枷锁中挣脱出来，脱离"夫为妻纲"的钳制。出于维护女子天赋的自主、独立权利以及男女平等的考虑，他呼吁："大同之世，衣服无别，不异贵贱，不殊男女，但为人也无不从同。"① 依照这个标准，男女平等就是取消男女之间的一切差别，女子不仅享受与男子一样的交游、学习、工作和参政议政的权利，而且与男子一样穿着打扮。因此，与"无舆服之异"的思路相一致，为了男女平等，康有为特别要求男女服饰完全相同，将之视为男女平等的一部分。对此，他这样解释其中的原因："女子与男子衣服装饰当同。……女子既为男子私有之物，但供男子玩弄，故穿耳、裹足、细腰、黑齿、剃眉、敷黛、施脂、抹粉、诡髻、步摇，不惜损坏身体以供男子一日之娱，况于衣服，其安得不别有体制以供其玩弄耶！故男子尚素朴而女子尚华采，皆以著玩弄之义。……宜定服装之制，女子男子服同一律。……惟当公会礼服，男女皆从同制，不得异色，以归大同。"②

至此可见，康有为呼吁男女服饰同一是出于让女子摆脱供男子娱乐、玩弄的动机，出于妇女解放和男女平等的良苦用心。尽管如此，男女是否平等显然并不取决于也不表现在彼此的服饰是否相同。这种拘泥于形式的做法暴露了他的绝对平均主义心态，这种绝对平均主义反过来又促使他将平等抽象化、极端化。例如，为了让女子走出家庭而摆脱男子的奴役，彻底实现男女平等，康有为提出了"去家界之累"的设想。在他那里，"去家界之累"的办法既不是提高妇女在家庭中的地位，也不是改善包括夫妇、父母在内的家庭成员之间的关系，更不是改变"夫为妻纲"束缚的夫妻关系，而是取消家庭的存在。之所以必须采取取消家庭这种极端做法提高妇女的地位，争取男女平等，是因为按照

---

① 《大同书》，中州古籍出版社 1998 年版，第 362 页。

② 《大同书》，中州古籍出版社 1998 年版，第 206 页。

康有为的理解，只要有家庭的存在，女子就不可能与男子完全平等。当然，也只有取消家庭，女子才能彻底摆脱男子的奴役，进而实现男女平等。循着这个思路和逻辑，为了彻底实现男女平等，康有为提出的解决方案是："男女听立交好之约，量定限期，不得为夫妇。"① 这个做法表明，康有为认为，解除男女之间的夫妇关系是消除男女不平等的唯一出路，这便意味着对于男女平等来说，取消家庭势在必行，舍此之外别无他途。康有为为了让女子摆脱婚姻之累便取消家庭的做法是极端的、决绝的，显然有因噎废食之嫌。此外，康有为指出，私有财产是万恶之源，只有消灭家庭，财产归公，才能从源头上杜绝私有财产而制止战乱。这就是说，家庭是罪恶的根源，因为无论是男女不平等还是私有财产存在的渊薮都是家庭。有鉴于此，家庭的存在便没有了任何正当性和必要性，势必予以取消。

依据康有为的论证，取消家庭势在必行。接下来的问题是，如何取消家庭呢？康有为建议，取消家庭从废除婚姻开始。为此，他提出的具体办法是："男女婚姻，皆由本人自择，情志相合，乃立合约，名曰交好之约，不得有夫妇旧名。"② 鉴于家庭对于妇女的种种戕害以及家庭滋生的种种罪恶，康有为提出了"毁灭家族"的设想。更有甚者，在取消夫妇之名的同时，为了防止人们再次陷入家庭陷阱，他又提出了两项"防范"措施：第一，划定男女交好的时限，"久者不许过一年，短者必满一月"③，以期通过缩短期限瓦解婚姻的稳定性达到取消家庭或再次组建家庭的目的。第二，解除父母与子女之间的家庭关系，婴儿由社会公养公教，具体办法是婴儿"舍父母之姓，……即以某度、某院、某室、某日数成一名可也。"④ 在采取了上述一系列的措施之后，康有为自信地估算，如此行之六十年，世界自然没有了家庭。消灭家庭之后，男女自然平等，父子也可以平等。不仅如此，由于彻底根除私有财产而永远消除了战乱和纷争，进而确保一切人的平等。由此可见，康有为的平等思想以男女平等

① 《大同书》，中州古籍出版社 1998 年版，第 207 页。

② 《大同书》，中州古籍出版社 1998 年版，第 207 页。

③ 《大同书》，中州古籍出版社 1998 年版，第 209 页。

④ 《大同书》，中州古籍出版社 1998 年版，第 249—250 页。

为重心，并且与大同社会密切相关。"男女平等各自独立"是大同社会的标识，也成为《大同书》的主要内容。

上述内容显示，在康有为的视界中，家庭成了束缚人的枷锁，更是平等——尤其是男女平等的最大障碍。为了人的独立、平等，取消家庭势在必行。于是，消灭家庭成为他所设计的通往平等的关键步骤，也是男女平等的必经之路。毛泽东指出："康有为写了《大同书》，他没有也不可能找到一条到达大同的路。"① 如果说康有为所憧憬的实现平等的理想境界是大同社会的话，那么，他所设计的通往大同的途径——解除婚姻、"毁灭家族"的具体方案则是虚幻的，对于男女平等的设计也不例外。尽管如此，如果将这一说法放在康有为的整个思想中加以考察，将会发现这一结论带有某种必然性，并且是适合他所讲的人"求乐免苦"的本性的。

如上所述，康有为将"男女平等各自独立"视为平等的第一步，并将"毁灭家族"作为解决男女平等的具体办法，与他将平等说成是人的天赋权利密切相关。这使平等以人人自主、独立为前提——因为人是生而平等的，由于"直隶于天"，不对他人、家庭或国家负有责任和义务，所以独立而平等。这一点早在康有为号召人们做"天民"而不做"国民"，作"天人"而不做家人时就已经初露端倪。从这个角度立论，人对于家庭只有权利而没有义务，正如当初组成家庭是因为人"喜群而恶独"，组建家庭是为了满足人情之所乐一样，取消家庭是因为当下的家庭已经异化为给妇女乃至世界带来痛苦的根源。这表明，只有解除家庭，才能使包括女子在内的所有人行使各自独立、自主的天赋权利，释放人追求快乐的本性。对此，康有为解释说：

> 盖凡名曰人，性必不同，金刚水柔，阴阳异呲，仁贪各具，甘辛殊好，智愚殊等，进退异科，即极欢好者断无有全同之理，一有不合，便生乖睽。故无论何人，但可暂合，断难久持，若必强之，势必反目。……又凡人之情，见异思迁，历久生厌，惟新是图，惟美是好。……男女之

---

① 《毛泽东选集》第四卷，人民出版社 1991 年版，第 1471 页。

事，但以徇人情之欢好，非以正父子之宗传，又安取强合终身以苦难人性乎！即使强合，亦为无义。假令果有永远欢合者，原听其频频续约，相守终身；但必当因乎人情，听其自由耳，故不可不定期限之约，俾易于遵守，而不致强其苦难，致有乖违也。约限不许过长，则易于遵守，既有新欢，不难少待；约限不许过短，则人种不杂，即使多欲，亦不毒身。两人永好，固可终身；若有新交，听其更订；旧欢重续，亦可寻盟；一切自由，乃顺人性而合天理。①

　　康有为的思想具有强烈的享乐主义倾向，这便是梁启超所说的"先生之哲学，主乐派哲学也"②。基于享乐主义的价值旨趣和人生追求，康有为强调权利对于义务、责任的优先性，这一点在他对待家庭的态度上淋漓尽致地发挥出来。沿着康有为的思路，既然"求乐免苦"是人的本性，既然家庭的出现是为了满足人情之所乐，那么，家庭是满足人情所乐的手段，人对于家庭权利优先。与此同时，既然人人皆有天赋的独立、自主之权，这种"直隶于天"的天赋之权神圣不可侵犯，那么，人对于家庭成员包括父母和妻孥不承担任何责任或义务，相互之间彼此平等、各自独立。循着这个思路，男女之间"情志相合，乃立合约"，反目则解除合约，去留自由；同样的道理，父对子或子对父也没有抚养或赡养义务，毁灭家庭之后的老人、婴儿皆由社会公养、公恤、公教。此外，康有为断言，人都有喜新厌旧的本性，这意味着以长期稳定而固定的夫妇关系为基础的家庭势必演绎为痛苦、罪恶的深渊。消除家庭正是基于上述诸多需要，目的在于使所有的人都各得其乐。这用他本人的话说便是："人人各得所欲，各得所求，各遂所欢，各从所好，此乃真'如鼓瑟琴，和乐且耽'也。"③

---

① 《大同书》，中州古籍出版社 1998 年版，第 207—208 页。
② 《南海康先生传》，《梁启超全集》（第一册），北京出版社 1999 年版，第 488 页。
③ 《大同书》，中州古籍出版社 1998 年版，第 209 页。

二、"通天地万物人我为一身"

在谭嗣同那里，世界的本原——仁的基本内涵和特征就是不生不灭的通而平等，平等是宇宙的普遍法则和基本状态。如此说来，世界以及现实社会是平等的，不应该存在不平等现象。尽管如此，现实世界尤其是中国社会为什么层层阻隔、等级森严而极端不平等呢？对此，谭嗣同解释说，现实世界之所以不平等是因为人们妄生彼此和对待，致使原本通而平等之世界变得塞而不通、麻木不仁。这就是说，不平等是人的观念造成的，循着这个思路，达到平等关键是改变人的观念。这是谭嗣同设计平等之路的理论前提和基本思路，也是其平等思想的秘密所在。谭嗣同强调，必须破除种种由于人妄生分别而产生的对待，才能恢复世界的本然状态——通而平等。由此看来，破对待对于仁、通、平等至关重要，因为现实生活中的一切不平等都是人的妄生分别、对待造成的，仁的壅塞不通也是如此：由于有了对待，妄分彼此和人我，于是有了不平等，现实社会的不平等加剧了破对待的紧迫性和必要性。于是，他得出了这样的结论：为了实现平等，必须破除对待；破对待而一之，故可通而平等。循着这个逻辑，彰显仁，必须先破对待；为了改变现实中的不平等，必须破除现有的一切对待。就谭嗣同所讲的对待而言，除了包括生灭、新旧、过去未来与现在等对待，还包括人性善恶乃至有性无性之对待。至此，谭嗣同的平等思想围绕着破除对待展开，强调平等的实现必须破对待；在各种对待之中，尤其要破除名词对待和人我对待。

谭嗣同所讲的破除对待与庄子和佛学思想的影响密切相关，庄子的思想更是时时刻刻现身其中：第一，谭嗣同强调，平等的推进和实现必须破除名词对待，呼吁"凡对待之词，皆当破之"。在此过程中，他根据庄子的名实论指出，名不是实，对二者不可等量齐观；名作为对实的称谓是人为设立的，所以是因人而异、随时可变的，并没有确定性或权威性。尽管如此，人们往往认识不到这一点而偏执于名，这样做极为愚蠢可笑，并且造成了妄生分别、对待和彼此的恶果。君可以压制臣、父可以钳制子以及夫可以虐待妻都是因为名教使然，礼可以成为约束人的枷锁是因为诸名之对待。只有领悟了庄子的"朝三暮四"

之言，洞察宇宙、人生之理，"识治事之道"，才能破除一切对待之词，一而通，通而平等。第二，谭嗣同强调，破对待先要破人我之对待。早在对仁的内涵是平等的界定中，他就强调仁可以训诂为无，无表示仁的最高境界就是"通天地万物人我为一身"的平等。在他对"通之象为平等"以及"通有四义"的说明中，"人我通"成为重要的一环。谭嗣同反复指出：

> 夫仁，通人我之为也。[①]

> 惟平等然后无我，无我然后无所执而名为诚。[②]

基于这种理解，破除人我对待在谭嗣同那里是实现平等的关键所在。在他看来，人我生于对待，是陷溺名实、不懂庄子名实论的结果："对待生于彼此，彼此生于有我。我为一，对我者为人，则生二；人我之交，则生三。参之伍之，错之综之，朝三而暮四，朝四而暮三，名实未亏，而喜怒因之。由是大小多寡，长短久暂，一切对待之名，一切对待之分别，毅然哄然。"[③]基于这种认识，为了破除人我对待，谭嗣同一面认定庄子主张无我，一面借此发挥自己的无我主张而通人我，希望凭借无我来破除彼此和人我之别，泯灭人我、彼此差异。正是在这个意义上，他不止一次地断言：

> 吾悲夫世之妄生分别也，犁然不可以缔合。寐者蘧蘧，乍见一我，对我者皆为人；其机始于一人我，究于所见，无不人我者。见愈小者，见我亦愈切。愚夫愚妇，于家庭则肆其咆哮之威，愈亲则愈甚，见外人反畏而忘之，以切于我与不切于我也。切于我者，易于爱；易于爱者，亦易于不爱；爱之所不及，亦不爱之所不及。同一人我，而人我之量，期其小者；大于此者，其人我亦大。……庄曰："室无空虚，妇姑勃豀。"以所处者小

---

① 《仁学》，《谭嗣同全集》（增订本），中华书局 1998 年版，第 328 页。
② 《仁学》，《谭嗣同全集》（增订本），中华书局 1998 年版，第 332 页。
③ 《仁学》，《谭嗣同全集》（增订本），中华书局 1998 年版，第 316 页。

故也。汉儒训仁为相人偶。人与人不相偶，尚安有世界？不相人偶，见我切也，不仁矣，亦以不人。虽然，此之分别，由于人我而人我之也。甚至一身而有人我。①

学人不察，妄生分别，就彼则失此，此得又彼丧，徘徊首鼠，卒以一无成而两俱败，只见其拘牵文义，嫌疑挂碍，分崩离析，无复片段，犹一身而断其元首，剖其肺肠，车裂支解其四体，磔脾脔割其肌肉，而相率以叠毙于分别之下。彼人我之人我，车裂之刑也；此一身之人我，寸磔之刑也。不其悲夫！不其悲夫！②

谭嗣同坚信，通过无我而弥合彼此、人我之别是通往平等的第一步，在此基础上进而破除各种对待，便可以在"人我通"的基础上"通天地万物人我为一身"，臻于平等的理想境界。为此，谭嗣同进一步提出了通往平等的具体方案——"超出体魄之上而独任灵魂"和"改其脑气之动法"。在他看来，人们之所以妄生对待而产生人我之别进而导致不平等，主要出于两个原因：一是拘泥于体魄，二是"脑气"的动法各异。针对这种分析，谭嗣同设计的实现平等的具体方案包括两个相互联系的步骤：第一，超越体魄而独任灵魂。谭嗣同指出，人与人之间之所以不平等，是由于"泥于体魄"而彼此有亲疏、有分别，而"亲疏者，体魄乃有之"。要实现平等，必须"超出体魄之上而独任灵魂，……不能超体魄而生亲疏，亲疏生分别。"③ 基于这种理解，谭嗣同呼吁："通则必尊灵魂；平等则体魄可为灵魂。"④ 如果人人都轻体魄、重灵魂，"损其体魄，益其灵魂"的话，那么，这种人由于没有形体，彼此之间不分亲疏，便可以绝对平等。第二，改变"脑气"之动法。受自然科学的启发，谭嗣同认识到"知必出于脑"，脑分布于人的周身为神经。他将神经称为"脑气"或"脑气筋"，

① 《仁学》，《谭嗣同全集》（增订本），中华书局1998年版，第298页。
② 《仁学》，《谭嗣同全集》（增订本），中华书局1998年版，第299页。
③ 《仁学》，《谭嗣同全集》（增订本），中华书局1998年版，第312页。
④ 《仁学》，《谭嗣同全集》（增订本），中华书局1998年版，第291页。

进而断言人我不通是由于每个人神经之动法各异。由此，他设想，通过改变神经的动法，使人断绝意识，破除我相，自然泯灭异同，实现平等。既然世界上的一切差别、对立、不平等都生于"我见"，那么，一旦断绝意识、破除"我见"，自然泯灭差异而直通平等。

至此可见，对孟子与庄子的不同侧重使康有为、谭嗣同的平等思想在各个方面呈现出差异：孟子的性善说与天赋人权相印证，使康有为视界中的平等成为天赋的神圣权利；庄子的破对待与佛教相渲染，使谭嗣同视界中的平等成为通而为一的状态。正是在天赋人权、人人平等的前提下，康有为强调人人平等始于男女平等，于是，通过"毁灭家族"而"男女平等各自独立"成为平等的关节点和下手处。庄子使谭嗣同所讲的平等成为破除对待的结果，庄子与佛学的虚无因素相互造势决定了谭嗣同的平等思想及平等途径与康有为相比更为虚无。这是因为，谭嗣同提出的平等方式是破对待，由于破对待先是破除人我之对待，平等从消除人我之别的无我做起。由于谭嗣同所讲的破对待是一切之对待，最终由绝对走向虚无。尤其致命的是，当庄子与佛教在谭嗣同的思想中相遇时，两者的虚无情绪和成分相互感染，最终只能导致更大的虚无。正如当初喊出"冲决网罗"却由于认定一切为虚幻而宣布"网罗为虚幻"一样，谭嗣同提出的走向平等的办法是视不平等为虚幻，在视一切不平等为虚幻的破对待中臻于平等。从根本上说，康有为、谭嗣同所设计的平等途径具有相同之处，都是虚幻而不切实际的。当然，虚幻与虚无还是有区别的：如果说康有为平等思想的实现是虚幻的，带有无法实现的乌托邦性质的话，那么，谭嗣同的虚无则使包括平等实现在内的平等本身都变成了虚无。

第四节 "夫为妻纲"与"君为臣纲"

中国近代的救亡图存与思想启蒙是同步进行的，近代哲学家同时肩负着救亡与启蒙的双重历史使命。正是由于这个原因，康有为、谭嗣同的平等思想是启蒙思想的一部分，同时与救亡图存的社会现实息息相通。换言之，在两人的启蒙思想中，正如对平等的推崇、界定均与对中国社会的审视和出路的设计密切相关一样，对启蒙路径的选择和设计与对平等的理解密不可分，更与对中国近代社会现实的审视和拯救中国的出路息息相通。

一、温和与激进

康有为、谭嗣同启蒙思想的同异对应着对中国近代社会的审视和拯救中国路径的选择：一方面，对平等的共同推崇使两人对三纲的批判围绕着平等展开，并且将中国的出路寄托于平等。出于救亡与启蒙的双重动机，鉴于中国特殊的历史背景和社会环境，康有为、谭嗣同在对现实社会不平等的揭露中聚焦三纲，对平等的提倡也意味着对三纲的抨击和解构。这使两人以平等思想为核心的启蒙思想具有了相同的现实性和针对性。更为重要的是，有别于严复、梁启超将拯救中国的希望和出路寄托于自由，康有为、谭嗣同认定中国的苦难源于不平等，平等是解决中国问题的不二法门。这使两人的启蒙思想带有与生俱来的亲缘性，因而也拥有了至关重要的相同性。这最直接地体现为康有为、谭嗣同都将中国的希望寄托于平等，两人也因而成为中国近代启蒙思想中平等派的杰出代表。另一方面，对平等的不同理解决定了康有为、谭嗣同审视现实的不同角度和立场，对社会现实的不同分析和侧重又反过来促使两人提出的解决中国现实问题的出路迥然相异。对于康有为、谭嗣同来说，正如中国近代社会内部的不平等现象都或多或少地与三纲相关一样，对三纲的态度和处理直接决定着两人平等实现的力度和方法，因而决定着中国启蒙的不同路径。康有为、谭嗣同对平等途径的不同设计决定了两人对待三纲的态度和做法大相径庭，对中国启蒙路径所产生的作用和影响自然不可同日而语。

首先，就对待三纲的态度而言，康有为的保守而老成与谭嗣同的激进而大胆形成了鲜明而强烈的对比。

康有为没有将五伦与三纲一起纳入批判视野，即使是对三纲的批判也很少触及政治层面的"君为臣纲"。对于这一点，他的得意弟子——梁启超深谙师道，并且毫不讳言："中国倡民权者以先生为首，（知之者虽或多，而倡之者殆首先生）然其言实施政策，则注重君权。以为中国积数千年之习惯，且民智未开，骤予以权，固自不易；况以君权积久如许之势力，苟得贤君相，因而用之，风行雷厉，以治百事，必有事半而功倍者。故先生之议，谓当以君主之法，行民权之意。若夫民主制度，其期期以为不可。盖独有所见，非徒感今上之恩而已。"①

谭嗣同指出，三纲早已成为尊压卑的工具，这是一切尊者、长者和在上者都喜言三纲的秘密："独夫民贼，固甚乐三纲之名，一切刑律制度皆依此为率，取便己故也。"②按照他的说法，三纲是尊压卑的工具，它们的出现使父子、夫妇和君臣关系由于不平等而悖于人道。正如"夫为妻纲"使夫妻关系以及宗法大家庭变成了妇女的监狱一样，"父为子纲"颠覆了出于人之本性的父子、母子天性，父子、夫妇之间人伦殆失。显而易见，与康有为相比，谭嗣同对三纲的批判激烈而全面——不仅指出三纲已经成为禁锢人的桎梏，而且加上了五常（五伦）。正因为如此，谭嗣同成为最早批判五伦的近代哲学家。在他那里，三纲与五伦是并提的，故而一起被纳入了批判的视野："则数千年来，三纲五伦之惨祸烈毒，由是酷焉矣。君以名桎臣，官以名轭民，父以名压子，夫以名困妻，兄弟朋友各挟一名以相抗拒。"③在这个视界中，即使是兄弟朋友也"各挟一名以相抗拒"，这与他呼吁破除名词对待相呼应。谭嗣同认为，五伦与三纲一样充斥着不平等，也是毒害人的祸根。因此，他建议以体现平等精神的朋友一伦改造其他四伦。

谭嗣同对待三纲五常的这种全面而决绝的态度是其他戊戌启蒙思想家无可比拟的。在这方面，康有为也是如此。对待三纲（包括五伦）的不同态度表明了康有为与谭嗣同提倡平等的力度和方法皆相去甚远。

其次，就批判三纲的方法而言，康有为集中批判"夫为妻纲"，所提倡的"男女平等各自独立"成为中国近代妇女解放的最高呼声。在对三纲五伦的谴责中，谭嗣同将矛头集中于"君为臣纲"，指出"君为臣纲"最为黑暗、惨无

---

① 《南海康先生传》，《梁启超全集》（第一册），北京出版社1999年版，第495—496页。
② 《仁学》，《谭嗣同全集》（增订本），中华书局1998年版，第349页。
③ 《仁学》，《谭嗣同全集》（增订本），中华书局1998年版，第299页。

人道。这决定了两人对三纲的批判具有不同侧重，沿着两条不同的逻辑和思路展开。

康有为、谭嗣同都基于平等的价值诉求将批判的矛头指向了三纲，彼此之间的立论角度和致思方向却迥异其趣。请比较下面两段话：

> 若夫名分之限禁，体制之迫压，托于义理以为桎梏，比之囚于囹圄尚有甚焉。君臣也，夫妇也，乱世人道所号为大经也，此非天之所立，人之所为也。而君之专制其国，鱼肉其臣民，视若虫沙，恣其残暴。夫之专制其家，鱼肉其妻孥，视若奴婢，恣其凌暴。在为君为夫则乐矣，其如为臣民为妻者何！①

> 君臣之祸亟，而父子、夫妇之伦遂各以名势相制为当然矣。此皆三纲之名之为害也。名之所在，不惟关其口，使不敢昌言，乃并锢其心，使不敢涉想。……三纲之慑人，足以破其胆，而杀其灵魂。②

第一段议论语出康有为的《大同书》，第二段议论是谭嗣同的名言。这两段引文的矛头都指向了三纲，通过比较可以发现其间的不同：康有为对三纲的指控集中在两点：第一，三纲"非天之所立"，不符合人"直隶于天"的独立、自主原则。第二，三纲侵犯了人的权利，在"为君为夫则乐"的同时，"为臣民为妻者"丧失了乐的权利。这些不由使人想起了康有为的一贯主张，即平等是人的天赋权利，"求乐免苦"是人的本性。在谭嗣同看来，三纲之名使在上者对在下者"以名势相制"，用本属"人设之词"的名教衍生出对待，进而桎梏人的身心。这使人明白了他所讲的平等为什么一直在破对待——尤其是破除名词之对待，因为只有"凡对待之词，皆当破之"，才能解除由名教衍生出来的君臣、父子、夫妇等人我之对待。正是基于对平等的不同理解，康有为、谭嗣

---

① 《大同书》，中州古籍出版社1998年版，第77页。

② 《仁学》，《谭嗣同全集》（增订本），中华书局1998年版，第348页。

同在批判三纲时选择了不同侧重：康有为侧重"夫为妻纲"，谭嗣同侧重"君为臣纲"。

二、改善男女关系与废除君主专制

康有为、谭嗣同对三纲的不同侧重决定了两人通往平等的下手处之分，更预示着改变中国的具体方案之别。

康有为认为，三纲之中为害最深的是"夫为妻纲"，故而从男女各自独立、自主出发呼吁男女平等。具体地说，现实社会中的夫妇不平等是由于三纲作祟，"夫为妻纲"使丈夫将其在家中对妻的关系比作国中君对臣的关系，致使妻子备受压制。正是在这个意义上，他写道："夫男子既以强力抑女，又以男性传宗，则男子遂纯为人道之主而女为其从，男子纯为人道之君而女为其臣。……于是女子遂全失独立之人权而纯为男子之私属，男子亦据为一人之私有而不许女子之公开。……实几与奴隶、什器、产业等矣。……夫之于妻既私属而私有之，故畜养之，玩弄之，役使之，管束之，甚且骂詈随其意，鞭笞从其手，卖鬻从其心，生杀听其命。故以一家之中妻之于夫，比于一国之中臣之于君，以为纲，以为统，而妻当俯首听命焉。"① 在此基础上，康有为指出，男女关系是人类所有关系中最基本的关系，女子对于人类的贡献也是最突出的。因此，女子受压制最有悖人伦、违背公理。从这个意义上说，平等必须从改变妇女不平等的处境开始。男女不平等是一切苦难的根源。从这个意义上说，平等要从男女平等入手。

更为重要的是，康有为认为家庭是滋生各种不平等的渊薮，人类的痛苦大多数都是在家庭关系中引起的，家庭就是充斥着暴力、仇恨、阴谋和罪恶的人间地狱。基于这种认识，他呼吁平等从妇女摆脱家庭的羁绊开始。对此，康有为写道："论家人强合之苦，……其妇姑同居之不相悦，因细故而积嫌交恶者，殆无有能免者也。夫人性不同，金刚，水柔，弦急，韦缓，甘辛异嗜，白黑殊

---

① 《大同书》，中州古籍出版社 1998 年版，第 197 页。

好，既不同性，则虽钟郝同居，多不相得。贤者千不得一，而不肖者十居其九，故子妇未必孝，翁姑未必慈。或子妇之不能承欢视色而拂戾悍逆者有之；或因其姑之责备过甚而严酷毒厉者有之；或因女妗叔妹积久生嫌，而母偏听其女；或因甥侄待之未周而老人笃爱其童孙，因此而恶其子妇有之；或因父母有所偏爱袒助，而兄弟娣姒以生嫌妒者有之；或因子妇财物有所私蓄不献，兄弟娣姒隐据自取而生嫌恶者有之；或因子妇各私其子女，分待不均而生嫌者有之；或兄弟贫富不同而不能分多润寡，则父母爱怜贫贱而生嫌者有之；或嫡庶交争，父母所偏爱生嫌恶者有之；或女贫子富，母欲养济其女而子妇妒吝者有之；或兄弟一荣一悴，或孤寡可怜，或多财多男而相倾争而怒其父母者有之；或有内外孤孙，而子妇不知体慈意怜爱以触其怨怨者有之。凡此皆因缘同居，隙于薄物，米盐琐碎，鸡虫得失，或一言失体，或一事失检，而彼此疑猜，不能情恕，不能理遣。小则色于面，大则发于声；始则诟诤，继则阋墙，甚则操杖，极则下毒。或兄弟相讼，或嫡庶相绝，或嫂叔相詈，或叔侄相怨，或娣姒相倾，甚至妇姑不相闻者比比也，以此丧命自尽者不可数也。"①

依据谭嗣同的分析，三纲之中"君为臣纲"为"祸亟"，"君为臣纲"是三纲之首且为害最巨。因此，他对三纲的批判以"君为臣纲"为重心，君臣平等成为谭嗣同提倡平等的重要内容。为此，谭嗣同十分推崇明清之际批判君主专制的早期启蒙思想家——黄宗羲、顾炎武和王夫之等人，并且从追溯君主的起源入手揭示君并非神授而是民选举出来的，以此消解君主的权威。对此，他不止一次地如是说：

生民之初，本无所谓君臣，则皆民也。民不能相治，亦不暇治，于是共举一民为君。……夫曰共举之，则因有民而后有君；君末也，民本也。天下无有因末而累及本者，亦岂可因君而累及民哉？夫曰共举之，则且必可共废之。君也者，为民办事者也；臣也者，助办民事者也。赋税之取于民，所以为办民事之资也。如此而事犹不办，事不办而易其人，亦天下之

---

① 《大同书》，中州古籍出版社 1998 年版，第 226—227 页。

通义也。①

　　君者公位也。……人人可以居之。彼君之不善，人人得而戮之，初无
所谓叛逆也。②

　　谭嗣同的上述说法与"通有四义"中第二义的"上下通"是一致的，"上
下通"主要指消除以君臣关系不平等为核心的政治不平等，改变现存君臣关系
中由于"君为臣纲"造成的极度不平等现象。正因为对"君为臣纲"和君主专
制的批判不遗余力，谭嗣同与严复一样成为中国近代为数不多的民主启蒙的代
表。与侧重民主启蒙、抵制君主专制的理论侧重一致，谭嗣同推崇庄子是因
为他眼中的庄子抵制君主专制。同样的道理，谭嗣同将全部中国本土文化都归
结为"孔子之学"，又将"孔子之学"归结为民主启蒙思想——一派以孟子为
首而"畅宣民主之理"，一派以庄子为首而"痛诋君主"。所有这一切都使谭嗣
同所讲的平等与康有为相比具有了不同的现实针对性和社会影响。

　　当然，谭嗣同并没有像严复那样由民主启蒙走向制度启蒙，他的民主启蒙
最终还是以思想启蒙收场。之所以如此，原因是受制于对平等的理解，谭嗣同
认定包括"君为臣纲"在内的不平等都是妄生分别和对待的结果，正如"君以
名桎臣，官以名轭民，父以名压子，夫以名困妻，兄弟朋友各挟一名以相抗
拒"一样，一切不平等都是由于人妄生分别、对待造成的，通往平等的途径是
破除一切名词之对待。而消除对待要从破除人我对待开始，这便是"通天地万
物人我为一身"的由来，也是谭嗣同着眼于从"超出体魄之上而独任灵魂"设
计平等之路的逻辑所在。这套思路和方法使谭嗣同对于平等的所有思想只能
停留在观念上，而很少涉及现实制度——即使是对"君为臣纲"的批判也是如
此。正因为如此，在他的民主启蒙思想中，解决"君为臣纲"和君主专制的办
法是破除君臣之名词对待，摆脱由名词对待导致的对名教——礼和三纲五伦的

―――――――――

① 《仁学》，《谭嗣同全集》（增订本），中华书局1998年版，第339页。

② 《仁学》，《谭嗣同全集》（增订本），中华书局1998年版，第334页。

顺从。这些问题说到底都是观念问题，并不需要改变现存的社会制度。有鉴于此，谭嗣同并不像严复那样热衷于君主立宪、议院制度的法制建构或政治改革，甚至没有对国民素质的提高予以太多关注。当然，这些也可以视为谭嗣同的平等思想只限于纸上谈兵的虚幻性的一个表现，并且隐含在他关于"网罗为虚幻"的认识之中。

　　分析至此可以发现，康有为、谭嗣同的启蒙思想都从揭示中国近代社会的不平等入手，却找到了不同的解决方案：康有为从改善男女关系入手，奢谈大同社会的"男女平等各自独立"。由此，他的启蒙思想聚焦男女平等以及与此密切相关的家庭关系，以至于忘了君主专制和社会制度。梁启超在为康有为作传时特意提到了这个问题，并且进行了如下辩护："中国倡民权者以先生（指康有为——引者注）为首，（知之者虽或多，而倡之者殆首先生）然其言实施政策，则注重君权。以为中国积数千年之习惯，且民智未开，骤予以权，固自不易；况以君权积久如许之势力，苟得贤君相，因而用之，风行雷厉，以治百事，必有事半而功倍者。故先生之议，谓当以君主之法，行民权之意。若夫民主制度，其期期以为不可。盖独有所见，非徒感今上之恩而已。"①谭嗣同认为，中国社会的不平等主要表现为君臣、上下关系的等级森严，故而将批判的矛头对准"君为臣纲"和君主专制。无论赞同"杀尽天下君主"的口号还是揭竿而起做陈涉、杨玄感的呼吁都促使他的启蒙思想直指现实，并且将矛头指向了现存的社会制度和君主专制本身。至此，康有为、谭嗣同启蒙思想的杀伤力孰大孰小也就不言而喻了。

　　上述内容显示，康有为、谭嗣同的启蒙思想基于相同的历史背景和文化语境，并且都将拯救中国的希望寄托于平等。这使两人的启蒙思想呈现出诸多相同性、一致性，并在近代哲学家中最为相近。在这个前提下尚须看到，康有为、谭嗣同的启蒙思想拥有迥然相异的理论来源。理论来源的差异既决定了两人启蒙思想的不同内容，又预示了两人启蒙思想的不同诉求。如果说康有为、谭嗣同对待三纲的态度决定或反映了推进思想启蒙的决心和力度的话，那么，

---

① 《南海康先生传》，《梁启超全集》（第一册），北京出版社1999年版，第495—496页。

对三纲的侧重则直接决定了实现平等、推荐启蒙的具体方案。通过比较可以发现，康有为、谭嗣同凭借不同的理论武器，从不同方向搭建了中国启蒙的具体方案：康有为侧重男女平等，旨在把妇女从家庭中解放出来；谭嗣同关注人我平等，试图在意识中消除彼此之对待。在对现实社会的观照中，康有为、谭嗣同设计的这两条道路所包含的操作程序和中心内容具有不同的现实针对性。无论温和与激进还是由此引发的聚焦"夫为妻纲"与"君为臣纲"都表明，康有为、谭嗣同的启蒙思想虽然异同互见，但是，二者从本质上看则以异为主。尽管两人都是平等派，然而，康有为、谭嗣同却建构了两种不同的平等模式和启蒙模式。从这个意义上说，康有为、谭嗣同的启蒙思想属于两种不同的样式和形态：康有为的启蒙观是儒学样式，谭嗣同的启蒙观是佛学样式；康有为的启蒙思想是温和形态，谭嗣同的启蒙思想是激进形态。

第七章 康有为与谭嗣同大同观之比较

康有为、谭嗣同都对大同社会乐此不疲，然而，人们对康有为的大同思想尤其是《大同书》兴趣盎然，却对谭嗣同的大同思想很少问津。对于康有为、谭嗣同大同思想的关系，学术界历来关注不多。一方面，康有为、谭嗣同的大同思想呈现出诸多相同之处，一起推出了近代大同形态的第一阶段；另一方面，两人的大同思想无论在理论来源、内容构成还是致思方向、价值旨趣上都存在不容忽视的不同之处，属于两种不同的样式和版本。比较康有为、谭嗣同的大同思想，透视其同，有助于领略戊戌启蒙思想家的大同思想的共同特征，进而深入了解戊戌启蒙思潮的主旨诉求和时代内涵；透视其异，有助于深刻把握康有为、谭嗣同大同思想的不同意趣，进而直观感受戊戌启蒙思想的内部分歧以及谭嗣同思想的独特性。

第一节 康有为、谭嗣同大同思想的相同点

康有为、谭嗣同都对大同津津乐道，对大同社会的思考亦存在诸多相同点。大致说来，两人大同思想的相同之处通过对大同内涵的界定、对大同步骤的设置和对大同境界的畅想集中展示出来。

一、同平同义——大同的内涵

如果说人类生来爱做梦的话，那么，中国人则爱做大同梦。大同是中国人

几千年的梦想，不同时代的人拥有属于自己的不同梦境。康有为、谭嗣同的大同之梦带有鲜明的近代神韵和时代特征，集中体现为将大同之同与近代价值理念——平等相提并论。这具体表现在对大同内涵的界定上便是，以"平"释"同"，将大同社会界定为消除差异、绝对平等的世界。两人所理解的大同与平等、平均密切相关，也使大同理念充斥着浓郁的平均主义基调。

康有为的《大同书》从政治、经济、文化、宗教、公益和家庭等诸多领域建构了一个绝对平等的世界，书名《大同书》意为描写"大同"之书，而"大同"则是绝对平均、平等之义。抹平一切差异而完全相同、绝对平均，正是他所理解的"大同"。这用康有为本人的话说便是："'同'字、'平'字，先同而后能平。"[1] 这就是说，同平同义，同即平均、平等之谓；所谓"大同"，也就是"大"之"同"或"同"之"大"者。沿着这一思路，他声称，大同社会以"至平"即绝对平等、平均为要义，"至平"就是大同的基本内涵。康有为断言："大同之道，至平也，至公也，至仁也，治之至也，虽有善道，无以加此矣。"[2] 在他看来，"至平"即绝对平等或平均是大同社会的基本要求，如果不能"至平"的话，那么，"至公""至仁"也就无从谈起：一方面，"至平"对大同社会提出了削平各种差异的要求，而将来的世界——或者说大同社会就是消除一切差异的状态。另一方面，只有到了大同社会（康有为又称之为太平世），才能彻底实现平等："全世界人类尽为平等，则太平之效渐著矣。"[3] 如此看来，《大同书》之所以弥漫着绝对平均主义的气氛，源于康有为对大同内涵的界定，因为这就是他心目中的大同景象。

谭嗣同对大同的理解是同于大通，也就是弥合一切差异、对待的"致一"。按照他的说法，"仁为天地万物之源"，作为世界本原的仁"从二从人"，除了可以训诂为"元"表示其本原地位之外，还可以训诂为"无"表示其基本内涵是无我。大同是无我的实现，也是仁的最高境界。谭嗣同断言："仁以通为第

---

[1] 《万木草堂讲义·中庸》，《康有为全集》（第二集），中国人民大学出版社 2007 年版，第 293 页。

[2] 《大同书》，中州古籍出版社 1998 年版，第 39 页。

[3] 《大同书》，中州古籍出版社 1998 年版，第 148 页。

一义，……通之象为平等。"① 平等是通的表现，通是指人与人、人与万物没有分隔，"洞澈彼此，一尘不隔"。破除一切差异和对待而"通天地万物人我为一身"既是无我的实现，也是大同的基本含义。

在康有为、谭嗣同那里，正是由于消除了所有差异，整个世界进入绝对同一、没有差别的平均状态，这种平均状态便是大同。试图通过绝对平均而臻于平等，并将大同社会界定为绝对平均的世界是两人对大同内涵的相同界定，也暴露出其大同思想的幼稚性和极端性。这是因为，平等的对立面不是差异而是不平等，在某些情况下，承认、尊重差异并不意味着不平等而恰恰是平等的体现。

二、取消差异——大同的步骤

康有为、谭嗣同对大同内涵的界定直接决定着对通往大同步骤的设计和规划。在这方面，两人均因循平均主义的思路，想尽一切办法消除差异，将通往大同的步骤和精力投入到"至平""致一"上。

1. 康有为的"至平"

康有为指出，现实世界是一个地狱，痛苦不堪，根源在于等级森严以及由此导致的种种不平等。他将各种等级统称为"九界"，并将"破除九界"奉为拯救苦难、进入大同的整体部署和纲领。这套纲领有两个决定性的步骤，是步入大同的具体途径和关键所在

首先，废除私有制。康有为强调，大同社会，天下为公。如果说大同之"同"对应的是差异、不平等的话，那么，天下为公之"公"对应的则是私、私有制。

康有为指出，若想享受大同，必须先废私；若想从根本上废私，必须铲除私有制。通过废除私有制，个人财产充公，人与人之间不再有贫富之等级，可谓公平两得。基于这一逻辑，他将废除私有制、财产公有说成是通往大同的前提条件。

---

① 《仁学》，《谭嗣同全集》（增订本），中华书局1998年版，第291页。

其次，取消家庭。废除私有制的主张直指家庭存在的危害，沿着这一思路，康有为进而提出了废除家庭的要求。在他看来，家庭是私有制之渊薮，只要有家庭存在，人便有私心，私有制便无法彻底废除。为了从根本上消除私有制，取消家庭势在必行。这就是说，与废除私有制一样，取消家庭是进入大同的关键。除了废除私有制直指取消家庭的必要性之外，康有为还从家庭造成夫妇、父子、嫡庶、主奴之间的不平等，引发种种人间悲剧入手，历数家庭之危害，全面解构家庭存在的必要性和正当性。如此一来，废除家庭不仅是通往大同的必要条件，而且直接关系到大同社会的"至平""至公""至仁""至乐"。由此，他不厌其烦地呼吁取消家庭、"男女平等各自独立"也就不难理解了。于是，康有为宣布：

> 故全世界人欲去家界之累乎，在明男女平等各有独立之权始矣，此天予人之权也；全世界人欲去私产之害乎，在明男女平等各自独立始矣，此天予人之权也；全世界人欲去种界之争乎，在明男女平等各自独立始矣，此天予人之权也；全世界人欲致大同之世、太平之境乎，在明男女平等各自独立始矣，此天予人之权也；全世界人欲致极乐之世、长生之道乎，在明男女平等各自独立始矣，此天予人之权也；全世界人欲炼魂养神、不生、不灭、不增、不减乎，在明男女平等各自独立始矣，此天予人之权也；欲神气遨游、行出诸天、不穷、不尽、无量、无极乎，在明男女平等各自独立始矣，此天予人之权也。①

大同社会"至平"，故而要消除一切不平等，而所有的不平等都起于男女不平等，这意味着平等要从男女平等开始。而只有取消家庭，将女子从家庭中拯救出来，才能使之摆脱由"夫为妻纲""男尊女卑"导致的不公、不平、不仁之非人对待，才能真正推进男女平等。正是在这个前提下，他将实现大同的希望寄托于"男女平等各自独立"。总之，无论是私有制的存在还是男女之间

---

① 《大同书》，中州古籍出版社 1998 年版，第 303 页。

的不平等都是由于家庭的存在，因此，为了彻底根除私有制，也为了从根本上实现男女平等，必须废除家庭。基于上述认识，康有为以"男女平等各自独立"为切入点，将废除私有制、取消家庭说成是大同的必经之路，试图凭借这一系列的操作实现大同。

2. 谭嗣同的"致一"

谭嗣同认为，中国的病症在于纲常人伦造成的不平等以及君与臣、臣与民之间的重重相隔。这就是说，现实世界是苦难的，苦难的根源在于等级森严，等级的根源归根结底并不在于社会制度而在于人的妄生分别。正是由于人的妄生分别，才有了人我、彼此之分，于是衍生出人与人之间包括君臣、夫妇、父子在内的诸多不平等。大同，"致一"之谓；"致一"是仁的基本内涵，也是通往大同社会的不二法门。"致一"的具体途径分两步走，旨在消除人妄生出来的种种分别而致于同、致于一。

首先，超越体魄，独任灵魂。

谭嗣同认为，有体魄便有亲疏，正因为拘泥于体魄，人与人之间才有了亲疏之别，由此又衍生出种种对待和不平等。因此，为了消除人与人之间的等级和对待，必须泯灭亲疏之别；而为了彻底泯灭亲疏，就必须超越体魄，独任灵魂——父与子的关系如此，所有人的关系概莫能外。基于这一思路，谭嗣同大声疾呼"超越体魄之上而独任灵魂"。

其次，断灭意识，"一尘不隔"。

谭嗣同指出，为了杜绝别亲疏必须超越体魄，若想进入大同，超越体魄是必须的，同时也是不够的；在超越体魄、独任灵魂的同时，还必须进一步断灭意识，以此消除人的思想、观念之别。人之所以会有人我、彼此之分，是因为有名言之对待。只有破除名言之对待，才能破除由名言对待而带来的人我、彼此和是非等一切对待。因此，他认定，破除名言对待是进入大同的关键，具体办法则是断灭意识，使人与人之间"一尘不隔"。为了做到这一点，受美国心理学医生乌特亨利的启发，谭嗣同提出了改变人之脑气筋[①]动法的主张。

① 谭嗣同有时又称之为"脑气"，英文写作 nerve，现在通常译为神经。

对此，他解释说："原夫人我所以不通之故，脑气之动法各异也，……今求通之，必断意识；欲断意识，必自改其脑气之动法。外绝牵引，内归易简，简之又简，以至于无，斯意识断矣。意识断，则我相除；我相除，则异同泯；异同泯，则平等出；至于平等，则洞澈彼此，一尘不隔，为通人我之极致矣。……此其断意识之妙术，脑气所由不妄动。"① 由此可见，谭嗣同提议通过切除人的神经，断灭人的意识来统一人的思想观念，幻想在断灭意识之后，人与人之间不再有观念上的差异，便可以达到"洞澈彼此，一尘不隔"的状态。"洞澈彼此，一尘不隔"是"通人我"的极致，也是他理解的大同状态。正因为如此，谭嗣同将断灭意识、"一尘不隔"说成是进入大同的必经之路。

康有为、谭嗣同对大同步骤的设计和规划呈现出略微差异，那就是：康有为侧重从社会的经济制度、家庭结构入手，谭嗣同专注于人的亲疏之分、观念之别和觉悟程度。尽管如此，两人这样做的目的都是消除人与人之间的差异，在思维方式上都是削异求同、由别致一。有鉴于此，康有为、谭嗣同对大同步骤的设置无论思维方式还是价值旨归都无本质区别，不同的只是具体办法和操作而已。

三、全球同一——大同的境界

康有为、谭嗣同对大同内涵的理解如出一辙，通往大同社会的步骤高度相似，对大同境界的描画更是别无二致。具体地说，两人都企图通过取消国界走向大同，在取消国家，政治、经济、宗教、文化一体化中彻底消除国家与国家、人种与人种以及民族与民族之间的差别。因此，在康有为、谭嗣同想象的大同社会中，不仅取消了种族、人种之分，而且消除了宗教、文化差异，同一了语言文字。两人对大同境界的设想带有浓郁的大同主义、世界主义情结，也将两人大而同之的大同理念推向了极致。

首先，康有为、谭嗣同不仅在理论上设想了消除民族、人种差异的大同之

---

① 《仁学》，《谭嗣同全集》（增订本），中华书局 1998 年版，第 364—365 页。

境，而且浓墨重彩地彰显同一人种，以期彻底消除人与人之间的形体差异。在两人对大同境界的各种论述中，同化、同一人种的设想格外引人注目，也使人种同一成为大同社会的一道风景。

康有为、谭嗣同将消除人种差异视为步入大同的必要途径，甚至将同化、同一人种视为通往大同社会的先决条件。有鉴于此，两人对同一人种殚精竭虑，设想、计划极为周详和完备。康有为、谭嗣同都对未来的新人种充满期待，并从不同角度对大同社会的"新人种"进行想象和描述：

> 故经大同后，行化千年，全地人种，颜色同一，状貌同一，长短同一，灵明同一，是为人种大同。合同而化，……当是时也，全世界人皆美好，由今观之，望若神仙矣。①

> 必别生种人，纯用智，不用力，纯有灵魂，不有体魄；……可以住水，可以住火，可以住风，可以住空气，可以飞行往来于诸星诸日，虽地球全毁，无所损害。②

由此可见，康有为、谭嗣同所设计的"新人种"不尽相同，其间的相同点却十分明显，那就是：都确信人种是不断进化的，不顾人种、种族和民族之分，对地球上的人类同而化之。因此，两人声称世代进化后的"新人种"是全球同一、不分民族甚至没有形体之差和男女之别的大同人种。这种"新人种"彻底抹平了人与人之间的一切差异——不仅没有种族上、人种上的差异，而且没有性别上、形体上的差异，在谭嗣同那里甚至没有观念上、思想上的差异。康有为、谭嗣同设想的"新人种"是没有差异的全球同一的大同人种，最能反映两人全球同一的大同理念和心态。

在《大同书》中，"种界"是"九界"之一，"形界"也是"九界"之一，去"九

---

① 《大同书》，中州古籍出版社 1998 年版，第 150 页。
② 《仁学》，《谭嗣同全集》（增订本），中华书局 1998 年版，第 366—367 页。

界"便意味着铲除人种之别、消除男女之分被提到议事日程。不仅如此,康有为对"去种界"非常重视,《大同书》在"去国界合大地"之后,紧接着就是"去种界同人类"。除了对"种界"危害的揭露、破除"种界"的呼吁以及从理论上阐明消除"种界"、同一人种的必要性、必然性、迫切性和正当性之外,他还在实践操作上提出了同化人种的具体方案,为此推出了"通婚"("杂婚")"饮食""迁地"等多种措施。"去形界"不仅指铲除男女之间的不平等,而且指消除男女形体上的差异。康有为将"男女平等各自独立"视为步入大同的入口处,便预示了"去形界"的非凡意义。

对于谭嗣同来说,大同社会少不了同一人种的内容。大同社会存在的只有一个"新人种",而这种"新人种"便是只有精神而没有形体的"大同人种"。对于这种"大同人种"如何实现,他提出的具体办法是运用各种自然科学改进人种。例如,对于人种改进、同一的可行性和具体操作,谭嗣同进行了详细的论证和大胆的想象。他写道:

> 斯农之所以贵有学也。地学审形势,水学御旱潦,动植学辨物性,化学察品质,汽机学济人力,光学论光色,电学助光热。有学之农,获数十倍于无学之农。然竭尽地球之力,则尤不止于此数。使地球之力,竭尽无余,而犹不足以供人之食用,则必别有他法,考食用之物,为某原质配成,将用各原质化合为物,而不全恃乎农。使原质又不足以供,必将取于空气,配成质料,而不全恃乎实物。且将精其医学,详考人之脏腹肢体所以必需食用之故,而渐改其性,求与空气合宜,如道家辟谷服气之法,至可不用世间之物,而无不给矣。又使人满至于极尽,即不用一物,而地球上骈肩重足犹不足以容,又必进思一法,如今之电学,能无线传力传热,能照见筋骨肝肺,又能测验脑气体用,久之必能去其重质,留其轻质,损其体魄,益其灵魂,兼讲进种之学,使一代胜于一代,万化而不已。①

① 《仁学》,《谭嗣同全集》(增订本),中华书局 1998 年版,第 366 页。

即使是在一百多年后的今天，阅读谭嗣同的这段文字，还是令人不得不惊叹其想象力之丰富和大胆。可以看到，谭嗣同与康有为、孙中山等近代哲学家一样意识到了营养、饮食与人的身体素质和形体之间的关系，从而试图通过调整饮食结构，更新"饮食"方法来改进人种。在这个前提下，谭嗣同力图让人相信，借助科学之功，人可以"取于空气"供人食用。与此同时，人可以借助医学、化学和电学等层出不穷、目不暇接的自然科学随心所欲地对自己的意识、形体（"脑气体用"）进行改良，从而逐渐使人"去其重质，留其轻质，损其体魄，益其灵魂"，最终变成没有形体、状貌和长短而只有灵明（灵魂）的"隐形人"。

通过比较可以看到，与康有为主张通过"饮食"改良人种一样，谭嗣同意识到了营养、饮食与人的形体之间具有因果关系，由此幻想通过改变人之"饮食"的内容来改变甚至损灭人之形体。随着农学和各种科学日新月异，将来可以发明一种新的饮食方法，彻底改变人的模样，最终推出崭新的人种。由于是"取于空气"供人食用，人靠"喝风"活着，最终的大同人种不仅仅是没有了形体差异，而是连同形体都没有了。谭嗣同关于大同社会同化、同一人种的设想虚幻性和极端性极为明显，也将戊戌启蒙思想家的大同思想的空想性推向了登峰造极的地步。

问题到此并没有结束，谭嗣同设想的大同社会并不止于此。除了借助"隐形人"消除人与人的形体差别，还包括消除人与人在思想观念上的差异。这意味着在他构想的大同社会，人种、男女差异不仅在存有上、事实层面上已经完全消失了，而且在观念上、思想层面上已经彻底消失了——因为都从人的意识中消除了。

其次，康有为、谭嗣同都认定大同社会政治、经济一体化，思想、文化、宗教和教育等也一体化。因此，大同社会同一宗教、同一文化、同一语言文字是其中的一项重要内容。

通过对世界各国的考察，康有为拟订了全球同一语言文字的详细计划。他写道：

全地语言文字皆当同，不得有异言异文。考各地语言之法，当制一地球万音室。制百丈之室，为圆形，以像地球，悬之于空，每十丈募地球原产人于其中。每度数人，有音异者则募置之，无所异者则一人可矣。既合全地之人，不论文野，使通音乐言语之哲学士合而考之，择其舌本最轻清圆转简易者，制以为音，又择大地高下清浊之音最易通者制为字母。……择大地各国名之最简者如中国采之，附以音母，以成语言文字，则人用力少而所得多矣。……惟中国于新出各物尚有未备者，当采欧、美新名补之。惟法、意母音极清，与中国北京相近而过之。夫欲制语音，必取极清高者，乃宜于唱歌协乐，乃足以美清听而养神魂。大概制音者，从四五十度之间，广取多音为字母，则至清高矣；附以中国名物，而以字母取音，以简易之新文写之，则至简速矣。夫兽近地，故音浊；禽近空，故音清。今近赤道之人，音浊近兽；近冰海之人，音清转如鸟，故制音者多取法于四五十度也。闻俄人学他国语最易而似，岂非以其地度高耶？制语言文字既定以为书，颁之学堂则数十年后，全地皆为新语言文字矣。[1]

康有为设想的大同社会不仅全球同一人种，从根本上铲除了民族、种族和人种差异；而且同一宗教、文化，同一作为文化载体的语言文字。

尽管谭嗣同没有像康有为那样周详的计划，然而，谭嗣同却对大同社会同一语言文字深信不疑。他关于以西方字母（"谐声"）文字取代中国象形文字合理性的论证以及同一语言文字可以延年的设想都流露出对大同社会同一语言文字的规划和想象：

文化之消长，每与日用起居之繁简得同式之比例。……教化极盛之国，其言者必简而轻灵，出于唇齿者为多，舌次之，牙又次之，喉为寡，深喉则几绝焉。发音甚便利，而成言也不劳；所操甚约，而错综可至于无极。

---

[1] 《大同书》，中州古籍出版社 1998 年版，第 120 页。

教化之深浅，咸率是以为差。①

是故地球公理，其文明愈进者，其所事必愈简捷。……又如一文字然，吾尚形义，经时累月，诵不盈帙；西人废象形，任谐声，终朝可辨矣，是年之不耗于识字也。②

康有为提出的创立世界语的方案秉持全球一体化、文化一体化的原则，尤其是将同一语言文字与世界大同以及尊重国家平等、人种平等联系在一起。其实，无论对于康有为还是谭嗣同来说，大同社会之所以同一语言文字，与同一宗教、文化一样，从现实需要上看是为了消除各国各民族之间的语言差异，为国家平等和平等交流提供便捷，从思想实质上看则是世界主义、大同主义的致思方向和价值旨趣使然。循着两人的思路，同一语言文字之后，全球通行"世界语"，不仅保障了文化、政教的同一，而且从语言文化的角度彻底抹平了种族、民族之分。

再次，康有为、谭嗣同都认定大同社会政治、经济皆一体化，已经没有了国家，全球共治。与此相一致，两人均对取消国界非常重视，对大同社会的种种预期皆从取消国界讲起。

在康有为的大同境界中，取消国界占有重要一席。正是出于对消除国界的迫不及待，《大同书》在甲部"入世界观众苦"之后，紧接着就在乙部提出"去国界合大地"的全球规划。对于大同社会的具体情况，康有为在《大同书》中进行了详细的描绘和无限的遐想。透过《大同书》可以看到，他对大同社会的描述从消除国界讲起，试图通过"去国界合大地"而取消国界之后，在公政府的统一安排和实施下，全球的政治、经济、宗教、文化皆一体化，同一人种、同一语言文字都是其中的重要内容。这表明，离开了取消国界，无论是康有为设想的政治、经济、宗教和文化的一体化还是人种、语言文字的

---

① 《仁学》，《谭嗣同全集》（增订本），中华书局1998年版，第361—362页。

② 《延年会叙》，《谭嗣同全集》（增订本），中华书局1998年版，第410页。

同一都将失去保障。

谭嗣同的大同社会也是一个全球一体的世界，他借助庄子的话语结构称之为"在宥天下"。"在宥天下"语出《庄子·在宥》篇，篇中云："闻在宥天下，不闻治天下也。在之也者，恐天下之淫其性也；宥之也者，恐天下之迁其德也。天下不淫其性，不迁其德，有治天下者哉？昔尧之治天下，使天下欣欣焉人乐其性，是不恬也；桀之治天下也，使天下瘁瘁焉人苦其性，是不愉也。夫不恬不愉，非德也；非德也而可长久者，天下无之。"谭嗣同认定，篇中的"在宥天下"就是天下大同，也是庄子的理想。"在宥天下"表明，庄子向往大同社会，而大同社会就是取消国界，全球一体。依据这个分析，谭嗣同写道："地球之治也，以有天下而无国也。庄曰：'闻在宥天下，不闻治天下。'治者，有国之义也；在宥者，无国之义也。"①

全球同一是康有为、谭嗣同设想的大同境界，同一人种、同一语言文字既是步入大同的途径，又是大同的境界——从实施过程来说，属于途径和方法；从实现后果来说，属于状态和境界。人的存在是多向度的，有与生俱来的类本质，也有由不同的社会、群体塑造的文化本质，此外还有特殊的成长环境和个人经历形成的个性。一方面，康有为、谭嗣同关于人种改良的设想泯灭民族、种族差异，与两人同一宗教、同一文化和同一语言文字的设想一样是无视民族性的体现。两人关于消除人与人之间的形体差异乃至思想差异的主张则将对个性的贬损推向了无以复加的地步，即便不是反人类的，至少是桎梏人性的。另一方面，同一人种、同一语言文字表明，康有为、谭嗣同的大同思想带有明显的空想性、极端性，并且将世界主义、大同主义推向了极致。两人改良人种的设想是超越国界的，不论是将黄色、棕色和黑色人种一起纳入人种改良步骤还是在全球范围内进行"通婚""迁地"规划都淋漓尽致地反映了这一点。例如，康有为的人种改良计划不仅关注中国人所属的黄色人种的前途和命运，而且关系到黑色和棕色人种的未来。对此，他不止一次地写道：

① 《仁学》，《谭嗣同全集》（增订本），中华书局 1998 年版，第 367 页。

当千数百年后，大地患在人满，区区黑人之恶种者，诚不必使乱我美种而致退化。以此沙汰，则遗传无多，而迁地杂婚以外，有起居服食以致其养，有学校教育以致其才，何患黑人之不变，进而为大同耶！①

大抵由非洲奇黑之人数百年可进为印度之黑人，由印度之黑人数百年可进为棕人，不二三百年可进为黄人，不百数十年可变为白人。由是推之，速则七百年，迟则千年，黑人亦可尽为白人矣。服食既美，教化既同，形貌亦改，头目自殊。虎入海而股化为翅，鱼入洞而目渐即盲，积世积年，移之以渐。②

透过这些议论不难看出，在康有为所提出的改良人种的具体办法中，"通婚"和"迁地"显然不是在一国之内就可以完成的——要有全球视野，并且要进行全球统筹。这决定了他所讲的人种改良、同一人种是以超越国界为前提的，并且只有全球统一部署、实施才能实现。其实，不惟同一人种如此，同一语言文字也不例外；不仅康有为提出的同一人种、同一语言文字的设想这样，谭嗣同的设想也是这样。这便是两人异口同声地强调大同社会取消国界、全球一体的秘密所在。

内涵、步骤和境界构成了康有为、谭嗣同大同思想的主体内容，也共同预示了两人所设想的大同社会带有致命的空想性和乌托邦色彩，注定是无法实现的。

第二节　大同的近代形态及其意义

"大同"在儒家经典中首见《礼记·礼运》篇，此后一直是中国人的梦

---

① 《大同书》，中州古籍出版社 1998 年版，第 160 页。

② 《大同书》，中州古籍出版社 1998 年版，第 150 页。

想。很多中国人都对《礼记》中的这段文字耳熟能详："大道之行也，天下为公，选贤与能，讲信修睦。故人不独亲其亲，不独子其子，使老有所终，壮有所用，幼有所长，矜寡孤独废疾者皆有所养，男有分，女有归。货恶其弃于地也，不必藏于己；力恶其不出于身也，不必为己。是故谋闭而不兴，盗窃乱贼而不作，故外户而不闭，是为大同。"（《礼记·礼运》）这是大同的"原生态"，此后一直变换着内容。不同时代的大同梦承载着不同的内容和诉求，近代与古代大同的提出不仅面对不同的历史背景和现实需要，而且基于不同的立言宗旨和理论初衷。一言以蔽之，古代大同理想是外王的一部分，寄予着平天下的雄心和抱负；近代大同建构则迫于救亡图存的时代使命，是政治需要和生存竞争使然。不同的历史背景和立言宗旨决定了近代大同思想拥有迥异于古代的新意蕴、新视野和新诉求。康有为、谭嗣同的大同理念带有近代特有的时代烙印和鲜明特征，与古代的大同形态迥然相异。

一、历史语境和时代背景

中国近代是人心思变、救亡图存的时代，摆脱帝国主义的奴役是近代哲学的最终目标；中国近代是文化创新、思想启蒙的时代，借鉴西学推动中国本土文化的内容转换和现代化是近代哲学家的历史使命。特定的历史背景和政治需要催生了近代的大同理念，也使近代大同思想成为对中国近代社会几千年未有之变局的现实回应。康有为、谭嗣同的大同思想便属于大同的近代形态，故而与古代大同差若云泥。在古代，儒家以治国平天下为价值目标的大同建构是大同的主要形态，寄予着"天下一家，中国一人"的政治理想。在近代，大同与救亡图存、思想启蒙的时代主题息息相关，承载着中国摆脱西方列强的奴役、独立富强的梦想。康有为、谭嗣同的大同理想基于中国近代特殊的历史语境、时代背景和现实需要，肩负着救亡图存与思想启蒙的历史使命和时代呼唤，故而有别于以治国平天下为主旨的古代大同形态。具体地说，康有为、谭嗣同所讲的大同包括对中国与西方列强关系的思考，具有观照现实的政治维度。当然，全球多元的文化视野和西学的大量东渐也促使两人借鉴包括西学在内的各种学说建构自己的大同思想，从而使大同思想在理论来源和内容构成上拥有了古代无法比拟的丰富性和多元性。

首先，康有为、谭嗣同对大同社会的思考和规划出于对中国处境的忧心忡忡和对中西关系的强烈不满，其中既包括对中国社会内部人与人之间不平等关系的不满，又包括对中国与帝国主义之间不平等关系的不满。

与渴望中国独立自主而摆脱西方列强的奴役相一致，康有为、谭嗣同大声疾呼中国与西方列强平等。这表现在大同建构上便是，一面呼吁取消国界，从根本上消除国家；一面声称到了大同社会，全球的政治、经济、宗教和文化皆一体化。这用谭嗣同本人的话说便是：

> 文化之消长，每与日用起居之繁简得同式之比例。……教化极盛之国，其言者必简而轻灵，出于唇齿者为多，舌次之，牙又次之，喉为寡，深喉则几绝焉。发音甚便利，而成言也不劳；所操甚约，而错综可至于无极。教化之深浅，咸率是以为差。[①]

> 是故地球公理，其文明愈进者，其所事必愈简捷。……又如一文字然，吾尚形义，经时累月，诵不盈帙；西人废象形，任谐声，终朝可辨矣，是年之不耗于识字也。[②]

在康有为、谭嗣同设想的大同社会中，不仅全球同一家教、同一文化和语言文字，而且同化人种，从根本上抹平了民族、种族或人种差异。正是在这个意义上，康有为对以白种人改良人种、同化人种殚精竭虑，不止一次地发出了如下畅想：

> 当千数百年后，大地患在人满，区区黑人之恶种者，诚不必使乱我美

---

① 《仁学》，《谭嗣同全集》（增订本），中华书局 1998 年版，第 361—362 页。
② 《延年会叙》，《谭嗣同全集》（增订本），中华书局 1998 年版，第 410 页。

种而致退化。以此沙汰，则遗传无多，而迁地杂婚以外，有起居服食以致其养，有学校教育以致其才，何患黑人之不变，进而为大同耶！①

　　大抵由非洲奇黑之人数百年可进为印度之黑人，由印度之黑人数百年可进为棕人，不二三百年可进为黄人，不百数十年可变为白人。由是推之，速则七百年，迟则千年，黑人亦可尽为白人矣。服食既美，教化既同，形貌亦改，头目自殊。虎入海而股化为翅，鱼入洞而目渐即盲，积世积年，移之以渐。②

循着康有为、谭嗣同的逻辑，取消了国界、同化了人种，也就彻底消除了国家与国家、种族与种族之间的战争和分歧。与此相映成趣的是，两人将大同社会说成是平等的最终实现，断言由于消除了所有差异，大同社会进入完全同一、没有差别的绝对平均状态，这种绝对平均状态就是平等。在某种程度上甚至可以说，康有为、谭嗣同之所以将平等极端化、抽象化，就是出于对平等的过分渴盼。这反映了两人所讲平等的彻底性——不仅国家与国家、种族与种族、人与人之间完全平等，而且政治、经济、宗教和文化等所有领域一律平等。透过康有为、谭嗣同对平等与大同关联的论证和凸显不难发现，与其说这是两人对平等的期待渴望，不如说是对平等的过分"贪婪"。两人之所以将平等与大同相提并论，甚至在内涵上将大同之"同"与平等之"平"混为一谈，就是因为面对近代中国的积贫积弱、落后挨打而将推进平等奉为拯救中国的不二法门。这从一个侧面印证了康有为、谭嗣同的大同思想围绕着救亡图存的历史使命和最终目标展开，理论初衷是为了使中国摆脱西方列强的蹂躏而成为独立的国家。

　　其次，西方列强对中国的侵略将中国纳入到世界历史之中，也使康有为、谭嗣同的大同构想处于前所未有的文化语境之中，因而拥有古代无法想象的学

---

① 《大同书》，中州古籍出版社 1998 年版，第 160 页。

② 《大同书》，中州古籍出版社 1998 年版，第 150 页。

术资源和文化心态

康有为、谭嗣同所面对和理解的天下不再是古代文化意义上由中原与夷狄组成的天下，而是中西地域意义上由中国与西方列强组成的世界。更为重要的是，在这种天下格局中，中国处于劣势，濒临亡国灭种的境地。这既为康有为、谭嗣同提供了天下大同的新图景、新视域，也使中国与西方列强的关系或者说国家与国家、人种与人种之间的关系成为两人大同思想的核心话题。

与此同时，敌强我弱的严峻现实使包括康有为、谭嗣同在内的中国人对船坚炮利的西方文化羡慕不已，两人的大同思想容纳了西方文化的元素。例如，康有为、谭嗣同认为，大同是中国人和西方人的共同追求，不约而同地认定西方人写的《百年一觉》就是对大同社会的描写和追求。康有为早在万木草堂讲学时就提到《百年一觉》，"美国人所著《百年一觉》书是大同影子。"[①] 不仅如此，他借鉴《百年一觉》的想象，用小说的虚构笔法描写了一个未来的大同社会。谭嗣同则直接将《百年一觉》作为西方大同的样板而写进《仁学》："若西书中百年一觉者，殆仿佛《礼运》大同之象焉。"[②] 不仅如此，两人确信，仁作为世界本原放诸四海而皆准，孔教、佛教和耶教皆讲大同，大同是仁的最终实现。这意味着追求大同是全世界的共同愿望，大同是世界文化的共同旨归。与此相一致，康有为、谭嗣同的大同思想无论是理论来源还是内容构成均兼容并蓄，成为对古今中外各种思想、学说的和合。

值得一提的是，由于热衷于取消国界、同一家教、同一文化乃至同一语言文字，康有为、谭嗣同由追求同一性而忽视差异性，在对大同的追逐中放逐了民族主义，最终走向世界主义、大同主义。在某种程度上可以说，正是救亡图存的历史背景和全球多元的文化语境促使两人在对大同的设想中走向了世界主义、大同主义。这是因为，在近代哲学家的思维方式和价值选择中，始终交织着中西、古今、新旧之争，即中国与西方、中学与西学之间存在着古与今、旧与新之分。亡国灭种的危险使康有为、谭嗣同深切体会到了生存竞争的残酷，

---

① 《南海康先生口说》，中山大学 1985 年版，第 31 页。

② 《仁学》，《谭嗣同全集》（增订本），中华书局 1998 年版，第 367 页。

并对中国的前途、命运忧心如焚。在两人的想象中，如果世界大同了，便没有了中西之间的各种差异和区分，也就彻底消灭了包括国家、种族之间的侵略和歧视。到那时，即使有地域上的中西之名，也不会再有新旧之分了。循着这一逻辑，为了彻底解决中国与西方列强之间的不平等，康有为、谭嗣同寄希望于天下大同，提出的具体办法则是取消国界，全球的政治、经济、文化和宗教一体化。一方面，两人设想的这种世界一体化的大同模式与中国古代的天下为公、天下大同的理念有关，与中国自古以来根深蒂固的"不患寡而患不均"的平均主义心理相关；另一方面，康有为、谭嗣同向往的全球一体化的大同模式将中国纳入全球化进程之中，使中国成为"世界历史"的一部分。这不仅包括对中国与西方列强组成的世界图景、政治格局的深入思考和规划，而且拥有今非昔比的天下观念。这表明，两人是秉持全球多元的全新视野和文化心态展开大同规划的，建构的大同思想拥有古代无法比拟的全球视野和文化视域。与此相一致，康有为、谭嗣同心目中的大同社会与全球化相对接，是处理世界各国关系的理想蓝本。

上述内容显示，中国近代特殊的历史语境、时代背景和现实需要催生了大同的近代形态，使作为近代形态的康有为、谭嗣同的大同思想不仅秉持救亡图存与思想启蒙的立言宗旨，而且关注中国与外国的关系，从而突破了古代大同"天下一家，中国一人"的天下模式。下面的内容将进一步显示，与中国近代特殊的历史语境、文化背景和政治斗争提出的时代课题相呼应，康有为、谭嗣同借助大同表达了近代的价值意趣和现实诉求，使大同思想拥有了不同于古代的全新内容和近代特征，也使两人的大同思想拥有了不可否认的理论意义和现实启示。

二、核心内容和近代特征

中国近代特殊的历史语境、时代背景和政治需要既对康有为、谭嗣同的大同思想提出了救亡图存、启蒙思想的历史使命和时代呼唤，又为两人提供了全球多元的文化视域和西学资料。这使康有为、谭嗣同可以借鉴西方传入的新思想、新学说建构大同思想，两人的大同思想无论理论来源还是内容构成都具有古代无法比拟的兼容性、多元性和丰富性。除此之外，古代大同是对远古社会的追述和回忆，作为"丘未之逮"的乡愁，似乎并不需要合理性证明。近代大同包含对现实问题的解决和对世界格局的思考，无论是中国救亡图存的效果期待还是中西关系的政治冲突都使康有为、谭嗣同面临大同的合法性、有效性证明问题。作为对现实的回应，两人的大同思想均奠基在哲学理念之上，并且运用仁学世界观和公羊三世说论证大同社会的正当性、合法性和必然性。合理性证明与历史语境、时代背景一起框定了康有为、谭嗣同大同思想的核心内容和近代特征。

首先，借助本体哲学彰显大同社会的合法性和权威性是康有为、谭嗣同大同思想的核心内容。在这方面，两人的具体做法是，将大同社会的设想根植于本体哲学之上，一面尊奉仁为世界万物的本原，一面声称大同社会是仁的理想状态和最终实现。

康有为断言："不忍人之心，仁也，电也，以太也，人人皆有之，故谓人性皆善。……为万化之海，为一切根，为一切源。一核而成参天之树，一滴而成大海之水。人道之仁爱，人道之文明，人道之进化，至于太平大同，皆从此出。"[①] 依据这种理解，仁是"一切根"、"一切源"，在人道方面的表现是仁爱、文明和进化，大同社会便是仁的圆满呈现。与康有为对仁的推崇备至并从作为世界本原的仁中推演出大同社会别无二致，谭嗣同对仁顶礼膜拜。他宣布"仁为天地万物之源，故唯心，故唯识"[②]，并出于对仁的渴望而心向大同。

由此可见，康有为、谭嗣同是以宇宙万物的本原——仁的名义论证大同的，所讲的大同社会与作为世界本原的仁密切相关，也使大同社会借助仁而拥有了前所未有的正当性和至上性。康有为指出，仁的基本内涵是自由、平等、博爱，大同社会作为仁之最终实现就是一个"至仁"、"至公"和"至乐"的世界。谭嗣同认为，仁即慈悲之心——"慈悲，吾儒所谓'仁'也"[③]，不生不灭是"仁

---

① 《孟子微》，《康有为全集》（第五集），中国人民大学出版社 2007 年版，第 414 页。
② 《仁学》，《谭嗣同全集》（增订本），中华书局 1998 年版，第 292 页。
③ 《上欧阳中鹄十》，《谭嗣同全集》（增订本），中华书局 1998 年版，第 464 页。

之体"。沿着这个思路，他找到了凭借慈悲之心的相互感化而通往大同的具体途径，并阐明了作为仁之最高境界的无我状态便是大同。康有为、谭嗣同凭借宇宙本原——仁为大同社会提供辩护，并将大同社会奠基于仁学之上。这种做法既为大同社会的合理性正名，又使大同社会作为仁之最终实现和最高境界在逻辑上拥有了某种必然性。

其次，与对未来社会的畅想一脉相承，对于康有为、谭嗣同来说，大同社会是美好的，也是可行的。因此，对于大同社会的论证仅仅具有正当性、合理性尚且不够，还必须具有必然性。这使对大同社会必然性的论证不可或缺，也在两人的大同思想中占有重要一席。

可以看到，康有为、谭嗣同将大同社会纳入进化史观之中，通过将大同社会说成是历史演化的最高阶段来彰显大同社会的必然性和正当性。在这方面，两人都秉持历史进化立场，坚信人类历史是不断演化的，并由此确信大同社会在未来，是人类社会进化的最高境界和最后阶段。康有为将进化理念与公羊三世说相杂糅，在人类历史的三世进化中论证大同社会的必然到来。谭嗣同坚信人类社会处于不断的演变之中，演变的最终完成便是大同社会。在这个前提下，他借助《周易》、《春秋》和《春秋公羊传》等经典，以《周易》乾卦的六爻为逻辑构架勾勒人类历史的演变，将历史演变的轨迹概括为先"逆三世"而后"顺三世"的"两三世"。"逆三世"指人类社会由太平世到升平世再到据乱世的演变，"顺三世"则指人类社会由据乱世到升平世再到太平世的演变。借助这个演化模式，谭嗣同旨在强调，太平世既是人类社会的最初形态，也是历史演变的最高阶段，而太平世就是大同世。这就是说，从历史演变的趋势来看，大同社会是人类历史的必然结果。

康有为、谭嗣同对大同社会的合理证明构成了大同思想的核心内容，既体现了大同近代形态的时代特征，又表明了与古代大同截然不同的致思方向和价值意趣。古代视界中的大同社会是对逝去的黄金时代的追忆，近代视界中的大同社会则是对未来理想社会的憧憬。因此，将大同社会视为人类历史进化的最高阶段是近代大同形态与古代的不同之处，也是康有为、谭嗣同大同思想的鲜明特征和时代印记。不仅如此，正是由于秉持进化史观，康有为、谭嗣同与孙中山等人的大同设想一样属于近代形态，与古代大同形态的最大区别在于坚信大同社会在未来而不是在古代：从历史观上看，近代大同形态是一种进化史观，而有别于古代的复古史观或循环史观；从现实性上看，近代大同形态相信大同社会在未来，从而使人向前看而充满希望，而不是像古代那样向后看而使人惆怅。

必须提及的是，无论大同还是仁学都不是康有为、谭嗣同的首创，也不是到了近代才提出的，而是中国哲学经久不衰的常新话题。作为大同思想的近代形态，康有为、谭嗣同的大同思想拥有迥异于古代的根基、意蕴和论证方式。尽管大同是古代思想家的理想，仁学是古代哲学的"显学"，然而，从哲学依据和理想境界上看，古代思想家并没有直接借助仁为大同社会提供合法性证明。康有为、谭嗣同对大同社会的论证建立在仁学之上，与秉持进化史观一脉相承，两人的大同思想较之古代进入了一个新阶段，论证也更为完备。在这个前提下应该看到，两人对大同社会的论证从宇宙本原入手，并且随之带来了两个相应的后果：第一，由于从宇宙本原而来，最大限度地凸显了大同的至上性、权威性。第二，大同社会是宇宙本原的展开、显现，放诸四海而皆准，故而没有了地域之别或民族之分。从宇宙本原——仁而来导致了康有为、谭嗣同与孙中山的大同思想在合理证明上的区别[①]，并且与两人在对大同的追逐中走向大同主义、世界主义之间具有内在关联。正是因为忽视民族性、地域性，康有为、谭嗣同的大同思想由于世界主义、大同主义而锁定在了近代形态的第一阶段。

三、大同思想的历史价值和启示

无论是救亡图存、思想启蒙的历史呼唤还是植根仁学、依托历史进化的内

---

① 孙中山所讲的大同社会与他的进化史观密切相关，这主要表现在秉持进化哲学的他认为人类历史是不断进化的，将大同社会纳入到历史进化的轨迹中，以此突出大同社会之必然性和合理性。从哲学理念与大同社会的内在关联来说，孙中山与康有为、谭嗣同相近，与古代哲学家甚远。尽管如此，孙中山的大同思想是历史哲学的一部分，与本体哲学并无直接关联，与仁更是风马牛不相及。

容构成都使康有为、谭嗣同的大同思想与古代相去霄壤，带有鲜明的近代特征而成为近代大同形态的一部分。反过来，作为大同的近代形态，康有为、谭嗣同的大同思想秉持近代的价值理念，表达了自由、平等、进化和民主的意趣诉求。如果说自由、平等、博爱、民主、进化等是西方启蒙思潮的核心话语和价值理念的话，那么，亡国灭种的近在咫尺和拯救中国的强烈愿望则使康有为、谭嗣同将这些核心价值注入到大同建构之中。对大同社会的津津乐道流露出两人对全世界绝对平等，各民族、各国家一律平等的理论初衷。围绕着这一初衷，康有为、谭嗣同将自由、平等、博爱等意趣诉求贯彻到对大同社会的构想中，使自由、平等成为大同的题中应有之义。这使两人的大同思想拥有了前所未有的新意境、新诉求，同时拥有了不可否认的历史意义，也给后人留下了诸多有益的启示。

在内涵界定上，康有为、谭嗣同将平等、自由视为大同社会的基本特征，借助大同抒发了近代的价值理念和民主诉求。自由平等的意趣诉求是近代大同理念与古代的主要区别，也是近代特殊的历史背景、文化语境和政治需要使然。救亡图存的现实斗争使两人渴望中国摆脱西方列强的蹂躏，向往、提倡天下大同的初衷是为了从根本上消除国家与国家、民族与民族之间的不平等，使中国成为独立自主的国家。在康有为、谭嗣同的设想中，大同社会彻底消除了一切差异，平等得以最终实现。平等是大同的主题，甚至与大同之同同义。平等是历史范畴，不同地域、不同时代的平等无论内涵还是所指都相差悬殊。中国近代的平等不仅有对抗三纲而君与臣、父与子、夫与妻、男与女平等之义，而且有中国与西方列强平等之义。正是这一点，催生了近代的大同思想。这些都包含在康有为、谭嗣同的大同诉求之中。这就是说，正是基于对国群平等的探究和中国与西方列强平等的期盼，两人把实现平等的希望寄托于大同社会。尽管有的言论如主张取消国界，特别是康有为扬言不做国民而做"天民"等甚至有消解爱国主义、救亡图存之嫌，那也应该理解为对中国与西方列强平等心切，并且找不到现实出路的物极必反。因此，借助大同，康有为、谭嗣同酣畅淋漓地倾诉了对平等的如饥似渴，而两人所讲的平等包括中国与以西方列强为主的外国平等。

此外，康有为、谭嗣同的大同思想不仅围绕着救亡图存的宗旨展开，而且紧扣思想启蒙的主题，甚至可以说是思想启蒙的一部分。例如，以大同社会的平等为例，除了包括国与国、种与种之间的平等之外，还包括中国内部的君臣、上下、父子和夫妇平等，矛头直指作为古代核心价值的三纲五伦。在康有为对大同社会的描述中，"至平"可以与"至公"相提并论，二者构成了大同社会的基本特征；大同社会之所以"至平"、"至公"，是因为在这里没有阶级，没有阶级也就没有上下、尊卑之分。正是在这个意义上，他强调："太平之世，人人平等，无有臣妾奴隶，无有君主统领，无有教主教皇。"① 由此可见，大同境界是平等的终极实现，包括国家与国家、种族与种族、男与女在内的全人类一律平等。"全世界人类尽为平等，则太平之效渐著矣。"② 在大同社会，人与一切众生亦皆平等。换言之，大同社会的平等并不限于人与人的关系，是实现了众生平等的"大平等"。康有为宣称："是时（指'大同之世'——引者注）则全世界当戒杀，乃为大平等。……始于男女平等，终于众生平等，必至是而吾爱愿始毕。"③ 对于大同社会的平等景象，谭嗣同指出，大同就是取缔包括父子、君臣在内的一切等级，从而人人平等。于是，他宣称："夫大同之治，不独父其父，不独子其子；父子平等，更何有于君臣？"④

经过康有为、谭嗣同的诠释，未来的世界或者说大同社会成为一个同而大之的世界。由于消除了一切不平等，所以大同社会才"至平"、"至公"、"至仁"、"至善"、"至美"和"至乐"（康有为），所以才"致一"，"通天地万物人我为一身"（谭嗣同）。特别需要提及的是，两人在对大同社会的设想中，之所以对取消国界、同化人种等问题倍加关注乃至不遗余力，就是为了推进中国与西方列强之间的平等。与此相一致，康有为、谭嗣同所讲的平等，主体包括个人，也包括国家；两相比较，对国家之间的平等更为重视。正是为了彰显中国与西方列强平等，谭嗣同在论证"通之象为平等"的过程中，将"中外通"即中国与西方

---

① 《大同书》，中州古籍出版社 1998 年版，第 343 页。

② 《大同书》，中州古籍出版社 1998 年版，第 148 页。

③ 《大同书》，中州古籍出版社 1998 年版，第 361 页。

④ 《仁学》，《谭嗣同全集》（增订本），中华书局 1998 年版，第 335 页。

列强代表的外国之间的平等列在"通有四义"的首位。这用他本人的话说便是："通有四义：中外通，……上下通，男女内外通，……人我通。"①

鉴于平等与大同的息息相通乃至密不可分，康有为、谭嗣同一面将拯救中国的希望寄托于平等，一面对大同社会乐此不疲、魂牵梦萦。可以作为佐证的是，以自由为路径的严复很少提及大同。就连起初听闻康有为讲大同"喜欲狂"，"锐意谋宣传"而"盛言大同"的梁启超在大量接触西方自由学说之后也不禁改弦更张，转而攻击老师——康有为的大同理想是宗教家的梦呓。他一针见血地指出："所谓对于世界而知有国家者何也？宗教家之论，动言天国，言大同，言一切众生。所谓博爱主义、世界主义，抑岂不至德而深仁也哉。虽然，此等主义，其脱离理想界而入于现实界也，果可期乎？此其事或待至万数千年后，吾不敢知，若今日将安取之？"②这些都从不同角度共同印证了康有为、谭嗣同所讲的平等与大同之间的内在联系，严复和梁启超的表现则从反面证明了康有为、谭嗣同大同思想的平等意蕴和诉求。

上述内容显示，康有为、谭嗣同追逐大同梦想，并赋予大同诸多前所未有的崭新意蕴和时代内涵。大同的这些新意蕴、新内涵既是对救亡图存的现实观照，又是中国近代的特殊背景使然；既呈现出与古代大同思想的不同，又是近代大同思想的意义所在。这表明，两人的大同思想承载着中国近代的社会需要和时代诉求，属于有别于古代的近代形态。在属于近代形态的维度上，康有为、谭嗣同的大同思想与古代思想家不同，而与孙中山、蔡元培和李大钊等人具有相同性。

第三节　大同近代形态的第一阶段及其误区

对于康有为、谭嗣同大同思想的相同性应该从两个方面去理解：第一，有

---

① 《仁学》，《谭嗣同全集》（增订本），中华书局 1998 年版，第 291 页。

② 《新民说》，《梁启超全集》（第二册），北京出版社 1999 年版，第 663—664 页。

别于古代，表明了与古代思想家的差异性。第二，属于近代形态，具体分为两种情况：有些属于近代共性，有些则只为两人所独有——如果说前一种情况表明了与近代哲学家的相同性的话，那么，后一种情况则表明了与其他近代哲学家的不同性，是属于康有为、谭嗣同两个人之间的默契。这些相同之处既是两人大同理念与其他近代哲学家的区别所在，也锁定了康有为、谭嗣同大同思想在近代形态中的具体位置。

一、一味削异求同

康有为、谭嗣同的大同理想是近代大同形态的第一阶段，带有这一阶段的显著特征和理论误区。这集中表现在不能辩证对待异同关系，在对大同内涵的界定和理解上削异求同：第一，在合理论证上，对大同社会的论证从世界万物的本原——仁而来，作为世界本原的仁放诸四海而皆准，也就是康有为所说的"验之万国，莫不同风"。与宇宙本原的仁一脉相承在最大限度地凸显大同正当性、合理性的同时，预示了大同的抽象性和同一性。第二，在思维方式上，大同理念和设想由始至终秉持求同原则，由于没有领悟"和而不同"的道理，在思维方式上削同求异，将大同界定为消除一切差异的绝对平均、同一，对大同和平等做极端、绝对理解。第三，在价值诉求上，唯同是尚，走向平均主义和平等主义。第四，在中西关系上，只讲全球一统、世界一体而不讲民族主义、国家观念。第五，在大同愿景上，由于只讲同而不讲异，将取消国界、同化人种、同一语言文字等视为大同的题中应有之义，最终将大同的构想演绎为大同主义、世界主义。

对于康有为、谭嗣同的大同思想来说，削异求同导致了两个直接后果：一是关注大同与平等的关系，乃至将两者相提并论，并对平等做极端解；二是抛开民族性、地域性之异，将大同社会与大同主义、世界主义混为一谈。

如上所述，自由、平等是近代大同思想有别于古代的时代诉求和价值意趣，作为近代大同的新意蕴、新风尚，为康有为、谭嗣同、孙中山以至于蔡元培、李大钊等近现代哲学家追求的大同社会所共有。从这个意义上说，平等意趣和诉求既是近现代大同思想的共性，又是康有为、谭嗣同提倡的近代大同的意义所在。问题在于，由于削异求同，康有为、谭嗣同将差异而不是不平等视为平等的对立面，在对平等的追求中抹平差异，并由此走向平等主义和平均主义。沿着这个思路，两人声称大同社会绝对平等，从根本上消除了一切差异和对立，可以说是一种完全平等的状态，也可以说是一种绝对平均的状态。"无一不同"的状态是大同社会的基本特征，这样的绝对平等社会就是一个"至平""至公""至仁"的世界。不仅如此，由于将平等主义、平均主义贯注在大同理念之中，康有为、谭嗣同由向往大同而陷入大同主义、世界主义。作为其直接后果，两人的大同设想尽管在某些细节上流露出赶上世界进化潮流的信心和渴望，却在整体上总是让人感觉民族性不够、自信心不足。

二、一切诉诸宗教

与借助世界本原展开大同论证，将大同社会视为仁之显现和最终实现一脉相承，康有为、谭嗣同将仁（康有为称之为"爱质"、不忍人之心或不忍之心，谭嗣同称之为慈悲或慈悲之心）视为进入大同世界的人性基础，将通往大同社会的全部希望寄托于不忍之心或慈悲之心的发现。总的说来，两人提出的通往大同的途径避开社会形态、政治制度的变更或国民素质的提升，而信凭不忍人之心或慈悲之心的感化，一切诉诸宗教。

对于大同社会缘何必然到来，康有为一再表示：

> 人道之所以合群，所以能太平者，以其本有"爱质"而扩充之。……而止于至善，极于大同。①

> 同好仁而恶暴，同好文明而恶野蛮，同好进化而恶退化。积之久，故

---

① 《大同书》，中州古籍出版社1998年版，第344页。

可至太平之世，大同之道。①

"太平之世"是康有为对大同社会的另一种称谓和表达，"爱质"则与"爱力"一样是他对仁的别称，并且与仁、不忍人之心一样被康有为认定为进入大同的通行证。例如，他不止一次地断言：

> 仁从二人，人道相偶，有吸引之意，即爱力也，实电力也。人具此爱力，故仁即人也。苟无此爱力，即不得为人矣。孟子曰：仁者，人也。合而言之，道也。盖人力行仁者，即为道也。此传子思之微言，为孔教的髓也。然爱者力甚大，无所不爱。②

> 孔子以天地为仁，故博爱，立三世之法，望大道之行。太平之世，则大小远近如一，山川草木，昆虫鸟兽，莫不一统。大同之治，则天下为公，不独亲其亲，子其子，务以极仁为政教之统。后世不述孔子本仁之旨，以据乱之法、小康之治为至，泥而守之，自隘其道，非仁之至，亦非孔子之意也。甚者自私，流于老子之不仁，此则与孔子言道相背矣。③

康有为之所以声称大同社会一定能够实现，是因为他坚信仁是人的本性，人生来就有不忍之心。与生俱来的善性使人同好文明、好进化，臻于至善的大同社会也随之成为人的共同追求，不忍人之心、仁、"爱力"、博爱是人类携手共进大同的人性基础，"爱者力甚大，无所不爱"则使人与众生共享大同。

就初衷而言，谭嗣同开始热衷于大同是在"北游访学"的途中，表面上看是由于康有为、梁启超等人的影响，深层原因则源于中国在甲午海战中的失败和《马关条约》的刺激，这正如他面对日益深重的民族危机而怀着救亡图存的强烈愿望踏上"北游访学"之路一样。有鉴于此，谭嗣同寄希望于大同，是为

---

① 《孟子微》，《康有为全集》（第五集），中国人民大学出版社 2007 年版，第 427 页。

② 《中庸注》，《康有为全集》（第五集），中国人民大学出版社 2007 年版，第 379—380 页。

③ 《中庸注》，《康有为全集》（第五集），中国人民大学出版社 2007 年版，第 379 页。

了救中国于危难，救生民于水火。受基督教（谭嗣同与康有为一样称之为耶教）的灵魂不死和爱人如己、佛教的慈悲尤其是普度众生等各种宗教教义的影响，他提出"以心挽劫"的救世纲领，将拯救全世界的一切"含生之类"奉为自己的最终目标。谭嗣同对此坚定不移，在"北游访学"的途中如是想，在《仁学》中依然不改初衷：

> 嗣同既悟心源，便欲以心度一切苦恼众生，以心挽劫者，不惟发愿救本国，并彼极强盛之西国与夫含生之类，一切皆度之。①

> 以心挽劫者，不惟发愿救本国，并彼极强盛之西国，与夫含生之类，一切皆度之。②

　　谭嗣同确信"慈悲为心力之实体"③，在将仁诠释为慈悲之心的前提下，试图凭借慈悲之心的相互感化而进入大同。他断言："心之用莫良于慈悲；慈悲者，尤化机心之妙药。"④有了慈悲之心，"以感一二人而一二化；则以感天下而劫运可挽也"⑤。基于这种认识，谭嗣同将慈悲之心奉为通往大同的决定力量，从而依靠慈悲之心化解机心，泯灭彼此、人我等一切对待，最终达到"洞澈彼此，一尘不隔"的大同状态。
　　如上所述，康有为、谭嗣同对大同社会的论证是从作为宇宙本原的仁开始的，因此，没有仁，大同只是遥远的梦幻——仁不仅指明了追求大同的理想目标，而且是通往大同的不二法门。在两人的视界中，大同是作为仁的一部分——或者说依附于仁而存在的，由于推崇仁而向往大同——这也是两位奉仁为宇宙本原的哲学家不约而同地心系大同的原因所在。在这个意义上，与其说

---

①　《上欧阳中鹄十》，《谭嗣同全集》（增订本），中华书局1998年版，第460页。

②　《仁学》，《谭嗣同全集》（增订本），中华书局1998年版，第358页。

③　《仁学》，《谭嗣同全集》（增订本），中华书局1998年版，第357页。

④　《上欧阳中鹄十》，《谭嗣同全集》（增订本），中华书局1998年版，第467页。

⑤　《仁学》，《谭嗣同全集》（增订本），中华书局1998年版，第358页。

康有为、谭嗣同热衷于大同，不如说大同作为仁的题中应有之义是推崇仁的表现。可以看到，两人对大同的理解取决于仁，对大同途径的设计尤为如此。值得注意的是，仁在康有为、谭嗣同那里是孔教的宗旨，也是佛教和耶教的宗旨，是孔教、佛教和耶教的共同点。正因为如此，与仁密切相关也就意味着大同与宗教密不可分，甚至可以说，将大同的实现完全寄托于仁在本质上也就是求助于宗教。在这方面，康有为宣布仁是孔教、佛教和耶教的共同宗旨，凭借仁、不忍人之心步入大同就是凭借宗教激发信仰。谭嗣同强调，无论何种宗教，有两个教义是相同的，也是必须的：一是慈悲，一是灵魂；并在此基础上借助宗教，乞灵慈悲之心的相互感化而步入大同。这表明，康有为、谭嗣同构想的大同社会离不开宗教，大同思想与宗教情结息息相通。凭借宗教信仰走向大同的具体途径既与康有为标榜救赎众生、谭嗣同发愿连同西方的"含生之类"一并度之的立言宗旨相印证，也与孙中山等人的大同思想诉诸暴力革命的现实途径南辕北辙。

三、大同无限遥远

在康有为、谭嗣同那里，无论是作为历史进化的最后阶段还是作为仁的最终实现都预示了大同的无限遥远乃至遥不可及。正如康有为所言："凡世有进化，仁有轨道，世之仁有大小，即轨道大小，未至其时，不可强为。"[①]这就是说，正如历史进化一样，大同社会的到来取决于仁的轨道，归根结底视仁之大小而定。更为重要的是，大同社会作为仁的全部绽放，不仅是未来之事，而且不可强为。在他看来，大同是"太平世"，当时的中国尚处于"据乱世"，与"太平世"即大同社会之间尚有千万世、万万世的距离。如果说依据进化史观将大同社会视为人类历史发展的最高阶段是近代大同思想与古代的分水岭的话，那么，康有为、谭嗣同对大同社会与历史演变的理解则带有作为大同近代形态第一阶段的共同特征。这集中表现在两个方面：第一，套用公羊三世说，用"据

---

① 《孟子微》，《康有为全集》（第五集），中国人民大学出版社 2007 年版，第 415 页。

乱世"、"升平世"和"太平世"的依次递进描述历史演化的轨迹，在将大同社会等同于公羊三世说中的"太平世"的前提下，将大同的实现推向无限遥远的未来。第二，依据《春秋》《周易》等古代经典推演历史演变的轨迹和模式，或者将历史演变说成是渐进的（康有为），或者强调历史是先退后进的（谭嗣同）。

由于不能辩证理解人类历史的进化，康有为、谭嗣同将大同社会推向无限遥远的未来。康有为对于历史演变与大同社会的关系如是说："盖自据乱进为升平，升平进为太平，进化有渐，因革有由；验之万国，莫不同风。……然世有三重：有乱世中之升平、太平，有太平中之升平、据乱。……一世之中可分三世，三世可推为九世，九世可推为八十一世，八十一世可推为千万世，为无量世。太平大同之后，其进化尚多，其分等亦繁，岂止百世哉？"① 由此可见，康有为对大同社会的推演依据《春秋》而来，基本思路是凭借公羊三世说，将大同之路描绘成经由三世到九世再到八十一世乃至千万世、无量世的重重演进。这样一来，正如三世的推演未有尽时一样，大同社会杳渺无期。谭嗣同将人类历史的演变轨迹概括为先"逆三世"、后"顺三世"，并且断言自有人类社会以来直至他所处的时代，人类历史一直都在"逆三世"的退化之中，中国更是深陷"据乱世"而无法自拔。谭嗣同所讲的大同社会依据《周易》而来，因循乾卦六爻而将之分为两个三世，故曰"两三世"。"两三世"中先"逆三世"、后"顺三世"表明，人类历史的演化先退后进，自有人类以来的社会历史一直都在退化。这个结论将谭嗣同的悲观情绪发挥到了极致，也流露出他对大同社会的到来缺乏应有的信心。这是因为，大同社会作为"太平世"或者在没有经过文明洗礼的草荒蒙昧时代，或者在遥不可及的未来——总之与当下不搭界。康有为、谭嗣同的如此言论是对大同社会到来的迟疑，也是手段上的软弱和目的上的彷徨。对于这一点，通过与孙中山肯定进化是历史潮流，作为民权时代的大同社会必然到来相比则看得更加清楚。

进而言之，既然大同社会在未来，便涉及到具体途径即如何进入的问题。

---

① 《论语注》，《康有为全集》（第六集），中国人民大学出版社 2007 年版，第 393 页。

对于这一现实问题的回答直观地反映了康有为、谭嗣同大同思想的空想性。康有为出于改良主义立场，借口"时之未至，不能躐等"，公开声明自己所讲大同仅仅限于对未来的遐想而与当下无关。这个说法等于承认自己心系大同、提倡平等充其量是理论上对遥远未来的畅想，仅限于纸上谈兵而已，一切与现实无涉。这用他本人的话说便是，"可为理想之空言，不能为施行之实事"。对于其中的道理，康有为给出的解释是：

> 地各有宜，物各有适；有宜于彼而不宜于此者，有适于前而不适于后者。今革命民主之方，适与中国时地未宜，可为理想之空言，不能为施行之实事也。不然，中国之人，创言民权者仆也，创言公理者仆也，创言大同者仆也，创言平等者仆也；然皆仆讲学著书之时，预立至仁之理，以待后世之行耳，非谓今日即可全行也。仆生平言世界大同，而今日列强交争，仆必自爱其国，此《春秋》据乱世所以内其国而外诸夏也。仆生平言天下为公，不可有家界，而今日人各自私，仆必自亲其亲、自私其子，此虽孔子，亦养开官夫人伯鱼，而不能养路人也。仆言众生皆本于天，皆为兄弟，皆为平等，而今当才智竞争之时，未能止杀人，何能戒杀兽？故仆仍日忍心害理，而食鸟兽之肉、衣鸟兽之皮，虽时时动心，曾斋一月而终不戒。此阿难戒佛饮水，而佛言不见即可饮，孔子所以仅远庖厨也。仆生平言男女平等、婚姻自由、政事同权，而今日女学未至、女教未成，仆亦不遽言以女子为官吏也。仆生平言民权、言公议，言国为民公共之产，而君为民所请代理之人，而不愿革命民主之事，以时地相反，妄易之则生大害，故孔子所以有三世三统之异也。①

这就是说，冬裘夏葛，川舟陆车，因时因地制宜。理论、主张无绝对的对错、优劣之分，一切皆视具体情况而定。沿着这一思路，自己提倡自由、平等

---

① 《答南北美洲诸华商论中国只可行立宪不能行革命书》，《康有为全集》（第六集），中国人民大学出版社 2007 年版，第 321 页。

和大同，并不等于主张立刻实行，而是为了"待后世之行"。因为这些统统不适合中国当时的现状，由于条件不具备，不可实行；如果强行，必然有害而无益。梁启超的介绍和评价印证了康有为的这个说法。据梁启超披露，康有为完成《大同书》后，一直"秘不以示人，亦从不以此义教学者，谓今方为'据乱'之世，只能言小康，不能言大同，言则陷天下于洪水猛兽。……有为始终谓当以小康义救今世，对于政治问题，对于社会道德问题，皆以维持旧状为职志"[①]。依据这种说法，康有为不仅认为大同社会对于当时的中国来说不适合，而且认定大同社会不惟不能实现，反而对现实有害，故而反对宣讲大同。正是对大同社会的矛盾态度使康有为的《大同书》作于1884年，直到1901—1902年间才最终定稿。《大同书》前后历时近二十年，其中的矛盾和徘徊由此可见一斑。作为内心矛盾和挣扎的直接反映，康有为一面在理论上宣传平等，遥想大同；一面不厌其烦地强调在操作上中国实现平等为时过早，大同社会遥遥无期。他的理由是，从人类社会演变的公理来看，历史进化由"据乱世"而"升平世"，由"升平世"而"太平世"（大同世）。当时的中国正处于由"据乱世"向"升平世"的过渡阶段，步入"升平世"尚且不知何时，大同社会纯属奢望。

至于谭嗣同，则认为中国一直处于由"太平世"而"升平世"而"据乱世"的退化之中，何时由作为"逆三世"中退化之终点的"据乱世"转向作为"顺三世"中进化之起点的"据乱世"尚属未知，更遑论作为"顺三世"之终点的大同社会了。正因为如此，对于大同社会何时实现，谭嗣同的回答是"几千万亿至不可年"。于是，他写道："自此而几千万亿至不可年，必有大圣人出，以道之至神，御器之至精，驱彗孛而拯沧溟，浑一地球之五大洲。"[②]

四、消解救亡主题

康有为、谭嗣同大同思想的提出原本具有救亡图存的意图，使中国摆脱帝

---

① 《清代学术概论》，《梁启超全集》（第五册），北京出版社1999年版，第3099页。

② 《石菊影庐笔识·思篇》，《谭嗣同全集》（增订本），中华书局1998年版，第132页。

国主义即西方列强的奴役是主要动机之一。吊诡的是，两人的大同理念不惟没有充分发挥救亡图存的主旨，反而消解了救亡图存的主题。具体地说，由于秉持世界主义、大同主义的立场，康有为、谭嗣同将取消国界作为大同社会的题中应有之义，异口同声地宣布大同世界没有了国家，同一人种、同一宗教、同一文化、同一政治乃至同一语言文字。于是，两人发出了如下畅想：

> 地既同矣，国既同矣，种既同矣，政治、风俗、礼教、法律、度量、权衡、语言、文字无一不同。①

> 人人能自由，是必为无国之民。无国则畛域化，战争息，猜忌绝，权谋弃，彼我亡，平等出；且虽有天下，若无天下矣。君主废，则贵贱平；公理明，则贫富均。千里万里，一家一人。……殆仿佛《礼运》大同之象焉。②

宗教救赎与世界主义之间具有某种内在关联，秉持世界主义的康有为的大同思想同样少不了宗教。这也是梁启超在批评康有为的大同主义时一面揭露其世界主义本质，一面抨击这种言论无异于宗教家的梦呓的原因所在。

在谭嗣同那里，宗教情结与世界主义相互造势，彼此推波助澜。与其说宗教情结使谭嗣同的大同思想走向世界主义，不如说世界主义的宏图大愿使谭嗣同诉诸宗教，寄希望于大同。这用他本人的话说便是："立一法不惟利于本国，必无伤于各国，皆使有利；创一教不惟可行于本国，必合万国之公理，使贤愚皆可授法。以此居心，始可言仁，言恕，言诚，言絜矩，言参天地、赞化育，以之感一二人，而一二人化，则以感天下，而劫运可挽也。"③可以看到，信凭宗教救赎使谭嗣同发愿连同西方列强在内的"含生之类""一切皆度之"，这一宏图大愿在无形中模糊了中国与西方列强之间的界线，同时也暴露出他没有认识到中国与帝国主义之间你死我活的矛盾。更有甚者，谭嗣同公开提议向俄罗

① 《大同书》，中州古籍出版社 1998 年版，第 126 页。
② 《仁学》，《谭嗣同全集》（增订本），中华书局 1998 年版，第 367 页。
③ 《上欧阳中鹄十》，《谭嗣同全集》（增订本），中华书局 1998 年版，第 461 页。

斯和英国出卖新疆、西藏、满洲和内蒙古的土地，以请求两国的"保护"："益当尽卖新疆于俄罗斯，尽卖西藏于英吉利，以偿清二万万之欠款。以二境方数万里之大，我之力终不能守，徒为我之累赘，而卖之则不止值二万万，仍可多取值以为变法之用，兼请英俄保护中国十年。……费如不足，则满洲、蒙古缘边之地亦皆可卖。"① 这使他的救亡路线以拯救中国始，以消除中国与西方的差异终。由此可见，如果说救亡图存的初衷促使谭嗣同向往大同社会的话，那么，普度一切"含生之类"的宏愿则注定了他不可能将自己的抱负和救赎锁定在中国之内，而必须进行全球规划、部署和统筹。至此，谭嗣同的救亡初衷发生某种程度的背离，最终走向了取消国家（中国）、同一语言文字（取消汉字）的世界主义、大同主义。

救亡图存是近代中国的历史使命和时代课题，也是近代哲学的立言宗旨和意趣诉求。从根本上说，这一历史使命和现实观照迫于中国近代社会亡国灭种的危险，带有不言而喻的现实性和政治性，因而拥有与生俱来的民族性。康有为、谭嗣同的大同思想过于彰显世界性而冲击乃至扼杀了民族性，也在世界主义中背离了救亡图存的理论初衷。可以看到，对于如何进入大同社会，康有为、谭嗣同不仅主张取消国家，而且主张取消人种差异。

康有为设想大同社会消灭种族差异，提出的具体办法是用白色人种同化、取消包括黄色人种在内的一切有色人种，通过与白种人通婚、改变饮食和迁地等措施漂白中国人的肤色。可以想象，人种改良成功之日，也就是作为中华民族的黄色人种荡然无存之时。此外，由于大同社会消除了国界，全球公政府，中国也已经不复存在。与大同主义的致思方向和价值意趣相表里，出于"求乐免苦"的目的，康有为将国家视为人生的羁绊和痛苦的根源，由此劝导人做"天人"而不做国人，做"天民"而不做国民。这极大地消解了中国近代刻不容缓的救亡图存，在世界主义中放逐了民族主义。分析至此不难发现，启用康有为的大同规划，中国不可能在大同社会拥有一席之地，反倒是消除中国与各国以及中华民族与其他民族的差异才是进入大同的前提条件。更有甚者，鉴于对中

---

① 《兴算学议·上欧阳中鹄书》，《谭嗣同全集》（增订本），中华书局1998年版，第161—162页。

西关系的理解，消除中华民族与其他民族的差异在康有为那里最终演绎为以白种人取消中国人所属的黄种人。有鉴于此，梁启超一针见血地指出，由于秉持世界主义而不是民族主义，康有为的大同思想是宗教家不切实际的幻想甚至梦呓："所谓对于世界而知有国家者何也？宗教家之论，动言天国，言大同，言一切众生。所谓博爱主义、世界主义，抑岂不至德而深仁也哉。虽然，此等主义，其脱离理想界而入于现实界也，果可期乎？此其事或待至万数千年后，吾不敢知，若今日将安取之？"①

康有为、谭嗣同提出的同一语言文字、同一人种的设想不顾各国家、各民族的实际情况和主观意愿强制而为，极具霸权主义味道。更何况在我为鱼肉人为刀俎的中国近代，这种越俎代庖的行为何以可能！更为尖锐的问题是，两人提出的同一语言文字实质上是用西方的字母文字取缔中国的象形文字。如果两人的设想果真能够实现的话，那么，中国原有的象形文字将被西方的字母文字所取代。康有为提出的同一人种，则是用西方的白种人同化、取缔作为黄种人的中国人。谭嗣同设想的新人类由于没有形体，也就没有了肤色的黄与白之分。汉语汉字和黄色人种的消失表明，黄种人也已经不复存在，世界上存在的只有"貌若天仙"的白种人。作为中国载体的中国文化、语言文字和中华民族已经荡然无存，"中国"这个名号也由于取消国家而不复存在。届时，中国还剩下什么！

分析至此，人们不禁要问：在中国近代特殊的历史情境下，面对中国亡国灭种的危险，究竟怎样才能有效地救亡图存？面对中国近代社会提出的这一现实课题，康有为、谭嗣同借助大同提出的解决方案或者将大同社会推向无限遥远的未来而逃避现实问题的解决，或者看不到问题的艰巨性和长期性而幻想一劳永逸地解决。态度越是决绝，解决越是彻底，却越是与现实相距甚远。因此，无论两人的大同理念说起来多么美妙，充其量只是一种过屠门而大嚼的快意而已。

总之，大同是近现代哲学的热门话题，康有为、谭嗣同、孙中山等人都对

---

① 《新民说》，《梁启超全集》（第二册），北京出版社 1999 年版，第 663—664 页。

大同社会津津乐道。一方面，康有为、谭嗣同同为戊戌启蒙思想家，两人的大同思想带有强烈的近代性，与同为近代哲学家而身处革命派阵营的孙中山等人相比具有明显的历史局限，共同呈现出与古代的不同；另一方面，康有为、谭嗣同的大同思想带有鲜明的阶段性，呈现出与同为近代哲学家的孙中山以及作为五四新文化运动者的蔡元培、李大钊等人泾渭分明的阶段性。这些阶段性主要表现为平均主义、绝对主义、世界主义以及由此而来的极端性和空想性。康有为、谭嗣同的大同理念与孙中山等其他近代哲学家迥异其趣，尚处于近代大同形态的第一阶段。正是由于这个原因，即使抛开五四新文化运动者——蔡元培和李大钊的大同思想不谈，而仅拿康有为、谭嗣同的大同思想与同为近代哲学家的孙中山相比，亦显示出不容忽视的巨大差异。这表明，康有为、谭嗣同的大同理想带有明显的时代局限和特定的理论误区，与孙中山等人在对大同社会的描述中加入了苏维埃政权以及民族主义方面的内容不可同日而语。

第四节　康有为、谭嗣同大同思想的不同点

尽管其间具有诸多相同点，然而，康有为、谭嗣同的大同思想具有不可忽视的不同点。两人大同思想的不同之处通过理论来源和内容构成集中而直观地体现出来。在理论来源上，康有为、谭嗣同的大同思想尽管都是对西学、中学和佛学的和合，然而，两人对三者的具体取舍和侧重却大不相同。正是对西学、中学和佛学的不同取舍和侧重，先天地框定了康有为、谭嗣同大同思想的不同内容。

一、借鉴西学而异同互见

康有为、谭嗣同的大同思想都借鉴了西方的思想要素。在借鉴西学方面，二者既呈现出明显的一致性，又存在着不容忽视的差异性。

首先，康有为、谭嗣同的大同思想都具有全球多元的文化视域和学术心

态，因而都在理论来源上容纳了西学。这是近代与古代大同思想在理论来源和构成要素上的最大差异，也是判断二者区别的学术分水岭。事实上，康有为、谭嗣同不仅都在对大同的论证和建构中借鉴、容纳了西学元素，而且对西学的选择具有相同性。这在自然科学与社会科学两个领域均有所体现和反映。

在对大同合理性的证明中，康有为、谭嗣同都搬来了源自西方近代自然科学的概念和学说：第一，康有为、谭嗣同都将大同社会说成是仁的最终实现，既由于仁的世界本原地位而使大同社会拥有了正当性、合理性，又由于大同社会作为人类历史演进的最高阶段建立在进化论、牛顿力学等诸多自然科学之上。正是由于这个原因，康有为、谭嗣同的大同思想中杂糅了从天体演化学、进化论、地质学、牛顿力学以及以太、电、力等物理学等各色西方传入的自然科学知识。具体地说，无论两人的仁学还是进化史观均借鉴西学中的自然科学展开论证，正如仁与以太、电、力等西方自然科学知识密切相关一样，进化史观依托西方的天体演化学、考古学和地质学的最新成果。第二，康有为、谭嗣同视界中的大同社会都是仁的实现，并且都对仁与以太、电、力等自然科学概念相互诠释。由此可见，康有为、谭嗣同对大同思想的建构都离不开西方近代的自然科学。

康有为、谭嗣同的大同设想都容纳了西方的社会科学：第一，西方的基督教①是康有为、谭嗣同大同思想的西学来源。近代哲学家如严复、章炳麟等人都对基督教持排斥态度，康有为、谭嗣同则一面以孔教抵制耶教，一面借鉴耶教为孔教所用。同样，在大同思想的建构中，两人都借鉴了耶教的因素。康有为以仁为中古之世宗教的"教主"，并且强调孔教、佛教与耶教在这一点上如出一辙。从大同社会是仁之最终实现的角度看，耶教与孔教、佛教发挥了同样的作用②。谭嗣同认为，大同社会绝对平等，其中明确提到了耶教的平等。他

---

① 康有为、谭嗣同称之为耶教。

② 这个问题最复杂，康有为在《大同书》中明确宣称耶教包括孔教已经灭绝，佛教盛行。不过，从大同社会盛行佛教、道教而耶教、孔教已经灭绝的角度看，似乎孔教亦不是大同思想的来源。这从反面证明，只要承认康有为的大同思想依托于孔教，便不应该否认其中的耶教元素。

以朋友之道解释说:

> 其在孔教,臣哉邻哉,与国人交,君臣朋友也;不独父其父,不独子其子,父子朋友也;夫妇者,嗣为兄弟,可合可离,故孔氏不讳出妻,夫妇朋友也;至兄弟之为友于,更无论矣。其在耶教,明标其旨曰:"视敌如友。"故民主者,天国之义也,君臣朋友也;父子异宫异财,父子朋友也;夫妇择偶判妻,皆由两情自愿,而成婚于教堂,夫妇朋友也;至于兄弟,更无论矣。其在佛教,则尽率其君若臣与夫父母妻子兄弟眷属天亲,一一出家受戒,会于法会,是又普化彼四伦者,同为朋友矣。无所谓国,若一国;无所谓家,若一家;无所谓身,若一身。①

第二,康有为、谭嗣同对大同社会的设想都融入了西方近代的价值理念,故而将大同社会描述成自主、平等的社会。康有为将包括耶教在内的"教主"——仁之内涵界定为自由、平等、博爱和进化如此,谭嗣同断言耶教与孔教、佛教一样追求平等也不例外。除此之外,不得不提的是,两人的大同思想都借鉴了西方的天赋人权论。众所周知,天赋人权论的系统论证和明确表达是卢梭的《社会契约论》以及以此为理论基础的 1789 年法国大革命的口号。康有为在《大同书》中号召人"直隶于天",就是为了让人不做家人、国人而做"天人"、"天民"。这一切的前提是人权天赋,与生俱来而不可侵犯。正是在这个意义上,康有为反复声称:

> 人者天所生也,有是身体即有其权利,侵权者谓之侵天权,让权者谓之失天职。②

> 人人有天授之体,即人人有天授自由之权。故凡为人者,学问可以自

---

① 《仁学》,《谭嗣同全集》(增订本),中华书局 1998 年版,第 350—351 页。

② 《大同书》,中州古籍出版社 1998 年版,第 169 页。

学，言语可以自发，游观可以自如，宴饗可以自乐，出入可以自行，交合可以自主，此人人公有之权利也。禁人者，谓之夺人权，背天理矣。①

据梁启超披露，谭嗣同在作《仁学》时尚不知卢梭的《社会契约论》为何物。据此推断，谭嗣同不可能借助卢梭的《社会契约论》来充实自己的思想，更遑论利用之论证大同思想了。尽管如此，谭嗣同对法国大革命的赞扬表明，他赞同西方的天赋人权论，对于未来社会"人人可有君主之权，而君主废"②的论述带有天赋人权论的影子。有鉴于此，正如《仁学》热情宣传自主之权一样，天赋人权论是谭嗣同大同思想的来源之一。

第三，在描述大同远景时，康有为、谭嗣同不约而同地提到了《百年一觉》③。《百年一觉》曾经在中国出版的报刊上连载，康有为、谭嗣同可能看到或听说过其中的内容，并由此联想到中国人梦寐以求的大同理想。现有资料显示，康有为早在万木草堂讲学时，就向学生提到过《百年一觉》。由此，有学者猜测，《大同书》的构思可能受到《百年一觉》的启发。谭嗣同更是认定《百年一觉》中所描写的内容与《礼记·礼运》篇的大同景象别无二致。于是，他声称："若西书中百年一觉者，殆仿佛《礼运》大同之象焉。"④

透过康有为、谭嗣同大同思想建构中的西学要素，可以得出如下几点认识：第一，到五花八门的自然科学中寻找大同的立论依据既从一个侧面印证了康有为、谭嗣同对西方哲学和社会科学的知之甚少，又在某种程度上暴露了两人对大同社会尤其是自由、平等的极端化理解。第二，康有为、谭嗣同将自由、平等、进化和民主观念注入到对大同社会的设想中，表明了两人的大同思想具有启蒙性，甚至可以说是两人启蒙思想的组成部分。第三，《百年一觉》的出现从一个侧面表明，康有为、谭嗣同对大同社会的构想带有乌托邦色彩，

---

① 《大同书》，中州古籍出版社 1998 年版，第 174 页。
② 《仁学》，《谭嗣同全集》（增订本），中华书局 1998 年版，第 370 页。
③ Looking Backward，又名《回顾》。《百年一觉》是美国 19 世纪小说家爱德华·贝拉米（Edward Bellamy，1850—1898）于 1888 年创作的，以虚幻手法描写了 2000 年的美国景象。
④ 《仁学》，《谭嗣同全集》（增订本），中华书局 1998 年版，第 367 页。

与孙中山代表的其他近代哲学家的大同思想相比离现实更远。

其次，康有为、谭嗣同尽管都借鉴西学建构大同，然而，由于对西学不同的选择和侧重，两人的大同思想中容纳了不同的西学要素和学说。就两人大同思想容纳的西学成分的比较而言，康有为大同思想中的人文社会科学成分较重，谭嗣同大同思想中的自然科学成分则更为突出。一个明显的证据是，康有为的大同思想既与谭嗣同一样融入了天赋人权论，又融入了谭嗣同所未曾涉猎的以空想社会主义为代表的西方新思想、新观念。以空想社会主义为例，在讲大同社会时或者在《大同书》中，康有为提到了西方的空想社会主义者——傅立叶、圣西门等人的思想，这是谭嗣同的大同构想中所没有涉及到的内容。当然，谭嗣同的大同思想中也融入了康有为很少提及的某些西学内容，最典型的例子是生理学、解剖学、脑科学和心理学方面的内容。这直观地表明，康有为的大同思想在西学方面以空想社会主义为主，谭嗣同的大同思想则以自然科学为主①。

问题到此并没有结束，不同的西学渊源预示了康有为、谭嗣同大同思想的差异。例如，康有为、谭嗣同的大同建构都带有空想性，具体表现却不尽相同。傅立叶、圣西门的出现表明，康有为的大同思想由于容纳、借鉴了源自西方的空想社会主义的思想要素而别有一番意趣。梁启超在介绍和评价"康南海之哲学"时，将康有为的哲学归结为"社会主义派哲学"，实际所指就是康有为运用空想社会主义建构大同理想。因此，梁启超对康有为"社会主义派哲学"的具体介绍基本上是对《大同书》的内容罗列和阐发②。正因为空想社会主义对康有为的《大同书》影响如此之大，以至于梁启超将康有为畅想未来的大同思想归结为"社会主义派哲学"；正因为《大同书》中的虚幻成分如此之大，以至于有些学者将康有为描写大同社会的《大同书》视为小说——宁可视为科

---

① 这是就康有为、谭嗣同两个人比较而言的，如果扩大到戊戌启蒙思想家，则可以说，康有为、谭嗣同侧重自然科学，严复、梁启超则侧重社会科学。对于这一点，正如就对中西文化的侧重而言，康有为、谭嗣同侧重中学，严复侧重西学，梁启超则中西参半一样。

② 《南海康先生传》，《梁启超全集》（第一册），北京出版社1999年版，第488—495页。

幻小说也不视为学术著作①。谭嗣同的大同构想与康有为一样带有乌托邦色彩，然而，西方的空想社会主义却是谭嗣同所没有提到的。这在表明他的大同思想与西方的空想社会主义之间没有直接联系的同时，也在某种程度上促使谭嗣同向中国古代寻找思想资源。在这方面，他所向往的大同社会在政治上、经济上皆一体化，确保、推进一体化的措施则是恢复三代建立在宗法血缘上的封建制②和井田制。例如，谭嗣同不止一次地畅想：

> 封建世，君臣上下，一以宗法统之。……宗法行而天下如一家。③

> 故行井田封建，兼改民主，则地球之政可合为一。④

由此可见，谭嗣同对大同社会经济结构和社会形态的构想主要脱胎于中国古代的封建制和井田制，其中并不包括康有为热衷的作为舶来品的空想社会主义。

与孙中山以及蔡元培、李大钊等其他近现代哲学家的大同思想相比，康有为、谭嗣同对大同社会的规划有一项相同内容，即同化、同一人种。这一主张在印证两人大同思想的空想性、极端性的同时，既显示了康有为、谭嗣同大同思想的相同性，又拉近了两人之间的距离。尽管如此，与对西学的不同侧重息息相关，康有为、谭嗣同的人种规划具体论证迥然相异，对同一人种之后的新人种的构想更是天差地别。

在康有为那里，正如游历欧洲的目的包括考察西方的政治、经济和教化，以备未来人种之需一样，同化人种的主张基于对全世界人种的具体考察以及对

---

① 《大同书》的这一命运与《百年一觉》相似，后者通常被视为小说。当然，也有人将之说成是思想著作。
② 在严复翻译《社会通诠》之前，中国文化语境中的封建制指三代之前建立在宗法血缘关系上的分邦建国，即分封制，谭嗣同也是在这个意义上使用"封建"这一概念的。
③ 《仁学》，《谭嗣同全集》（增订本），中华书局1998年版，第368页。
④ 《上欧阳中鹄十》，《谭嗣同全集》（增订本），中华书局1998年版，第465页。

包括白种人和黄种人在内的各色人种的比较。例如，在《英国监布烈住大学华文总教习斋路士会见记》中，康有为如是说："吾游历各国，别有大欲存之于心。盖认为我国与欧美人之比较，迥不在乎今日国势之强弱，而在乎将来人种之盛衰。"① 出于这一初衷，他在游记中从不同角度反复对欧美人与中国人进行比较。

谭嗣同则利用当时传入的西方自然科学推想，随着各种科学特别是农学的日新月异，将来的人类可以食于空气而"损其体魄，益其灵魂"，以至于进化为一种没有形体、只有灵魂的新人种。于是，他写道："必别生种人，纯用智，不用力，纯有灵魂，不有体魄。……可以住水，可以住火，可以住风，可以住空气，可以飞行往来于诸星诸日，虽地球全毁，无所损害。"② 谭嗣同设计的这种新人类带有列子风范，就他的具体论证来说则借鉴了源自西方的自然科学。由于没有像康有为那样对世界不同人种进行实际考察，谭嗣同幻想中的新人种与康有为的设想相差悬殊。

更为重要的是，一重社会科学，一重自然科学使康有为、谭嗣同对西学的不同偏袒演绎出不同的大同之路。与侧重天赋人权论一脉相承，康有为提出的步入大同的方法是"直隶于天"，伸张人与生俱来的自主之权。至此，取消国界、消灭家庭成为臻于大同的不二法门。与热衷于源自西方近代的自然科学一脉相承，谭嗣同提出的步入大同的具体办法是破对待，同时强调破对待必须凭借五花八门的自然科学。这用他本人的话说便是："声光化电气重之说盛，对待或几几乎破矣。欲破对待，必先明格致；欲明格致，又必先辨对待。有此则有彼，无独有偶焉，不待问而知之，辨对待之说也。"③ 至此，谭嗣同试图泯灭彼此、人我之对待而臻于大同，从而开辟了一条有别于康有为的大同之路。

---

① 《英国监布烈住大学华文总教习斋路士会见记》，《康有为全集》（第八集），中国人民大学出版社 2007 年版，第 28 页。

② 《仁学》，《谭嗣同全集》（增订本），中华书局 1998 年版，第 366—367 页。

③ 《仁学》，《谭嗣同全集》（增订本），中华书局 1998 年版，第 317 页。

二、依托中学而孔庄各异

正如大同是中国人的梦想一样，康有为、谭嗣同的大同思想都离不开中学，对中学的选择在某些细节上甚至表现出惊人的一致性。其中，最明显的证据是，两人都肯定大同思想出自《礼记·礼运》篇，是孔子率先提出的。诚然，对于中国人来说，肯定大同与孔子密切相关并不令人吃惊，甚至可以说在预料之中。这是因为，大同滥觞于《礼记·礼运》篇的"大道之行也，天下为公，……是为大同"。这段话对于中国的读书人来说耳熟能详，康有为、谭嗣同就此将大同思想与孔子联系在一起是必需的。出于同样的原因，孙中山等人也多次肯定中国的大同是孔子提出的。不同寻常、最能体现康有为、谭嗣同大同思想的相同之处并且与其他近代哲学家相去甚远的是，两人都关注大同与庄子的关系，并且都将大同社会与《庄子》的"在宥天下"相提并论。在这个前提下，康有为、谭嗣同沿着不同方向对中学予以取舍，从理论源头上使大同思想展示出明显的学术分野。一言以蔽之，康有为在肯定庄子传承孔子大同思想的同时极力凸显大同与孔子以及孟子、董仲舒①等人之间的关系，谭嗣同则更着意大同与庄子的密切关系。

康有为指出，孔子率先提出大同思想，并且将之作为梦寐以求的理想目标。对此，康有为的描述是："孔子生乱世，虽不得已为小康之法，而精神所注常在大同。"②沿着这个思路，康有为从内容与文本两个不同的角度共同证明大同对于孔子的至关重要和在孔教中无可比拟的地位：第一，从内容上看，孔子作为孔教的教主根据众生的不同根器随时随地现身说法，宣讲不同的内容。这使孔子既讲大同，又讲小康——孔子大道在内容上本末远近大小精粗无所不包，大同在其中属于高级之学。第二，从文本上看，"'六经'皆孔子作"，《诗》

---

① 康有为虽然不像对待孟子那样连篇累牍地强调董仲舒是孔子大同之学的传人，但是，他指出孔子以三世三统托古改制，而三世的最高境界即是大同社会；同时肯定这些寄寓在《春秋》中，而董仲舒破解了《春秋》微言大义的密码。从这个意义上说，董仲舒传孔子的大同之学是毫无疑问的。

② 《论语注》，《康有为全集》（第六集），中国人民大学出版社 2007 年版，第 388 页。

《书》《礼》《乐》是孔子早年所作，被孔子拿来"日以教人"；《春秋》《周易》是孔子晚年所作，孔子对二者"择人而传"。《春秋》是六经之至贵，拥有《周易》无可比拟的优越性，与作为初级之学的《礼》之间更是具有高低之分。孟子传《春秋》而来，思想以仁为主；荀子传《礼》而来，思想以礼为主；孟子的思想属于大同之学，荀子的思想属于小康之学，其间的优劣一目了然。经过康有为的这番解读，大同成为孔子思想的题中应有之义，并在孔学中拥有至高地位；并且，孔子对大同的阐发集中体现在《春秋》中，孟子发现了这一秘密，董仲舒则破解了《春秋》的密码。因此，孟子和董仲舒发掘《春秋》最精微，并由此成为孔子大同之学的正宗传人。由此可见，康有为大同思想的主要来源集中于儒家人物，除孔子之外，主要是传《春秋》微言大义、阐发仁最为精微的孟子和董仲舒。

谭嗣同虽然与康有为一样认定大同思想发端于孔子，但是，他并没有将大同与小康视为孔子思想的两个派别，当然也就谈不上像康有为那样断言大同是孔子的高级之学，更没有像康有为那样将大同思想的传人锁定在孟子、董仲舒等儒家人物之内。事实上，谭嗣同的大同思想不惟与孟子、董仲舒等人无关，即使拿庄子与孔子相比，也更为突出庄子与大同之间的关系。如上所述，康有为、谭嗣同的大同思想均与庄子相关，这是两人的相同之处。问题的关键是，在康有为、谭嗣同的视界中，庄子与大同思想的密切度明显不同，由此导致大同思想的样貌之异。

将大同视为孔子高级之学的康有为不仅肯定庄子与孔子大同思想的内在联系，而且视庄子为孔子大同之教（大同之学）的传承人。正是在这个意义上，他断言："子赣盖闻孔子天道之传，又深得仁恕之旨，自颜子而外，闻一知二，盖传孔子大同之道者。传之田子方，再传为庄周，言'在宥天下'，大发自由之旨，盖孔子极深之学说也。但以未至其时，故多微言不发，至庄周乃尽发之。"[1] 在这里，康有为认定庄子从田子方、田子方从子赣处传承孔子的"大同之道"，故而给予庄子很高评价。值得注意的是，康有为的这个评价是就庄子

---

[1] 《论语注》，《康有为全集》（第六集），中国人民大学出版社 2007 年版，第 411 页。

对于孔子与大同学说的关系作出的，并不是对庄子全部思想尤其不是对庄子与自己所有思想的关系作出的。事实上，康有为虽然承认庄子传承了孔子的"大同之道"，但是，他由始至终都没有将庄子指定为孔子大同思想的第一传承人。在康有为那里，无论是庄子思想远离作为六经金钥匙的《春秋》从《周易》而来，还是孟子、董仲舒基于《春秋》对大同的阐扬都表明，孔子大同之道的嫡传无论如何也轮不到庄子。

谭嗣同一再强调庄子是孔学嫡传，却没有明确将庄子指定为孔子大同思想的传承人。尽管如此，这并不妨碍谭嗣同将庄子思想作为大同的主要来源，在论证大同思想的整个过程中始终突出庄子的作用。原因在于，谭嗣同的大同思想并不像康有为的大同思想那样脱胎于孔教，是否是孔子大同思想的正宗传人并不决定在大同思想建构中的地位和作用。饶有趣味的一个细节是，谭嗣同论证庄子大同思想的证据与康有为一样是庄子的"在宥天下"。"在宥天下"语出《庄子·在宥》篇，篇中有云："闻在宥天下，不闻治天下也。在之也者，恐天下之淫其性也；宥之也者，恐天下之迁其德也。天下不淫其性，不迁其德，有治天下者哉？"谭嗣同认定，"在宥天下"就是天下大同，也是庄子的理想；"在宥天下"表明庄子呼吁取消国界，进入全球一体的大同社会。依据这个分析，谭嗣同写道："地球之治也，以有天下而无国也。庄曰：'闻在宥天下，不闻治天下。'治者，有国之义也；在宥者，无国之义也。"[1] 如果说援引"在宥天下"证明庄子讲大同是康有为、谭嗣同的共识的话，那么，两人对"在宥天下"的理解则反映了对庄子思想的不同诠释和在大同思想中的不同样貌。康有为从发挥孔子的"自由之旨"的角度论证庄子的大同思想，既印证了他的大同思想以孔子为标榜，又在对自由的诉求中突出了大同社会的"至平""至仁""至善""至乐"主题。谭嗣同从"取消"国界的角度解读"在宥天下"，不仅与康有为沿着天赋人权论的思路发掘"自由之旨"差若云泥，而且流露出对庄子以破对待为意趣的解构立场的趋同。与此一致，谭嗣同对大同社会的建构超越了善恶、苦乐等所有对待，故而消解了康有为大同思想中的"至善""至乐"主题。

---

[1] 《仁学》，《谭嗣同全集》（增订本），中华书局 1998 年版，第 367 页。

上述内容显示，康有为、谭嗣同对中学具有不同侧重，即使拿作为两人共同选择的孔子、庄子来说，亦存在明显区别：第一，尽管康有为、谭嗣同都承认大同是孔子提出的，并且出自《礼记·礼运》篇，然而，两人却在对大同思想的论证中对孔子予以不同对待。大致说来，康有为不仅强调大同对于孔子思想的至关重要，而且利用孔子以及阐发孔子大同思想的正宗传人——孟子和董仲舒等人的思想论证大同。谭嗣同承认孔子对于大同拥有原创权，对大同的论证并不以孔子为依托，更没有以孟子或董仲舒代表的儒家思想为主要来源。第二，康有为、谭嗣同都承认庄子是孔子后学，都认定庄子的思想与大同的密切关系，甚至都将庄子的"在宥天下"与大同愿景相提并论。尽管如此，两人对庄子与大同社会的关系度的认定明显不同，由此导致庄子在康有为、谭嗣同大同思想中的比重相去甚远。具体地说，康有为在将庄子视为孔子后学的前提下肯定庄子讲大同，并没有将庄子视为孔子大同之学的正宗传人。这是他一面肯定庄子讲大同，一面以孔子、孟子和董仲舒等人的思想为主建构自己的大同思想的秘密所在。与康有为的做法截然不同，谭嗣同强调庄子是孔学嫡派，并在对大同的论证中以庄子而不是以孟子或董仲舒等人的思想为理论来源。这两点区别从理论来源上框定了康有为、谭嗣同大同思想的内容构成和思想趋向：与以儒学为母版息息相关，康有为的大同建构将庄子边缘化。与康有为的做法迥然相异，谭嗣同的大同思想既非以儒家为主体，又不像康有为那样始终以孔子的名义进行论证；而是以庄子思想为主要来源，将大同畅想谱写成佛学与庄子思想的二重奏。

三、推崇佛学而旨归各异

近代哲学家的大同思想容纳了各种宗教元素，利用宗教为大同思想辩护是近代大同思想的独特之处。这一点使近代大同思想既与古代有别，又与现代有别。与佛学的密切相关是近代大同形态第一阶段的特有印记，康有为、谭嗣同的大同思想同为这一阶段，难免带有诸多相同之处。有鉴于此，两人运用佛学论证大同不仅与古代思想家和五四新文化运动者——蔡元培、李大钊等人迥异其趣，而且与同样作为近代哲学家的孙中山等人的大同思想不可同日而语。这就是说，康有为、谭嗣同的大同思想都以佛学为理论来源，这一做法成为两人大同思想不同于其他时期的大同形态的主要标识，也构成了彼此大同思想的相同之处。

在这个前提下尚应看到，康有为、谭嗣同对佛学予以不同侧重和阐发，即使是对佛学同一派别的选择也由于不同诠释而使其对大同思想产生了不同影响。以华严宗为例，一方面，两人都对华严宗推崇备至，表明对佛学的选择具有相同之处。梁启超将康有为的佛学思想概括为"以华严宗为归宿"①，华严宗在康有为思想中的地位由此可见一斑。不仅如此，康有为对大同与小康、理想与现实并行不悖的论证脱胎于华严宗的圆融无碍，以至于梁启超在为康有为作传时评价说，康有为所讲的孔教就是一部华严宗——"孔教者佛法之华严宗也"②。从这个意义上说，康有为的大同思想不啻为孔教与华严宗的和合。谭嗣同在《仁学》中将"《华严》及心宗、相宗之书"列在书目单之首，将华严宗置于佛学之首。由此可见，谭嗣同首推华严宗，华严宗在谭嗣同的大同思想中同样具有首屈一指的地位和作用。另一方面，康有为、谭嗣同对包括华严宗在内的佛学思想予以不同侧重和诠释，以至于即便是佛学的同一素材在两人的思想中也会具有不同况味。就大同思想来说，华严宗为康有为提供了处理现实与理想的思维方式，却使谭嗣同在一与一切的相即相入中领悟了自度与度人的圆融无碍。以华严宗的基本教义——四法界说为例，两人沿着不同思路对四法界说予以阐发，演绎出不同的华严圣境，折射出对大同社会的不同态度和理解：康有为由四法界说推演出过去、现在和未来的圆融无碍，由此断言"据乱世"、"升平世"与"太平世"即大同世因时因地制宜，可以并行不悖。循着这个逻辑，他一面断言大同社会彻底实现"男女平等各自独立"③，人与众生平等；一面强调"时之未至，不能躐等"，反对当下讲平等，言大同。谭嗣同由四法界说推演出"一多相容"，"一入一切，一切入一"，从而泯灭一多对待。循着这个逻

① 《南海康先生传》，《梁启超全集》（第一册），北京出版社 1999 年版，第 487 页。

② 《南海康先生传》，《梁启超全集》（第一册），北京出版社 1999 年版，第 494—495 页。

③ 《大同书》，中州古籍出版社 1998 年版，第 303 页。

辑，他认为自度与度人是同一过程，通过世界万物的"融化为一"描述"致一"的大同状态，最终使大同之境演绎为"通天地万物人我为一身"①的无我之境。

透过对康有为、谭嗣同大同思想与佛学关系的分析可以发现，两人的大同思想均与佛学密切相关，或者说，都是借助佛学进行论证的。这既印证了康有为、谭嗣同大同思想的空想性，也流露出两人浓郁的宗教情结。对于这个问题，可以从以下两个方面予以理解：第一，康有为、谭嗣同都具有浓郁而炽热的宗教情结，佛教并非两人大同思想中的唯一宗教成分。综观康有为、谭嗣同的思想可以发现，除了佛教之外，两人的大同思想均杂糅了孔教、耶教等诸多宗教要素。第二，康有为、谭嗣同的宗教情结具有不同表现。例如，两人尽管同样吸收了佛教和孔教，然而，二者在康有为、谭嗣同大同思想中的比例、面目和作用却大相径庭。不仅如此，康有为对道教在内的其他宗教乐此不疲，故而梁启超评价康有为"宗教思想特盛"，并誉之为中国亘古未有的宗教家。就大同思想的建构来说，康有为将道教和神仙方术杂糅其中，这些显然并不在谭嗣同大同思想的来源之列，取而代之的则是基督教的救赎理念和爱人如己等教义。

四、对各种理论来源的不同和合与发挥

理论来源影响着思想面貌和内容构成，对康有为、谭嗣同大同思想理论来源的上述比较为辨析、判定二者的异同提供了证据支持。下面的内容显示，不同的理论来源不仅框定了康有为、谭嗣同大同建构的理论视域和思想范围，而且使二者循着不同的致思方向和逻辑框架展开，从而在主体内容上呈现出明显差异。

深入剖析康有为、谭嗣同大同思想的理论来源可以发现，两人在西学、中学和佛学等领域的不同侧重和取舍对于造成两人大同思想的差异产生了不同的作用，故而不可对之等量齐观。进一步剖析可以看到，康有为、谭嗣同

① 《仁学》，《谭嗣同全集》（增订本），中华书局 1998 年版，第 295 页。

在西学和中学方面的差异并不属于本质区别，对于大同思想的差异没有决定性影响，而真正使两人大同思想相去霄壤的是佛学方面的差异：第一，在大同思想中容纳西学受制于中国近代的历史背景和文化语境，与救亡图存、思想启蒙的立言宗旨密切相关。因此，这一做法是康有为、谭嗣同的所有思想——包括大同思想在内的共性，甚至可以说是近代哲学家的共识。至于两人对西学的不同取舍则是在都以自然科学为主——这一点已经显示了康有为、谭嗣同对西学侧重的相同性，而与梁启超、严复、孙中山等人相差悬殊的前提下进行的，可谓是大同小异。第二，在对中学取舍的过程中，康有为、谭嗣同都肯定孔子、庄子讲大同，并且异口同声地强调庄子是孔子后学。这些在近代哲学乃至整个中国哲学史中也是最接近的。尽管康有为、谭嗣同的大同思想展示出对孔子与庄子的不同权重，然而，扩大到对中学的取舍来看，区别显然不是主要方面。第三，康有为、谭嗣同对佛学的态度从根本上说不是量上的侧重而是质上的取舍，由此决定了大同思想的底色和意趣。一言以蔽之，康有为的大同思想依托孔教，兼容佛教；谭嗣同的大同思想则依托佛教，吸收包括孔教、耶教在内的多种宗教。沿着这个思路，康有为的大同思想在以孔子的名义发出的前提下，将大同说成是孔门之归宿和孔教之诉求；谭嗣同则秉持佛教的致思方向和价值旨趣，从泯灭差异、消除彼此的角度建构大同。于是，康有为建构了大同的儒学形态和样式，谭嗣同则建构了大同的佛学形态和样式。正是这一点使康有为、谭嗣同的大同建构呈现出本质区别，最终形成了两种不同的大同版本。

康有为的大同思想主要来源于孔子、孟子和董仲舒等人的仁学、不忍人之心的人性论即性善说和西方的天赋人权论。这表明，他的大同思想以儒家为主要来源，依托儒学、兼容西学和佛学建构而成。其实，不惟大同思想，就康有为的全部思想而言，儒家情结是第一位的，这一点从他的著述题目上即可一目了然①。与儒学情结和学术意趣互为表里，在康有为的大同思想中，孔子是第

---

① 康有为的主要著作有《新学伪经考》《孔子改制考》《春秋董氏学》《春秋笔削大义微言考》《孟子微》《论语注》《中庸注》《礼运注》等。这些著作所依据的主要文本是以《春秋》为首的六经和四书，思想来源则是以孔子、孟子和董仲舒为代表的儒家思想。

一位的，儒学占有绝对优势。依据康有为的观点，如果说大同是孔子的微言大义和高级之学的话，那么，对孔子大同思想直接进行发挥的则是孟子。由此，康有为一面对孔子顶礼膜拜，一面对孟子推崇备至。正是在这个意义上，他断言：

> 孟子乎真得孔子大道之本者也。……今考之《中庸》而义合，本之《礼运》而道同，证之《春秋》、《公》、《穀》而说符。然则，孟子乎真传子游、子思之道者也。直指本来，条分脉缕，欲得孔子性道之原，平世之大同之义，舍孟子乎莫之求矣。……举中国之百亿万群书，莫如《孟子》矣。传孔子《春秋》之奥说，明太平大同之微言，发平等同民之公理，著隶天独立之伟义，以拯普天生民于卑下钳制之中，莫如孟子矣！……吾中国之独存此微言也，早行之乎，岂惟四万万神明之胄赖之，其兹大地生民赖之！吾其扬翔于太平大同之世久矣！[1]

无论康有为的思想是否像时人批评得那样"貌孔夷心"，有一点是可以肯定的，那就是：离开了孔子、孟子以及六经四书等儒家人物和儒家经典，康有为不可能完成大同思想的建构。

谭嗣同虽然也像康有为那样肯定大同理念滥觞于孔子、语出《礼记·礼运》篇，但是，他的大同思想却是有别于康有为大同思想的另一种形态和样式。原因在于，谭嗣同并不像康有为那样具有儒学情结，反而对儒家持批判态度。这先天地注定了谭嗣同不可能像康有为那样以儒学为母版建构大同，而势必在儒学之外独辟蹊径。结果是，谭嗣同找到了佛学，大同思想即以佛学为皈依。受佛学浸染，谭嗣同不是像康有为那样侧重从社会形态或社会制度的角度界定大同，将大同社会理解为与"据乱世"、"升平世"对应的"太平世"；而是侧重从存在状态或宇宙本相的维度界定大同，将大同理解为破除对待的"洞澈彼此，

---

[1] 《孟子微》"新民丛报"本序，《康有为全集》（第五集），中国人民大学出版社 2007 年版，第 412—413 页。

一尘不隔"即"通天地万物人我为一身"的状态。因此,在谭嗣同那里,大同建构直接脱胎于佛教的"一多相容""三界唯心",基本思路便是"一入一切,一切入一"。正是由于这个原因,谭嗣同将佛学与庄子的思想相杂糅,开辟了一条以破对待为指向的大同之路,这与康有为针对宗法等级提出的破除九界的大同之路相去甚远。至于谭嗣同大同思想中的西学要素,则既不是康有为所关注的空想社会主义,也不以天赋人权论为主,而是以基督教的爱人如己和救世观念与包括以太、电、力、脑科学、生理学、解剖学在内的形形色色的自然科学相和合。当然,对于谭嗣同来说,这些不同内容在大同建构中都与佛学联系在一起。基督教的爱人如己和救世观念以及以太与佛学的慈悲相互印证,各种自然科学则与"一多相容""一入一切,一切入一"的破除对待相互印证。正是在以佛学为母版、容纳各色思想的基础上,谭嗣同建构了佛学形态的大同样式或曰大同思想的佛学形态。

中国近代哲学和文化面对古今中西之辨不仅具有全球视域,而且拥有多元心态。作为近代哲学的一部分,康有为、谭嗣同的大同思想杂糅了西方近代、中国古代与佛学等多种学说和思想元素。如果说容纳西学要素是近代与古代大同思想的学术分水岭的话,那么,利用西方自然科学和以佛学为主的各种宗教为大同思想提供辩护则在拉近康有为、谭嗣同之间的距离的同时,也使两人的大同思想与其他近代哲学家——孙中山特别是与五四新文化运动者——蔡元培、李大钊等人的大同思想渐行渐远。如果说这些都体现了康有为、谭嗣同大同思想的相同性的话,那么,在这个前提下必须进一步澄清的是,两人对中学、西学和佛学不仅具有不同的取舍和侧重,而且以不同方式对三者予以和合和杂糅。换言之,尽管康有为、谭嗣同的大同思想都融贯中学、西学和佛学,但是,两人对三者进行了不同的重组和发挥。如果说对西学、中学和佛学的不同取舍奠定了康有为、谭嗣同大同思想的不同底色的话,那么,对三者的不同发挥则预示了两人大同建构的不同理念和路径。这些共同证明,康有为、谭嗣同的大同思想具有不容忽视的差异性,不仅选择了不同的母版,而且创生了不同的样式。

第五节　大同近代形态第一阶段的两种样式

一方面，康有为、谭嗣同的大同思想属于近代形态的第一阶段，彼此之间具有诸多相似之处，并且与其他近代哲学家相去甚远。另一方面，两人的大同思想无论理论来源还是主体内容均呈现出明显差异，故而不可等量齐观。下面的分析显示，康有为、谭嗣同的大同理念属于两种不同的版本，代表了近代大同形态第一阶段的两种样式。

一、儒学·佛学——不同的蓝本

作为对不同理论来源和主体内容进行和合的结果，康有为、谭嗣同的大同建构依托不同的蓝本。一言以蔽之，如果说康有为的大同思想以儒学为母版的话，那么，谭嗣同的大同思想则以佛学为底版。

康有为的大同思想来源于儒家，不仅是以孔子的名义发出的，而且是依托孔子和儒家人物的思想阐发的。他指出，孔子主张进化，《春秋》寓含了孔子托古改制的微言大义，书中记载的"所见之世""所闻之世""所传闻之世"分别代表了"据乱世"、"升平世"和"太平世"。其中，"升平世"是小康之世，"太平世"是大同之世，也就是大同社会。沿着这一思路，康有为由始至终强调大同社会是孔子的理想愿景，甚至断言"大同者，孔门之归宿"。对此，他借助《论语·公冶长》篇的"盍各言尔志"章论证说："老者养之以安，朋友与之以信，少者怀之以恩，此明大同之道，乃孔门微言也。《礼运》曰：大道之行也，与三代之英，丘未之逮，而有志焉。盖孔子之志在大同之道，不能行于时，欲与二三子行之。子路愿与人同其财物，故以车马衣裘与人共，'货恶弃地，不必藏于己'也。颜子愿与人同其劳苦，所谓'力恶其不出于身，不必为己'也。孔子与人如同体、同胞、同气，所谓'天下为公，不独亲其亲，子其子，老有所终，壮有所用，幼有所长'也，使普天下人，各得其欲，各得其所。三者虽有精粗大小，而其志在大同则一也。大同者，孔门之归宿，虽小康之世，未可尽行，而孔门远志，则时时行之，故往往于微言见之。"①《礼记·礼运》篇的"大道之行也，天下为公"是身处"据乱世"的孔子对逝去的远古社会的追忆，并且表达了"丘未之逮"的惆怅。康有为将"天下为公"与大同社会相提并论，借此断言孔子追求大同，并以记载孔子言行的《论语》与作为大同出处的《礼记·礼运》篇互证——既坐实了孔子对大同的所有权，又奠定了以孔子名义、秉持儒家立场演绎大同的理论准备。

在此基础上，康有为进而指出，三世说寄托了孔子的大同理想，大同作为孔子思想的主题和归宿就寓于孔子著述的微言之中，《礼记·礼运》篇尤为如此。正是在这个意义上，康有为声称："读至《礼运》，乃浩然而叹曰：孔子三世之变、大道之真，在是矣。大同小康之道，发之明而别之精，古今进化之故，神圣悯世之深，在是矣。相时而推施，并行而不悖，时圣之变通尽利，在是矣。是书也，孔氏之微言真传，万国之无上宝典，而天下群生之起死神方哉！"② 由此可见，《礼记·礼运》篇寄寓了孔子的微言大义，浓缩了孔子的大同之道。

进而言之，康有为对孔子与大同关系的论述从两个相互递进的维度展开：从表层看，肯定大同社会是孔子的理想追求，不惟《礼记·礼运》篇，孔子所作六经皆寄予了通过托古改制而由"据乱世"至大同世的渴望。从深层看，通过发明孔子的微言大义，就可以窥见乃至再现大同之道。这意味着对大同之道的阐发必须依据儒家经典也就是康有为坚称的孔子所作的六经，也注定了他的大同思想以儒学为依托和母版。可以看到，康有为不仅坚信大同社会是孔子的梦想，而且以孔子的名义建构大同之境——一面断言仁是孔子思想的宗旨，"该孔子学问只一仁字"③；一面宣称仁的基本内涵是自由、平等和博爱，以仁为宗旨表明孔子主乐，孔教顺人情而乐人生。大同社会既是依托于公羊三世依次演进的人类历史的最后阶段，也是仁的最高境界和自由、平等的最终实现，

---

① 《论语注》，《康有为全集》（第六集），中国人民大学出版社 2007 年版，第 415 页。

② 《礼运注》叙，《康有为全集》（第五集），中国人民大学出版社 2007 年版，第 553 页。

③ 《南海师承记卷二·讲孝弟任恤宣教同体饥溺》，《康有为全集》（第二集），中国人民大学出版社 2007 年版，第 250 页。

故而最大程度地满足人的欲求。由此可见，康有为的大同思想是以孔子的名义发出的，并且是以儒家思想为母版进行建构的。反过来，以儒家思想为母版，他将大同社会描述成"至仁""至平""至公""至善""至美""至乐"的人间天堂，并且反复强调这一切都是孔子的微言大义。

佛学是谭嗣同大同思想最主要的理论来源，他的大同建构必然以佛学为底版。这集中体现为谭嗣同对大同之"同"的界定带有"一多相容""圆融无碍"的印记，秉持佛学特别是华严宗的致思方向和价值意趣。正是沿着"一即一切，一切即一"的逻辑，他将大同最终演绎为破除一切对待而没有生灭、是非、善恶和苦乐之别的"致一""融化为一"。

值得注意的是，大同是仁的最终实现，仁是孔教、佛教和耶教的共同追求，是康有为、谭嗣同的共识，也意味着大同社会是孔教、佛教和耶教的题中应有之义。在这个前提下应该看到，两人对于大同社会的建构分别沿着孔教与佛教两个不同的方向展开，呈现出一儒学、一佛学的不同模式和形态。有鉴于此，与康有为以孔子的名义进行倚重儒家思想建构大同相映成趣，谭嗣同的大同建构一再凸显佛学的强势和中坚地位。例如，他认为，大同社会同一宗教、同一文化，对于何种宗教、何种文化足以承担未来社会全球"群教"同一、文化同一的重任，佛教毫无悬念地成为他的不二选择。于是，谭嗣同多次写道：

> 至于教则最难言，中外各有所囿，莫能折衷，殆非佛无能统一之矣。[1]

> 佛教能治无量无边不可说不可说之日球星球，尽虚空界无量无边不可说不可说之微尘世界。尽虚空界，何况此区区之一地球。故言佛教，则地球之教，可合而为一。[2]

康有为在《大同书》中写道："至于是时（指大同社会——引者注），孔

---

[1]　《仁学》，《谭嗣同全集》（增订本），中华书局 1998 年版，第 354 页。

[2]　《仁学》，《谭嗣同全集》（增订本），中华书局 1998 年版，第 352 页。

子三世之说已尽行，……盖病已除矣，无所用药；岸已登矣，筏亦当舍。"① 他一面明确指出孔教在大同社会与耶教（基督教）、回教（伊斯兰教）一样被取消，一面肯定大同社会佛教盛行。尽管如此，不可将康有为的这一说法与谭嗣同关于未来社会以佛教统一群教、群学的观点混为一谈。原因在于，谭嗣同的大同思想以佛学为母版，不可与康有为以儒学为母版等量齐观：第一，从名义上看，康有为一再凸显大同与孔子之间的关系，谭嗣同在承认大同出于《礼记·礼运》篇、是孔子提出的之后，并没有像康有为那样刻意强调大同与孔子之间的密切相关。第二，从来源上看，康有为的大同思想以儒学为主要来源，借助孔子、孟子以及六经的思想进行诠释。谭嗣同大同思想的理论来源以佛学为主体，容纳了作为孔学嫡传的庄子的思想。尽管如此，谭嗣同极力排斥儒家，更没有像康有为那样强调孟子传孔子的大同之学或援引孟子思想诠释大同。第三，《大同书》所描述的大同社会有佛教亦有道教，不同于谭嗣同所讲的未来社会以佛教统一包括孔教、耶教在内的"群教"。

二、建构·解构——不同的运思

来源决定内容，不同的理论来源决定了康有为、谭嗣同的大同思想具有不同的主体内容，无论是理论来源的选择还是主体内容的侧重都表明了两人对于大同思想的不同运思。究而言之，康有为、谭嗣同大同思想的理论来源之所以迥然相异，既有受制于当时的学术状况、文化资源而属于时代使然的一面，又有受制于个人的学术兴趣、情感好恶而属于主观选择的一面。这就是说，两人大同思想的来源差异并非偶然的而是带有某种必然性，必然性之中既有客观原因，也有主观原因；其中的主观原因流露出康有为、谭嗣同对于大同思想的不同运思，表明两人的大同建构具有不同的致思方向和思想旨归。通过比较可以发现，如果说出于不同的致思方向和思想主旨，康有为、谭嗣同在现有条件下选择了不同的理论来源和思想要素的话，那么，反过来，借助不同的理论来源

---

① 《大同书》，中州古籍出版社 1998 年版，第 365 页。

和思想要素，两人的大同思想分别以建构与解构两种截然对立的方式展开，并且渐行渐远。

大同社会作为对未来世界的设想与现实有距离，甚至可以说，是对现实的反思和批判。正是由于这个原因，康有为、谭嗣同在建构大同思想的过程中以启蒙思想家的姿态出现，表现在理论侧重上是抨击现实，表现在话语结构上便是喜欢使用否定词——康有为使用最多的是"去"，谭嗣同使用最多的则是"破"。两人使用的"去""破"都有解构之义，被解构的对象包括现实社会存在的一切不合理现象，矛头直指人与人之间的不平等。以康有为集中描述大同社会的《大同书》为例，全书共十部(章)，除了第一部之外，其余九部都以"去"为标题，分别是"去国界合大地""去级界平民族""去种界同人类""去形界保独立""去家界为天民""去产界公生业""去乱界治太平""去类界爱众生""去苦界至极乐"。这九部所"去"对应的分别是造成现实社会苦难的"九界"。在他看来，"九界"是现实社会一切苦难的根源，拯救世界、通往大同的具体办法舍"破除九界"之外别无他途。这用康有为本人的话说便是："总诸苦之根源，皆因九界而已。九界者何？一曰国界，分疆土、部落也；二曰级界，分贵、贱、清、浊也；三曰种界，分黄、白、棕、黑也；四曰形界，分男、女也；五曰家界，私父子、夫妇、兄弟之亲也；六曰业界，私农、工、商之产也；七曰乱界，有不平、不通、不同、不公之法也；八曰类界，有人与鸟、兽、虫、鱼之别也；九曰苦界，以苦生苦，传种无穷无尽，不可思议。吾救苦之道，即在破除九界而已。"[①]谭嗣同使用的"破"与康有为使用的"去"同义，均有"破除""消除""解除""铲除"或"清除"等多种含义——总括起来，不外乎解构之义。大同社会是一个不同于现实世界的新世界，只有推翻旧世界，才能迎来作为新世界的大同社会。这就是说，消除现有的不合理现象是通往大同的必经之路，两人的大同建构都必须经历一个解构过程。

康有为在声称拯救苦难的办法是"破除九界"的同时，提出了相应的重建措施，对大同社会的构想破与立同时进行。对于所破"九界"的具体内容和"破

---

① 《大同书》，中州古籍出版社 1998 年版，第 86 页。

除九界"之目的何在，他明确指出："第一曰去国界，合大地也；第二曰去级界，平民族也；第三曰去种界，同人类也；第四曰去形界，保独立也；第五曰去家界，为天民也；第六曰去产界，公生业也；第七曰去乱界，治太平也；第八曰去类界，爱众生也；第九曰去苦界，至极乐也。"① 由此可见，康有为不仅逐一说明了所破"九界"具体是什么，而且明确了破的目的所在，也就是在解构的同时提出了重构的设想。正因为如此，他在破除每一界之后，紧接着提出了相应的重建构想："去国界"之后"合大地"，以"去国界"始，以便设立"公政府"而"合大地"；"去级界"之后"平民族"，目的是消除人与人之间由于贵贱、清浊造成的等级，旨在使人享有自由、自主之权；"去种界"之后"同人类"，去掉不同人种之间的黄、白、棕、黑之肤色以及由此导致的种族与种族之间的不平等，使人类形貌同一；"去形界"之后"保独立"，消除男女之间的不平等，真正实现"男女平等各自独立"；"去家界"之后"为天民"，旨在取消家庭，使人摆脱家庭的羁绊，通过"直隶于天"，更好地享受与生俱来的平等和自主之权；"去产界"之后"公生业"，弥合农工商，铲除私有制，目的在于"至公"；"去乱界"之后"治太平"，旨在通过去除不平、不通、不同和不公之乱象，臻于"至平""至公""至仁""至善""至乐"；"去类界"之后"爱众生"，目的是使人与鸟、兽、虫、鱼共享大同；"去苦界"之后"至极乐"，消除苦难还不够，因为消除苦难不是目的，目的是达到极乐境界。

谭嗣同的"破"是从破对待开始的，破对待是谭嗣同哲学的核心话题之一。由此不难想象，"破"在谭嗣同那里与对待一样是一个重要的哲学概念，不像在康有为的思想中那样只是一种进入大同的手段而已。与破对待在谭嗣同哲学中的重要性以及谭嗣同对破对待的执著一脉相承，破对待不仅影响着他的思维方式，而且决定着他的价值意趣。这表现在大同理念上一破到底。换言之，谭嗣同只是专注于破而没有破之后的立——或者说与破相对应的立。在他所要破的对待中，不仅包括人我、彼此之对待，而且包括是非、善恶、淫礼、苦乐和名言等一切之对待。与这种彻底、决绝的"破"相伴而来的是，谭嗣同对大同

---

① 《大同书》，中州古籍出版社 1998 年版，第 86—87 页。

的设计着力于破的一面而罕言立的一面。例如，他所理解的大同社会是一种取消国家、全球一体的状态，这与康有为对大同社会的界定如出一辙。尽管如此，谭嗣同对大同状态的描述则另有一番滋味："无国则畛域化，战争息，猜忌绝，权谋弃，彼我亡，平等出；且虽有天下，若无天下矣。君主废，则贵贱平；公理明，则贫富均。"① 由此可见，谭嗣同心目中的大同社会取消国界、消弭战争、废除君主，政治、经济平等，这些都与康有为的主张大同小异；所不同的是，谭嗣同的表达给人强烈震撼或令人触目惊心。这段话并不长，频频出现的是否定性词汇——"息""绝""弃""亡""无""废"。这些词是彻底否定性的，破坏性极大，并且只有破坏而没有与之对应的建设。很显然，谭嗣同的这一致思方向与康有为在《大同书》中一面破坏、一面建设形成了鲜明对比。

　　为了推翻旧世界而进入作为新世界的大同社会，"去""破"是必要的，也是必需的。为了解构旧有的不合理存在，呼吁"去""破"。这是康有为、谭嗣同作为启蒙思想家的本色。问题的关键是，"破"的目的是什么？"破"是手段还是目的？换言之，究竟是为了立而"破"还是为了"破"而一破到底？这是康有为与谭嗣同的区别所在，也使两人的大同运思呈现出不同乃至对立的态势。一言以蔽之，在康有为那里，"破"与立密不可分，解构与建构作为一个过程的两个方面而不可偏废；在谭嗣同那里，"破"既是手段，又是目的本身，故而只有"破"而没有立。

三、求乐·无乐——不同的心态

　　康有为、谭嗣同皆将对未来社会的想象寄托于大同社会，所描述的大同愿景却天差地别。对于大同社会究竟是什么样子，康有为的回答是，"愿求皆获，人人极乐"；谭嗣同的回答是，消除了所有对待，无苦亦无乐。

　　康有为认为，孔子对乐孜孜以求，主乐是孔子有别于老子、墨子的立教宗旨。老子不仁，坏心术，严刑酷法桎梏百姓，使人痛苦而不能乐人生是必然

---

① 《仁学》，《谭嗣同全集》（增订本），中华书局 1998 年版，第 367 页。

的；墨子虽然心眼好，以至于"甚仁"，但是，墨子与老子一样将人生弄得苦不堪言，原因在于他主张"非乐"。孔子仁智并提，既在立教宗旨上尚仁而求乐，又由于仁智并提找到了求乐的方便法门，那便是：礼乐并重，魂魄兼修，故而乐人生。作为孔子立教宗旨的仁就包含着乐，作为孔子梦中乐土的大同社会就是一个极乐世界。

沿着这一思路，康有为强调，着意发挥孔子之仁的孟子所讲的"与民同乐"便是对大同之乐的畅想。对此，康有为提交的证据是："孟子之说，太平大同制也。大同之世，人人以公为家，无复有私，人心公平，无复有贪，故可听其采取娱乐也。……公学校、公图书馆、公博物院、公音乐院，皆与民同者。凡一切艺业观游，足以开见闻，悦神思，便民用者，皆有公地以与民同，此乃孟子之意。孟子之学全在扩充，学者得其与民同之义，固可随时扩充而极其乐也。"①《孟子·梁惠王下》篇记载了孟子与梁惠王的对话，其中有"与民同乐"之语。康有为将之说成是民主和君臣平等的样板，不仅以此证明孟子讲大同之乐，而且沿着大同之同与平等之平等量齐观的一贯逻辑，将"至乐"与"至平""至公""至善"一起视为大同社会的基本特征。

在康有为那里，大同社会"至乐"具有社会与个人的双重保障：从社会方面说，由于"至平""至公"，大同社会分配公平；高度电气化、机械化和自动化提高了生产效率，为社会储备了丰富的资源以供人"采取娱乐"，大同社会完全能够按需分配。从个人方面说，大同社会人人有士君子之行，由于人性至善——无私、公平、无贪，每个人都不会在享乐的同时损害他人或社会的利益，故而可以尽情享乐。总之，对于康有为设想的大同社会而言，如果说经济发达为社会福利提供了社会保障的话，那么，性善则为人权——也就是他所说的"极其乐"提供了人性保障。很显然，无论是"与民同乐"还是性善说都拉近了孟子与大同之间的距离。按照康有为的说法，孔子托古改制，讲三世进化，而三世进化就是一个由"据乱世"之苦至大同世之乐的过程。孔子心系大同，目的之一就是追求乐。自己构建大同理想，就是引领致乐之道。对此，康

---

① 《孟子微》，《康有为全集》（第五集），中国人民大学出版社 2007 年版，第 461 页。

有为表白说："吾采得大同、太平、极乐、长生、不生、不灭、行游诸天、无量、无极之术，欲以度我全世界之同胞而永救其疾苦焉，其惟天予人权、平等独立哉，其惟天予人权、平等独立哉！吾之道早行则早乐，迟行则迟乐，不行则有苦而无乐。"①

康有为主张"求乐免苦"，并肯定"求乐免苦"是人们步入大同的动机和动力，由此力图将大同社会打造成一个"至乐"世界。通览他描述大同社会的《大同书》不难发现，全书的逻辑主线是去苦至乐。《大同书》共十部，首部（甲部）是"入世界观众苦"，尾部（癸部）是"去苦界至极乐"。"入世界观众苦"是为了"去苦界至极乐"，中间各部便是去苦至乐的具体步骤。这使人不由联想到佛教的四谛说，由苦谛起，经由集谛，由道谛、灭谛指向摆脱苦难的真如、涅槃之乐。事实上，康有为所追求的乐的确与宗教密切相关，或者说包括宗教乃至佛教之乐。《大同书》的谋篇布局和逻辑框架便是大同之人对神仙道教趋之若鹜，对佛教顶礼膜拜的原因所在。尽管如此，乐对于他来说并不限于宗教之乐，而是包括物质之乐、肉体之乐和精神之乐。对此，康有为在《大同书》中有过明确说明和归纳，现摘录如下：

> 人生而有欲，天之性哉！……生人之乐趣，人情所愿欲者何？口之欲美饮食也，居之欲美宫室也，身之欲美衣服也，目之欲美色也，鼻之欲美香泽也，耳之欲美音声也，行之欲灵捷舟车也，用之欲使美机器也，知识之欲学问图书也，游观者之欲美园林山泽也，体之欲无疾病也，养生送死之欲无缺也，身之欲游戏登临，从容眼豫，啸傲自由也，公事大政之欲预闻预议也，身世之欲无牵累压制而超脱也，名誉之欲彰彻大行也，精义妙道之欲入于心耳也，多书、妙画、古器、异物之欲罗于眼底也，美男妙女之欲得我意者而交之也，登山、临水、泛海、升天之获大观也。精神洋洋，览乎大荒，纵乎八极，徜徉乎世表，世人之大愿至乐，而大同之世人

---

① 《大同书》，中州古籍出版社 1998 年版，第 303 页。

人可得之者也。①

显而易见，引文中的"知识之欲学问图书""游观者之欲美园林山泽""多书、妙画、古器、异物之欲罗于眼底"等与康有为对《孟子·梁惠王下》篇"与民同乐"的演绎相印证。大同社会各种乐一应俱全，除了耳目口鼻之乐，还有居住、外出、消费和健康等日常生活之乐。当然，其中最引人注目的则是旅游、娱乐、游戏、知识、参政、自由、自主、名誉等各种精神之乐和政治之乐。值得注意的是，他在这里既提到了名目繁多的乐，又肯定大同社会人人"至善"，故而人人皆有权利享受乐而臻于"至乐"。这用康有为本人的话说便是："大同之世，人人极乐，愿求皆获。"② 基于这一理解，他一再强调大同世界"至乐"——不仅消除了一切苦难，而且极尽享乐乃至奢侈至极。

与求乐之意趣密切相关，作为宗教情结的表现，康有为的大同乐园中加入了神仙道教长生不死的神话，并且提到了列子。例如，他在《大同书》中这样写道："孔子之太平世，佛之莲花世界，列子之甀甀山，达尔文之乌托邦，实境而非空想焉。"③ 提及列子表明，康有为具有神仙情结。事实上，他不仅对养生长生兴趣盎然，而且将道教纳入对大同社会的构想之中。道教的痕迹即使康有为的大同思想指向了"求乐免苦"的主旨，又显示了与谭嗣同大同思想的差异。谭嗣同大同思想的来源和构成中没有道教，对道教的贬损更是使他的大同理想与神仙世界天悬地隔。

如果说康有为的大同世界是极乐世界的话，那么，谭嗣同的大同世界则完全没有任何乐可言。进而言之，大同世界之所以从康有为那里的极乐变成了谭嗣同这里的无乐，不是因为谭嗣同反对乐或反对享乐主义，而是因为在谭嗣同的视界中压根就没有苦与乐之别，自然也就无所谓苦，无所谓乐，因而也就谈不上康有为所讲的求乐和至乐。谭嗣同之所以得出无苦乐之分的结论，以至于将乐与苦一起从大同社会中剔除，缘于破对待而一破到底的有破无立，最终在

---

① 《大同书》，中州古籍出版社 1998 年版，第 76 页。

② 《大同书》，中州古籍出版社 1998 年版，第 77 页。

③ 《大同书》，中州古籍出版社 1998 年版，第 106 页。

一如既往的破对待中解构了苦而遗忘了乐。

对于这一点，通过谭嗣同与康有为的比较则可看得更加清楚：对于康有为来说，大同社会之乐对应现实社会之苦。"去苦界至极乐"集手段、途径与目标、宗旨于一身，其中，"去苦界"是手段、途径，"至极乐"是目标、宗旨。对于谭嗣同来说，大同社会的途径是破除对待，不仅要破除人我、彼此之对待和善恶、苦乐之对待，而且只有破除善恶、苦乐之对待才能破除彼此、人我之对待。这使他将矛头指向了善恶、苦乐之对待，试图从名言入手从根本上解构善恶和苦乐。

按照谭嗣同的说法，善恶只是名言，作为人为之词是相对的。伴随善恶相对而来的是，杀人和淫都有了新的判断标准。对此，他宣称："人亦一物耳，是物不惟有知，抑竟同于人之知，惟数多寡异耳。或曰：'夫如是，何以言无性也？'曰：凡所谓有性无性，皆使人物归于一体而设之词，庄所谓道行之而成，物谓之而然也。谓人有性，物固有性矣；谓物无性，人亦无性矣。然则即推物无知，谓人亦无知，无不可也。"[1] 在中国文化特别是古代文化的语境中，善恶与人性如影随形。谭嗣同对善恶观念的颠覆超越人性之有无，是对人性、善恶的彻底解构。循着他的逻辑，既然名是人设之词，便具有随意性和人为的主观性。因此，对于名，可以这样称谓，也可以那样称谓。对于人性如此，对于善恶也不例外。同样的道理，恶、淫只不过是名而已，恶的极致是淫、杀，然而，淫行于夫妇、杀行于杀人者即是善。这是因为，淫与杀以及一切善恶、仁礼一样，说到底无非是名而已。既然是名，又有何确定性呢？

谭嗣同进一步论证说，将男女之欲斥之为淫也是以名乱实的结果。其实，淫与礼之间并无固定界线，淫是由于命名带来的，从根本上说属于观念问题。既然如此，如果像西方那样，男女平等，自由交往，不觉男女之异，也就自然杜绝了淫之念；彻底涤荡了淫之念，便不会有淫之事。正是在这个意义上，他写道："苟明男女同为天地之菁英，同有无量之盛德大业，平等相均，初非为淫而始生于世，所谓色者，粉黛已耳，服饰已耳，去其粉黛服饰，血肉聚成，

---

[1]　《仁学》，《谭嗣同全集》（增订本），中华书局1998年版，第311页。

与我何异，又无色之可好焉。则将导之使相见，纵之使相习，油然相得，澹然相忘，犹朋友之相与往还，不觉有男女之异，复何有于淫？"①

需要说明的是，谭嗣同解构淫之观念，取消男女之异不是像康有为那样将饮食男女归为人之乐，而是沿着另一种思路推出饮食男女无乐可言。对于男女之异，谭嗣同的看法是："夫男女之异，非有他，在牝牡数寸间耳，犹夫人之类也。"② 在这个前提下，他利用西方自然科学以"实证"的态度和方法解释男女之事，由此发出了如下宏论：

> 　　而不知男女构精，特两机之动，毫无可羞丑，而至予人间隙也。中国医家，男有三至、女有五至之说，最为精美，凡人皆不可不知之。若更得西医之精化学者，详考交媾时筋络肌肉如何动法，涎液质点如何情状，绘图列说，毕尽无余，兼范蜡肖人形体，可拆卸谛辨，多开考察淫学之馆，广布阐明淫理之书，使人人皆悉其所以然，徒费一生嗜好，其事乃不过如此如此，机器焉已耳，而其动又有所待，其待又有待，初无所谓淫也，更何论于断不断，则未有不废然返者。遇断淫之因缘，则径断之。无其因缘，盖亦奉行天地之化机，而我无所增损于其间。佛说："视横陈时，味同嚼蜡。"虽不断犹断也。西人男女相亲，了不忌避，其接生至以男医为之，故淫俗卒少于中国。遇之适以流之，通之适以塞之，凡事盖莫不然，况本所无有而强致之，以苦恼一切众生哉。遇断杀之因缘，亦径断之，可也。即不断，要不可不断于心也。辟佛者动谓断淫则人类几绝；断杀则禽兽充塞。此何其愚而悍也！人一不生不灭者，有何可绝耶？禽兽亦一不生不灭者，将欲杀而灭之乎？野处之禽兽，得食甚难，孳衍稍多，则无以供，虽不杀之，自不能充塞。其或害人，乃人之杀机所召，不关充塞不充塞也。家畜之禽兽，尤赖人之勤于牧养，刍豢偶缺，立形衰耗。明明人将杀之，而故蕃之，岂自能充塞乎？以论未开化之游牧部落或可耳，奈何既

---

① 《仁学》，《谭嗣同全集》（增订本），中华书局 1998 年版，第 304 页。
② 《仁学》，《谭嗣同全集》（增订本），中华书局 1998 年版，第 303 页。

已成国，既艰食而粒我，犹为口腹残物命，愈杀以愈生，顾反谓杀之始不充塞乎！故曰：世间无淫，亦无能淫者；世间无杀，亦无能杀者。以性所本无故。性所本无，以无性故。[①]

人之生命存在是复杂的有机体，有生理的、物质的和个体的层面，也有心理的、精神的和社会的层面，体魄、灵魂之欲望、是非、善恶之道德和诉求遂否之苦乐组成了现实人生的交响曲。谭嗣同的上述言论表明，他将人的存在动物化、生物化乃至万物化——对于这一点，他前面所说"人亦一物耳"便是明证。不仅如此，谭嗣同在将人物化的路上越走越远，借助西方新兴的科学仪器将人的生命活动机械化，从而推演出令人咂舌的荒唐结论，最终开出的取消淫的办法是无"耻"——压根就没有耻。

更有甚者，借助对淫的解构，谭嗣同不仅取消了善恶之别，而且解构了苦乐之分，最终使人生无任何乐之可言。事实上，因循他的逻辑，不惟饮食男女，一切耳、目、口、鼻之欲皆无乐之可言。谭嗣同不仅在有性、无性的超越中连同饮食男女之欲一起否定掉，而且要去掉形体，彻底铲除人的欲望器官。他设想未来之人不必饮食，只要"食于空气"而损其形体、增其灵魂与此可以相互观照和印证。大同社会之人是没有体魄的"幽灵"。可怜的是，即使是"幽灵"也是没有思想的，因为人的思想、观念已经在通往大同社会的途中通过断灭意识而彻底消除了。总之，谭嗣同构想的大同社会没有乐，纵然乐，人也感觉不到。这与谭嗣同"超出体魄之上而独任灵魂"[②]的主张相一致，也使大同社会在远离饮食男女、不食人间烟火中不仅没有了享乐，而且没有了欢乐和生机。

对于谭嗣同的大同社会来说，伴随着苦乐之对待的破除，自然没有了乐。问题到此并没有结束，由于善恶、淫礼等对待的破除，人的日常生活被掏空，笼罩在一片虚空之中。如果说没有体魄也就没有了康有为大同社会中的形体之

---

① 《仁学》，《谭嗣同全集》（增订本），中华书局 1998 年版，第 305 页。

② 《仁学》，《谭嗣同全集》（增订本），中华书局 1998 年版，第 312 页。

乐的话，那么，谭嗣同所讲的断灭意识、改变脑气筋之动法则使人没有了参政议政、好游历、好图书等种种精神之乐和宗教慰藉。

有鉴于此，如果说康有为的大同理念洋溢着快乐主义乃至享乐主义之气氛的话，那么，谭嗣同的大同社会则与其说是僧侣主义、禁欲主义的，毋宁说是虚无主义的——人无心享乐，社会也无乐可享。如果说康有为的大同社会奠基在"求乐免苦"的人性论、人生观之上，流露出对高度电气化、自动化和机械化给人类生活带来福祉的乐观心态的话，那么，谭嗣同的大同社会则在破除一切对待而彻底虚无中走向决绝和极端，暴露出极度悲观和绝望的情绪。

康有为、谭嗣同的大同思想作为大同近代形态的第一阶段拥有诸多相同之处——如削异求同，将大同理解为绝对平等或平均，将大同社会的实现寄托于宗教，在取消国界、同一人种和同一语言文字中走向极端，最终迷失在世界主义之中等等。尽管如此，却不可对二者等量齐观。上述内容显示，康有为、谭嗣同心目中的大同社会在意趣、内容和归宿等方面呈现出明显差异，表明两人的大同理念拥有不同的思想底版、致思方向和心理底色。这是因为，康有为、谭嗣同对大同的规划、设计彼此相异，属于两种不同的版本，直观地展示了近代大同思想的多样性、丰富性和多变性。

康有为、谭嗣同大同样式的差异和版本的区别具有必然性，就隐藏在两人对宇宙本原的界定、诠释之中。具体地说，尽管两人建构的大同理想均与宇宙本原密不可分，并且都奉仁为世界本原，然而，康有为、谭嗣同对仁的理解却见仁见智。正是对仁的不同界定导致两人心目中的大同世界相去甚远：康有为认为，仁最基本的内涵是自由、平等、博爱，大同社会"至仁"，具体表现为"至平""至公""至善""至美"，故而"至乐"——由于善、乐是仁的题中应有之义，大同社会是一个至善至美的极乐世界。谭嗣同认为，不生不灭是"仁之体"，仁是宇宙本原表明，整个宇宙和包括人在内的世界万物都处于"旋生旋灭，即灭即生"的微生灭之中——大同社会作为"通天地万物人我为一身"的表现，是"洞澈彼此，一尘不隔"的状态。由此可见，康有为、谭嗣同对大同的理解均与仁密切相关，却分别循着儒学与佛学的逻辑、思路对仁予以诠释，由此导致对大同社会的不同描述。具体地说，康有为之仁等同于不忍人之心，并宣布仁以博爱为主，进化、求乐等均是仁的内在要求和体现；由此，"至善""至乐"也成为作为仁之最高境界的大同社会的题中应有之义。谭嗣同对大同的理解尽管与康有为一样从宇宙本原——仁而来，然而，他却没有将仁与不忍人之心相提并论；而是依托佛学将仁与慈悲之心相提并论，界定为不生不灭，并进而在仁—通的破对待中利用庄子的名实论超越是非、善恶和苦乐之对待，也使大同社会没有了善与乐。

第六节　康有为、谭嗣同大同思想的关系

透过康有为、谭嗣同大同思想的差异性，可以全面理解两人大同思想的关系，进而更直观地体悟谭嗣同大同思想的原创性和独特性。上述内容显示，谭嗣同与康有为一样对大同社会魂牵梦萦，对大同世界的构想同样殚精竭虑。尽管如此，由于康有为作《大同书》集中描述了大同社会的理想蓝图，而谭嗣同并无大同方面的专著，人们在提起大同思想特别是中国近代的大同思想时往往想到康有为而忽视了谭嗣同。更为致命的是，梁启超在介绍谭嗣同的思想时，将谭嗣同的大同思想说成是对康有为的直接继承和发挥。梁启超的思想影响极大，他的说法无形中抹杀了谭嗣同大同思想的原创性和独特性。上述种种情况共同表明，康有为、谭嗣同大同思想的关系不仅仅是两人思想关系的一部分，对于理解两人的思想异同至关重要。探究、澄清康有为、谭嗣同大同思想的关系对于理解谭嗣同思想的原创性和独特性是必要的，也是必需的。

一、时间上的前后

辨析康有为、谭嗣同大同思想的关系，不可回避的是两人提出大同思想的时间问题。从逻辑上看，如果说康有为、谭嗣同在同一时期建构了大同思想，也就基本上排除了谭嗣同的大同思想是对康有为大同思想发挥的可能性。问题的关键是，谭嗣同大同思想的提出确实晚于康有为。从时间上看，康有为的大

同思想最早提出在 19 世纪 80 年代，谭嗣同大同思想的萌发要晚十多年。据康有为本人披露，《大同书》的提出在 1884 年。谭嗣同阐发大同思想则在"北游访学"的途中，对大同思想进行完善和集中阐发则在稍后的《仁学》中。正如可能性并不等于现实性一样，逻辑上的可能性并不等于事实上的现实性。时间上的先后只是不排除谭嗣同继承康有为大同思想的可能性——或者说充其量只能在逻辑上证明谭嗣同的大同思想具有继承康有为的可能性，却无法证明其现实性。至于谭嗣同究竟是否继承并发挥了康有为的大同思想则有待进一步证明。

可以明确的是，谭嗣同在"北游访学"的途中接触到康有为的大同思想，并且大为折服，赞叹有加。这方面的证据有二：一是谭嗣同在诗中赞颂康有为的大同思想，二是谭嗣同在写给老师——欧阳中鹄的信中对康有为的大同思想发出了由衷感叹："南海先生传孔门不传之正学，阐五洲大同之公理，三代以还一人，孔子之外无偶，逆知教派将宏，垂泽必远。"[1] 凭借这两个事实可以断定，谭嗣同对康有为的大同思想是佩服的，甚至可以说，谭嗣同大同思想的萌芽是由于康有为大同思想的启发。换言之，谭嗣同始言大同是由于康有为的带动。用梁启超的话说，谭嗣同是在梁启超"盛言大同"的影响下才"盛言大同"的。从这个意义上说，谭嗣同的大同思想与康有为之间具有一定关系，其中也包括受到梁启超宣传康有为大同思想的影响。在这个前提下尚须进一步澄清的是，肯定谭嗣同是在康有为大同思想的触发下喜言大同的——或者说承认康有为对谭嗣同大同思想的提出有影响是一码事，判断影响究竟有多大尤其是评判何种影响则是另一码事。只有澄清了这些问题，才能真正把握谭嗣同的大同思想，从而全面、客观地评价康有为、谭嗣同大同思想之间的关系。对于这些问题的澄清可以是多角度、多方面的，无论方法方式如何，关键还是要用事实说话，归根结底离不开甚至取决于两人大同思想的异同。上述比较呈现了康有为、谭嗣同对大同思想的建构，从中可以感受到谭嗣同大同思想的原创性和独特性。

---

[1] 《上欧阳中鹄二十二》，《谭嗣同全集》（增订本），中华书局 1998 年版，第 475 页。

二、众人的评说

思想关系的探究具有多种方式，当事人和相关人的叙述无疑具有重要的参考价值。下面着重从作为当事人的康有为、作为关系人的梁启超和作为旁观者的蔡元培的评价入手，进一步剖析康有为、谭嗣同大同思想的关系。

首先，康有为是当事人，他的表述给人一种谭嗣同的大同思想是对康有为的继承和发挥的印象。

康有为为了悼念"戊戌六君子"作过《六哀诗》，其中的一首是悼念谭嗣同的。诗曰："闻吾谈春秋，三世志太平，其道终于仁，乃服孔教精。"① 诗中的"太平"即太平世，也就是大同世。康有为在诗中一面肯定谭嗣同"志太平"，即谭嗣同心系大同，思想归于仁；一面强调这一切的前提是谭嗣同对自己思想的折服，大同思想就在其中。为了突出这一点，康有为称之为"闻吾谈……"。康有为之所以如此表述，旨在造成这样一种印象：谭嗣同是在听闻康有为讲述《春秋》三世说，依据《春秋》的微言大义推演太平之世、大同理想之后才折服孔教，并且借助孔子之仁学建构大同思想的。值得注意的是，康有为在这里只突出了两人思想之同而没有提及彼此之间的不同，并且，同中就包括大同思想。

面对康有为的说辞，尚须进一步追问和思考的是：谭嗣同固然推崇仁，然而，谭嗣同所推崇之仁在本质上是孔教之仁吗？进而言之，谭嗣同所讲的仁与康有为所讲的仁是相同的吗？答案显然是否定的。谭嗣同之仁以佛教为主要来源和主体内容，等同于识、慈悲而不是康有为所讲的博爱、不忍人之心。既然如此，康有为关于谭嗣同听闻自己讲仁和《春秋》三世说，进而建构仁学和大同思想的说法便有待进一步澄清。至于康有为在诗中提到的"乃服孔教精"，完全可以从两个不同角度去理解：一方面，谭嗣同将诸子百家归结为孔教。从这个意义上说，谭嗣同服膺孔教，康有为所言不虚；另一方面，谭嗣同明确声

---

① 《六哀诗》，《康有为全集》（第十二集），中国人民大学出版社 2007 年版，第 218—219 页。

称："佛教大矣，孔次大，耶为小。"① 从这个意义上说，他推崇佛教，即使讲大同也脱胎于佛教而不是像康有为本人的大同思想那样以孔教为主要来源。康有为认为谭嗣同主要从孔教以及公羊三世说中推演大同思想，是对谭嗣同大同思想的一种误读。澄清了这些问题，结论便不言而喻：谭嗣同的大同思想即便受到康有为的启发或从康有为那里开始，其走向也与康有为的大同思想渐行渐远。

其次，梁启超是关系人，他的说法和他的影响力使许多人认同了谭嗣同的大同思想是对康有为大同思想的继承发挥。说到康有为、谭嗣同大同思想的关系，不得不提梁启超。这不仅是因为梁启超与两位当事人关系密切，最有资格成为"见证人"；而且是因为梁启超熟悉两人的思想，既是康有为的得意弟子，又是最早介绍、宣传谭嗣同思想的人。更为重要的是，梁启超对谭嗣同思想的介绍、宣传就包括大同思想在内，并且直接关系到谭嗣同与康有为大同思想的关系问题。

在为谭嗣同作传时，梁启超如是说：

> 君资性绝特，于学无所不窥，而以日新为宗旨，故无所沾滞；善能舍己从人，故其学日进。……少年曾为考据笺注金石刻镂诗古文辞之学，亦好谈中国古兵法；三十岁以后，悉弃去，究心泰西天算格致政治历史之学，皆有心得。又究心教宗，当君之与余初相见也，极推崇耶氏兼爱之教，而不知有佛，不知有孔子；既而闻南海先生所发明《易》《春秋》之义，穷大同太平之条理，体乾元统天之精意，则大服；又闻《华严》性海之说，而悟世界无量，现身无量，无人无我，无去无住，无垢无净，舍救人外更无他事之理；闻相宗识浪之说，而悟众生根器无量，故说法无量，种种差别，与圆性无碍之理，则益大服。自是豁然贯通，能汇万法为一，能衍一法为万，无所挂碍，而任事之勇猛亦益加。作官金陵之一年，日夜冥搜孔

---

① 《仁学》，《谭嗣同全集》（增订本），中华书局1998年版，第333页。

佛之书；……其学术宗旨，大端见于《仁学》一书。[①]

值得注意的是，梁启超在《谭嗣同传》中极力彰显谭嗣同对康有为大同思想的服膺，并且凸显康有为大同思想对谭嗣同的决定性影响。依据梁启超的介绍，尽管谭嗣同善于"舍己从人"，学术日进，然而，谭嗣同在与梁启超、康有为相遇时并不了解孔教。显而易见，梁启超的言下之意是，此时的谭嗣同也不了解大同。稍加思考即可发现，梁启超这番议论的逻辑前提与康有为一样，认定谭嗣同的大同思想从孔教而来。殊不知谭嗣同所讲的大同并不以孔教为依托，仅就此点而论，梁启超对谭嗣同大同思想的理解就没有抓住要害，而是犯了与康有为同样的错误。

问题到此并没有结束，因为梁启超即使承认谭嗣同的哲学思想与佛学相近，同样将之归功于康有为的影响。可以看到，梁启超在描述谭嗣同的思想变化时用了两个"大服"：第一，谭嗣同在听闻康有为讲《春秋》三世说和大同太平思想之后，"大服"。第二，谭嗣同在听闻康有为讲华严宗之后，更是"益大服"[②]。在梁启超看来，康有为所讲的孔教与华严宗圆融无碍。沿着这个思路，梁启超一面指出谭嗣同服膺康有为所讲的孔教、佛教，一面像康有为那样肯定谭嗣同的大同思想脱胎于康有为并不矛盾。退一步说，即使承认谭嗣同的大同思想并非完全出于孔教而是容纳了佛教，也不影响梁启超对于谭嗣同与康有为大同思想的渊源关系的判断。梁启超借助两个"大服"形容谭嗣同听闻康有为思想的情形，既是指谭嗣同转变原来思想而对孔教、佛教的服膺，亦是表明谭嗣同对康有为包括孔教、佛教和大同思想在内的思想佩服得五体投地。基于这种认识，梁启超肯定谭嗣同的大同思想是对康有为的继承和发挥。

---

① 《谭嗣同传》，《谭嗣同全集》（增订本），中华书局1998年版，第556—557页。

② 在"又闻《华严》性海之说"之前，梁启超并没有像对待第一个"大服"那样强调"南海"，从上下文来看，应与第一个"大服"一样指听闻南海之说。有鉴于此，中华书局1998年版的《谭嗣同全集》（增订本）用的是分号"；"。可以作为证据的是，梁启超介绍康有为的思想时，指出康有为既提倡孔教，又服膺佛教，故而在讲学时"以孔学、佛学、宋明学为体"（《南海康先生传》，《梁启超全集》（第一册），北京出版社1999年版，第483页）教授学者。

与肯定谭嗣同的大同思想是对康有为的继承和发挥相印证，梁启超强调，谭嗣同是在自己"盛言大同"的影响下才"盛言大同"的——当然，他本人此时所言大同是对康有为思想的宣传。对于当时的具体情形，梁启超在《清代学术概论》中回忆说：

> 有为虽著此书（指《大同书》——引者注），然秘不以示人，亦从不以此义教学者，……启超屡请印布其《大同书》，久不许，卒乃印诸《不忍杂志》，仅三之一，杂志停版，竟不继印。……有为不轻以所学授人。……居一年，乃闻所谓"大同义"者，喜欲狂，锐意谋宣传。……启超谓孔门之学，后衍为孟子、荀卿两派，荀传小康，孟传大同。汉代经师，不问为今文家古文家，皆出荀卿（汪中说）。二千年间，宗派屡变，壹皆盘旋荀学肘下，孟学绝而孔学亦衰。于是专以绌荀申孟为标帜，引《孟子》中诛责"民贼"、"独夫"、"善战服上刑"、"授田制产"诸义，谓为大同精意所寄，日倡道之，……嗣同方治王夫之之学，喜谈名理，谈经济，及交启超，亦盛言大同，运动尤烈。①

由于梁启超所言大同是对康有为大同思想的宣传，因此，梁启超在这里所说的谭嗣同受自己带动而"盛言大同"与谭嗣同大同思想出自康有为的说法并不矛盾，只是对具体方式或具体情形的补充说明而已。

综合上述情况可以断定，谭嗣同开始对大同兴趣盎然与康有为相关，或者说，是受到康有为大同思想的启发并且由于梁启超"盛言大同"的鼓动。在这个前提下，需要进一步思考的是，承认谭嗣同的大同思想受到康有为的触发而缘起与继承、发挥了康有为的大同思想甚至是对康有为大同思想的全盘吸收是否是一码事？很明显，后一个问题与前一个问题并不相同，甚至是不属于同一层次的问题。康有为、梁启超恰恰混淆了二者之间的区别，将谭嗣同在康有为（包括梁启超）那里开始接触、热衷于大同演绎为谭嗣同的大同思想是对康有为

---

① 《清代学术概论》，《梁启超全集》（第五册），北京出版社 1999 年版，第 3099 页。

的直接发挥，故而极力张扬二者之同而忽视乃至遮蔽二者之异。无论康有为、梁启超的做法在主观上是无心还是有意，至少在客观后果上给人这样一种误导。

上述探讨和比较研究共同显示，康有为、谭嗣同的大同思想既有相同之处，又有不同之处。准确地说，尽管谭嗣同与康有为的大同思想存在诸多相同之处，然而，二者在整体上迥然相异，在某些方面甚至集苑集枯。与康有为、谭嗣同大同思想的异同参半乃至迥异其趣形成强烈反差的是，无论康有为还是梁启超都不约而同地极力彰显二者的相同之处，而对彼此之间的不同之处三缄其口。这种做法既有违全面客观的学术态度，也难免利用谭嗣同为自己做宣传之嫌。

相对于康有为、梁启超而言，蔡元培对康有为、谭嗣同大同思想的关系论述更为全面，评价也更为公允。蔡元培在《五十年来中国之哲学》中不仅介绍了康有为、谭嗣同的哲学，而且分析了两人哲学的异同，其中就包括对两人大同思想的关系解读。蔡元培在其中写下了这样一段文字："方康氏著《大同书》的时候，他的朋友谭嗣同著了一部《仁学》。康氏说'以太'，说'电'，说'吸摄'，都作为'仁'的比喻；谭氏也是这样。康氏说'去国界'、'去级界'等等，谭氏也要去各种界限。这是相同的。但谭氏以华严及庄子为出发点，以破对待为论锋，不注意于苦乐的对待，所以也没有说去苦就乐的方法。"①

蔡元培的这段话对于理解康有为、谭嗣同哲学以及两人大同思想的关系提供了四点启示：第一，在称谓和表述上，蔡元培使用了"他的朋友谭嗣同"来界定康有为与谭嗣同的关系。这意味着康有为、谭嗣同在蔡元培的眼里是朋友关系，而不是梁启超所认定的师生关系。可以看到，与蔡元培对康有为、谭嗣同朋友关系的认定截然相反，梁启超利用一切机会反复证明谭嗣同与自己一样师出康有为。例如，在为谭嗣同的《仁学》所作的《仁学序》中，梁启超署名"同门梁启超"。再如，在《清代学术概论》中，梁启超指出谭嗣同在听闻自己介绍包括大同思想在内的康有为的学说后对康有为的思想佩服得五体投地，当即就明确表示为康有为的私淑弟子。事实证明，梁启超的说法

① 《五十年来中国之哲学》，《蔡元培全集》（第五卷），浙江教育出版社 1997 年版，第 121 页。

充其量只是一面之词，因为始终找不到直接的有力证据。谭嗣同在私人通信中多次提及康有为，从称谓和表达上也看不出与康有为存在任何师生关系的迹象——这一点至关重要，因为谭嗣同是一个表里如一的人，他的说法似乎比梁启超的说法更可信。可以作为佐证的是，就连极为自负、一再表示谭嗣同包括大同思想在内的诸多思想源自自己的康有为也没有对谭嗣同以弟子相称，这一点与康有为对作为自己弟子的梁启超的称谓相比较则可以看得更加清楚。梁启超将康有为、谭嗣同说成是师生关系，与凸显两人思想的相同性之间具有内在联系。既然康有为与谭嗣同之间在蔡元培看来只是朋友关系，便不存在梁启超所说的谭嗣同包括大同在内的思想是对康有为思想的直接继承或发挥之类的问题。师生关系侧重传道授业解惑，朋友之间即使是志同道合，也没有师生之间思想继承的可能性大。这便是梁启超强调康有为、谭嗣同之间是师生关系的用意所在。只是梁启超不明白，即使作为学生，对老师的学说亦未必亦步亦趋、全盘接受，而完全可能对老师所讲的内容不感兴趣乃至攻击师说。对于这一点，他本人对康有为大同思想的态度即是明证①。第二，蔡元培肯定康有为、谭嗣同各自创建了自己的哲学——在肯定两人的代表作分别是《大同书》与《仁学》的同时，以"方"表示两书在时间上大致同时。《大同书》与《仁学》在出现时间上的同时性——"方"几乎在逻辑上否定了后者继承前者的可能性。第三，蔡元培承认康有为、谭嗣同哲学的相同性，并且明确指出了其具体表现：一是两人都用"以太""电""吸摄"②等源自西方近代自然科学的概念比喻仁；二是康有为、谭嗣同都主张"去国界""去级界"。这意味着两人都在奉仁为宇宙本原的同时，用以太、电、力等源自西方自然科学的学说、概念论证仁学。第四，蔡元培肯定康有为、谭嗣同的哲学存在差异性，并且揭示了其具体表现：一是佛学即华严宗和庄子的思想对于谭嗣同的哲学具有至关重要的影响；二是谭嗣同的哲学以破对待为核心话题，

---

① 戊戌变法失败流亡日本后的梁启超对康有为大同思想的态度发生翻转，随着民族主义立场的日益鲜明，开始公开攻击康有为的大同学说在本质上是世界主义，无异于宗教家的梦呓。

② 又称"吸摄之力"，现通译为吸引力。

而康有为的哲学并不关注破对待之类的问题；三是谭嗣同所要破的对待之中不包括苦乐之对待，这使谭嗣同并不像康有为那样主张"求乐免苦"。蔡元培对康有为、谭嗣同哲学的解读尽管有些细节并不准确①，然而，他对两人思想异同的剖析在大同思想的来源上可以得到印证。

蔡元培对康有为、谭嗣同哲学关系的剖析从哲学根基和理论来源上揭示了两人大同思想的同异，对于把握两人大同思想的关系极具启发意义：就相同性而言，康有为、谭嗣同都将仁理解为破除各种界限而平等，并将平等的实现寄托于消除国家、等级的世界大同。由于电、力、以太等自然科学概念的介入，康有为、谭嗣同都侧重借鉴西方传入的自然科学概念来论证大同思想。具体地说，两人都热衷于电、力、以太等自然科学概念，都将仁与以太、电、力等源自西方近代自然科学的概念相提并论；并且，与相信自然科学的普适性密切相关，康有为、谭嗣同都主张"去国界"，设想通过取消国界而进入大同世界。就不同性而言，如果说康有为的大同理想以儒家思想为母版的话，那么，谭嗣同的大同构想则以华严宗和庄子的思想为骨架。理论来源的不同进一步决定了两人所畅想的大同在内容构成和价值旨趣上的差异：康有为将大同社会描述为"至公""至乐"和"至善"，这一切是出于"求乐免苦"动机的"愿求皆获"；正如注重破对待一样，谭嗣同将大同界定为破除一切分别和对待的同一、"致一"，最终境界则是超越彼此、人我、善恶、苦乐之对待的"洞澈彼此，一尘不隔"。

三、初步的结论

综合上述比较可以看到，康有为、谭嗣同的大同思想既存在相同之处，又存在不同之处。如果说相同之处表明两人的大同思想同属于近代大同形态的第

---

① 例如，蔡元培认为，"谭氏……不注意于苦乐的对待，所以也没有说去苦就乐的方法"。一方面，谭嗣同诚如蔡元培所说，"不注意于苦乐的对待"。另一方面，谭嗣同之所以如此，是因为他超越苦乐之对待，而非蔡元培所说的"没有说去苦就乐的方法"。

一阶段[①]的话，那么，不同之处则表明康有为、谭嗣同的大同思想分别代表了大同近代形态第一阶段的两种样式和版本。因此，在剖析、评价康有为、谭嗣同大同思想的关系时，要秉持全面、公允的学术立场和客观态度：一方面，要看到康有为、谭嗣同大同思想的密切关系，并且充分认识其间的相同性。另一方面，要看到康有为、谭嗣同大同思想的差异性，充分尊重谭嗣同大同思想的原创性和独特性[②]。

相对于揭示康有为、谭嗣同大同思想的异同，探究二者异同背后的根源更为重要。只有借助这一探究，才能深刻把握康有为与谭嗣同大同思想的相同之处究竟是康有为对谭嗣同的决定影响还是那个时代使然：如果属于前一种情形，则在某种程度上印证了康有为、梁启超的观点；如果属于后一种情形，则有必要从中国近代特定的历史背景、现实需要和文化资源入手，对康有为、谭嗣同的大同思想以及其他方面思想的相同性予以重新审视。

可以肯定的是，康有为、谭嗣同之所以对大同理想梦寐以求，与中国近代社会的内忧外患密切相关。期望伴随大同社会的到来使中国摆脱苦难是两人的共同初衷，康有为、谭嗣同将大同社会设想为自由、平等和民主的实现印证了这一点。康有为、谭嗣同关于大同社会消除国界的主张尽管不是对中国与西方列强关系的最好解决，却凝聚着对中国与外国平等的思考和期盼。从这个意义上说，两人诉诸大同是时代使然，无论历史背景还是价值诉求都带有中国近代特有的鲜明烙印和时代特征，故而与其他近代哲学家的意趣旨归相同，也与古

---

① 近代形态指具有全球视域，融合古今中外各色学说等。这是近代大同思想的时代特征和近代风范，淋漓尽致地展示了与古代大同思想的区别。从这个意义上说，不惟康有为、谭嗣同，包括孙中山在内的近代哲学家甚至蔡元培、李大钊等新文化运动者的大同思想都概莫能外。第一阶段是指在具有上述时代特色的同时，近代哲学家的大同构想具有不容忽视的差异，致使近代的大同思想呈现出明显的阶段性。就康有为、谭嗣同的大同思想而言，由于都处于近代大同思想的第一阶段，因而不可避免地带有这一阶段不同于其他阶段的独特性：第一，利用自然科学论证大同，对大同作极端理解，带有平均主义倾向。第二，将取消国界、同化人种奉为通往大同的必经之路，由此导致世界主义、大同主义等。

② 如果说康有为、谭嗣同的大同思想属于第一阶段更多地受制于两人所处时代的客观环境和历史条件的话，那么，不同样式则更多地取决于两人的主观选择和学术旨归。两相比较，后者更能代表康有为、谭嗣同的思想关系，这一关系包括大同思想在内。

代哲学家的大同理念相去霄壤。

在这个前提下尚须看到，康有为、谭嗣同对大同社会的构想和期待与后来的孙中山、蔡元培和李大钊等人迥然相异，之所以如此，主要原因在于理论武器的蹩脚和思维水平的局限。具体地说，康有为、谭嗣同在分析中国的现实苦难和寻找解决办法的过程中，由归咎于中国社会内部的森严等级而力主平等，并将平等的最终实现寄托于大同社会。这原本并没有错，错误在于，由于将平等界定为绝对平均，两人对大同之梦的追逐最终迷失在世界主义之中。康有为、谭嗣同构筑大同之梦的时代正是梁启超所说的"学问饥荒"时代，西方的启蒙思想在此时尚未系统输入中国，两人的理论失误可以在当时的学术资源中找到蛛丝马迹。

据梁启超披露，谭嗣同作《仁学》时尚不知卢梭的《社会契约论》(《民约论》)为何物。当然，孟德斯鸠、卢梭、斯宾塞和穆勒等人的社会契约论、天赋人权论、社会有机体论和自由学说等则闻所未闻。身处"学问饥荒"的时代，面对西方东渐的"初级普通学"，康有为、谭嗣同只能在以中国本土文化为母版的前提下利用以电、力、以太等为代表的零星的自然科学概念或学说为自由、平等、民主和进化等思想代言，将它们统统说成是仁的题中应有之义。两人在建构大同思想时走向世界主义、大同主义，与仁作为世界本原的放诸四海而皆准息息相关，与以太、电、力代表的自然科学的实证方式和由此推出的结论作为公理、实理的普适性同样密不可分。

进而言之，康有为、谭嗣同之所以选择仁作为世界万物的本原，是因为当时西方哲学尚未大量东渐，只能凭借中学、佛学等现有的学术资源建构自己的哲学和大同思想。这也是康有为、谭嗣同的仁学与梁启超的唯意志论、严复的不可知论大相径庭的原因之一。以太、电、力等西方自然科学概念和相关知识传入中国的时间较早，进化论的系统输入时间较晚，以严复翻译的《天演论》为标志。正是由于没有经历过进化论的洗礼，康有为、谭嗣同依托公羊三世说论证大同社会的正当性和必然性，却在讲三世进化的过程中或者将三世理解为三世而九世而八十一世的循环渐进(康有为)，或者演绎为逆顺三世的"两三世"(谭嗣同)：康有为的公羊三世说是对《春秋》微言大义的发挥，谭嗣同的"两三世"说则是对《周易》乾卦之六爻的演绎——总之，皆脱胎于"据乱世"、"升平世"、"太平世"的公羊三世说，而不是像梁启超、孙中山等人的进化史观那样植根于进化论之上。

当然，康有为、谭嗣同之所以走向世界主义、大同主义，还有一个重要原因，那就是：当时还没有形成中华民族的概念①，中国的民族主义尚未兴起。分析至此可以得出结论，康有为、谭嗣同大同思想的相同之处具有不可否认的客观原因，在很大程度上是特定的思想资源、学术状况使然。两人相近的年龄差距似乎印证了这一点。可以作为佐证的是，作为康有为学生的梁启超之所以"尽弃师说"，从直接原因看，是由于他在戊戌变法失败后逃亡日本，开始大量接触到日本翻译的西方学说；从深层原因看，是由于出生于1873年的梁启超与出生于1858年的康有为之间存在"代沟"，面对新思想、新学说表现出截然不同的态度。对于这一点，梁启超的名言"启超与康有为最相反之一点，有为太有成见，启超太无成见"②提供了最佳的注脚。

综上所述，康有为、谭嗣同的大同思想异同互见：一方面，两人的大同理念带有明显的相同性，这些相同性显示了近代与古代哲学的差异。这表明，康有为、谭嗣同的大同思想属于近代形态，故而与古代思想家的大同理念具有不同性而与其他近现代思想家具有一致性。康有为、谭嗣同大同思想的相同之处有些如平均主义、世界主义以及由此带来的极端性、空想性只限于两人之间，而有别于其他近现代哲学家，故而与梁启超、孙中山和李大钊等近现代哲学家产生了学术分野。这表明，康有为、谭嗣同的大同思想属于近代形态的第一阶段，这一阶段只有康有为与谭嗣同两个人。正是由于这个原因，两人的大同思想具有最高的相似度。另一方面，康有为、谭嗣同的大同思想呈现出不容忽视的差异，无论理论来源、内容构成还是致思方向、心态意趣都不可同日而语。这表明，康有为、谭嗣同的大同思想在大同的近代形态中属于两种不同的样式和版本，故而特色鲜明，拥有各自的意蕴和个性。

---

① 中华民族的概念是在梁启超、孙中山等近代哲学家的努力下初步确立起来的。

② 《清代学术概论》，《梁启超全集》（第五册），北京出版社1999年版，第3102页。

第八章　康有为与谭嗣同宗教观之比较

宗教（religion）、教育（education）对于中国人来说都是西学东渐的产物，无论作为概念还是作为学科都是舶来品。在中国近代，宗教、教育伴随着西学的大量东渐和西方学科分类系统传入中国，并且很快成为主流话语。与此同时，伴随着西方传教士的大量涌入和教案的迭起，耶教（基督教）激化了中国社会的诸多矛盾，由此引发各种社会问题。这些使中国近代社会的宗教问题异常突出，成为一个无法回避的现实课题，因而引起了近代哲学家的高度关注和重视。在这种背景下，产生了中国近代的宗教热。康有为、谭嗣同都是近代宗教热的积极参与者和主要代表，既热衷于宗教，又形成了较为系统的宗教观。比较康有为、谭嗣同的思想可以发现，两人的宗教观带有近代宗教思想的时代烙印，从而呈现出明显的一致性；彼此之间又存在不容忽视的差异性，散发出强烈的个性之光和独特魅力。

第一节　热衷于教

康有为、谭嗣同都对教兴趣盎然，故而津津乐道。康有为对宗教的热衷引人瞩目，以至于在梁启超给康有为作传时评价康有为"宗教思想特盛"，并且称康有为是中国亘古未有之宗教家。谭嗣同对教同样痴迷不已，他自己对此的概括和表白是"嗣同亦酷好谈教"。

一、对教之重视

无论基督教的强势入侵引发的教案迭起还是中学与西学的碰撞都使教、宗教成为中国近代社会普遍关注的焦点话题，也在某种程度上引发了近代哲学家对宗教与救亡图存、思想启蒙关系的热切关注。康有为、谭嗣同就是在这种特殊的历史背景和文化语境下探究、关注教或宗教问题的，这决定了两人对教的热衷与对教之界定、理解密不可分，从根本上说受制于中国近代的社会现实和政治需要。

康有为之所以对教极为重视，是出于两方面的考量：第一，在对中国落后挨打的分析中，康有为深切认识到人才的作用，并且将人才匮乏说成是中国之患，而将"教学不修"归结为国无人才的根本原因。对此，他写道："朝无才臣，学无才士，阃无才将，伍无才卒，野无才农，府无才匠，市无才商，则国弱。……今天下治之不举，由教学之不修也。……教学恶为不修？患其不师古也。今天下礼制、训诂、文词皆尚古，恶为不师古？曰：师古之糟粕，不得其精意也。善言古者，必切于今；善言教者，必通于治。……上推唐、虞，中述周、孔，下称朱子，明教学之分，别师儒官学之条，举'六艺'之意，统而贯之，条而理之，反古复始，创法立制。"[1]在这里，康有为将中国落后、贫困和衰微之根源统统归结为人才匮乏，并且进一步将人才匮乏归咎于"教学不修"。这一认定将矛头指向当时的"教学"，也从反面彰显了"教学"的地位和作用。第二，在对教案引发后果的剖析中，康有为意识到了凝聚中华民族精神的重要性，试图通过以教治教，重拾中国人的身份认同和文化认同。他在写给朱一新的信中淋漓尽致地袒露了这一心声："讲求既入，自能推孔子之大义，以治后之天下，生民所攸赖，更有在也。若诚如今日之破碎荒陋，则彼《新约》、《旧约》之来，正恐无以拒之。诸贤虽激励风节，粉身碎骨，上争朝政之非，下拒异教之入，恐亦无济也。若虑攻经之后，它日并今文而攻之。则今文即孔子之文也，是惟异教直攻孔子，不患攻今学也。遗文具在，考据至确，不能翻空出

---

① 《教学通义·记》，《康有为全集》（第一集），中国人民大学出版社 2007 年版，第 19 页。

奇也。彼教《旧约》，去年彼教中人亦自攻之，只分真伪与否，不能如此黑白不分也。"① 由此可见，康有为对中国近代社会的剖析第一点侧重教育，第二点则侧重宗教——总之，共同指向了教的至关重要。

谭嗣同指出，教对于人和人类社会具有举足轻重的作用，不仅使人有别于生物，成为天地万物之"至贵"，而且决定了人之进化与退化，从而决定人类社会之兴荣与衰败。正是在这个意义上，他宣称："人之初生，浑浑灏灏，肉食而露处，若有知，若无知，殆亦无以自远于螺蛤鱼蛇龟鸟兽焉。有智者出，规画榛莽，有以养，有以卫，拔其身于螺蛤鱼蛇龟鸟兽之中，固已切切然全生远害，而有以自立，然于夷狄也亦无辨。于是独有圣人者，利之以器用，文之以等威，经之以礼义，纬之以法政，纪之以伦类，纲之以师长；又恐其久而渐弛也，创制文字，载著图录，发天道之精微，明人事之必不容己，俾知圣人之教，皆本于人性之自然，非有矫揉于其间。由之而吉，背之而凶，内反之而自足，叛去之而卒无所归，而教以不隙绝于天下。故人，至贵者也，天地阅几千万亿至不可年，而后有人。故《诗》、《书》，人道之至贵者也，人阅几千万亿至不可年，而后有《诗》、《书》，有《诗》、《书》，而后人终以不沦于螺蛤鱼蛇龟鸟兽，抑终以不沦于夷狄。"②

谭嗣同的这段议论从三个方面共同阐明了一个问题，即教无论对于人还是对于人类社会都不可或缺：第一，人是从生物进化来的，原初与动物无异，茹毛饮血、杂居露处，终日浑浑噩噩、懵懂无知。是"智者"的"圣人之教"改变了人类的命运——使人从无知变得有知，并且懂得了养生卫生全生。这个过程昭示了一个不争的事实，那就是：伴随着文明的曙光初露，人"拔其身于螺蛤鱼蛇龟鸟兽之中"，远离禽兽，完成了第一次华丽转身。第二，在人之生命得以保全之后，"圣人"制定了礼仪法度，并且创造文字来记录、传承这些文明。经过"圣人之教"的洗礼，人类学会了礼义法度，完成了由野蛮向文明的飞跃。第三，如果说人是生物进化的最后阶段，并且"天地阅几千万亿至不可

① 《与朱一新论学书牍》，《康有为全集》（第一集），中国人民大学出版社2007年版，第315页。

② 《石菊影庐笔识·思篇》，《谭嗣同全集》（增订本），中华书局1998年版，第131页。

年，而后有人"，所以，人才成为天地之间之"至贵"的话，那么，是《诗》《书》之教进一步使人远离夷狄而日臻文明。经过如此论证，他得出结论：教对于人和人类社会至关重要——不仅使人成为天地之"至贵"，而且决定了人类社会之文野。

与此同时，谭嗣同强调，圣人之道的要领和原则是"发天道之精微，明人事之必不容己"。这表明，"圣人之教，皆本于人性之自然"。发天道、本人性是谭嗣同的一贯宗旨，也大致框定了他所讲的教之原则和方法。按照他的说法，谭嗣同的变法主张和教化思想皆顺天而来，变法维新是"称天而治"，教化万民是顺天之举。在这方面，无论管子的"仓廪足而知廉耻，衣食足而知荣辱"（《管子·牧民》）还是孟子的"此惟救死而恐不赡，奚暇治礼义哉"（《孟子·梁惠王上》）以及"先富后教"、"与民同乐"（《孟子·滕文公上》）等都让谭嗣同确信，没有衣食等必要的生存保障，一切道德法度或社会治理都无从谈起。沿着这个思路，他指出，若正人心，非兴教莫由；若要兴教，必须先兴实业。对于其中的道理，谭嗣同进一步解释说：

> 且即欲正天下之人心，又岂空言能正之乎？极知今日之祸乱有为人心所召，彼甘心误国者，所谓不待教而诛，虽圣人不能正此已死之人心，然有后来末死之人心焉。无法又从何处正起，则亦寓于变法之中已耳。衣食足，然后礼让兴；圣人言教，必在富之之后。孟子谓："救死而恐不赡，奚暇治礼义？"言民道，则以耕桑树畜为先，无所器则无其道。圣人言道，未有不依于器者。岂能遍执四百兆颠连无告之民，一一责以空言，强令正心乎？所谓垂空文以教后世，亦望后之人能举其法以行其教，而空者不空耳。若但空文而已足，则前人之垂亦既夥矣。①

基于上述认识，谭嗣同得出了不变法则正人心不能奏效，而若要变法一定从学校变起的结论。这就是说，"变学校"是变法维新的基础，乃至是改造中

---

① 《思纬氤氲台短书·报贝元徵》，《谭嗣同全集》（增订本），中华书局1998年版，第208页。

国的"根本之根本"。这一结论印证了兴教的重要性，也决定了"行其教以正人心"在谭嗣同变法维新思想中的不可或缺和重要地位。

至此，康有为、谭嗣同都将教与中国的强弱兴衰直接联系起来，并且将兴教说成是振兴中国的主要出路和关键。正是这一点使两人将兴教与中国的前途、命运捆绑在一起，从而对教高度重视，殚精竭虑。有鉴于此，康有为、谭嗣同对教的高度重视和关注流露出浓郁的宗教情结，对教之作用的强调和如醉如痴与——如同时代的思想家严复等人对宗教的抨击、鞭挞更是形成鲜明而强烈的对比。

二、教学关系

康有为、谭嗣同所讲的教内容宽泛，包括宗教却不等于宗教。在中国近代，作为西学东渐的产物，宗教对于中国人来说既新鲜又陌生，属于新概念、新名词。在中国本土文化语境中，教以及教化之概念源远流长。在中国宗教、教育输入之前，中国本土盛行的则是教或教化等概念。

教是一个十分宽泛的概念，至于教指什么特别是教具体包括哪些内容，康有为、谭嗣同的认识相差悬殊。这就是说，两人视界中的教并不是完全重合的，其间的大小之别尤为突出。一言以蔽之，康有为将教与学等量齐观，故而教学相混；谭嗣同则强调"教能包政、学"，认定教大学小，二者是包含与被包含的关系。

综合考察康有为的思想可以发现，尽管对教兴趣盎然，然而，他并没有着重对教与学的关系进行界定，反而对教与学是混用的。诚然，康有为有过对教与学的区分。例如，他声称："然佛固大地一大教也，其教虽不屑于中国，而其学则微妙精深，洽于至理，无能毁之者也。"[1]尽管如此，康有为对孔子之教（孔教）与孔子之学（孔学）并无区分，反而对它们相互混用。对于这一点，

---

[1] 《欧美学校图记 英恶士弗大学校图记》，《康有为全集》（第八集），中国人民大学出版社2007年版，第129页。

下列说法即是明证：

> 是时诸子并兴，而儒与杨、墨三教最大，学者互相出入。兼爱甚，则厌而思静，故必归杨。为我甚，则天良时发，故归于儒。有教无类，来者不拒，不必问所从来。其道广大，乃可以化异道而归一，其或门墙自高，责其既往，适以自隘其教而已，故孟子非之。佛氏之起，皆招梵志，此传教之大要也。①

> 墨子虽异孔子之道，而日以利天下为事，故《吕氏春秋》曰：孔席不暖，墨突不黔。盖与孔子有同焉。子莫无考。《吕氏春秋》曰：皇子贵衷。衷者，中也，当即子莫执中，盖类孔子之道。然无权衡其间，不知精义入神之学，又有背于孔子，故以为贼道也。然皆概乎有闻者也。②

在第一段议论中，康有为将孔子创立的儒学直接称为儒教，并在这个前提下将孔子之道（如第二段引文所示）与杨（杨朱）教、墨（墨子）教相提并论，并将儒学的传播与佛教的传教混为一谈。在这个维度上，他所讲的教具有宗教之义。尽管如此，正如教在康有为的视界中包括宗教而不限于宗教一样，他在以教称谓孔子（儒）、杨朱和墨子之教的同时，以"学者"而非信徒或教徒称谓三人的后学。在这个维度上，康有为所讲的教具有学说之义。结合两方面的情况来看，教与学在他那里并无严格或明确界限，反倒是完全可以混用、互用：一方面，教有学之义，此处之教的意思是，在老师的指导下学习。拿《论语》记载的孔子提倡的"有教无类"来说，其中的教就有跟随老师接受教育、学习之义。另一方面，学有教之义，此处之学指学习、效仿，而这已经是康有为所讲的教的题中应有之义了。康有为反复重申教之本义是先学后行——学习、效仿。这表明，学在他那里不仅包括学习，而且包括如道一样的学习、效

---

① 《孟子微》，《康有为全集》（第五集），中国人民大学出版社 2007 年版，第 498 页。
② 《孟子微》，《康有为全集》（第五集），中国人民大学出版社 2007 年版，第 498 页。

仿。有鉴于此，康有为的第二段议论直接用孔子之道称谓孔教、儒教或儒学，文中还直接出现了"学"的字样。

正因为教与学在康有为的思想中没有区别，所以，在他的表述中，教与学同时使用、混用以至于教学相混是普遍现象。下仅举其一斑：

> 诸教皆不能出孔学之外。①

> 孔子后有孟、荀，佛有马鸣、龙树；孔教后有汉武立十四博士，佛后有阿育大天王立四万八千塔。诸家盛衰，颇为暗合。②

> 孔、墨弟子，各以其学教天下。见《吕氏春秋》。③

> 老子之学分两派：教学、治学也。④

> 《书》教胄子，专言学。⑤

这些引文共同证明，康有为的教学相混从他对孔子、墨子和老子学派的称谓及说明中即可见一斑，至于"诸教"不出"孔学"之外的说法更是将教与学的相混、互用推向了极致。

---

① 《万木草堂口说·孔子改制》，《康有为全集》（第二集），中国人民大学出版社 2007 年版，第 148 页。
② 《万木草堂口说·荀子》，《康有为全集》（第二集），中国人民大学出版社 2007 年版，第 182 页。
③ 《万木草堂口说·学术源流》，《康有为全集》（第二集），中国人民大学出版社 2007 年版，第 144 页。
④ 《万木草堂口说·学术源流》，《康有为全集》（第二集），中国人民大学出版社 2007 年版，第 144 页。
⑤ 《万木草堂口说·乐学》，《康有为全集》（第二集），中国人民大学出版社 2007 年版，第 191 页。

除此之外，康有为还援引韩非"世之显学，儒、墨也"（《韩非子·显学》）的记载阐明儒是孔子创教之名，从中可以更清楚地看到孔子之教与孔学、儒教与儒学对于他来说异名而同实，甚至可以视为同一个概念。正是在这个意义上，康有为声称：

> 儒为孔子创教之名。春秋时，诸子皆改制创教，老子之名为道，与孔子之名为儒、墨子之名为墨同。墨子则即以墨为教名。故教名儒教，行名儒行，从儒之人名儒者，犹从墨之人名墨者。群书以儒、墨并称者，不可胜数。《韩非子·显学篇》曰：世之显学，儒、墨也。儒之所至，孔丘也；墨之所至，墨翟也。自孔子之死也，有子张氏之儒，有子思之儒，有颜氏之儒，有孟氏之儒，有漆雕氏之儒，有仲良氏之儒，有孙氏之儒，有乐正氏之儒。自墨子之死也，有相里氏之墨，有相夫氏之墨，有邓陵氏之墨。故孔、墨之后，儒分为八，墨分为三。可知儒为孔子创教至明。《庄子》：郑人缓也为儒，其弟为墨。如为僧为道之义，此言从教之人亦至明。故墨子《非儒篇》专攻孔子。墨子亦称尧、舜、禹、汤、文、武者，而儒教为孔子所创。刘歆欲篡孔子之圣统，假托周公，而灭孔子改制创教之迹，乃列儒于九流，以儒与师并列，称为以道得民。自此，儒名若尊，而为教名反没矣。惟儒中之，品诣迥分，有大儒、圣儒、贤儒、名儒、硕儒、魁儒、巨儒，君子儒也；小儒、纤儒、偷儒，小人儒也。故孔子教子夏以为君子儒，无为小人儒。盖子夏初从教为儒时，孔子勉而戒之若此。[①]

在这里，康有为将被韩非称为"显学"的儒家学说置换成了儒教，以韩非描述的战国末期"儒分为八"的事实作为证据证明孔教的传播及盛行，从中推出儒为孔子创立之教——"可知儒为孔子创教至明"的结论。沿着这个思路，康有为进一步将儒、墨之分与佛教、道教之别混为一谈，以此证明从儒、墨之学者也就是"从教之人""如为僧为道之义"，都是教中之人。经过康有为的这

---

① 《论语注》，《康有为全集》（第六集），中国人民大学出版社 2007 年版，第 419 页。

番诠释，作为孔子高足的子夏跟随孔子学"文学"也就顺理成章地演绎成了在孔子那里"从教为儒"。依据康有为的说法，由于刘歆假托周公，消灭孔子创教之迹而将儒列于九流，儒之教名也就由此被湮没了。事实却是孔子创立儒学就是创立儒教，教之名在孔子创教之时即已"至明"，在韩非所处的战国末期更是蔚为大观，居于"显学"地位。

如果说由于教学相混，康有为不惟没有对教与学予以区分，反而对二者互用，以至于教学大致相当的话，那么，谭嗣同则对教与学分别对待。他坦言自己"酷好谈教"，其中包括对教兴趣盎然的态度，也包括对教这一概念内涵、外延的界定。就外延而言，谭嗣同断言"教能包政、学"，进而将政治和学术都归到教之麾下。

为了厘清教之概念，谭嗣同从教之起源与传播两个维度揭示教之外延，进而将政、学一同纳入教之范畴。他认为，无论教之起源还是传播都遵循一个原则，那就是：因民之性。正是由于这个原因，不管教怎样不同，有益于民生则是相同的。由此可见，教之起源与传播必须因循人性而利导之。谭嗣同说道："故不论其教如何，皆能有益于民生，总愈于中国摈弃愚贱于教外，乃至全无教也。原夫世间之所以有教，与教之所以得行，皆缘民生自有动而必静、倦而思息之性，然后始得迎其机而利导之。人即至野悍，迫于前尘之既谢，往迹之就湮，循所遭遇，未尝不恋恋拳拳。相彼禽族，犹有啁啾之顷者，此也。此而无教以慰藉而启悟之，则可哀孰甚焉！《传》曰：'饥者易为食，渴者易为饮。'岂为政为然哉？"[1] 在他看来，教之起源和作用共同表明，教是有益于民生的，也是裨益于人的。换言之，教既能够满足人之动静欲求，又能够慰藉人之精神。正因为如此，人生离不开教，任何人都不能逃于教外。教对人的教化正如同春风化雨一样，润物细无声。他甚至指出，教的这种作用和效果是其他手段所无法企及的。对教之作用的提升从一个侧面揭示了谭嗣同"酷好谈教"的原因。

基于这种理解，谭嗣同指出，对于中国近代的社会来说，无论政、学皆依

---

[1] 《仁学》，《谭嗣同全集》（增订本），中华书局1998年版，第354页。

于教。甚至可以说，如果不言教的话，那么，无论言政还是言学，皆等于无用。对此，他不止一次地宣称：

> 言进学之次第，则格致为下学之始基，次及于政务，次始可窥见教务之精微。以言其衰也，则教不行而政乱，政乱而学亡。故今之言政、言学，苟不言教，则等于无用。①

> 故言政言学，苟不言教，则等于无用，其政术学术，亦或反为杀人之具。②

由此说来，离开了教，无论政还是学都将最终归于无用。对于其中的道理，谭嗣同解释说，进学有先后次第：先是格致之学，然后是政务，最后是教务。学之衰亡始于教之不行，之后由教之不行引起政之混乱，最后由政之混乱导致学之衰亡。这就是说，无论政之治还是学之兴都要依赖教之行。不惟如此，政、学对教的依赖还有更为重要的表现，那就是：离开了讲慈悲和灵魂之教，便无法督善惩恶，政术、学术甚至可能会沦为杀人之具。正是这一点使谭嗣同将一切政、学皆归于教的操控之下，旨在以教避免政术、学术之异化。也正是这一点使他重视教，试图在提升教之地位的前提下，凭借教之行带动治盛、学兴的同时，引导政术、学术合于人道。正是在这个意义上，谭嗣同反复申明：

> 教也者，求知之方也。故凡教主教徒，皆以空言垂世，而不克及身行之，且为后世诟詈戮辱而不顾也。……今之谈者，辄曰："吾专言学，是以学教也。"否则曰："吾专言政，是以政教也。"或竟明言曰："吾不言教，是自成为不言教之教也。"不言教之教，禅宗所谓不立文字，又谓运水搬

---

① 《上欧阳中鹄十》，《谭嗣同全集》（增订本），中华书局1998年版，第464页。
② 《仁学》，《谭嗣同全集》（增订本），中华书局1998年版，第354页。

柴，尽是神通妙用是也。盖教能包政、学，而政、学不能包教。教能包无教，而无教不能包教。彼诋教者，不知教之大，为天下所不能逃，而刻意欲居于教外，实深堕入乎教中，则何其不知量之甚也！①

> 所闻于今之人者，至不一矣，约而言之，凡三家：一曰学，二曰政，三曰教。……教则总括政与学而精言其理。②

依据谭嗣同的剖析，正如诋行者不能不行、诋知者不能出于知外一样，诋教者其实就在教中。其中的奥秘在于，教是"求知之方"，教主之所以成为教主，不在于行而在于知。具体地说，教主通过"空言垂世"，以先知教后知，以先觉觉后觉，从而使天下所有人都不能逃于教外。正是由于这个原因，人如果刻意居于教外，实则已经坠入教中。对于这一点，他特意强调，由于不自量力或浅陋无知，世人动辄或者曰"专言学"、"专言政"，或者曰"不言教"。事实上，凡此种种，完全是不可能的。这是因为，教中包括政和学，所谓"专言政"、"专言学"，实质上已经在不知不觉中牵涉教了；至于"不言教"，实质上是不言教之理，充其量只是证明所言之教是一种"不言教之教"而已，并不意味着不言教本身。在此基础上，谭嗣同强调指出，对于近代的中国社会来说，学、政、教缺一不可。至于教，"则总括政与学而精言其理"。这个说法具体解释了教如何包政、学，同时也使教由于既总括政、学又精言政、学之理而"最难言"。

经过上述论证，谭嗣同得出结论，教包括政、学意思是说教总括政、学之精理，因为教质言之是"求知之方"。这个结论既肯定了教之包罗万象，人对于教无所逃遁，又将政、学皆囊括在教的统辖范围之内，以教规划、引领政学之方向和方法。从这个意义上说，他所讲的教并不限于宗教，而是由于将政术和学术皆归入教中而使教具有了教化、文化等更为笼统的含义。其实，康有为、谭嗣同都有泛宗教倾向。

---

① 《仁学》，《谭嗣同全集》（增订本），中华书局1998年版，第369页。

② 《上欧阳中鹄十》，《谭嗣同全集》（增订本），中华书局1998年版，第462页。

上述内容显示，康有为、谭嗣同对教的界定和理解既有相同点，又有不同处。以概念的选择为例，就相同点而言，两人习惯使用的不是作为舶来品的宗教或教育等概念，而是在中国由来已久的教之概念。教在中国本土文化语境中源远流长，并且比作为舶来品的宗教概念更为抽象。康有为、谭嗣同对教之概念的侧重于两人的泛宗教倾向之间具有一定关联，泛宗教倾向反过来也预示了两人所讲的教与西方学科视域下的宗教不可相提并论。具体地说，康有为、谭嗣同视界中的教包括教化、教育和宗教等内涵，是一个宽泛的概念。就不同点来说，教学相混与"教能包政、学"表明，康有为与谭嗣同视界中的教内涵有别，外延不一。康有为、谭嗣同的教之异同投射到中国近代的社会现实之中，同样演绎出即同即异的复杂关系。例如，无论对教作何界定、理解，两人都将教与中国近代社会的现实课题——救亡图存联系起来。在这方面，康有为大声疾呼立孔教为国教，试图借助保教来保国、保种；谭嗣同尽管对教表现出与康有为别无二致的热情，然而，谭嗣同却不认为教可以保，当然也没有将中国救亡图存的希望寄托于保教。可以看到，他将保国、保种的希望寄托于学，坚信对于中国近代的救亡图存来说，路径莫捷于学，权力莫大于学会。至此，由教向学构成了谭嗣同对中国救亡图存路径的思考和选择。

至此可见，康有为、谭嗣同所讲的教呈现出明显的一致性，有些甚至成为只属于康有为、谭嗣同两个人之间的默契而有别于其他近代哲学家：第一，教不等于宗教概念，也就是说并不是专门指宗教，而是包括宗教、教育、文化和学术等诸多领域的内容。第二，教与学关系密切，甚至密不可分。第三，在概念的使用和选择上倾向于中学概念——教，并且先天地注定了教之范围的宏大。这些既与康有为、谭嗣同对教之地位的提升一脉相承，又印证了两人对教的重视。

除此之外，教在中国本土文化语境中指教化。因此，康有为、谭嗣同在讲教时无论教学相混还是使教包括学，结果都是一样的——使教在具有宗教内涵的同时，兼指教化即包括文化、学术和教育。从这个意义上说，对教的热衷反映了两人对文化、学术、教育的关注和热衷，也使两人的宗教观与启蒙思想密切相关。

如上所述，康有为、谭嗣同热衷于教是中国近代特殊的历史背景、文化语境和政治需要使然，特殊的立言宗旨先天地决定了两人对教的关注和思考不是着眼于教本身，也不是热衷于从学理上、逻辑上界定或诠释教，而是将教与中国近代社会的两大时代课题——救亡图存与思想启蒙直接联系起来。与此相一致，康有为、谭嗣同视界中的教既侧重宗教，紧扣救亡图存的时代主题，又侧重教化，回应思想启蒙的时代呼唤。这既与两人的泛宗教倾向有关，又与两人对宗教、教化以及教育等概念的模糊认识有关。

第二节　对教之界定

宗教在中国近代既属于新概念，又属于新学科——无论作为新概念还是作为新学科，宗教的内涵都亟待进一步明确厘清。对于何为教，康有为、谭嗣同分别提出了相应的判教标准，旨在从内涵的维度对教予以界定和阐发。

一、康有为对教的界定

对于教是什么，康有为在《日本书目志》的"宗教门"中有过集中而经典的表述。现摘录如下："合无量数圆首方足之民，必有聪明首出者作师以教之。崇山洪波，梯航未通，则九大洲各有开天之圣以为教主。太古之圣，则以勇为教主；中古之圣，则以仁为教主；后古之圣，则以知为教主。同是圆颅方趾则不畏敬，不畏敬而无以耸其身，则不尊信，故教必明之鬼神。故有群鬼之教，有多神之教，有合鬼神之教，有一神之教。有托之木石禽畜以为鬼神，有托之尸像以为鬼神，有托之空虚以为鬼神，此亦鬼神之三统、三世也。有专讲体魄之教，有专讲魂之教，有兼言形魂之教，此又教旨之三统也。"[①] 按照康有为

---

① 《日本书目志》卷三，《康有为全集》（第三集），中国人民大学出版社 2007 年版，第297—298 页。

的说法，教起源于"聪明首出者作师"以教化万民，万民对圣人之教敬畏而尊信。沿着这个思路，他将三世三统理念贯彻到对宗教的界定和理解中，以智[①]仁勇三达德以及鬼神来界定、充实宗教的内涵和教义：从三世的角度说，宗教有一个递嬗过程，在不同的历史阶段尊信不同的"教主"。具体地说，太古之圣尊勇为"教主"，中古之圣尊仁为"教主"，后古之圣尊知为"教主"。换言之，太古、中古与后古之圣分别以勇、仁、知为宗教的"教主"。从三统的角度说，宗教都尊信鬼神而形式却各不相同，这使不同形态的宗教在教义上呈现出专讲体魄、专讲魂与兼言形魂三种形式。

值得注意的是，康有为认定宗教讲鬼神却不认为鬼神是宗教的唯一内容或主要内容。为此，他强调，教有阴阳之分，区分阳教与阴教的标准是顺人之情与逆人之情。于是，他写道：

> 天地之理，惟有阴阳之义无不尽也，治教亦然。今天下之教多矣：于中国有孔教，二帝、三皇所传之教也；于印度有佛教，自创之教也；于欧洲有耶稣；于回部有马哈麻，自余旁通异教，不可悉数。然余谓教有二而已。其立国家，治人民，皆有君臣、父子、夫妇、兄弟之伦，士、农、工、商之业，鬼、神、巫、祝之俗，诗、书、礼、乐之教，蔬、果、鱼、肉之食，皆孔氏之教也，伏羲、神农、黄帝、尧、舜所传也。凡地球内之国，靡能外之。其戒肉不食，戒妻不娶，朝夕膜拜其教祖，绝四民之业，拒四术之学，去鬼神之治，出乎人情者，皆佛氏之教也。耶稣、马哈麻、一切杂教皆从此出也。圣人之教，顺人之情，阳教也；佛氏之教，逆人之情，阴教也。故曰：理惟有阴阳而已。[②]

康有为具有浓郁而执着的宗教情结，不仅对宗教问题津津乐道，而且终生对教乐此不疲。他在不同时期对宗教的界定略有差异，对教与宗教概念的取舍

---

① 康有为智、知混用，此处引文中出现的"知"亦可作"智"解。

② 《康子内外篇》，《康有为全集》（第一集），中国人民大学出版社2007年版，第103页。

大相径庭，对不同宗教形态的评价甚至判若两人。尽管如此，康有为视界中的教在本质上始终都没有超出教化、信从之义。作于戊戌维新时期的《日本书目志》如此，戊戌维新之后游历欧洲时所讲的教亦是如此。对于后者，他反复断言：

> 夫教者，中国之名词。教者效也，凡学、觉、交、效、爻、孝，皆从此义。大意乃以二物相合，先知觉后知，先觉觉后觉，一人先立一道术，后人从其道而效之之云耳。中国既自有其教数千年，而《史记》秦扶苏称诸生皆效法孔子，汉武帝称诸子不在孔子之道者绝勿进，而学者束发读经，入学皆拜孔子，言义皆折衷于孔子，犹欧之奉耶，突厥、波斯之奉回。此中国数千年之实事，而非梦呓虚幻之言，虽愚者亦皆知之也。夫举国数千年皆尊奉其道而效之，不谓之有教、不谓之教主而谓何？①

> 及佛、道之起，于是有各从其道术而效之者，故谓之佛教、道教，合儒教言之而曰三教。在中国虽尊儒而辟佛、道，然既有此教，即不能不谓之为教。乃至若旁宗外道，若白莲教之类，虽其道可辟，而仍不能谓其非教而没其教之名。故教者犹道也，佛典称九十六外道，即九十六外教，道与教，皆有是教云尔。苟非率天性而修之，道、教未必皆精美也。故教乃事理之一名词，有之非必足贵也，有教未必足贵。然非野人或禽兽，则未有无教；若果无教，则惟野人及禽兽耳。惟教术之不一，故有美恶；亦惟教术之不一，而有人神。然无论其教之术如何，终不能不谓之为教也。今日人宗教之名，本由译欧美之书而出。盖因欧人向宗耶氏，别无他教，故其名谓之厘利尽（Religion）。厘利尽者，谓凡能树立一义，能倡徒众者之意。然则与中国所谓教别无殊异，所含广大。或谓中含神道之义，则因耶教尊上帝，而欧土之教只有耶氏，故附会之，并非厘利尽必限于神道也。

---

① 《英国监布烈住大学华文总教习斋路士会见记》，《康有为全集》（第八集），中国人民大学出版社 2007 年版，第 34 页。

若令厘利尽之义必限于神道，则当以神道译之，而不可以宗教称之；又或以神教译之，而不可以宗教称之。今日人以佛氏宗教之词译耶氏厘利尽之义，耶少变佛而本出于佛，回少变耶而实出于耶，其同为神道，固皆一也。然若限于神道为教，则宇宙甚大，立教甚多，岂必尽言神道者？凡能树一义，以招徒党而传于后者，苟非神道，则以何名之？以何译之？既无其他名词，则亦不能不以厘利尽目之。则厘利尽亦应为一切诸教之广义，而不能仅为神道之专词矣。①

依据上述理解，举凡学习、模仿、效仿、遵从，便都属于教。沿着这一思路，康有为肯定，一人树立一义或者创立一种学说，他人追随、信奉和崇拜之，便都可以归入教之范畴。

二、谭嗣同对教之界定

对于教是什么，谭嗣同尽管没有像康有为那样给出一个相对明确的定义，然而，他却从内涵上对教进行了界定。正是在这个意义上，谭嗣同不止一次地宣称：

> 然不论何教，皆有相同之公理二：一曰慈悲，吾儒所谓"仁"也。一曰灵魂，《易》所谓"精气为物，游魂为变"也。言慈悲而不言灵魂，止能教贤智而无以化愚顽；言灵魂而不极其诞谬，又不足以化异域之愚顽。②

> 然不论如何精微荒诞，皆用相同之公理二：曰"慈悲"，曰"灵魂"。不言慈悲灵魂，不得有教。第言慈悲，不言灵魂，教而不足以行。言灵魂

---

① 《英国监布烈住大学华文总教习斋路士会见记》，《康有为全集》（第八集），中国人民大学出版社 2007 年版，第 34 页。

② 《上欧阳中鹄十》，《谭嗣同全集》（增订本），中华书局 1998 年版，第 464 页。

不极荒诞，又不足行于愚冥顽梗之域。①

在谭嗣同看来，不同教所信奉的教义千差万别，归纳起来有两个共同点，他称之为"公理"。教的这两个"公理"，一是慈悲，一是灵魂。如此说来，慈悲和灵魂成为教不可或缺的两个要件，当然也是所有教都必不可少的教义。正因为如此，谭嗣同将慈悲、灵魂说成是所有教的"相同之公理"，旨在强调任何教对于慈悲和灵魂都概莫能外。谭嗣同关于教有两个"相同之公理"的观点尽管不是给教下的定义，却明确了判教标准。依据这个标准，所有教都讲慈悲和灵魂——反过来说也一样，不讲慈悲和灵魂也就不能称为教。这是谭嗣同对教的基本认定，也浓缩了他的宗教观。

被谭嗣同奉为教之第一"公理"的慈悲，在他看来也就是仁。在这方面，谭嗣同不仅明确宣称"慈悲，吾儒所谓'仁'也"，而且断言佛教、孔教和耶教都讲仁。这既肯定了三教都是教，又证明了三教都以仁为基本教义。由仁即慈悲是教之"相同之公理"可以看出，谭嗣同的仁学既可以视为他的哲学观，也可以归为他的宗教观。

透过谭嗣同对教之慈悲"公理"的界定，可以得出四点认识：第一，由于肯定孔教讲仁，他认定孔子的思想是宗教，从而为孔教赢得了与佛教、耶教同等的宗教身份和资格。第二，由于肯定佛教、耶教也讲仁，谭嗣同所推崇的作为"天地万物之源"的仁并非孔教专利。换言之，仁不是孔教或中学独有的，而是中学（孔教）和佛学（佛教）、西学（耶教）共有的。更有甚者，就他对教的具体取舍和阐释而言，显然以佛教为主。因此，作为教"相同之公理"的慈悲与仁同义却不是康有为推崇的仁。其间的区别在于，谭嗣同膜拜的慈悲属于佛学术语，康有为推崇的仁则发端于孔子代表的儒家。第三，与肯定慈悲是所有教的"相同之公理"相一致，谭嗣同不仅肯定耶教讲仁，而且沿着仁—通—平等的思路，多次将耶教与佛教、孔教相提并论。有鉴于此，谭嗣同并不排斥耶教，没有像严复那样对耶教持完全否定态度，更没有像章炳麟等人那样对耶

---

① 《仁学》，《谭嗣同全集》（增订本），中华书局 1998 年版，第 309 页。

教大加鞭挞。第四，将慈悲说成是教之"公理"表明，谭嗣同所讲的教以救世为宗旨。由于慈悲脱胎于佛教，声称教以慈悲为"公理"与他所讲的教以佛教为皈依息息相通，也印证了谭嗣同讲教的目的是以慈悲这一教之"公理"普度众生——由于不分国界、人物而普度之，于是才有了"以心挽劫"连同西方列强以及一切"含生之类"一并度之的宏图大愿。对此，谭嗣同解释说："以心挽劫者，不惟发愿救本国，并彼极强盛之西国，与夫含生之类，一切皆度之。心不公，则道力不进也。故凡教主教徒，不可自言是某国人，当如耶稣之立天国，平视万国皆其国，皆其民，质言之，曰无国可也。立一法，不惟利于本国，必无损于各国，使皆有利；创一教，不惟可行于本国，必合万国之公理，使智愚皆可授法。以此为心，始可言仁，言恕，言诚，言絜矩，言参天地、赞化育。以感一二人而一二化，则以感天下而劫运可挽也。"① 由此可见，正如教徒不可以"某国人"自封一样，教主以感天下、救万国为己任。

被谭嗣同说成是教之第二"公理"的灵魂，主要指由人死后灵魂不死而衍生出来的天堂、地狱之说。救亡图存需要舍生忘死的责任担当和大无畏的牺牲精神，这使生死问题成为中国近代哲学家普遍关注的热门话题。梁启超研究"死学"，向人传授人死而不死的秘诀；章炳麟弘扬佛法不是引人归于佛门，而是以佛学鼓舞人蹈死如饴都是这一时代的产物。谭嗣同将灵魂说成是教之"公理"，也出于这方面的考虑。从这个意义上说，谭嗣同将"灵魂"说成是教之"公理"与其他近代哲学家的初衷是一致的，都是为了让人明白灵魂不死，进而超越生死之念而不怕牺牲甚至勇于牺牲。

除此之外，谭嗣同断言教都讲灵魂还有更多意图和内容，并由此与包括康有为在内的近代哲学家渐行渐远：第一，谭嗣同认为，教要警醒愚顽，必须要用天堂、地狱等教义来引导之、震慑之，而天堂、地狱之说的前提是灵魂不死。正是由于这个原因，天堂、地狱之说对于教不可或缺，以至于成为所有教的"相同之公理"。第二，在谭嗣同的视界中，灵魂与体魄是对立的，笃信灵魂不死可以让人崇拜灵魂而轻视体魄。按照他的说法，只有"超出体魄之上而

---

① 《仁学》，《谭嗣同全集》（增订本），中华书局1998年版，第358页。

独任灵魂"，才能破除人我、彼此之分而臻于平等。原因在于，有体魄则有亲疏，有亲疏则衍生出人与人之间的亲疏、厚薄、尊卑和贵贱。循着这个逻辑，人与人之间的亲疏、尊卑和等级都由体魄而来，只有超越体魄，才能从根本上铲除由血缘亲疏滋生的宗法等级以及由此而来的种种不平等。一言以蔽之，如果说消除尊卑等级的前提是轻视体魄的话，那么，推重灵魂则是轻视体魄的灵丹妙药。第三，谭嗣同在中国历史上以勇猛无畏著称于世，是勇于牺牲的楷模。他以"大无畏"自我砥砺，也以无畏鼓舞他人。谭嗣同提倡的"大无畏"中就包含"无死畏"：

> 佛一名"大无畏"。其度人也，曰："施无畏"。无畏有五，曰：无死畏，无恶名畏，无不活畏，无恶道畏，乃至无大众威德畏。而非慈悲则无以造之。[1]

谭嗣同认为，人之所以好生恶死或贪生怕死，缘于不谙生死之理，归根结底是因为不懂得体魄虚幻、灵魂不死的道理。事实上，人之体魄由各种元素凑合而成，了无自性，无所谓生；人之灵魂不灭，不会随体魄而死亡，无所谓死。了解了生死的真相，人便会自然而然地觉得生不足恋，死亦不足畏。由此可见，谭嗣同之所以强调灵魂是教之"公理"，就是为了宣扬灵魂不死——以灵魂不死鼓舞人的"大无畏"精神。他提倡"大无畏"，旨在引导人不怕牺牲、勇于牺牲。正因为如此，在谭嗣同提倡的五无畏中，不怕死就占了两项——分别是"无死畏"和"无不活畏"。不仅如此，他还将"无死畏"列于五无畏之首。

在将慈悲与灵魂说成是教之两个"公理"的基础上，谭嗣同进而指出，对于教而言，这两个"公理"至关重要，故而都必不可少——慈悲不可或缺，灵魂同样不可或缺。慈悲之所以不可或缺，是因为慈悲是救世的不二法门。如果没有慈悲这一救世法宝，教主便无法普度众生。拿上面提到的"大无畏"来说，同样离不开慈悲。对此，他本人称之为"非慈悲则无以造之"。灵魂之所以不

---

① 《仁学》，《谭嗣同全集》（增订本），中华书局 1998 年版，第 357 页。

可或缺，是因为慈悲只能感召贤智之心，而无力感化愚顽，只有基于灵魂不死的天堂地狱和业报轮回等教义才能化愚顽。

尚需进一步澄清的是，教化万民、威慑愚顽是谭嗣同谈教的主要目的。为了达到这一目的，他不仅将灵魂说成是教之"公理"，而且强调为了达到威慑、震撼的效果，教在讲灵魂时必须加入灵魂不死和业报轮回等教义。这意味着教不仅要讲死后之天堂、地狱等方面的内容，而且还要将地狱讲得极为阴森恐怖可怕。

谭嗣同进而指出，由于教必须将地狱讲得阴森恐怖可怕，所以，教中必须也必然包括荒诞的成分。对于其中的道理，他论证并解释说：

> 且荒诞云者，自世俗名之云尔，佛眼观之，何荒诞之非精微也？鄙儒老生，一闻灵魂，咋舌惊为荒诞，乌知不生不灭者固然其素矣！今使灵魂之说明，虽至闇者犹知死后有莫大之事，及无穷之苦乐，必不于生前之暂苦暂乐而生贪著厌离之想。知天堂地狱，森列于心目，必不敢欺饰放纵，将日迁善以自兢惕。知身为不死之物，虽杀之亦不死，则成仁取义，必无恒怖于其衷。且此生未及竟者，来生固可以补之，复何所惮而不矗矗。此以杀为不死，然已又断杀者，非哀其死也，哀其具有成佛之性，强天阏之使死而又生也。是故学者当知身为不死之物，然后好生恶死之惑可祛也。谭嗣同曰："西人虽日为枪炮杀人之具，而其心实别有所注，初不在此数十年之梦幻。所谓顾諟天之明命，众惑尽祛而事业乃以勃兴焉。"或曰："来生不复记忆今生，犹今生之不知前生。虽有来生，竟是别为一人，善报恶报，与今生之我何与？"则告之曰：达此又可与忘人我矣。今生来生本为一我，而以为别一人，以其不相知也。则我于世之人，皆不相知，皆以为别一人，即安知皆非我耶？况佛说无始劫之事，耶曰"末日审判"，又未必终无记忆而知之日也。若夫道力不足任世之险阻，为一时愤怒所激，妄欲早自引决，孱弱诡避，转若恶生好死者，岂不以死则可以幸免矣。不知业力所缠，愈死且愈生，强脱此生之苦，而彼生忽然又加甚焉，虽百死复何济？《礼》于畏、压、溺谓之三不吊，孟曰："知命者不立乎岩

墙之下。"此修身俟命之学所以不可不讲，而轮回因果报应诸说所以穷古今无可诎焉。①

透过谭嗣同的这段议论，可以得出两点认识：第一，谭嗣同反复重申的教中含有的荒谬成分，专门指作为教之"公理"的灵魂而言。他之所以不惮其烦地强调教讲灵魂的荒诞性是为了强调教必须借助灵魂不死等教义让世人明白，人如果在生前作恶，死后将被打入地狱。第二，教在讲灵魂时之所以一定要讲到荒诞的程度主要是针对愚顽者，最终目的是戒恶警恶。这两点共同证明，相对于督善，谭嗣同更看中教的警恶功能。谭嗣同特意解释说，所谓荒诞只是名而已，作为人立之词，恶与善一样说到底也是相对的。同样的道理，以佛眼观之，无所谓荒诞，荒诞即精微。

针对谭嗣同将灵魂说成是所有教的"相同之公理"，进而强调教中包括灵魂不死和死后地狱的荒诞成分的做法，梁启超将谭嗣同的佛教归结为"应用佛学"。对此，梁启超介绍并诠释说：

> 夫人生也有涯，而知也无涯，故为信仰者，苟不扩其量于此数十寒暑以外，则其所信者终有所挠。浏阳《仁学》云："好生而恶死，可谓大惑不解者矣，盖于不生不灭瞢焉。瞢而惑，故明知是义，特不胜其死亡之惧，缩朒而不敢为，方更于人祸之所不及，益以纵肆于恶。而顾景汲汲，而四方虇虇，惟取自慰快已尔，天下岂复有可治也！……今使灵魂之说明，虽至暗者犹知死后有莫大之事及无穷之苦乐，必不于生前之暂苦暂乐而生贪著厌离之想；知天堂地狱森列于心目，必不敢欺饰放纵，将日迁善以自兢惕；知身为不死之物，虽杀之亦不死，则成仁取义，必无怛怖于其衷，且此生未及竟者，来生固可以补之，复何所惮而不亹亹！"呜呼！此"应用佛学"之言也。（西人于学术每分纯理与应用两门，如纯理哲学、应用哲学、纯理经济学、应用生计学等是也。浏阳《仁学》，

① 《仁学》，《谭嗣同全集》（增订本），中华书局1998年版，第309—310页。

吾谓可名为应用佛学。）浏阳一生得力在此，吾辈所以崇拜浏阳步趋浏阳者，亦当在此。①

不难发现，梁启超用以证明谭嗣同佛学为"应用佛学"的证据便是谭嗣同从教之灵魂"公理"中引申出的诞谬方面的内容。梁启超的评价点明了谭嗣同对教的界定注重应用性、入世性的致思方向和意趣，也反过来印证了谭嗣同与康有为对教之界定的差异性：第一，康有为、谭嗣同对教之界定都牵涉到鬼神、灵魂即死后之事方面的内容，对之态度却截然不同。康有为将只讲死后之事的教定为阴教，借此提倡顺人之情的阳教，也就是人道教，故而对只讲死后之事的阴教流露出明显的排斥、贬损之意。谭嗣同既然将灵魂视为所有教的"相同之公理"，也就没有排斥之意——如若排斥之，即等于排斥教之本身。第二，康有为只承认仁是中古之圣尊奉的"教主"，这意味着并非所有教都信奉仁，即并非所有教都救世、都入世。谭嗣同所讲的作为教"相同之公理"的慈悲本身就包含救世之义，致使他认定所有教都救世，并且教主不以"救某国"而是以普度众生为最终目标。正是这个区别导致了两人对宗教自度与普度的不同界定和态度，其中最明显的分歧便是对追求个人快乐、羽化成仙的道教的不同态度和对待。

第三节　对教之取舍

康有为、谭嗣同对教表现出异乎寻常的热情是相同的，对教的界定和理解却既有相同点，又有不同点。一方面，康有为、谭嗣同都对教之概念情有独钟，这一点在梁启超、章炳麟等人热衷于宗教概念的映衬下则看得更加清楚、明白；另一方面，康有为、谭嗣同所使用的教之概念并不完全相同，无论内涵还是外延都显示出不容忽视的差异。两人对教的界定回答了何谓教，既厘清了

---

① 《论佛教与群治之关系》，《梁启超全集》（第二册），北京出版社 1999 年版，第 908 页。

教之内涵，也大致框定了教之外延。这些成为康有为、谭嗣同判教的标准，并且决定了两人对待孔教、佛教、耶教和道教以及其他各种宗教形态的取舍或偏袒。

一、大同小异之耶教

康有为、谭嗣同判教的最大相同之处集中体现在对于耶教的认识上：两人一面以孔教与耶教分庭抗礼，一面凸显孔教与耶教的相似相近。这暴露出康有为、谭嗣同吸收、鉴借耶教而为孔教所用的目的，也由此拉开了与其他近代哲学家的距离。

首先，在对待耶教的问题上，康有为、谭嗣同的态度和心情都是二元的，甚至是矛盾的。

一方面，康有为、谭嗣同都将孔教奉为中国的国教，主要目的是以孔子与耶稣分庭抗礼。正因为如此，两人都表现出对耶教的抵制和排斥态度。需要说明的是，谭嗣同尽管并不像康有为那样极力主张立孔教为国教，也不同意康有为试图通过保孔教来保国保种的做法，然而，他与康有为一样试图以孔教来凝聚民族精神，增强中国人抵御外侮的自尊心和自信心。在提高孔教的地位以抵制耶教上，谭嗣同与康有为的初衷别无二致。康有为、谭嗣同对耶教的排斥与梁启超在信仰自由的前提下对基督教的宽容具有天壤之别。诚然，严复、章炳麟也像康有为、谭嗣同那样排斥耶教，然而，两人的目的与康有为、谭嗣同截然不同。可以看到，严复、章炳麟并不着力于耶教与孔教的关系，既没有以孔教来对抗耶教之意，也没有吸收耶教来为孔教所用之意。

另一方面，康有为、谭嗣同都对耶教的强盛羡慕不已，既借鉴耶教的传教经验提高孔教的地位，又吸收耶教的基本教义、教阶制度和管理方法来充实孔教。在游历欧洲各国，对基督教有了较为全面的了解后，康有为立孔教为国教的建议更为全面，同时从各个方面吸收基督教的做法。例如，他写道：

　　盖他教虽各有神圣，而中国数千年民俗之宜、功德之盛，无有如孔子者，此为吾国国教也。民间乡曲，宜尽废淫祠而遍祀之，立诸生以同讲劝焉，一如欧美人之祠耶稣，立祭司、牧师也。大中小学校，宜设殿拜跪，祭祀，敬礼，诵经道。创立经学科，尤宜尊崇，其诸生藉以传道。如欧人学校之必有礼拜耶稣之殿以诵经讲道，又必有神学之科焉。宜立儒教为国教，而其余听民之自由信仰，如欧人之以耶稣或天主为国教，而以其余听民之信奉自由也。宜以孔子纪年，以统中国数千年之记事，用省烦渎，而与国朝今之纪元并行，如日本之以明治君号纪元，而又以神武天皇纪元二千五百年同为并行焉。昔日张之洞议定学制，固多未宜，惟请立经学科一事，最为有识，核与欧美之尊奉先圣甚合。今之媚外者，乃大攻其守旧。彼辈于欧美之法无不诣媚，何为于立教之大学校中神科而反忘之耶？①

与康有为一样，谭嗣同提升孔教地位的设想在很大程度上借鉴了基督教的传教经验。正是在这个意义上，谭嗣同宣称："我国又好诋西教为邪教，尤为不恕！我诋他的耶稣，他就可以诋我的孔子，是替我孔子得罪人而树敌招怨也。且我既恨他传教，我为何不传我的孔子教？今耶教之盛遍满地球，而我孔教则不过几个真读书人能传之，其余农工商亦徒闻其名而已，谁去传孔教教他？每一府厅州县只有一座孔子庙，而一年中祭祀又只有两次，又惟官与阔绅士方能与祭，其余皆不许进去，孔子庙徒为势利场而已矣，岂有一毫传教之意哉？是我孔教尚不能行于本国也，奈何不自愧自责，而反以奉行无实之孔教骄人哉？"②不仅如此，他对教讲灵魂的强调源自基督教的天堂地狱之说，作为教之另一个公理的慈悲即仁尽管滥觞于佛教，却也包括基督教的爱人如己等教义。对于仁，谭嗣同如是说：

孔谓之"仁"，谓之"元"，谓之"性"；墨谓之"兼爱"；佛谓之"性海"，

---

① 《英国监布烈住大学华文总教习斋路士会见记》，《康有为全集》（第八集），中国人民大学出版社 2007 年版，第 36 页。

② 《论学者不当骄人》，《谭嗣同全集》（增订本），中华书局 1998 年版，第 401—402 页。

谓之"慈悲"；耶谓之"灵魂"，谓之"爱人如己"、"视敌如友"；格致家谓之"爱力"、"吸力"；咸是物也。①

尤当注意的是，为了扩大孔教的影响，为孔教争取人气和地位，谭嗣同呼吁停止诋毁耶教，因为他认为这样只能为孔教树敌而妨碍孔教的传播。按照谭嗣同的说法，对于中国人来说，与其诋毁西教②为邪教，不如扩大孔教的势力和影响，增加孔教的传教力度。其中最重要的是，绝不能再像以往那样，将大多数民众拒于孔教之外。

进而言之，无论康有为、谭嗣同对耶教传教模式和教阶制度的模仿还是对耶教教义的吸收都显示出与其他近代哲学家的区别。除了梁启超有过借鉴基督教的言论外，严复、章炳麟等人则绝无此言。一言以蔽之，如果说康有为、谭嗣同对基督教的态度充满矛盾的话，那么，其他近代哲学家则是一元的。一边是严复、章炳麟坚决抵制，一边是孙中山的推崇皈依，中间则是梁启超在宗教自由的名义下给予基督教的宽容。

其次，康有为、谭嗣同所讲的教皆与学密切相关，无论对教与学的关系作何界定，有一点是确定无疑的，那就是：两人视界中的耶教与西学密不可分。康有为、谭嗣同对耶教的界定和认识并不限于宗教，而是包括西学，并且，二者一脉相承，息息相通。事实上，两人既在宗教的维度上讲孔教高于耶教，又在学术的维度上讲中学高于西学。有鉴于此，康有为、谭嗣同视界中的三教关系包括对中学、西学关系的认识。

与以孔教抵制耶教的初衷一脉相承，康有为、谭嗣同对于孔教与耶教优劣的判定如出一辙，异口同声地断言孔教高于耶教。两人对于中学与西学关系的认识同样别无二致，这主要表现在两个方面：第一，西学皆为中学所固有。第二，西学是孔学西传的结果。这是两人的共识，如果说略有差异的话，那么，其间的区别只是：康有为认为西学是孔学之一端，西学是对作为孔学之"一

---

① 《仁学》，《谭嗣同全集》（增订本），中华书局1998年版，第293—294页。

② 指基督教，谭嗣同称之为耶教。

端"、"一体"的墨学的传承，谭嗣同则省略了墨学作为中间环节。对此，谭嗣同有过一段经典表述。现摘录如下：

> 绝大素王之学术，开于孔子。……盖举近来所谓新学新理者，无一不萌芽于是。以此见吾圣教之精微博大，为古今中外所不能越；又以见彼此不谋而合者，乃地球之公理，教主之公学问，必大通其隔阂，大破其藩篱，始能取而还之中国也。《传》有之："天子失官，学在四夷。"譬如祖宗遗产，子孙弃之，外人业之，迨其业之日新月盛，反诧异以为奇技淫巧，机钤诡谲之秘术。呜呼！此可谓数典忘祖者矣！①

在康有为、谭嗣同的视界中，由于耶教是墨教在西方的传播，中学是西学的源头。因此，孔教与耶教、中学与西学不惟不相抵牾，反而不谋而合。正因为如此，在翻译西书时，康有为在政治学、经济学、逻辑学和心理学等各个学科中无一例外地找到了孔学，并且不厌其烦地证明孔子之道无所不包，西学为中学所固有。同样，对于谭嗣同来说，中国吸收、学习西学实质上是"礼失而求诸野"，这是因为举凡西方之新学新理皆不出孔学范围。对于作为西方教主之公学问，应该在大通隔阂、大破藩篱之后"取而还之中国"。基于这种认定，康有为在《日本书目志》中一次又一次地感叹孔学的博大精深，谭嗣同则在《仁学》中明确将"《新约》及算学、格致、社会学之书"②写入书目单，让包括耶教在内的西学在其中占有一席之地。

总之，基于对孔教与耶教关系的认识以及吸收耶教为孔教所用的目的，康有为、谭嗣同连篇累牍地证明中学与西学相似相通，而不是像严复、梁启超等其他戊戌启蒙思想家或陈独秀、李大钊等五四新文化运动者那样强调中西文化属于两种性质截然不同的文化。

除此之外，在对耶教的称谓上，再次显示了康有为、谭嗣同思想的相同

---

① 《论今日西学与中国古学》，《谭嗣同全集》（增订本），中华书局1998年版，第399页。

② 《仁学》，《谭嗣同全集》（增订本），中华书局1998年版，第293页。

性。众所周知，基督教并非在近代才传入中国的，而是早在唐朝就已经入华。基督教在中国的不同历史时期拥有不同的称谓，如在唐朝时被称为景教，在明代被称为耶稣教。在不同时期，中国人对基督教的称谓不同，在同一时期则是统一的。与历史上的情形大不相同，在中国近代，不同的近代哲学家对基督教选择了不同称谓，致使基督教在同一时期出现了多种名称。大致说来，严复习惯于使用洋教一词，梁启超和孙中山称为基督教，章炳麟则称为西教等。与其他近代哲学家迥异其趣，康有为、谭嗣同对耶教这一称谓情有独钟。不同称谓并非近代哲学家对基督教的客观称呼，而是饱含着情感好恶和价值评判。耶教相对侧重于地域的西教或外来的洋教称谓有一个显著特点，那就是：以教主（耶稣）命名。从以教主命名的角度看，康有为、谭嗣同使用的耶教的称谓类似于明代的耶稣教。所不同的是，耶教对应的是孔教，孔教称谓是到了康有为那里才有的。正如呼吁保存一国固有之国粹的章炳麟将基督教称为西教，含有其作为西方文化和外来之教不适于中国，中国若要信仰西教则有惧怕"西帝"之嫌一样，康有为、谭嗣同以耶教称谓基督教，旨在以孔教与耶教分庭抗礼。明代的耶稣教称谓只是突出了基督教信奉基督耶稣这一教义或"事实"，并没有以基督教或耶稣与孔子或儒教对抗之意。明白了这一点便可以领悟到康有为、谭嗣同选择耶教称谓基督教含有深意，具有以中国的孔子对抗耶稣之意。即使遑论其他，仅耶教这一称谓本身就表明两人对耶教的看法相同而与其他近代哲学家不同了。

二、势不两立之道教

综合康有为、谭嗣同的宗教理念和具体主张可以看到，如果说对待耶教的问题拉近了两人之间的距离的话，那么，对道教的理解和态度则凸显了两人宗教观的分歧。具体地说，康有为始终对道教怀有好感，谭嗣同则坚决排斥道教。

康有为对道教表现出极大兴趣，这种兴趣和好感不仅没有随着时间而转变——他对待孔教即是如此，反而历久弥坚，越向中晚期越浓烈。在戊戌维新失败之前大声疾呼立孔教为国教之时，康有为也难以掩饰对道教的好感。特别需要提及的是，即便是在为了提升孔子地位而极力鞭挞老子之时，康有为也因为道教而对老子网开一面。奥秘在于，康有为对养生报以极大的兴趣和热情，并且断言老子开出了养生之学，道教是老学的一个流派。更能证明康有为对道教如醉如痴的是，在他魂牵梦绕的大同社会，孔教已经与耶教一样被舍弃——康有为本人称之为"当舍"，道教却依然大行其道。更为重要的是，在《大同书》之后的《诸天讲》中，道教成为绝对的主角。这就是说，大同社会之后的世界是一个道教盛行的神仙世界。

与康有为对道教的痴迷不已天差地别，谭嗣同对道教的排斥乃至抨击彻底而决绝。他揭露说："泥于体魄，而中国一切诬妄惑溺，殆由是起矣。事鬼神者，心事之也，即自事其心也，即自事其灵魂也，而偏安拟鬼神之体魄，至以土木肖之。土木盛而灵魂愚矣，灵魂愚而体魄之说横矣。风水也，星命也，五行也，壬遁也，杂占杂忌也，凡为祸福贵利益而为之者，皆见及于体魄而止。……亲疏者，体魄乃有之。从而有之，则从而乱之。"[①]

总地说来，谭嗣同之所以对道教怒不可遏，主要出于两个方面的原因：第一，道教追求长生不死，这被谭嗣同视为重体魄。循着他的逻辑，有体魄便有亲疏，于是由体魄衍生出人与人之间的亲疏厚薄之分和尊卑贵贱之别。这显然与谭嗣同追求的"洞澈彼此，一尘不隔，为通人我之极致矣"[②]南辕北辙，与"通天地万物人我为一身"[③]的境界背道而驰。第二，道教崇尚各种"有形"神灵，在谭嗣同看来，这有损于人的自信、自尊和无畏。这就是说，无论道教追求的长生久视还是道教膜拜的有形神灵都与谭嗣同推崇灵魂的价值旨趣相互抵牾，因而被他所不容。

诚然，在早期的学习笔记中，谭嗣同曾经关注过葛洪等人的道教思想。例如，谭嗣同在《石菊影庐笔识》中有这样一段记载：

---

① 《仁学》，《谭嗣同全集》（增订本），中华书局 1998 年版，第 312 页。
② 《仁学》，《谭嗣同全集》（增订本），中华书局 1998 年版，第 365 页。
③ 《仁学》，《谭嗣同全集》（增订本），中华书局 1998 年版，第 296 页。

《酉阳杂俎》子目，有《诺皋记》，吴曾《能改斋漫录》，以为诺皋，太阴神名，语本《抱朴子》。案葛稚川《登涉篇》，引《遁甲中经》曰："往山林中，当以左手取青龙上草折半，置逢星下，历明堂，入太阴中，禹步而行。三咒曰：诺皋，太阴将军独闻曾孙王甲勿开外人，使人见甲者以为束薪，不见甲者以为非人。"则诺皋实禁咒发端之语辞，犹《仪礼》皋某复之皋，郑氏曰："皋长声也。"本书《地真篇》引太阴将军无诺皋字，可知非太阴神名。①

引文中的葛稚川即葛洪（约281—341年，号抱朴子），《抱朴子》是葛洪的代表作，分内外篇。《登涉篇》《地真篇》都出自《抱朴子》内篇，并且两篇相连。尽管如此，这只是出现在谭嗣同的早期思想中——并且，即使在早期思想中，他对道教充其量也只不过是学习的客观记录而已，并无主观好恶，当然也就没有推崇、皈依之意，这与康有为对道教的态度形成强烈对比。谭嗣同对于道教素无好感，在后期更是极为反感。在经历"北游访学"的后期哲学中，他坚决抵制道教。

问题到此并没有结束，康有为、谭嗣同对道教之所以一个推崇、一个抨击，缘于对道教教义的不同侧重和发挥。两人对道教的审视和阐发背后隐藏着不同的人生观、价值观。康有为侧重从养生的角度审视道教，谭嗣同则侧重从体魄的角度透视道教。心仪道教流露出康有为对长生久视、羽化成仙的向往，是"求乐免苦"的体现；抨击道教与谭嗣同对平等的渴望有关，最根本的目的则是为了"超出体魄之上而独任灵魂"。

在中国古代社会中，道教无论作为宗教信仰还是作为宗教哲学都拥有广阔市场，故而备受关注和追捧。如果说中国古代哲学中的三教具体指儒教、佛教和道教的话，那么，近代哲学视界中的三教则具体指孔教、佛教和耶教（基督教）。一目了然，伴随着耶教的强势来袭，道教在近代哲学中逐渐被边缘化，已经不再是近代哲学家热衷的话题或信仰的皈依。事实上，基督教在近代哲学

---

① 《石菊影庐笔识·学篇》，《谭嗣同全集》（增订本），中华书局1998年版，第117页。

中取代道教的位置具有某种必然性，可以说是时代使然。质言之，道教在近代的衰微既是耶教取代的结果，也是中国近代救亡图存与思想启蒙的时代主题和历史使命使然。具体地说，无论中国近代的救亡图存还是思想启蒙都使近代哲学家奋力弘扬群体意识、公德观念、国家思想和牺牲精神，不仅不再拘泥于体魄，而且无暇再执着于个人的长生久视或羽化成仙。在这个前提下尚需看到，康有为对道教的好感和执着在中国近代属于个案，与他本人笃信"求乐免苦"的人生观、价值观一脉相承。谭嗣同对道教的态度尽管与其他近代哲学家相似，然而，他从轻视体魄的角度排斥道教尤其是认定道教尊崇体魄而妨碍平等显然在近代哲学家中独树一帜，同样找不到同调。从这个意义上说，康有为、谭嗣同对待道教的态度代表了两个极端，与其他近代哲学家对道教的敬而远之不可相提并论。

在中国近代哲学家中，如果说康有为是皈依道教的典型代表的话，那么，谭嗣同则是抵制道教的先锋。康有为、谭嗣同对于道教的分歧在两人对待佛教、耶教态度的反衬下则看得更加清楚。值得注意的是，尽管两人对于佛教的认识不像对于耶教那样高度契合，而是存在孔教第一与佛教第一之别，然而，康有为、谭嗣同对佛教都推崇有加，对佛教与耶教、孔教相似相通的认识别无二致，并且都将仁视为孔教、佛教和耶教的共同点。由此反观两人对道教的态度和认识则可谓天差地别。

康有为、谭嗣同对各种宗教形态的态度和评价与两人对教的界定互为表里，故而异同参半，再现了两人不同的偏袒和喜好。就对各种宗教形态的侧重取舍和褒贬态度而言，康有为、谭嗣同所讲的教以孔佛耶为主，而不像古代那样以儒释道为主，这体现了近代宗教的基本特征。在这个前提下应该看到，两人对宗教的取舍和偏袒各不相同。例如，康有为、谭嗣同都有泛宗教倾向，所提及的宗教名目繁多、不一而足。尽管如此，两相比较，康有为提到的宗教形态和种类显然要比谭嗣同多。这从一个侧面表明，康有为的泛宗教倾向比谭嗣同更为彻底。这与康有为侧重于教化、效仿，谭嗣同侧重救世、慈悲的角度界定宗教之间具有一定的内在关联。

第四节　同异之透视

教在中国本土文化中源远流长，其内涵与近代作为舶来品的宗教、教育等新概念既有某种联系，又不完全相同。康有为、谭嗣同之所以热衷于教，归根结底服务于中国近代特殊的历史背景、文化语境、政治斗争和现实需要。具体地说，迫于中国近代基督教的强势入侵，两人讲教都带有某种以教治教的目的性和针对性。在对教予以深入思考的过程中，康有为、谭嗣同不仅厘定、廓清教之内涵，而且以对教的界定来审视、评说各种宗教。综合考量两人的宗教观，可以作出如下判断：康有为、谭嗣同的宗教观异同互见，也为后人留下了诸多历史启示。

一、教之纵横

康有为、谭嗣同对教的津津乐道表现了对宗教问题的高度关注，这是对近代现实的社会课题的回应。作为中国近代宗教热的一部分，两人所讲的教被打上了先天的时代烙印，因而带有与生俱来的近代特征。

首先，康有为、谭嗣同的宗教观表现出与其他近代哲学家的一致性，这些一致性归根结底与中国近代特殊的历史背景和文化语境相关。

从初衷上看，康有为、谭嗣同谈教并非完全出于对教本身感兴趣，而是因为教（宗教）在中国近代社会已经成为一个不容回避且亟待解决的现实课题。因此，无论康有为还是谭嗣同都不是就教言教，而是将教与中国近代社会的现实需要密切联系起来予以思考，对教的界定和理解围绕着救亡图存与思想启蒙两个时代主题展开。康有为、谭嗣同的做法与其他近代哲学家对待宗教的初衷如出一辙。在这方面，严复驳斥康有为立孔教为国教，通过保教来保国、保种以及揭露基督教的本质和传教过程中的斑斑劣迹如此，章炳麟反对将孔教说成是国粹的同时，极力排斥基督教也不例外。

从内容上看，尽管康有为、谭嗣同都提到过道教、五斗米教、伊斯兰教

（康有为有时称之为马哈麻教）和在理教等多种宗教形态，然而，两人讲得最多的还是佛教、孔教和耶教以及三者之间的关系，从而用孔佛耶组成的新三教取代了中国古代儒释道三足鼎立的局面。孔佛耶组成的三教是不同以往的新三教，无论视域、内容还是维度、意义都与中国古代儒释道组成的旧三教不可同日而语。将孔佛耶三教作为主干宗教形态尤其是热衷于三教关系是近代宗教的主要特征，因而并不限于康有为、谭嗣同两个人，而是近代哲学家的共识。不仅如此，康有为、谭嗣同和其他近代哲学家所讲的孔佛耶组成的新三教具有双重维度：在教即宗教的维度上，代表中国本土的孔教、印度的佛教和西方的耶教；在学即学术的维度上，则成为中学、佛学和西学的象征。正是后一点，使包括康有为、谭嗣同在内的近代哲学家所讲的教或宗教拥有了学术和文化等多重意蕴，也使他们对教的界定和态度交织着各自的文化观、中学观、西学观以及中西文化观。

从意趣上看，康有为、谭嗣同关注教之教化功能，从而凸显教之入世性、应用性。在康有为、谭嗣同看来，不仅孔教、耶教是入世的，即便是宣扬万法皆空的佛教也是入世的。在救世上，所有的教主——从孔教、耶教到佛教无一例外。这也代表了近代哲学家对宗教的看法，对佛教顶礼膜拜的梁启超肯定佛教是入世而非出世的，鼓动人皈依佛教的章炳麟表白信奉佛教不是让人皆归兰若而是提倡"自贵其心，不依他力"，说的都是这个意思。

尚需注意的是，如果说初衷、内容和意趣三个方面是康有为、谭嗣同宗教思想的相同点的话，那么，这三点并不专属于康有为、谭嗣同两个人，而是近代哲学家的共同认识。在这个前提下应该看到，康有为、谭嗣同对教的看法还有迥异于同时代哲学家的相同认识，这些相同点应该归于两人之间的默契。与此同时，康有为、谭嗣同对于教的认识绝非只限于相同点，而是尚有不同点。因此，在肯定两人的宗教观存在诸多有别于其他近代哲学家的相同点的同时，还要充分关注两人彼此相异的不同点。

其次，康有为、谭嗣同对宗教的界定具有相同性，这些相同性除了与其他近代哲学家的一致性，共同展示了近代宗教的共性和时代烙印之外，还有只属于他们两个人的相同性。归纳起来，这方面的内容集中体现为以下三个方面：

第一，对教的诠释与对仁的推崇密切相关。在康有为对宗教的阐释中，仁占有重要一席。这是因为，他认为，中古宗教以仁为"教主"，并由此认定作为中古宗教的孔教、佛教和耶教都以仁为"教主"。虽然康有为没有将仁说成是所有宗教的"教主"，但是，他以仁为中古之圣的"教主"凸显了仁优于作为太古之圣、未来之圣的"教主"——勇、知的现实性和现世性。康有为所讲的仁脱胎于儒家，推崇仁促使康有为尽管心仪佛教、道教等诸多宗教形态，却始终彰显孔教的现实性和现世性，故而在救亡图存上以孔教为"第一著手"。与康有为一样，谭嗣同之教与仁关系密切，以至于对所有教都不可或缺。这是因为，被谭嗣同认定为教"相同之公理"的慈悲质言之就是仁①。第二，康有为、谭嗣同一面突出仁与教的关系，一面推崇仁，致使仁拥有了万物本原的地位。这使两人的宗教观与哲学观一脉相承，共同指向了仁。康有为、谭嗣同是中国哲学从古代到近代两千年历史长河中绝无仅有的两位以仁为宇宙本原的哲学家，仁与教的密切关系既表明了两人对教的重视，也预示了以仁为本的哲学在中国近代的特殊历史背景下带有宗教救赎的意趣或特征。综观康有为的思想可以发现，他极力提升仁的地位，一面宣称"该孔子学问只一仁字"②，一面强调佛教、孔教以救世为己任和宗旨。这与谭嗣同关于教主以救世为宗旨的说法极为相似，也印证了两人对教乐此不疲与秉持救亡图存的宗旨息息相关。第三，强调宗教讲死后之事。康有为将宗教与鬼神联系起来，谭嗣同将灵魂说成是教之"公理"。在对教的界定上，康有为将鬼神视为判断宗教的必要条件，故而对朱熹代表的宋儒将鬼神方面的内容从孔教中删除的做法怒不可遏，因为朱熹的做法导致人们误认为孔子是哲学家而由此否认孔子是宗教家。谭嗣同强调灵魂是所有教都恪守的"相同之公理"，这意味着所有的教都讲灵魂，讲灵魂是判教的标准。这就是说，两人都肯定教讲死后之事，彼此之间的认识不仅具有高度相似性，而且与同时代的其他哲学家相去甚远。与康有为、谭嗣同相比，

---

① 谭嗣同以慈悲释仁，明言声称"慈悲，吾儒所谓'仁'也"（《上欧阳中鹄十》，《谭嗣同全集》（增订本），中华书局1998年版，第464页）。

② 《南海师承记·讲孝弟恤宣教同体饥溺》，《康有为全集》（第二集），中国人民大学出版社2007年版，第250页。

严复、梁启超更热衷于从不可知的角度界定教，故而彰显教的信仰成分：严复之所以恪守教与学的界线，是因为他认为学属于可知之域，而教属于不可知之域。这意味着教不可实证，属于信仰的地盘。梁启超声称宗教与自由背道而驰，理由是宗教属于信仰。透视近代哲学家的宗教观可以发现，康有为、谭嗣同从畏敬、震慑的角度界定宗教，严复、梁启超则将信仰奉为宗教之圭臬。当然，梁启超和章炳麟也重视并且看中宗教之热情。

这三方面使康有为、谭嗣同的宗教观最为相似，既为两人思想的最为相近提供了最佳注脚，也与同时代的其他哲学家渐行渐远。

再次，康有为、谭嗣同对教之界定、理解和态度呈现出不容忽视的差异，甚至存在明显的分歧。择其要者，大端有四：第一，康有为、谭嗣同对教与仁关系的认识不尽相同，致使教与仁的密切度呈现出明显而不容忽视的差异：在对教之教义的理解上——或者说，在对教与仁之关系的理解上，康有为只是将仁视为中古之世宗教的"教主"，谭嗣同则将仁说成是所有宗教的"相同之公理"。一目了然，康有为并不认为仁是所有宗教的"教主"，这意味着并非所有教都讲仁；谭嗣同则认定所有教不仅都讲仁，而且均将仁奉为"相同之公理"。这就是说，谭嗣同坚信仁对于所有教是相同的，这意味着仁对于所有教都不可或缺。由此可见，仁对教的重要性在两人的视界中不可相提并论——一个只在教之某一阶段，一个伴随教之始终。更有甚者，康有为不惟没有像谭嗣同那样认定仁作为教之"相同之公理"对于教不可或缺，故而才有"太古之圣"的宗教以勇为"教主"之说，甚至认为后世宗教以知为"教主"。这意味着知比仁更多维、更优越——因为知是教进化过程最高阶段的"教主"。结合他的所有思想来看，康有为将知而非仁说成是人之本质。尽管康有为赞同"仁者，人也"（《中庸》）之说，并在《孟子微》中对这一著名命题进行发微，然而，他对于人与知和人与仁之关系的论述是在不同维度上立论的。一言以蔽之，如果说仁是人与万物的共性的话，那么，知则是人之为人以及人之高贵所在。大致说来，就仁对于康有为、谭嗣同的宗教观而言，谭嗣同彰显仁对于宗教举足轻重的地位——不言仁则不能为宗教。康有为看到了仁与宗教的内在关联，却只是将仁奉为"中古之圣"所尊奉的教主而已。谭嗣同则认为仁是所有教都要尊信和奉行的教义，因而仁对于教无论何时都不过时。这既证明了康有为、谭嗣同推崇仁与宗教密切相关，又证明了两人对仁与宗教关系的厘定并不相同。第二，与对于仁与教之关系的不同界定互为表里，康有为、谭嗣同对宗教救世的认识不尽相同：在教之功能以及与救世的关系上，康有为并不认为所有宗教都救世，谭嗣同则认定所有宗教都救世。就教与救世的关系而言，康有为凸显孔教、佛教救世；就中国近代的救亡图存而言，康有为彰显孔教的救世功能和作用。谭嗣同认为慈悲是教之"公理"，救世就是作为教"相同之公理"的慈悲的题中应有之义。沿着这个思路，他将救世发挥到了极致，那就是不限于救人度人而是普度众生。对此，谭嗣同一面声称教主不曰救某国而曰救世界、度众生，一面标榜自己旨在"以心挽劫"的仁学连同西方的"含生之类"一并度之。康有为以勇、知为"教主"表明，除了救世之外，宗教还有求乐等其他祈盼——知作为"教主"明显地流露出这一点。将慈悲奉为教必不可少之"公理"表明，谭嗣同视界中的教以救世度人为首务乃至唯一宗旨，不以求乐为鹄的。因此，他尽管承认佛教悲智双修，然而，谭嗣同所讲的智主要用来"转业识而成智慧"，这与康有为在仁智并提中引导人求乐具有本质区别。不仅如此，谭嗣同认为整个世界是一个"大圆性海"，人之知与万物之知没有本质区别，充其量只是量之多寡而已。第三，康有为、谭嗣同对教与救亡关系的厘定背后隐藏着对宗教的态度问题。例如，康有为为道教保留地盘，谭嗣同对道教嗤之以鼻都可以在这里找到依据或理由。总之，即使康有为所讲的孔教有救世、度人成分的话，那么，他所讲的耶教尤其是道教则纯属自度了。与康有为截然不同，谭嗣同所推崇的教都度人，即便是耶教在他那里也不例外，更遑论他顶礼膜拜的佛教了。第四，由康有为对宗教的界定可以看出，他在突出畏敬的同时，突出教之信仰的成分。与康有为相比，谭嗣同更突出教的震慑作用。突出教之信仰成分与康有为不遗余力地提升孔教权威的目的动机息息相通，突出教之震慑作用与谭嗣同以慈悲之心挽救劫难以及度一切"含生之类"之间具有内在关联。可以看到，康有为对孔教之外的其他宗教如佛教、道教等始终保持难以按捺的好感，之所以大声疾呼立孔教为国教，是迫于伴随坚船利炮而来的耶教的强势入侵而引发的中国人的信仰危机和文化认同的迷失，提倡孔教有激发中国人的身份认同、文化认同之意。谭嗣同在以孔教激发中国人的自信心、自尊心和身份认同的同时，极力彰显教的震慑作用，并由此强调教中包括地狱等教义。谭嗣同的做法既导致对教义包含诞谬成分的强调，又拉开了与包括康有为在内的其他近代哲学家之间的距离。

康有为、谭嗣同上述观点的不同基于各自的哲学观、人生观和价值观，又是各自不同的三观在宗教观领域的具体反映。借助康有为、谭嗣同的宗教观，既可以窥探两人不同的致思方向和价值旨趣，又可以直观体悟两人不同的世界观、人生观和价值观。就哲学观而言，康有为、谭嗣同对于仁与教之关系的不同认识植根于不同的哲学理念，与两人对仁的执着相映成趣：一边是康有为在肯定"不忍人之心，仁也，电也，以太也，人人皆有之，故谓人性皆善。……为万化之海，为一切根，为一切源"[1]的同时，认为元、气是世界万物的本原，一边是谭嗣同在转向"仁为天地万物之源，故唯心"之时，将仁奉为世界的唯一本原。正如在哲学上仁与其他存在共为本原一样，在宗教上，康有为让仁与勇、知轮流作为"教主"；正如在哲学上断言"仁为天地万物之源"而对仁情有独钟一样，在宗教上，谭嗣同将作为慈悲的仁奉为判教的必要条件[2]。就教所体现的人生观、价值观而言，康有为所讲的作为"教主"之三统的养魂魄独辟蹊径，开显出谭嗣同不提倡甚至鄙视的养生意蕴，谭嗣同尊奉的教之慈悲将自度度人合二为一。在这个前提下，两人所讲的教向不同维度展开：康有为从养生的角度将教分为养魄之教、养魂之教与兼养魂魄之教，其中，养魂之教包括佛教、耶教等，养魄之教主要指道教，至于魂魄兼养之教则指孔教而言。谭嗣同将慈悲说成是教的"相同之公理"，并将慈悲视为破除人我之别的不二法门。谭嗣同宣称："慈悲则我视人平等，而我以无畏；人视我平等，而人亦以无畏。"[3]不仅如此，他所讲的灵魂与求乐并不相干。在他那里，由不生不灭而指

---

① 《孟子微》，《康有为全集》（第五集），中国人民大学出版社 2007 年版，第 414 页。

② 谭嗣同虽然像康有为那样认为气是本原，但是，那是在"北游访学"之前的早期哲学中。在经过"北游访学"的后期哲学中只有仁是本原，谭嗣同热衷于教也是在后期即以仁为本原之时。这些都与康有为同时奉仁、气和元气是本原具有本质区别。

③ 《仁学》，《谭嗣同全集》（增订本），中华书局 1998 年版，第 357 页。

向"旋生旋灭,即灭即生"的微生灭。在这种"融化为一"的状态中,泯灭彼此、人我之分和善恶名言对待,无苦亦无乐。这使谭嗣同所讲的教与康有为追求极乐的佛教大相径庭,与康有为心仪的追求长生久视的养生之学——道教甚至水火不容。

二、近代视界中的教

康有为、谭嗣同对教具有自己的独到见解,由此形成了个性鲜明的宗教观。两人之所以对教乐此不疲,从根本上说,是中国近代特殊的历史背景和文化语境使然,而并非完全出于个人的兴趣爱好。同样的道理,康有为、谭嗣同热衷于教是基于时代课题的问题意识。这先天地决定了两人对于教不可能限于纯粹的学术研究,而是围绕着中国近代的社会现实展开。

首先,康有为、谭嗣同对教的关注重点并不在于从纯学术或逻辑的角度给教下定义,也不在于明确教之内涵和外延。可以看到,救亡图存与思想启蒙的双重使命促使两人对教的关注、探究与中国的变法维新、政教学术密切相关,致使教与学的关系成为其中的核心话题。

在对教学关系的把握上,康有为是不自觉的,谭嗣同是自觉的。在康有为那里,教与学是相混的,二者可以互用、混用。这暴露出他并没有意识到教与学是两个不同的概念,所以也就没有对二者进行区分,所以才在概念的使用上教学混用。谭嗣同将教与学区分开来,认为二者既相互联系,又不可替代。在此过程中,他特意强调,教不可替代各种专门专业之学。这清楚地表明,谭嗣同对教学关系的界定与康有为相差悬殊。两人的最大区别在于,谭嗣同将教与学在康有为那里的混同即同一关系转变成了包含关系。与对教学关系的界定一脉相承,由于断言"教能包政、学",谭嗣同视界中的孔教、孔子之教与孔学、孔子之学不再像在康有为视界中那样异名而同实,而是从在康有为那里的并列关系乃至同一关系变成了包含与被包含的关系。至此可见,在教与学的关系上,康有为的教学相混与谭嗣同以教统摄政学迥异其趣。

问题到此并没有结束,康有为、谭嗣同对教学关系的界定导致了对教、学的不同对待和重视。这具体包括两个方面：第一，谭嗣同断言"教能包政、学"，所讲的教之外延尽管宽泛，却相对确定，并且通过教与政、学关系的厘定避免了教与学在康有为那里的相混。由于认为教不可保，谭嗣同尽管与康有为一样认为孔子思想是宗教，孔教是中国的国教，然而，他却不赞同康有为将中国近代保国、保种的希望寄托于保教（孔教），当然也没有像康有为那样立孔教为国教多方谋划。大致说来，康有为专注于教，谭嗣同则热衷于专门专业之学。第二，就学而言，在康有为的视界中，教学相混从逻辑上可以视为学与教等量齐观、不分伯仲。从这个意义上说，康有为提倡孔教也就是提倡孔学，立孔教为国教也就是提升孔学的地位。在这方面，他声称"百家皆孔子之学"便是明证。尽管如此，从后果上看，人们似乎只记住了康有为为之奔走呼号的孔教，而没有记住甚至没有留意他讲的孔学。这样一来，教便压倒乃至湮没了学。谭嗣同不仅没有让教压倒学，反而在对教无可保特别是保国的捷径莫过于学、教不可替代专门之学的凸显中提升了学的地位。具体地说，谭嗣同在"教能包政、学"的基础上，提出了政—学—教的为学进路——基于学而联结成学会，通过有议院之权的学会将政与学联结起来。这套设想使谭嗣同的变法主张和救亡纲领既注重学术上的兴教化，又关注政治上的兴民权。由教而学而政是谭嗣同"酷好谈教"的出发点，由政而学而教则表现了他的救亡之路、启蒙之途注重学以致用的实学风尚和诉求。

其次，宗教观不仅凝聚了康有为、谭嗣同的教学观、学术观，而且贯穿着两人的变法观、救亡观和启蒙观。

通过保教来保国、保种是康有为的基本思路，通过立法将孔教奉为国教，大中小学普及、尊奉孔教是他的救亡纲领。谭嗣同否认通过保教来保国、保种的可行性，因而不赞同康有为提出的通过保教来保国、保种的做法。谭嗣同肯定教对于人的至关重要，却不认为教可以保，当然也就不存在康有为所谓的保教之说。谭嗣同之所以不认同保教之说，并非对教不重视，而是认定"教无可亡"。对此，他论证并解释说："教无可亡也。教而亡，必其教之本不足存，亡亦何恨。教之至者，极其量不过亡其名耳，其实固莫能亡矣。名非圣人之所争。圣人亦名也，圣人之名若姓皆名也。即吾之言仁言学，皆名也。名则无与于存亡。呼马，马应之可也；呼牛，牛应之可也；道在屎溺，佛法是干屎橛，无不可也。何者？皆名也，其实固莫能亡矣。惟有其实而不克既其实，使人反督于名实之为苦。以吾之遭，置之婆娑世界中，犹海之一涓滴耳，其苦何可胜道。"[①] 依据谭嗣同的分析，教所亡者，只是教之名而已，教之实则无可亡。沿着这个思路推导下去可以想象，如果教亡的话，那么，便表明教不足以存。既然教已经不足以存在，那么，亡也就亡了，又有何憾！沿着教"无可亡"的逻辑，谭嗣同并不赞同康有为试图通过保教来保国、保种，进而为了立孔教为国教而奔走呼号，最终将中国近代救亡图存的希望寄托于保教（孔教）的做法。

就概念的使用而言，康有为、谭嗣同热衷于中国本土盛行的教以及教化，而不是作为新概念、新名词的宗教。在这个前提下应该看到，与谭嗣同罕言宗教相比，康有为在热衷于教这一概念的同时，多次提及乃至使用宗教概念。尤当注意的是，在戊戌维新失败之后流亡海外——特别是游历欧洲各国时，康有为不仅同时使用教和宗教，而且对宗教一词反复予以辨梳、厘定。从这个意义上说，康有为在概念运用上与谭嗣同显示出明显差异。尽管如此，康有为此时使用宗教（厘利尽，religion）一词，目的是从不同角度反复揭露宗教概念"不典不妥"，宗教一词不能成立。这就是说，康有为提及或使用宗教一词是出于排斥宗教概念的目的，并不能证明他使用甚至认同宗教概念。从这个意义上说，康有为与谭嗣同一样对教之概念情有独钟。在中国近代，作为新概念的宗教逐渐取代了作为旧概念的教之概念。康有为、谭嗣同无疑是教之概念的守护者。这一点与严复、梁启超先使用教而后转向宗教形成了强烈对比，与孙中山、章炳麟等人对宗教概念的不二选择和对教之概念的漠视更是南辕北辙。与宗教相比，教之概念在中国由来已久，是一个中国本土文化的概念。不难发现，热衷于教之概念与康有为、谭嗣同哲学的建构以中学为主遥相呼应。

上述内容显示，康有为、谭嗣同对教之界定和理解带有鲜明的近代特征，既呈现出与其他近代哲学家的一致性，又带有两人共有而不为同时代哲学家所有的相同性、相近性。尽管如此，康有为、谭嗣同的宗教理念和主张拥有各自

① 《仁学》，《谭嗣同全集》（增订本），中华书局 1998 年版，第 290 页。

的独特意蕴，彼此之间个性鲜明。以概念的使用为例，梁启超使用最多的是作为舶来品的宗教概念。康有为、严复皆教、宗教同时混用，并且都没有对教与宗教的关系予以厘定或说明。谭嗣同没有使用宗教概念，而是始终对教之概念情有独钟。正是由于教之概念较为笼统，谭嗣同才能将政、学皆归入教的统辖之中。这个例子生动地呈现了一个不争的事实，康有为、谭嗣同的思想异同是复杂的，具有不同的维度。从一个角度看是相同的，转换一下角度看可能就是不同的。鉴于这种情况，对于康有为、谭嗣同的宗教观，既要看到其间的相同性、一致性，又要看到其间的差异性、不同性。对于其间的相同性、一致性，有必要进一步予以追究和澄清——既要看到与同时代的其他近代哲学家相同的共性，又要看到有别于其他近代哲学家而只属于他们两个人之间的默契。只有综合考察各方面的情况，才能全面、客观地把握康有为、谭嗣同宗教观的同异，进而做出全面、公允的评价。

第九章　康有为与谭嗣同佛学观之比较

　　佛教产生于天竺，最晚在东汉之时传入中土。据现存文献记载，佛教最晚在公元 67 年即汉明帝十年传入中国。之后，佛教经过东汉、魏晋时期与中国本土文化碰撞、融合，在南北朝隋唐时期得到长足发展，成为中国文化的主流形态。宋代集儒释道于一身的理学出现之后，佛教便失去了往日学派林立、独步天下的辉煌而日益式微。到了近代，佛教迎来了复兴，在中国近代的宗教热中以绝对优势成为"显学"。从康有为、谭嗣同到梁启超、章炳麟，近代哲学家大都崇佛、好佛，以至于梁启超惊呼："晚清所谓新学家者，殆无一不与佛学有关系。"[①] 这个评价难免有夸张之嫌，却也道出了一个不争的事实：近代哲学家具有深厚的佛学素养，佛学在他们的哲学、思想和文化中占有重要一席。

　　近代哲学家都对宗教表现出极大热情，因而掀起了一场空前的宗教热。正如佛教在他们的宗教思想中占有举足轻重的地位一样，佛教热无疑是近代宗教热中的主旋律。这就是说，近代哲学家的宗教情结主要表现为佛教情结。谭嗣同如此，即便是大声疾呼立孔教为国教的康有为也不例外。康有为被梁启超称为中国亘古未有的宗教家，谭嗣同表白自己"酷好谈教"。由此不难想象，两人的宗教热情异常高涨。正如康有为、谭嗣同的宗教热情很大一部分源自对佛教的热情一样，佛学观是两人宗教观的重要组成部分。就康有为来说，尽管为了立孔教为国教奔走呼号，然而，这并不妨碍他对佛教的推崇。不仅如此，康有为对佛教的好恶和关注由始至终，在时间上甚至远远超过了对孔教的关注和

---

① 《清代学术概论》，《梁启超全集》（第五册），北京出版社 1999 年版，第 3105 页。

推崇。谭嗣同则将佛教置于人类文化的顶端，也将对佛教的顶礼膜拜推向了极致。鉴于上述情况，比较康有为、谭嗣同的佛学观，既可以从中体悟两人佛学思想建构的异同，又可以直观感受佛教在中国近代的兴盛以及近代佛教的丰富性和多样性。

第一节　对佛教的共同关注

康有为、谭嗣同的佛教思想作为中国近代佛教的组成部分拥有与生俱来的近代烙印和时代特征，在这个意义上，两人的佛学观与其他近代哲学家呈现出一致性，而与古代佛教具有天壤之别。与此同时，应该看到，康有为、谭嗣同的佛教思想存在着明显的有别于其他近代哲学家之处，在这个意义上，两人的佛学观最为相近，而与同时代的其他近代哲学家渐行渐远。综合考察康有为、谭嗣同的思想可以发现，两人对佛教的看法与对其他问题的看法一样具有惊人的相似之处。对于这一点，透过以下四个方面可以看得更加清楚、明白。

一、对佛教的审视在三教关系中进行

将佛教置于全球多元的文化语境中，围绕着中国近代的救亡图存与思想启蒙对佛教的不同宗派进行选择并对佛教的教义予以诠释是近代佛教有别于古代佛教的基本特征，因而也是近代佛教的共性——在这一点上，康有为、谭嗣同与其他近代哲学家的立言宗旨和具体做法如出一辙。在这个前提下必须强调的是，与同时代哲学家不同的是，两人喜欢将佛教置于由佛教、孔教与耶教（康有为、谭嗣同对基督教的称谓）组成的三教关系中进行审视，热衷于对佛教与孔教、耶教进行比较，致使三教关系成为热点话题。

近代哲学和文化始终交织着古今中西之辨，康有为、谭嗣同同样拥有全球多元的开放心态和文化视域，并在这个历史背景和文化语境中审视佛教，

进而彰显佛教与孔教代表的中学和耶教代表的西学之间的相似相通。一方面，注重佛教的圆融性，承认佛教与其他异质文化相互契合进而予以诠释是近代哲学家的共同点。在这方面，其他近代哲学家与康有为、谭嗣同的做法呈现出惊人的一致性。例如，严复将佛教的自在与西方哲学探究的"第一因"、佛教的不可思议与赫胥黎、斯宾塞等人的不可知论混为一谈，梁启超和章炳麟不约而同地将佛教与康德哲学相提并论等等。康有为、谭嗣同既认为佛教与孔教并行不悖，又声称佛学与西学圆融无碍。这表明，两人对佛教精神的定位和开放解读在大方向上与其他近代哲学家完全一致。另一方面，康有为、谭嗣同对于佛教的圆融性选择了不同于其他近代哲学家的关注点，那就是：聚焦佛教与孔教、耶教的关系，特别是对三教的优劣津津乐道。这就是说，将佛教置于全球多元文化的视域之下是近代哲学家的共同做法，肯定佛教的开放圆通是他们的共识。在这一点上，康有为、谭嗣同也概莫能外。所不同的是，在突出佛教与其他宗教或文化相互贯通、圆融无碍上，康有为、谭嗣同的具体做法和理论侧重呈现出不同于其他近代哲学家的独特之处，其中最明显的表现便是对佛教与孔教、耶教之间的关系乐此不疲，并且将近代哲学家共同关注的佛教与其他异质文化的圆融无碍具体化为佛教与孔教、耶教三教之间教旨教义的圆融无碍。

康有为连篇累牍地证明佛教与孔教以及全部中国本土文化的相通、契合，同时凸显佛教与耶教的相融相通。他甚至断言："耶氏翻《摩西》，无条不是出于佛学。"[1]梁启超在为康有为作传时专门介绍了康有为的宗教观，直观而生动地展示了康有为对佛教与孔教、耶教的兼容并蓄，印证了康有为关于佛教与孔教、耶教相似相通的理念。现摘录如下：

> 先生于耶教，亦独有所见。以为耶教言灵魂界之事，其圆满不如佛；言人间世之事，其精备不如孔子。然其所长者，在直捷，在专纯。单标一

---

① 《万木草堂讲义·七月初三夜讲源流》，《康有为全集》（第二集），中国人民大学出版社2007年版，第288页。

义，深切著明，曰人类同胞也，曰人类平等也，皆上原于真理，而下切于实用，于救众生最有效焉，佛氏所谓不二法门也。虽然，先生之布教于中国也，专以孔教，不以佛、耶，非有所吐弃，实民俗历史之关系，不得不然也。①

先生谓宜立教务部，以提倡孔教。非以此为他教敌也，统一国民之精神，于是乎在。今日未到智慧平等之世，则宗教万不可缺。诸教虽各有所长，然按历史，因民性，必当以孔教治中国。②

谭嗣同一面突出佛教与孔教、耶教的融会贯通，一面彰显三教之间的一致性。以代表平等的朋友之道为切入点，他对三教的共识如是说：

其在孔教，臣哉邻哉，与国人交，君臣朋友也；不独父其父，不独子其子，父子朋友也；夫妇者，嗣为兄弟，可合可离，故孔氏不讳出妻，夫妇朋友也；至兄弟之为友于，更无论矣。其在耶教，明标其旨曰："视敌如友。"故民主者，天国之义也，君臣朋友也；父子异宫异财，父子朋友也；夫妇择偶判妻，皆由两情自愿，而成婚于教堂，夫妇朋友也；至于兄弟，更无论矣。其在佛教，则尽率其君若臣与夫父母妻子兄弟眷属天亲，一一出家受戒，会于法会，是又普化彼四伦者，同为朋友矣。③

进而言之，康有为、谭嗣同之所以在佛教与孔教、耶教构成的三教关系中彰显佛教的圆通性和开放性，不仅体现了透视佛教的独特视角，而且关涉对佛教以及对佛教与孔教、耶教关系的透视和界定。最简单的理由是，彰显三教之间的圆融无碍至少反映了两人对三教皆非坚决抵制，这个底线划定了康有为、谭嗣同与章炳麟之间的鸿沟。无论是对孔教的公开排斥还是对基督教的大力鞭

① 《南海康先生传》，《梁启超全集》（第一册），北京出版社 1999 年版，第 488 页。
② 《南海康先生传》，《梁启超全集》（第一册），北京出版社 1999 年版，第 496 页。
③ 《仁学》，《谭嗣同全集》（增订本），中华书局 1998 年版，第 350—351 页。

挞都注定了章炳麟不可能大肆宣扬三教圆通无碍。在这一点，严复与章炳麟的情形类似。康有为、谭嗣同都有抵制耶教的言论，康有为甚至声称立孔教为国教就是出于以教治教的初衷，目的是以孔教与耶教分庭抗礼。尽管如此，两人对耶教的肯定尤其是借鉴则是不争的事实。

在佛教与孔教、耶教的圆融无碍上，康有为、谭嗣同将重点放在了佛教与孔教的相近相通上。这是两人的共同倾向，并且出于相同的动机，那就是：在与佛教的联合中以孔教对抗耶教。这一点既先天地注定了康有为、谭嗣同在三教关系中将耶教置于最后，也使佛教与孔教的关系成为两人关注和论证的焦点。

二、以仁整合三教的共同宗旨

康有为、谭嗣同不仅一致声称佛教与孔教、耶教在立教宗旨上别无二致，而且强调三教在教义教旨上相近相通——对于后者，两人找到了相同的依据，那就是仁。事实上，康有为、谭嗣同反复从不同角度论证仁是佛教、孔教和耶教的共同教义，并且由此印证了三教立言宗旨的相同。

康有为秉持三世三统的宗教观，在对宗教进化轨迹的勾勒中，将宗教的递嬗轨迹划分为太古、中古和后古三个阶段，并且发出了"太古之圣，则以勇为教主；中古之圣，则以仁为教主；后古之圣，则以知为教主"[1]的论断。所谓"中古之圣"的教主——仁既包括孔教，又包括佛教和耶教等。对于孔教之仁，康有为断言："该孔子学问只一仁字。"[2]对于佛教之仁，康有为肯定"能仁"是佛号。对于耶教之仁，康有为肯定其与"甚仁"之墨教别无二致，因为二者具有渊源关系——准确地说，耶教是墨教西传的结果。谭嗣同指出，佛教与孔教、耶教的立教宗旨相同，仁就是三教的共同宗旨。这用他本人的话说便是：

---

[1]　《日本书目志》卷三，《康有为全集》（第三集），中国人民大学出版社 2007 年版，第297—298 页。

[2]　《南海师承记·讲孝弟任恤宣教同体饥溺》，《康有为全集》（第二集），中国人民大学出版社 2007 年版，第 250 页。

"能为仁之元而神于无者有三：曰佛，曰孔，曰耶。"①

　　经过康有为、谭嗣同的诠释，仁作为佛教与孔教、耶教的汇合点不仅彰显了三教教义的相互契合，而且证明三教秉持相同的立教宗旨。这突出了佛教的开放性、圆通性，也最大限度地凸显了佛教与孔教、耶教以及中学、西学的圆融无碍。循着这个逻辑，佛教之所以与孔教、耶教圆融无碍，并非偶然，而是拥有了毋庸置疑的必然性。

　　值得一提的是，无论对于康有为还是对于谭嗣同的佛学来说，仁是佛教与孔教、耶教的共同宗旨都至关重要。以谭嗣同为例，正是在强调仁是佛教与孔教、耶教的共同宗旨的前提下，彰显佛教的仁之主题。不仅如此，由于确信佛教与孔教、耶教圆融无碍，谭嗣同进而肯定佛学、中学、西学可以融会贯通。沿着这个思路，他以仁为三教合一的交汇点，建构了佛教、耶教和孔教合一的新体系，这就是仁学。也可以说，谭嗣同以仁学完成了佛学、中学和西学的和合，这一点通过《仁学》的入门书目单直观地体现出来。对于仁学的理论来源，谭嗣同明确宣称："凡为仁学者，于佛书当通《华严》及心宗、相宗之书；于西书当通《新约》及算学、格致、社会学之书；于中国书当通《易》、《春秋公羊传》、《论语》、《礼记》、《孟子》、《庄子》、《墨子》、《史记》，及陶渊明、周茂叔、张横渠、陆子静、王阳明、王船山、黄梨洲之书。"② 一目了然，他将仁学的理论来源划分为三大类，即佛学、西学和中学，仁学的创建意味着兼容并包，前提则是三教可以并行不悖。换言之，《仁学》之所以能够像梁启超评价的那样将科学、哲学与宗教冶为一炉，仁是佛教、孔教与耶教的共同宗旨在其中发挥了至关重要的作用。

　　至此可见，一方面，将佛教置于全球多元文化的视域之下进行审视和诠释是近代佛教有别于古代的时代特色，因而成为包括康有为、谭嗣同在内的近代哲学家的共同做法。另一方面，将仁说成是佛教与孔教、中国文化与西方文化的相同点则是存在于康有为与谭嗣同两个人之间的默契，这一默契又进一步拉开并加大了两人在佛学观、哲学观上与其他近代哲学家的距离：就佛学观而

---

① 《仁学》，《谭嗣同全集》（增订本），中华书局1998年版，第289页。

② 《仁学》，《谭嗣同全集》（增订本），中华书局1998年版，第293页。

言，无论以不忍人之心（康有为）还是以慈悲（谭嗣同）释仁，康有为、谭嗣同都淋漓尽致地抒发了佛教的救世情怀，使两人将近代佛教的入世性、救世性发挥到了极致。同样，无论侧重博爱（康有为）还是平等（谭嗣同），康有为、谭嗣同都在佛教、孔教与耶教的圆融无碍中为佛教、孔教注入了西方近代的价值理念——这一点促使佛教与作为启蒙价值的自由、平等和博爱相对接。就哲学观而言，仁使康有为、谭嗣同的哲学与宗教一脉相承、相得益彰，在彰显仁对于宗教不可或缺的同时，推出了奉仁为宇宙本原的仁学。

三、肯定佛教的平等诉求

康有为、谭嗣同在认定佛教讲仁的基础上，将西方传入的自由、平等、民主和进化学说说成是仁的内涵，进而为佛教注入近代的价值理念和诉求。

康有为认为"中古之圣"以仁为"教主"，其中就包括佛教在内。在这个前提下，他特意强调"能仁"是佛号，借助对仁之内涵的界定，肯定佛教的平等诉求。具体地说，康有为肯定博爱、自由、平等、民主和进化等都是仁的题中应有之义，进而为佛教注入了博爱、平等内涵。例如，对于佛教的平等，康有为不止一次地如是说：

> 佛氏平等，故凡胎生、湿生、卵生，皆谓之众生，平等也。①

> 佛氏宣亲平等。②

依据康有为的说法，平等是仁的题中应有之义，佛教与孔教、耶教皆以仁为"教主"。这表明，三教都追求平等。更为重要的是，佛教在平等上走得更

---

① 《万木草堂口说·孔子改制》，《康有为全集》（第二集），中国人民大学出版社 2007 年版，第 151 页。

② 《万木草堂讲义·中庸》，《康有为全集》（第二集），中国人民大学出版社 2007 年版，第 292 页。

远，不仅主张平等，而且将平等贯彻到人与人、人与众生的关系之中。正因为如此，冤亲平等与众生平等一起证明，佛教将平等推向了极致。

谭嗣同强调佛教与仁密切相关，对佛教平等诉求的揭示与康有为相比更为突出。正是由于这个原因，他对仁的基本特征是平等——通的论证比康有为更加直接，也更为彻底。谭嗣同断言："仁以通为第一义，……通之象为平等。"①在他看来，仁之所以平等，是因为通是仁的本质特征，平等则是通的具体表现。与此同时，他还从慈悲的角度论证了佛教之平等。谭嗣同指出，仁就是慈悲即"慈悲，吾儒所谓'仁'也"，而慈悲就是破除对待，故而不分彼此，人我平等。对此，他解释说："盖心力之实体，莫大于慈悲。慈悲则我视人平等，而我以无畏；人视我平等，而人亦以无畏。"②

进而言之，康有为、谭嗣同都肯定佛教宣扬平等，这在近代哲学家中与众不同，也可以认定为是两个人之间的默契。这一相同点与康有为、谭嗣同认定仁是佛教与孔教、耶教的共同追求密切相关，也与两人对宗教救世功能的彰显息息相通。在这个前提下尚需看到，康有为、谭嗣同对佛教所讲的平等的评价大相径庭。总地说来，康有为持否定态度，谭嗣同则持肯定态度。康有为所讲的仁滥觞于孟子的不忍人之心，深受"亲亲而仁民，仁民而爱物"（《孟子·尽心上》）的浸染。与此相一致，为了凸显仁中的差等内涵，康有为强调仁之轨道有大小，仁之爱必须与智并提才能恰到好处；否则，过犹不及——结果不是像老子那样智而不仁导致坏心术，就是像墨子那样"甚仁"而不智导致苦人生。沿着这个思路，康有为将矛头对准佛教所讲的平等，一面承认佛教"能仁"，一面批判佛教仁而不智，最终导致仁而不义，故而不可行。正是在这个意义上，他不厌其烦地声称：

> 佛法平等，无义也，不可行。③

---

① 《仁学》，《谭嗣同全集》（增订本），中华书局 1998 年版，第 291 页。

② 《仁学》，《谭嗣同全集》（增订本），中华书局 1998 年版，第 357 页。

③ 《万木草堂口说·春秋繁露》，《康有为全集》（第二集），中国人民大学出版社 2007 年版，第 206 页。

佛舍其类而爱其混者。①

佛与孔子极相反，然后能立。圣爱其同类，不同类者杀之可也，若同类者不得杀也。此圣人大义。②

不仅如此，康有为在抨击佛教平等的同时，凸显佛教与孔教在人伦上的冲突和对立，以此证明孔教仁智并提，仁义并重，故而顺人之情，养人之生。与康有为对佛教平等的态度差若云泥，谭嗣同对佛教所讲的平等持肯定态度，并且对佛教所讲的平等进一步加以引申和运用，淋漓尽致地彰显了佛教和仁的平等意蕴，从而使佛教成为论证平等的最主要的武器。当然，谭嗣同并没有像康有为那样刻意对佛教、孔教所讲的平等予以区别，而是始终在平等的维度上突出佛教与孔教以及耶教的相通性和相同性。更有甚者，佛教是谭嗣同平等思想的母版，无论对平等的论证、界定还是实现平等的途径都依托佛教展开。康有为、谭嗣同对佛教平等的态度和评价之所以产生差异，与对仁的侧重以及对佛教与孔教、耶教关系的认识一脉相承，并不影响两人彰显佛教之平等诉求这一事实。康有为所讲的仁脱胎于孔子、孟子和董仲舒等人的儒学，并且将孔教置于三教之首，故而推崇由孔教之仁引申的平等。谭嗣同所讲的仁脱胎于佛教，并且基于破除对待的逻辑展开，故而赞同佛教的平等。有鉴于此，无论康有为、谭嗣同对待佛教的平等态度如何，都无法改变一个事实，那就是：康有为、谭嗣同对佛教平等的凸显是一致的，这一点通过与同为戊戌启蒙四大家的严复、梁启超思想的比较则看得更加清楚、明白。

---

① 《万木草堂口说·孔子改制》，《康有为全集》（第二集），中国人民大学出版社 2007 年版，第 152 页。
② 《万木草堂口说·春秋繁露》，《康有为全集》（第二集），中国人民大学出版社 2007 年版，第 188 页。

四、发挥佛教的救世功能

康有为、谭嗣同一面将仁说成是佛教与孔教、耶教的交汇点，一面借助对仁的诠释渲染突出佛教的救世旨归和功能。正因为如此，两人热衷于对佛教普度众生的发挥，并且将佛教所讲的众生平等与两人心驰神往的大同社会直接联系起来。

正如心学是中国近代哲学的主流和归宿一样，具有心学意趣的近代哲学家都侧重从心学的角度对佛教展开诠释和发微。例如，梁启超推崇佛教是因为对自心的膜拜，并由此断言佛教向往的天堂不在外界而就是自己的内心。再如，章炳麟明确声称："我所崇拜的佛法，乃是崇拜自心。"康有为、谭嗣同侧重从心学的思路挖掘佛学的心学内涵，因而彰显佛学的心学意趣和主旨。康有为突出佛学的心学意蕴，反复从不同维度将佛学诠释为心学。例如，他从养心的角度审视、诠释佛学，声称佛学养魂便印证了佛学在本质上属于心学。再如，康有为将佛学的宗旨归结为仁，而仁在他的视界中就是发端于孟子的不忍人之心，以不忍人之心为宗旨也印证了佛学的心学属性。与康有为的佛学思想相比，谭嗣同佛学的心学属性更为明显和突出。这是因为，他在宣布仁是世界本原的同时，明确将仁界定为心，并将心与佛学推崇的识相提并论。这便是他的那句名言："仁为天地万物之源，故唯心，故唯识。"[1]谭嗣同将仁与心、识互释，通过仁、心、识的三位一体，以仁学、佛学的形式建构了近代心学的形态和样式。

如果说康有为、谭嗣同从心学的角度诠释佛学与近代哲学家的哲学理念一脉相承的话，那么，两人与其他近代哲学家所不同的则是将心界定为仁心。在这个前提下，康有为、谭嗣同将仁分别诠释为不忍人之心、慈悲之心，并借助不忍人之心和慈悲之心的力量将佛学的救世主旨发挥到了极致。

康有为、谭嗣同都具有拯救天下、普度众生的理想，不约而同地表白自己胸怀拯救天下之志，佛学便是两人的精神支柱和理论武器。康有为对于自己的

---

① 《仁学》，《谭嗣同全集》（增订本），中华书局 1998 年版，第 292 页。

宏图大愿曾经如是说:"其来现也,专为救众生而已。……故日日以救世为心,刻刻以救世为事,舍身命而为之。"① 对于康有为的自我标榜,梁启超深表认同并且引为同调,因而在写给康有为的信中说:"我辈宗旨,……乃救地球及无量世界众生也,非救一国也。"② 一目了然,信中之"吾辈"并非单独指梁启超本人,也包括康有为在内。经过"北游访学"的谭嗣同发下宏愿:"不惟发愿救本国,并彼极强盛之西国,与夫含生之类,一切皆度之。"③ 面对中国的内忧外患、生民涂炭,谭嗣同提出了"以心挽劫"的救亡纲领,发愿"以心度一切苦恼众生"。他寄予厚望的挽救劫难之心不是机心,而是愿心,也就是佛学的慈悲之心。在谭嗣同看来,仁就是慈悲,慈悲是心力的实体。于是,他多次断言:

> 夫心力最大者,无不可为。……使心力骤增万万倍,天下之机心不难泯也。④

> 盖心力之实体,莫大于慈悲。⑤

对于谭嗣同的《仁学》,梁启超在为其所作的序中开宗明义地指出:"《仁学》何为而作也?……以救全世界之众生也。"⑥ 梁启超对《仁学》初衷、主旨的概括和评价深中肯綮,可谓一语破的,明确揭示出谭嗣同与康有为如出一辙的救世宗旨。

进而言之,如果说康有为、谭嗣同怀有同样的拯救世界的宏图大愿的话,那么,佛学则不啻为两人拯救世界的精神支柱和理论武器,更是谭嗣同依赖的不二法门。对于康有为来说,尽管主张立孔教为国教,然而,孔教是救中国的

---

① 《我史》,《康有为全集》(第五集),中国人民大学出版社 2007 年版,第 64 页。

② 《与康有为书》,《戊戌变法》(第二册),上海人民出版社 2000 年版,第 544—545 页。

③ 《仁学》,《谭嗣同全集》(增订本),中华书局 1998 年版,第 358 页。

④ 《仁学》,《谭嗣同全集》(增订本),中华书局 1998 年版,第 357 页。

⑤ 《仁学》,《谭嗣同全集》(增订本),中华书局 1998 年版,第 357 页。

⑥ 《〈仁学〉序》,《谭嗣同全集》(增订本),中华书局 1998 年版,第 373 页。

下手处，未来的大同社会并不是孔教而是佛学的天下。拯救世界尤其是臻于始于男女平等、终于众生平等的"大平等"必须依凭佛学。与康有为选择佛教的华严宗是为了救世一样，以佛教的慈悲之心挽救中国的劫难表明，谭嗣同的佛学思想以救亡图存为宗旨，具有真切的现实目的和实践情怀。对此，梁启超的评价是，《仁学》"欲将科学、哲学、宗教冶为一炉"，这样做的目的和结果便是，使之更"适于人生之用，真可谓极大胆极辽远之一种计划"。①

近代哲学家所讲的佛学都具有入世而非厌世或出世的特征，在这一点上，正如梁启超将"入世而非厌世"②视为佛学有别于其他宗教的特点一样，章炳麟坦言，他推崇佛法并非让人皆归兰若而是为了净化人心，增进革命道德。相比较而言，如果说近代哲学家的佛学都是入世的话，那么，康有为、谭嗣同则在彰显佛学入世性的同时，使佛学变成了救世的法宝。就康有为与谭嗣同佛学思想的比较来说，康有为侧重入世，谭嗣同则更倾向于救世。对于谭嗣同来说，"以心挽劫"的仁学与普度众生的救世情结一体两面。正因为如此，他对佛学救世情怀的发挥尤其是践履在近代哲学家中最为突出，即便是康有为也只好甘拜下风。

全球多元的文化语境和理论视域既影响了中国近代的哲学与文化，也影响了中国近代的佛教。身处全球多元的文化语境之中，秉持救亡图存与思想启蒙的理论初衷，近代哲学家对佛学进行内容转换和现代化是相同的，也为近代哲学家的佛学打上了相同的全球视野、文化多元等时代烙印。在这方面，康有为、谭嗣同的佛学思想既带有鲜明的近代烙印，也与其他近代哲学家的佛学思想呈现出一致性。在这个前提下尚需看到，两人的佛教思想带有彼此相同而有别于其他同时代哲学家的独特之处。这具体包括如下四个方面：第一，康有为、谭嗣同一面将诸子百家整合为孔教来对抗耶教，一面在由佛教与孔教、耶教组成的三教关系的维度上审视佛教，致使三教关系成为两人佛学观的核心话题。第二，康有为、谭嗣同在对佛教与孔教、耶教一致性的彰显中，提升仁的

---

① 《清代学术概论》，《梁启超全集》（第五册），北京出版社 1999 年版，第 3102 页。

② 《论佛教与群治之关系》，《梁启超全集》（第二册），北京出版社 1999 年版，第 907 页。

地位和价值，一起创建了宗教、哲学与文化三位一体的仁学。第三，在对佛教的宣扬中，两人围绕着平等的意趣诉求展开。第四，康有为、谭嗣同将近代佛学的入世性发挥成救世性，也将佛学与中国近代救亡图存与思想启蒙的密切相关诠释得淋漓尽致。

第二节　对佛学的宗派取舍

中国近代是全球文化多元的时代，这一历史背景和文化语境注定了康有为、谭嗣同代表的近代哲学家所讲的佛学不可能再像古代那样恪守一宗一派，而是呈现出兼容并包的态势。这意味着各种佛学派别可以在两人的佛教思想中圆融无碍，并行不悖——这一点从康有为、谭嗣同提到的佛学典籍中即可见一斑：康有为提到的佛教经典众多，从《金刚经》《法华经》《楞严经》《楞伽经》到《阿一增含经》等等，不一而足。谭嗣同提到的佛学典籍同样并不止于一种，在《仁学》的"仁学界说"中明确声称其中的"佛书"主要指《华严》及心宗、相宗之书"。除此之外，《仁学》中还出现了《般涅槃经》《维摩诘经》和《大乘起信论》等诸多佛学经典。康有为、谭嗣同对众多佛典的提及都是兼容并蓄的。这既包括两人对佛学宗派的自由选择和取舍，也包括所推崇、提到的佛教经典都不拘泥于一宗一派。正因为如此，康有为、谭嗣同的佛学思想建构绝非囿于某一宗派的单一成分，而是杂糅、和合诸多宗派而成。探究康有为、谭嗣同对佛学宗派的偏袒和取舍成为辨析两人佛学建构的切入点，不仅显得十分必要，而且变得饶有趣味起来。

一、华严宗

佛教在中国近代的复兴是全面的，主要表现之一便是包括华严宗、唯识宗、天台宗、禅宗和净土宗在内的大多数宗派都得以复兴。尽管如此，近代哲学家对佛教的不同宗派是有偏袒的。其中，华严宗受到普遍推崇，成为近代佛教中的翘楚。康有为、谭嗣同对佛教宗派的选择印证了这一点，华严宗也成为两人对佛教宗派的共同选择。

康有为在推崇孔教的同时推崇佛教尽人皆知，华严宗在他推崇的佛教中占有重要地位也是不争的事实。对于康有为的佛教思想，梁启超曾经有过一段经典的介绍和评价，对于理解康有为对佛教宗派的好恶和取舍提供了绝佳的注脚。现摘录如下：

> 先生之于佛学也，纯得力大乘，而以华严宗为归。华严奥义，在于法界究竟圆满极乐。先生乃求其何者为圆满，何者为极乐。以为弃世界而寻法界，必不得为圆满；在世苦而出世乐，必不得为极乐，故务于世间造法界焉。又以为躯壳虽属小事，如幻如泡，然为灵魂所寄，故不度躯壳，则灵魂常为所困。若使躯壳无缺憾，则解脱进步，事半功倍。以是原本佛说舍世界外无法界一语，以专肆力于造世界。先生常言：孔教者佛法之华严宗也。何以故？以其专言世界，不言法界，庄严世界，即所以庄严法界也。佛言当令一切众生皆成佛。夫众生根器，既已不齐，而所处之境遇，所受之教育，又千差万别，欲使之悉成佛，难矣。先生以为众生固不易言，若有已受人身者，能使之处同等之境遇，受同等之教育，则其根器亦渐次平等，可以同时悉成佛道。此所以苦思力索，而冥造此大同之制也。若其实行，则世间与法界，岂其远哉！①

依据梁启超的介绍和概括，康有为的佛学思想建构"纯得力大乘，并且最终以华严宗为归"。如果说康有为的"纯得力大乘"与梁启超本人在崇尚大乘佛教的同时兼顾小乘佛教大相径庭的话，那么，康有为在大乘佛教之中青睐华严宗，以至于他的佛学乃至哲学思想以华严宗为归宿则与梁启超同时推崇四教——华严宗、唯识宗、天台宗和禅宗呈现出明显区别。在对康有为佛教思想的归纳上，梁启超可谓深谙师道，华严宗的确在康有为的佛教中占有举足轻重

---

① 《南海康先生传》，《梁启超全集》（第一册），北京出版社 1999 年版，第 494—495 页。

的地位，并对康有为的佛学观乃至宗教观产生了决定性影响。诚然，康有为曾经有过小乘大乘并行不悖的论证，正如他声称孔教向往大同而不废小康一样。尽管如此，从康有为佛教思想的主旨来看，大乘佛教特别是华严宗显然是其中的主角。

康有为秉持"有一众生不成佛，我誓不成佛"的信念，拯救全世界的初衷决定了他对佛教派别的选择不可能侧重以个人解脱为究竟的小乘佛教，梁启超将此称为"纯得力于大乘"；在大乘佛教之中，华严宗给康有为以根本性的影响，梁启超称之为"以华严宗为归"。这是因为，就行为方式和拯救次第而言，华严宗的理事无碍、事事无碍伸张了康有为圆融无碍的致思方向和价值旨趣，借此兼顾现实与理想，沿着"据乱世"、"升平世"和"太平世"并行不悖的思路大小无择。华严宗以法界圆满为极乐，犹如孔教以太平大同为旨归。具体地说，对于如何求得圆满和臻于极乐，华严宗将圆满、极乐与入世、救世联系起来，坚信世间法界弃世界必不得圆满，出世也必不得极乐，并在这个前提下普度众生，无论根器如何皆一并度之；孔教以大同境界为最高理想，却大小无择，故而"据乱世"、"升平世"和"太平世"并行不悖。康有为依托华严宗的圆融无碍厘定公羊三世之间的关系，秉持"据乱世"、"升平世"和"太平世"并行不悖的理念，进而对现实与理想、出世与入世进行协调。基于康有为对华严宗的发挥以及与孔教的互释，梁启超评价康有为所讲的孔教就是华严宗。这用梁启超本人的话说便是："孔教者佛法之华严宗也。"[1] 事实上，康有为不仅直接将孔教比喻为华严宗，而且在对现世的救赎中身体力行着入世、救世的宗旨。正因为如此，梁启超评价说："先生任事，不择小大。常言事无小大，惟在比较。与大千世界诸星诸天比，何者非小？与血轮、微虫、兔尘、芥子比，何者非大？谓有小大者，妄生分别耳。"[2]

在谭嗣同的佛学思想中，华严宗无疑占据最显赫的位置。如果说"佛书"排在《仁学》书目单的首位的话，那么，赫然排在"佛书"首位的则是《华严

---

[1] 《南海康先生传》，《梁启超全集》（第一册），北京出版社1999年版，第494—495页。

[2] 《南海康先生传》，《梁启超全集》（第一册），北京出版社1999年版，第497页。

经》。可以看到，他将"佛书"置于"西书"和"中国书"之前尚且不够，还特意说明"佛书"专指《华严》及心宗、相宗之书。众所周知，先有《华严经》，后有华严宗，华严宗的得名就是因为奉《华严经》为至尊宝典而来。因此，仅凭谭嗣同将《华严经》置于"佛书"之首这一点就可以看出华严宗在谭嗣同佛教思想中举足轻重的地位。不仅如此，从他所讲的佛学、仁学内容来看，无论将不生不灭界定为"仁之体"还是笃信世界万物的"三世一时""一多相容"都淋漓尽致地展示了华严宗对于《仁学》首屈一指的地位和作用。

梁启超对谭嗣同游学经历和《仁学》的介绍从一个侧面披露了佛教尤其是华严宗对谭嗣同思想的至关重要：

> 文会深通"法相"、"华严"两宗，而以"净土"教学者，学者渐敬信之。谭嗣同从之游一年，本其所得以著《仁学》，尤常鞭策其友梁启超。①

依据梁启超的这个说法，谭嗣同的佛缘与杨文会密切相关，杨文会的佛教思想给谭嗣同以巨大影响。尽管谭嗣同并没有出家，然而，他在从游一年的时间里深得杨文会佛教思想的亲炙和熏陶。作为近代著名的佛教理论家，杨文会精通华严宗和法相宗（唯识宗），同时以净土宗教学。从游一年的经历使谭嗣同从杨文会那里精研华严宗、唯识宗，同时还涉猎了净土宗。可以看到，谭嗣同对华严宗顶礼膜拜，对唯识宗、净土宗倍加推崇。与净土宗关系密切的密宗也被谭嗣同加以发挥，用以论证心力的神奇无比——也就是他所说的"无不可为"。

在说明谭嗣同的佛学思想建构与杨文会的渊源之后，梁启超提到了两条附加信息：第一，谭嗣同以佛教之"所得"撰写《仁学》。这既反映了佛教对于《仁学》的提纲挈领，又印证了谭嗣同佛学思想与仁学的密不可分。第二，谭嗣同时常以佛教"鞭策"梁启超。谭嗣同的"鞭策"对梁启超起了重要作用，彻底改变了梁启超对佛教的态度。据梁启超本人同样在《清代学术概论》披露，康有为早在万木草堂讲学时就以佛教教授学者，自己对康有为讲授的佛教却不以

---

① 《清代学术概论》，《梁启超全集》（第五册），北京出版社 1999 年版，第 3105 页。

为然，后来在谭嗣同的"鞭策"下心向佛教，从此对佛教如醉如痴，并且"十分受用"。梁启超并没有具体解释谭嗣同是以佛教的何种宗派说服自己的，从目前能够看到的谭嗣同写给梁启超的书信判断，主要是脱胎于华严宗的自度与度人、佛与魔的圆融无碍。

至此可见，康有为、谭嗣同都在众多的佛教宗派中偏袒华严宗。如果说入世救世的道义担当使两人共同青睐华严宗的话，那么，相去甚远的师承关系、思想渊源、学术经历和价值旨趣则促使康有为、谭嗣同在同好华严宗的同时，对佛教的其他派别进行了不同的偏袒和选择。反过来，这些不同的宗派选择也不可避免地影响了两人对华严宗的理解，导致康有为、谭嗣同包括华严建构在内的佛教建构的不同。

二、禅宗与唯识宗

就对佛学宗派的选择而言，如果说推崇华严宗表现了康有为、谭嗣同佛学观的一致性的话，那么，对佛学其他宗派的侧重或选择则显示了两人佛学观的差异。换言之，如果说华严宗是康有为、谭嗣同相同的皈依和喜好的话，那么，除了这个相同点之外，两人对佛学其他宗派的取舍则渐行渐远。一言以蔽之，康有为对禅宗推崇备至，谭嗣同则对唯识宗青睐有加。至此，禅宗与唯识宗成为两人在佛学宗派选择上的最大区别。

康有为、谭嗣同所讲的佛学乃至哲学均带有鲜明而浓郁的心学色彩。对于康有为的佛学，梁启超的评价是"最得力于禅宗"。康有为所看中的正是禅宗的即心即佛，以至于梁启超认定康有为发明的孔教的要义之一便是重魂而不重魄。在自称"述康南海之言"的《论支那宗教改革》演讲中，梁启超描述康有为所讲的孔教是："重魂主义非爱身主义。"[①] 在《南海康先生传》介绍"宗教家之康南海"时，梁启超依然坚持"孔教者，重魂主义，非爱身主义"[②]。与康有

---

① 《论支那宗教改革》，《梁启超全集》（第一册），北京出版社1999年版，第263页。

② 《南海康先生传》，《梁启超全集》（第一册），北京出版社1999年版，第486页。

为对魂的重视相类似，谭嗣同公开声明："吾贵知，不贵行也。知者，灵魂之事也；行者，体魄之事也。"① 至于作为世界万物本原的仁，谭嗣同更是开宗明义地强调其"故唯心，故唯识"。康有为、谭嗣同对心的重视产生了相应的后果，并在一定程度上决定了对佛教派别的选择。对此，可以从两个不同方面去理解：一方面，为了凸显心的作用，两人均用电、力、脑和以太等源自西方近代自然科学的概念来比附仁，以此论证人心的精微神妙、无所不能。另一方面，同样重视心，康有为、谭嗣同对心的界定沿着不同的方向展开，也使两人的心学对应不同的佛学宗派。

康有为的心学以禅宗为主，禅宗在他的佛学思想中的地位是唯识宗无法比拟的。这也是康有为一面从心学的角度界定禅宗，一面对禅宗与孟子、陆九渊、王守仁的心学进行互释并且突出陆王心学的禅宗渊源的原因。谭嗣同重视甚至推崇禅宗。以《仁学》的书目单为例，其中的"佛书"具体包括《华严》及心宗、相宗之书"。显而易见，这里的"心宗"包括禅宗，因为禅宗也属于心宗。从这个意义上说，谭嗣同与康有为对佛学宗派的选择——或者说对待禅宗的态度与对待华严宗一样表现出明显的一致性。同样不可否认的是，谭嗣同写进《仁学》书目单的"心宗"并不止于禅宗而是同时还包括唯识宗等其他宗派。事实证明，唯识宗可以归结为谭嗣同写进"佛书"书目单的"心宗"，并且在其中至关重要。禅宗是谭嗣同心学的主要内容，却压不过唯识宗在其中的地位和影响。

至此可见，如果说康有为的心学以禅宗为要的话，那么，谭嗣同的心学则是唯识宗、禅宗和密宗等诸多宗派的拼接。诚然，对于谭嗣同赞不绝口的唯识宗（又称法相宗），康有为也有过溢美之词。例如，他评价说："佛言法相端好。"② 尽管如此，康有为并没有像谭嗣同那样着重对唯识宗的教义进行发掘或诠释，甚至没有对唯识宗的核心概念——如八识、阿赖耶识或基本教义——如"万法唯识""三界唯心"等予以发挥或者关注。

---

① 《仁学》，《谭嗣同全集》（增订本），中华书局 1998 年版，第 369 页。
② 《万木草堂口说·洪范》，《康有为全集》（第二集），中国人民大学出版社 2007 年版，第154 页。

孟子、陆九渊和王守仁是谭嗣同推崇的古代哲学家，《孟子》和陆九渊、王守仁之书也顺理成章地一起被写进《仁学》的书目单。他写道："凡为仁学者，……于中国书当通……《孟子》……陆子静、王阳明……之书。"①尽管如此，谭嗣同并没有将孟子、陆九渊和王守仁的思想反复与佛学思想——特别是没有像康有为那样与禅宗直接联系起来甚至进行互释。恰好相反，谭嗣同习惯于以唯识宗、华严宗解读、诠释《大学》，并在此过程中特别提到王守仁。与王守仁同时出现的还有颜渊、曾子、朱熹和王夫之等人，却始终不见孟子和陆九渊等人的影子。

结合谭嗣同对佛学宗派的侧重、选择和诠释来看，谭嗣同更为看中并且对他本人影响更大的是唯识宗而不是禅宗。从这个意义上说，在对佛学宗派的偏袒和选择上，谭嗣同与康有为之间是有出入的，甚至是反差相当大的。上述内容显示，在彰显佛学圆融性、兼容性的过程中，康有为、谭嗣同对佛学的不同宗派具有不同的侧重和取舍。大致说来，康有为最注重的是禅宗和华严宗。对于这一点，梁启超在《南海康先生传》中对"宗教家之康南海"的介绍提供了注脚。就对于谭嗣同佛学、哲学的影响来说，排在前两位的要数华严宗和唯识宗。梁启超对于谭嗣同的宗教、哲学思想曾经有过经典概括和评价，这便是语出《清代学术概论》的这段话：

> 《仁学》之作，欲将科学、哲学、宗教冶为一炉，而更使适于人生之用，真可谓极大胆极辽远之一种计划。……嗣同幼治算学，颇深造，亦尝尽读所谓"格致"类之译书，将当时所能有之科学知识，尽量应用。又治佛教之"唯识宗"、"华严宗"，用以为思想之基础，而通之以科学。又用今文学家"太平"、"大同"之义，以为"世法"之极轨，而通之于佛教。②

在这里，梁启超肯定《仁学》的庞杂在于"欲将科学、哲学、宗教冶为一

---

① 《仁学》，《谭嗣同全集》（增订本），中华书局1998年版，第293页。

② 《清代学术概论》，《梁启超全集》（第五册），北京出版社1999年版，第3102页。

炉"，并且明确了其中的"宗教"主要是指佛教。更为重要的是，在强调佛学对谭嗣同的仁学影响甚巨的前提下，梁启超将谭嗣同的佛学思想定位在唯识宗和华严宗上。

至此可见，如果说康有为对禅宗兴趣盎然的话，那么，谭嗣同则对"心宗"膜拜有加。尽管禅宗亦在谭嗣同青睐的"心宗"的范围之内，然而，他与康有为对"心宗"的侧重却呈现出禅宗与唯识宗的区别，并沿着不同的方向发挥、展开。

三、宗派与经典

佛学的不同宗派尊奉不同的经典，甚至大多数宗派皆因所奉经典而得名。例如，毗昙宗以研习《阿毗昙》而得名，涅槃宗因为以《大般涅槃经》为经典而得名，地论宗以世亲的《十地经论》而得名，摄论宗因尊奉无著的《摄大乘论》而得名，成实宗因为尊奉诃梨跋摩的《成实论》为经典而得名，三论宗因为尊奉龙树的《中论》《十二门论》和提婆的《百论》三部经典而得名。再如，天台宗又称法华宗，是因为以《妙法莲华经》（简称《法华经》）为经典。律宗又称四分律宗，因为该宗的主要经典是《四分律》；法相宗又称唯识宗，与玄奘依据世亲的《唯识三十论》编纂《成唯识论》密切相关。正是由于这个原因，康有为、谭嗣同对佛学的不同宗派的选择和侧重必然反映在对佛学经典的选择上。事实上，两人对佛教宗派的不同选择与对佛教经典的不同选择相映成趣。可以看到，康有为、谭嗣同对佛学的选择不仅包括宗派，而且包括经典。在这方面，如果说对禅宗与唯识宗的不同侧重已经反映了两人不同的价值取向和宗教理念的话，那么，康有为、谭嗣同对佛教其他宗派的取舍和选择则更加渐行渐远。

康有为对以《法华经》为基本经典和教义依据的法华宗（又称天台宗）多有关注，并且不止一次地提到《楞严经》。除此之外，被他纳入视野的还有《金刚经》等其他佛学经典。总地说来，康有为关注或青睐的这些佛学经典是谭嗣同较少提及甚至从未留意过的。反过来也一样，有些谭嗣同热衷的佛学宗派并没有得到康有为的响应——例如，谭嗣同对净土宗、密宗兴趣盎然，而在康有为提及的诸多佛学宗派中并没有净土宗或密宗的位置。当然，谭嗣同也关注到一些康有为很少留意的佛学经典，其中典型的便是《维摩诘经》《般涅槃经》《大乘起信论》等。例如，谭嗣同援引《维摩诘经》与《华严经》一起论证男女平等。他声称："佛书虽有'女转男身'之说，惟小乘法尔。若夫《华严》、《维摩诘》诸大经，女身自女身，无取乎转，自绝无重男轻女之意也。"[①] 再如，在介绍佛学在外国的盛行时，谭嗣同还提到了《大乘起信论》："英士李提摩太尝翻译《大乘起信论》，传于其国，其为各教所折服如此。"[②]

对佛学宗派、经典的选择为康有为、谭嗣同的佛学思想奠定了文化基因，问题的关键是，两人无论对佛学宗派的偏袒还是对佛学经典的选择都大不相同。正如佛学的不同宗派原本在教旨上就存在区别一样，不同的佛学经典教旨差异巨大。佛学的不同宗派和经典之间的区别经过康有为、谭嗣同不同方式的杂糅、和合进一步凸显和加大，也使两人的佛教思想最终呈现出巨大差异。以天台宗为例，天台宗有空、假、中"三谛圆融"之说，亦有"一心三观""一心三智""一念三千"之说，并且重视禅法的功能。由此可见，天台宗既重视禅法，又讲究圆融。从纯逻辑的角度看，天台宗的圆融理念与华严宗相契合，对心的智观与禅宗相契合，理应被推崇禅宗和华严宗的康有为、谭嗣同共同推崇。事实却并非如此，康有为所讲的圆融无碍脱胎于华严宗与孔教的和合，谭嗣同视界中的华严宗、"心宗"均与天台宗没有直接联系。这个例子生动而直观地表明，康有为、谭嗣同是基于自己的佛学观选择佛学宗派，并对它们进行诠释的。正因为彼此的佛学观不同，两人对佛学宗派进行不同的取舍和选择。结果是，正如对同一宗派教义的透视也迥然相异一样，康有为、谭嗣同对教义契合或类似的不同佛学宗派可能采取大相径庭的态度。这是因为，两人都不是孤立地对佛学宗派进行审视或选择的，而是将它们一起融入到自己的佛学观、宗教观和哲学观之中，成为其中的组成部分。有鉴于此，康有为、谭嗣同在对佛学宗派、经典进行选择时，除了关注教义本身之外，与其他教义的契合也是

---

① 《仁学》，《谭嗣同全集》（增订本），中华书局1998年版，第304页。
② 《仁学》，《谭嗣同全集》（增订本），中华书局1998年版，第352页。

一个重要因素。

四、宗派、经典与教义

康有为、谭嗣同对佛学宗派的选择与对佛学教义的阐发相互作用，可以说是一个过程的两个方面。由此不难想象，正如两人对佛学宗派、经典的不同选择影响了对佛学教义的阐发一样，康有为、谭嗣同对佛学教义的透视和发掘反过来影响了两人对佛学宗派、经典的不同审视和解读。对于这一点，康有为、谭嗣同共同推崇的华严宗、禅宗提供了最好的注脚。

首先，康有为、谭嗣同都对华严宗格外青睐，对华严宗教义的具体阐释却相去甚远。例如，华严宗的核心要旨和意趣是圆融无碍，两人却在不同维度、沿着不同的思路对华严宗的这一要义进行不同的诠释和阐发。结果是，凭借对圆融无碍不同意蕴的彰显和挖掘，康有为、谭嗣同最终演绎出不同内涵的华严宗。

对于华严宗的圆融无碍，康有为不是注重教义阐发，而是热衷于实际运用。具体地说，他的重点在于，运用圆融无碍的致思方向和价值意趣辨梳、厘定公羊三世之间的关系。因此，他讲得最多的是"据乱世"、"升平世"与"太平世"的并行不悖，小康与大同以及佛教与孔教之间的圆融无碍。这就是说，华严宗给予康有为的是一种圆通、开放的心态、立场和价值，而不是具体的概念或教旨。可以看到，他将圆融无碍运用到社会、历史领域，关注现实与理想、入世与出世的关系，并以圆融无碍、并行不悖来透视和处理这些关系。圆融无碍即使康有为在出世时不忘入世，如早期崇尚长生久视的道教，尤其是心系人人极乐之大同，却在心"有"旁骛之时为立孔教为国教奔走呼号，积极投身于入世、救世之中，又使康有为在入世、救世之时不忘出世，并且越向晚年越倾向于出世，在《大同书》之后的《诸天讲》中大声疾呼不做家人、不做国人而做"天人"的诸天之游便是其极致表达。入世与出世是康有为所纠结的，现实与理想是康有为所面对的。面对这些矛盾和困惑，康有为找到了华严宗的圆融无碍作为解决之道。在他那里，华严宗的四法界说直指现世与未来、现实与理想的关系。如果说理法界侧重未来的极乐世界的话，那么，事法界则标志现世的苦难世界。四法界之间的圆融无碍证明了现实之苦难与未来之极乐之间圆融无碍，更为他对于孔教大同与小康之间的关系提供了辩护。由此可见，对于康有为来说，华严宗并不仅仅属于佛教，而是被提升到了方法论和价值观的高度，并且作为致思方向和价值旨趣渗透到他对孔教、佛教等各种宗教和文化的理解之中。

在谭嗣同那里，无论对华严宗的推崇还是华严宗对他的影响都通过他对华严宗的基本教义的解读、诠释体现出来。可以看到，从四法界、"六相圆融""十玄门"到"三界唯心"，几乎华严宗的主要教义都被他提及并运用。其中，事法界、理法界、理事无碍法界和事事无碍法界组成的四法界说被谭嗣同用来解读《大学》从格物致知、诚意正心到修身齐家治国平天下的八条目；辨析总与别、同与异、成与坏组成的六相关系的"六相圆融"被他用来与八不中道一起论证万物的成毁循环、不生不灭；"三界唯心"被谭嗣同用来证明"惟一心是实"和心之力量的神奇伟大，以此探讨世界的本相和存在；"十玄门"则被他用以透视人与万物的存在及其相互关系，并由此破除彼此、无我、人己之对待。由此看来，华严宗给予谭嗣同的影响无处不在，是根本性的，而这一切都是围绕着对圆融无碍的诠释和发挥完成的。"一入一切，一切入一"是谭嗣同所关注的，这体现了他普度众生的宏大志愿。与康有为依据华严宗构筑的理想愿景截然不同，在谭嗣同的视界中，作为华严宗基本教义的"十玄门"（又称"十玄缘起"）、"一多相容不同门"和"诸法相即自在门"的痕迹依稀可见。他将前者表述为"一多相容"，将后者表述为"一入一切，一切入一"。这样一来，"一多相容""一入一切，一切入一"与"万法唯识""三世一心"一起成为谭嗣同佛学乃至仁学的基本命题和主体内容。正是在这个意义上，他不止一次地断言：

> 其实佛外无众生，众生外无佛。虽真性不动，依然随处现身；虽流转世间，依然遍满法界。往而未尝生，生而未尝往。一身无量身，一心无量

心。一切入一，一入一切。①

凡此诸谊，虽"一一佛有阿僧只身，一一身有阿僧只口"，说亦不能尽。②

如果说华严宗的"三界唯心""六相圆融"使谭嗣同找到了解释世界的法宝的话，那么，"六相圆融"则给了他解开世界和人我关系的钥匙。借助佛学思想的建构，由"六相圆融""十玄缘起"而来的"一入一切，一切入一"则引导谭嗣同超越个人的存在，由人之无我走向人己合一。

至此可见，华严宗对康有为、谭嗣同佛学思想的影响都是深入骨髓的，在一定程度上可以说，正是对华严宗的解释奠定了两人佛学思想的基调和方向。一方面，康有为、谭嗣同所讲的华严宗均以圆融无碍为逻辑主线和思想意趣，甚至以此为灵魂。另一方面，两人对包括圆融无碍在内的华严教义的诠释沿着不同的方向展开。一言以蔽之，康有为凭借华严宗的圆融无碍主要处理现世与未来、现实与理想的关系，谭嗣同关注的则是人与己、佛与众生的关系。正是由于这个原因，尽管两人都将华严宗奉为拯救之方，着眼点和侧重点却大不相同：康有为将华严宗与公羊三世说相和合，热衷于对历史递嬗轨迹的勾勒，由"据乱世"、"升平世"和"太平世"的三世进化推导出大同之世的必然性和正当性；谭嗣同则侧重弥合人我、彼此之分，从而消解个体，以期臻于致一而平等的境界。

上述内容显示，如果说华严宗对于康有为的影响是隐性的、软性的，润物细无声的话，那么，华严宗对于谭嗣同的影响则更为明显和直接，因为谭嗣同对华严宗采取了显性的、直接的诠释方式。与康有为自署"天游化人"天悬地隔，谭嗣同自称"华相众生"。如果说"天游化人"表明康有为在入世与出世间最终选择了出世的话，那么，"华相众生自叙于虫虫虫天之微大弘弧精舍"③

① 《仁学》，《谭嗣同全集》（增订本），中华书局1998年版，第372页。

② 《仁学》，《谭嗣同全集》（增订本），中华书局1998年版，第308页。

③ 《仁学》，《谭嗣同全集》（增订本），中华书局1998年版，第291页。

则表明谭嗣同在人己合一中对自我的消解。正是这一区别隐藏着康有为晚年放弃人世而独享天游的皈依与谭嗣同放弃自己的生命而毅然决然地英勇就义的不同人生选择和命运轨迹。

其次，就对佛学的认定而论，尽管康有为、谭嗣同都推崇禅宗，然而，两人却对禅宗进行了迥然相异的解读和诠释，最终演绎出两种形态和样式的禅宗。

康有为、谭嗣同解读、诠释禅宗的思路循着不同的逻辑展开：康有为推崇孟子的性善说，并沿着这个思路使佛教成为性善说的佐证，从人人性善彰显"求乐免苦"的正当性。谭嗣同推崇庄子，并将佛教宣扬的流转无常与庄子所讲的"方生方死，方死方生"（《庄子·齐物论》）混为一谈，在世界的虚幻不实中推出了无我。接下来的问题是，循着性善说的逻辑，康有为进一步伸张天赋人权论——这用他本人的话说便是："人人有是四端，故人人可平等自立。"[①]循着无我的逻辑，谭嗣同将人之存在特别是人的肉体存在虚无化，也就虚掉了人的物质追求以及康有为向往的形体之乐的正当性和价值性。

在康有为那里，对佛学的界定充满张力：一方面，在佛教与孔教比较——特别是与孔教区别的维度上，他将佛教教义空化。康有为一面将佛教归为阴教，一面将孔教归为阳教便流露出这一思想倾向；另一方面，在论证佛教与孔教教义相近相通的过程中，康有为声称佛教的核心理念不是空，而是心。康有为"最得力于禅宗"，他心仪的是禅宗的直指本心，即心即佛，总之不脱养心、养魂之义。不仅如此，基于孔教立场和需要，康有为对佛学进行了改造，将佛学教义"实化"。例如，他特别重视心，进而突出孟子的心学思想，指出良心与良知、良能一样是孟子思想的核心。对此，康有为不止一次地声称：

孟子提倡良心、良知、良能。[②]

[①] 《孟子微》，《康有为全集》（第五集），中国人民大学出版社 2007 年版，第 414 页。

[②] 《万木草堂讲义·七月初三夜讲源流》，《康有为全集》（第二集），中国人民大学出版社 2007 年版，第 282 页。

全部《告子》直指本心。①

与此相关，康有为推崇庄子，是因为他确信庄子最精通心学。在这个前提下，康有为将孟子、庄子的心学与佛学思想相提并论，并且断言佛学养心。可以作为佐证的是，康有为彰显孟子、庄子与禅宗的密切关系。试想，如果将佛学完全空化，也就不存在他关于佛学注重养生的论断了。

禅宗也受到了谭嗣同的推崇，《仁学》书目单上的"心宗"就包括禅宗在内。他对佛学的理解是基于微生灭的不生不灭，故而断言生灭、常断、一多可以"融化为一"，由此而来的便是破除彼此、人我和善恶的破对待。而这一切都源于谭嗣同关于不生不灭是"仁之体"，世界在本质上虚幻不实、瞬息万变的认定。在他看来，把握这一切不是凭借人的感觉器官，因为眼、耳、鼻、舌、身等感觉器官"均不足恃"，所以必须"转业识而成智慧"。在这个过程中，"不立文字，道断语言"的禅宗拥有极大的用武之地。由此不难发现，谭嗣同看中的是禅宗的不立文字、顿悟入道。他相信："由此益知法真无可说，有说即非法。不立文字，道断语言，禅宗诚非诸家所及矣。"②谭嗣同在这里所说的"不立文字，道断语言"与康有为艳羡禅宗的即心即佛、简洁明快并不是一个意思，而是指禅宗可以将人引向神秘之境。从这个意义上说，谭嗣同对禅宗的推崇与对密宗的推崇之间暗含某种内在关联。对于密宗，他如是说："盖心力之用，以专以一。佛教密宗，宏于咒力，咒非他，用心专耳。故梵咒不通翻译，恐一求其义，即纷而不专。然而必尚传授者，恐自我创造，又疑而不专。思之思之，鬼神通之。"③在谭嗣同的视界中，禅宗与密宗一样印证了教中包括荒诞成分，并由于"不立文字，道断语言"，"诚非诸家所及"，故而警恶作用不容低估。

综观康有为、谭嗣同对禅宗的审视和诠释可以看到，两人对禅宗的建构泾渭分明。借助佛学术语作一个不算精确的比喻，大致可以说，康有为所讲的禅

---

① 《万木草堂讲义·七月初三夜讲源流》，《康有为全集》（第二集），中国人民大学出版社2007年版，第282页。

② 《致梁启超二》，《谭嗣同全集》（增订本），中华书局1998年版，第518页。

③ 《仁学》，《谭嗣同全集》（增订本），中华书局1998年版，第361页。

宗接近有宗，谭嗣同所讲的禅宗接近空宗。

再次，佛学的不同宗派以及经典之间存在不容忽视的差异，有些教义主旨之间甚至呈现出巨大区别。以康有为、谭嗣同青睐的佛学经典为例，如果说康有为心怀好感的《金刚经》从推崇般若智慧的维度上看属于心学，因而可以笼统地归为谭嗣同推崇的"心宗、相宗之书"的话，那么，康有为反复提及的《楞严经》则是谭嗣同所不曾提及的。事实上，两人对佛学宗派的取舍都秉承一定的主旨，每人推崇的宗派之间具有内在的逻辑关联。正是由于这个原因，康有为、谭嗣同对佛学宗派和经典的取舍并不止于宗派之分和经典之别，而是植根于对佛教的整体把握和宏观透视。这一点通过两人对佛教教义的诠释进一步凸显出来。

值得一提的是，在谭嗣同本人看来，自己对佛学的参悟和追求的佛学境界无论与梁启超（引文中的"梁卓如"即梁启超，因为梁启超号卓如）还是与梁启超的老师——康有为（引文中的"康长素"，因为康有为号长素）都迥异其趣。例如，谭嗣同在写给自己的老师——欧阳中鹄的信中曾经如是说："梁卓如言：'佛门止有世间、出世间二法。出世间者，当伏处深山，运水搬柴，终日止食一粒米，以苦其身，修成善果，再来投胎入世，以普度众生。若不能忍此苦，便当修世间法，五伦五常，无一不要做到极处；不问如何极繁琐极困苦之事，皆当为之，不使有顷刻安逸。二者之间更无立足之地，有之，即地狱也。'此盖得于其师康长素者也。嗣同谓独候补官，于世间、出世间两无所处。……独嗣同无所皈依，殆过去生中，发此宏愿，一到人间，空无依倚之境，然后乃得坚强自植，勇猛精进耳。"[1]谭嗣同的这段话透露出两个重要信息，无论对于理解他基于大无畏的流血牺牲还是谭嗣同与康有为包括佛学在内的思想异同都提供了重要参考：第一，在戊戌启蒙思想家中，谭嗣同豪气冲天，大无畏气概和敢于牺牲的道义担当无人比肩。这固然与他本人的性格密不可分，同时也得益于他的佛学情结——准确地说，出于从慈悲的角度界定佛学，进而在知行合一中践行"我不入地狱，谁入地狱"的救世

---

① 《上欧阳中鹄十》，《谭嗣同全集》（增订本），中华书局1998年版，第467—468页。

精神。第二，谭嗣同对佛学的阐发自始至终都极力张扬大无畏精神，并在自度度人、自觉觉他的合一中开辟出慈悲救世之路和普度众生法门。这与康有为阐发佛学由心而智、由智而乐的逻辑主线差若云泥，即便是与康有为所讲的现在与未来以及入世与出世的并行不悖也迥然相异。尤当注意的是，谭嗣同在此议论的主角是梁启超的佛学思想，在援引梁启超的佛教主张之后，直接点明梁启超的这一观点源自他的老师——康有为，即"此盖得于其师康长素者也"。更为重要的是，在对梁启超的佛学思想做出如此判断之后，谭嗣同紧接着申明了自己的佛学观点，并且明言自己的观点和立场与梁启超尤其是梁启超的老师——康有为的世间、出世间二分大不相同。这就是说，在谭嗣同的视界中，梁启超和康有为的佛学思想一脉相承，属于同一阵营；自己却独立一派，与康有为、梁启超不属于同一阵营。质言之，两派分歧的焦点在于对世间与出世间关系的不同认定。

谭嗣同嗜佛是人所共知的，以佛学的大无畏精神救世的行为更是为近代哲学家所敬佩。梁启超对谭嗣同的慷慨就义给予高度评价，并将谭嗣同的这一壮举与他的佛学思想直接联系起来。基于这一理解，梁启超对谭嗣同的佛学思想极为赞赏，称之为"应用佛学"。在著名的《论佛教与群治之关系》一文中，梁启超特意对谭嗣同以佛学救世的做法予以表扬，并且表白这一点是自己步趋、崇拜谭嗣同的原因[①]。值得一提的是，梁启超在此文中提出康有为、谭嗣同等人能够成就大业轰轰一世者，全拜宗教思想所赐，在这个前提下却单独将谭嗣同的佛学归为"应用佛学"并表达了自己的敬意。这个例子从一个侧面证明，对于谭嗣同佛学的卓尔不群，梁启超心知肚明。在梁启超的眼中，谭嗣同的佛学与康有为是不同的。无论在谭嗣同还是梁启超的心中，康有为与谭嗣同佛学的不同都表现在诸多方面，既包括对佛学宗派、经典的取舍，又包括对佛学教义的诠释。

综合上述情况，不可像梁启超在《〈仁学〉序》和《谭嗣同传》中那样将谭嗣同包括佛学和仁学在内的思想视为对康有为佛学思想的直接继承或运用发

---

① 参见《论佛教与群治之关系》，《梁启超全集》（第二册），北京出版社 1999 年版，第 908 页。

挥，并由此只讲两人思想的继承乃至师承关系而忽视乃至漠视其间的差异。这样做既抹杀了谭嗣同佛学的独特性、原创性，对谭嗣同不公平；也不利于还原谭嗣同佛学的本真状态，进而把握谭嗣同的佛学与其行为之间的一致性和因果关系。

第三节　对佛教的教义诠释

不同宗派的佛教尊奉不同的经典，恪守不同的教义，秉持不同的宗旨，并追求不同的境界。由此可以推断，康有为、谭嗣同对佛教宗派的不同选择和偏袒既受制于对佛教的界定和理解，又反过来进一步确证并加大了对佛教教义的不同解读和诠释。

一、养生养魂与不生不灭

审视、比较康有为、谭嗣同所讲的佛教，给人最直接也最强烈的印象是：康有为高扬佛教的养生主题，并在这一主题下肯定佛教养魂；谭嗣同则热衷于佛教的生灭主题，并在这一主题下通过微生灭即不生不灭直指世界万物的"融化为一"。

在康有为看来，养生卫生与神道设教是宗教的双重使命，故而被他写进宗教的定义中。例如，在《日本书目志》中，康有为给宗教下了这样一个定义：

> 合无量数圆首方足之民，必有聪明首出者作师以教之。崇山洪波，梯航未通，则九大洲各有开天之圣以为教主。……同是圆颅方趾则不畏敬，不畏敬而无以耸其身，则不尊信，故教必明之鬼神。故有群鬼之教，有多神之教，有合鬼神之教，有一神之教。有托之木石禽兽以为鬼神，有托之尸像以为鬼神，有托之空虚以为鬼神，此亦鬼神之三统、三世也。有专讲

体魄之教，有专讲魂之教，有兼言形魂之教，此又教旨之三统也。①

不难看出，康有为对宗教的界定和理解与对宗教起源的揭示息息相通。总地说来，他不是像严复那样侧重宗教的心理学、社会性根源，认定宗教起源于人的无知或恐惧；而是强调宗教源自人养生卫生的需要，因而使卫生养生与神道设教一样成为宗教产生的根源、存在的目的和进化的动力所在。不仅如此，他对宗教产生的根源的揭示直接决定了对宗教基本内容和主题的认定。在这方面，正如神道设教使康有为强调鬼神对于宗教不可或缺一样，对宗教源于养生卫生的说法决定了康有为将对人之形神的养生卫生说成是宗教的不变主题。

按照康有为的说法，既然宗教的产生源自人之养生卫生的需要，那么，人的存在状态必然决定宗教的主题和形态。具体地说，人之存在既有形体，又有神魂。与此相对应，出现了专门养形、专门养魂与兼养魂魄等各种不同形态的宗教。在这个前提下，康有为彰显佛教的养生主旨，并在对各教的区别中，肯定佛教养魂。值得注意的是，尽管康有为将养生视为所有宗教的主题，然而，康有为却对不同宗教的养生理念和方法有所区分。依据康有为的剖析，养生是对生的眷恋，与耶教、墨教的教义相抵触。与此相一致，他对耶教、墨教的养生思想所讲不多。大致说来，康有为讲得最多的是佛教、道教和孔教的养生思想。在三教之中，他始终侧重从养魂的角度揭示佛教的养生主旨和特色，并且由此奠定了对佛教养生思想的态度和对佛教的评价。逻辑很简单，养生使佛教与道教、孔教一样关注、眷恋生，这符合康有为对生死的态度。重生而不重死是康有为的生死观、人生观和价值观，并被他写进了《大同书》。他认定佛教与道教、孔教一样养生既注定了对三教的好恶和正面评价，也使三者与耶教、墨教的"以死为教"拉开了距离。尚需进一步澄清的是，康有为肯定佛教养生是确凿无疑的，对佛教执着于养魂的养生之道的评价却是矛盾的：一方面，他

---

① 《日本书目志》卷三，《康有为全集》（第三集），中国人民大学出版社2007年版，第297—298页。

认为佛教养魂与老教、道教养魄各执一边①，只有孔教魂魄兼养。人的形神兼备意味着只有魂魄兼养才是正道，也意味着康有为赞同孔子的养生之道。另一方面，康有为对养魂与养魄具有不同侧重，在某种情况下更注重养魂。佛教在大同社会对于孔教、道教的优势即在于此，所以能够大行其道。

谭嗣同热衷于佛教的生灭主题，故而在《仁学》中开宗明义地声称"仁为天地万物之源"，紧接着便宣布"故唯心，故唯识"。他一面认定作为宇宙本原的仁是心，一面断言不生不灭是"仁之体"。沿着这个思路，谭嗣同侧重从微生灭即不生不灭的角度畅宣佛教的生灭主题。对于作为"仁之体"的不生不灭，谭嗣同写道：

> 不生不灭乌乎出？曰：出于微生灭。……不生不灭，至于佛入涅槃，蔑以加矣，然佛固曰不离师子座，现身一切处，一切入一，一入一切，则又时时从兜率天宫下，时时投胎，时时住胎，时时出世，时时出家，时时成道，时时降魔，时时转法轮，时时般涅槃。一刹那顷，已有无量佛生灭，已有无量众生生灭，已有无量世界法界生灭。求之过去，生灭无始；求之未来，生灭无终；求之现在，生灭息息，过乎前而未尝或住。是故轮回者，不于生死而始有也，彼特大轮回耳。无时不生死，即无时非轮回。自有一出一处，一行一止，一语一默，一思一寂，一听一视，一饮一食，一梦一醒，一气缕，一血轮，彼去而此来，此连而彼断。去者死，来者又生；连者生，断者又死。何所为而生，何所为而死，乃终无能出于生死轮回之外，可哀矣哉！由念念相续而造之使成也。例乎此，则大轮回亦必念念所造成。佛故说"三界惟心"，又说"一切惟心所造"。人之能出大轮回与否，则于其细轮回而知之矣。细轮回不已，则生死终不得息，以太之微生灭亦不得息。庄曰："藏舟于壑，自谓已固，有大力者夜半负之而走。"吾谓将并壑而负之走也。又曰："鸿鹄已翔于万仞，而罗者犹视乎薮

---

① 康有为对道教、老教究竟养魂还是养魄的说法前后之间出入很大，佛教养魂、道教养魄是他的主流观点。

泽。"吾谓并薮泽亦一已翔者也。又曰："日夜相代乎前。"吾谓代则无日夜者。又曰："方生方死，方死方生。"吾谓方则无生死也。王船山曰："已生之天地，今日是也；未生之天地，今日是也。"吾谓今日者即无今日也。皆自其生灭不息言之也。不息故久，久而不息。则暂者绵之永，短者引之长，涣者统之萃，绝者续之亘，有数者浑之而无数，有迹者沟之而无迹，有间者强之而无间，有等级者通之而无等级。人是故皆为所瞒，而自以为有生矣。孔在川上曰："逝者如斯夫，不舍昼夜。"昼夜即川之理，川即昼夜之形。前者逝而后者不舍，乍以为前，又以居乎后，卒不能割而断之曰孰前孰后也。逝者往而不舍者复继，乍以为继，适以成乎往，卒不能执而私之曰孰往孰继也。可摄川于涓滴，涓滴所以汇而为川；可缩昼夜于瞬息，瞬息所以衍而为昼夜。亦逝而已矣，亦不舍而已矣。非一非异，非断非常。……夫是以融化为一，而成乎不生不灭。成乎不生不灭，而所以成之之微生灭，固不容掩焉矣。[①]

谭嗣同循着不生不灭即微生灭的逻辑诠释生灭，进而以生灭论证成毁。在他的视界中，与生灭密切相关的是成毁，二者都是佛教尤其是华严宗津津乐道的话题。因此，谭嗣同在对佛教的诠释中从生灭讲到了成毁——确切地说，从生灭引申出成毁。于是，他写道："不生不灭有征乎？曰：弥望皆是也。……譬于陶埴，失手而碎之，其为器也毁矣。然陶埴，土所为也。方其为陶埴也，在陶埴曰成，在土则毁；及其碎也，还归乎土，在陶埴曰毁，在土又以成。但有回环，都无成毁。譬如饼饵，入胃而化之，其为食也亡矣；然饼饵，谷所为也，方其为饼饵也，在饼饵曰存，在谷曰亡，及其化也，还粪乎谷，在饼饵曰亡，在谷又以存，但有变易，复何存亡？"[②]谭嗣同认为生灭即不生不灭，而他对生灭的看法框定了对成毁的看法——既无所谓成，也无所谓毁。由此，生灭、成毁的循环往复成为谭嗣同所讲的佛教的主题。在

---

① 《仁学》，《谭嗣同全集》（增订本），中华书局1998年版，第312—314页。

② 《仁学》，《谭嗣同全集》（增订本），中华书局1998年版，第306—307页。

这一前提下，他淋漓尽致地宣泄了万物的"旋生旋灭，即灭即生"，进而将宇宙万物理解为不可分辨的"融化为一"。这用谭嗣同本人的话说便是："旋生旋灭，即灭即生。生与灭相授之际，微之又微，至于无可微；密之又密，至于无可密。夫是以融化为一。"①

与对宗教养生主题的凸显一脉相承，康有为注重佛教的养魂主题。谭嗣同没有像康有为那样强调佛教养心，而是从不生不灭中推出了世界万物的瞬息万变、"融化为一"。"融化为一"吞噬了人的存在，不仅是对养生主旨的疏离，而且解构了人之存在的主体性和存在感。至此可见，康有为、谭嗣同对佛教主题的提炼恰成对比之势：一个养生，一个不生。如果说养生流露出康有为对生的眷恋的话，那么，不灭则流露出谭嗣同对死的侧重。进而言之，康有为眷恋生，是因为生在他的眼里不是一次苦旅而是一场乐途。这使康有为由佛教的养生讲到佛教的养魂，再由养魂讲到佛教的求乐固乐。谭嗣同对不生即死的侧重不仅断灭了人恋生之念想，而且指向了对死后的留意。对于他来说，佛教透彻了生灭，不仅了悟了生，而且了悟了死；在生死之际，业报轮回成为佛教的又一个主题。

二、去苦至乐与因果业报

康有为、谭嗣同都肯定佛教注重灵魂和死后世界，康有为将佛教归为阴教、谭嗣同断言灵魂是包括佛教在内的所有教的"相同之公理"都包含这层意思。所不同的是，与对佛教一生一死的透视密不可分，两人对佛教所讲的灵魂及未来予以不同阐发：热衷于生和养生的康有为彰显佛教求乐的一面，围绕着魂灵之乐阐发佛教去苦至乐的主旨，并将未来的大同社会打造成佛教向往的极乐世界；无念于生的谭嗣同则在肯定人不生不灭的前提下，着重阐发佛教的业报轮回。

在康有为的视界中，恋生、养生和乐生相互作用，甚至可以说是三位一体

---

① 《仁学》，《谭嗣同全集》（增订本），中华书局 1998 年版，第 314 页。

的。正如恋生致使他从养生的角度提示佛教养生—养魂的主题一样，乐生促使他凸显佛教去苦至乐的主旨。从根本上说，无论恋生、养生还是乐生都意味着承认人的真实存在，并且肯定了人之生以及人之肉体存在的意义和价值。康有为对恋生、养生和乐生乐此不疲的前提是，将人之存在实化。换言之，康有为肯定人之生，而不是像谭嗣同那样断言人不生。事实上，康有为不仅肯定人之形体（魄）与灵魂（神）的真实存在，而且肯定人之形神具有真实的知觉和欲望。为此，他将心、性与人的知觉联系在一起，以知觉为切入点，从心性讲到人的知觉，再由知觉讲到人之苦乐。对于人之心性为何以及人之存在，康有为不止一次地进行了描述和说明：

> 性者，人之灵明，禀受于天，有所自来，有所自去。《礼》曰：体魄则降，知气在上，又曰：魂气则无不之，故不随身之生死而变灭。或称"明德"，又曰"德性"，精言之谓"神明"，粗言之曰"魂灵"，其实一事也。常人不足言神明，若君子所性，从无始来，积仁积智而习成，经历万变而不坏。其生于世，偶然之过，犹日光中之留影也，影之轩冕泥涂，于神明何预？太虚过云，明镜照花，色相瞥然，何所增损哉？故被袗饭糗，超胜无与，绝粮曲肱，宽然自乐，不为外物所累，故其外观湛然。[①]

> 心者，人体之精灵，凡知觉运动，存记构造，抽绎辨决，情感理义，皆是也，包大脑小脑而言。性者，天赋之知气神明，合于人身而不系于死生者。以天之精气，附人之心体以魂合魄，合成人灵。故能尽其心感觉运动，存记构造，抽绎辨决之才，则能知人性神明精爽、魂灵之妙，而可推知乾道变化之神矣。人为天生，性为天命，收摄保任其心，无使为物诱所化，则退藏于密，清明在躬。培养扩充其性，无使为习俗所熏，则光明刚大，参赞化育矣。[②]

---

① 《孟子微》，《康有为全集》（第五集），中国人民大学出版社 2007 年版，第 423 页。
② 《孟子微》，《康有为全集》（第五集），中国人民大学出版社 2007 年版，第 433 页。

康有为将人之心与人之性连为一体，由人之心强调人之知，由人之知推出了人的欲望、感觉的正当性和合理性。这就是说，他不仅将人的欲望说成是人之存在的一部分，而且从人的欲望与生俱来的天然性中推导出欲望的正当性、合理性。针对宋明理学家的天理人欲之辨，他提出了天欲人理说，也将欲望的正当性提高到了无以复加的地步。依据康有为的说法，人的欲望是与生俱来的，既然是天生的，也就是天欲；人的欲望既然是天然合理的，就应该受到尊重、得到满足，理就是用来满足人之欲望的。因此，理是人理，人之所以立理，就是为了满足人与生俱来的各种欲望。这就是说，世界上压根就没有天理，存在的只有人理。所谓理，都是人所立，并且是为了人而立。沿着这个思路，他强调，"求乐免苦"是人与一切生物的共同本性，欲望是否得到满足构成了人生的悲喜乐章和苦乐年华——得则为之乐，不得则为之苦。鉴于人人都在"求乐免苦"，求乐也由此成为一切宗教的目标。

在肯定求乐是人之本性并且极力提升其正当性的基础上，康有为断言求乐是宗教的母题，并以究竟带给人苦还是乐以及带给人的苦乐之多少来衡量宗教之优劣文野。在这方面，他肯定佛教与孔教皆以求乐为目标，佛教对乐的追求与孔教相比甚至有过之而无不及。这是因为，如果说孔教只是"主乐"的话，那么，佛教则是"极乐"的。这样一来，佛教不仅与其他宗教一样求乐，而且在求乐上比包括孔教在内的其他宗教略胜一筹。奥妙在于，佛教以养心、养魂为主旨，所求之乐属于高级之乐、终极之乐，康有为称之为魂灵之乐。他认为，与肉体、形体之乐相比，灵魂之乐是更高一级的乐。循着这个逻辑，追求魂灵之乐不惟不是佛教的缺点，反而是佛教的优点，也使佛教拥有了其他宗教无法比拟的优越性。康有为指出，在大同社会，佛教之所以最盛行，根本原因之一就是养魂之佛教满足了大同之人的魂灵之乐。具体地说，由于高度自动化、电气化和机械化，大同社会之人摆脱了繁重的体力劳动，在"愿求皆获"的闲暇之余，以灵魂的快乐为最高境界和追求。在这个维度上甚至可以说，佛教与孔教相比在求乐上更胜一筹。从"求乐免苦"的功效来看，孔教的三世不悖指示了去苦求乐之方，佛教则专注于无苦极乐的大同社会。这成为大同社会孔教灭绝而佛教不惟逃脱了与孔教一起歇绝的命运，反而最为盛行的根本原因。

在康有为竭力彰显佛教的养生养魂主旨，将佛教打造成求乐秘籍之时，谭嗣同则反复论证、凸显佛教的因果报应，最终使业报轮回成为佛教的主题和要旨。在对教的界定中，他总结出一个规律，那便是：无论何教都讲灵魂，并将灵魂奉为所有教的两个"公理"之一。教讲灵魂具体落实到佛教中便表现为业报轮回，业报轮回作为佛教之"公理"自然成为佛教之主题和要义。

佛学和儒学都追求乐，佛学以引导人脱离苦海为最终目标，儒学则在对未来的追求中通过道德的自觉和践履，达到天人合德的境界。"求乐免苦"是康有为毕生的追求，对苦乐的探究和对至乐的追求流露出康有为的佛教情结。与儒家相比，道教追求的真人更倾向于乐。康有为对儒教（孔教）的推崇坚持到了《大同书》，并没有走到最后。《大同书》的主旋律已经是去苦至乐的佛教，《诸天讲》尽管佛道双显，其中的乐却依然是主旋律，道教也由此成为书中的"显学"。

进而言之，谭嗣同对佛教主旨的揭示之所以彰显、关注因果，凸显业报轮回，除了认定这是作为所有教"相同之公理"的灵魂在佛教中的体现之外，还有更多的动机和原因。择其要者，大端有二：第一，在对教的界定上，谭嗣同肯定教有化冥顽的作用。他坚信，为了化冥顽，教必须具有荒诞之内容，佛教所讲的因果报应即属此类。第二，谭嗣同突出佛教的业报轮回，是为了警世。依据他的说法，只有了解了地狱的阴森恐怖，人才能由于知道了地狱有多可怕，从而不敢为恶。这就是说，佛教之所以宣扬因果报应，是因为业报轮回之说使佛教可以最大程度地发挥警恶劝善的作用。这正如谭嗣同所言："今使灵魂之说明，虽至闇者犹知死后有莫大之事，及无穷之苦乐，必不于生前之暂苦暂乐而生贪著厌离之想。知天堂地狱，森列于心目，必不敢欺饰放纵，将日迁善以自兢惕。"[1] 在他看来，与生前之苦乐相比，死后之苦乐更为长久也更为根本，而死后之苦乐恰恰是今生业报的结果。有鉴于此，为了无穷的死后之乐，人应该迁善而不放纵为恶。

至此可见，如果说苦乐是佛教的母题并被康有为津津乐道的话，那么，谭

---

[1] 《仁学》，《谭嗣同全集》（增订本），中华书局 1998 年版，第 309 页。

嗣同则对之提及不多。谭嗣同即使提到苦乐，也大多与因果报应联系在一起，用以论证因果报应的死后世界。他这样作与其说是在讲述苦乐，不如说是以死后"无穷之苦乐"劝人向善、警戒作恶。正是由于这个原因，尽管谭嗣同提到苦乐，然而，去苦至乐并不是他所讲的佛教的主题，代之而起的则是业报轮回。

业报轮回对于谭嗣同的佛教究竟有多重要，从他对佛教宗派的选取和与康有为佛教的区别中足以见其一斑。就谭嗣同对佛教宗派的遴选而言，关注业报轮回决定了他对净土宗的青睐。诚然，在中国近代的宗教热尤其是在佛教热衷，净土宗受到一定程度的关注。尽管如此，净土宗在近代哲学家中并没有得到特别重视，即使是恪守信仰自由、对佛教的大乘小乘兼容并蓄的梁启超也没有将净土宗作为佛教的主要派别。康有为虽然没有像章炳麟那样将批判的触角伸向净土宗，但是，他始终对净土宗敬而远之。与其他近代哲学家对佛教宗派的取舍特别是对净土宗的态度有别，谭嗣同对净土宗顶礼膜拜。他的这一做法受到杨文会的影响，因为谭嗣同是从杨文会那里接触、研习净土宗的。尽管如此，这并不是根本原因。杨文会充其量只不过是让谭嗣同接触到了——最多是了解了净土宗而已，却不能决定谭嗣同是否接受或膜拜之。谭嗣同之所以投向净土宗，是因为净土宗与他所讲的佛教要旨高度契合。在谭嗣同的视界中，净土宗信仰的净土不仅是令人向往的极乐世界，而且为人在不生不灭的死后世界承受因果报应提供了轮回的舞台。试想，如果没有了死后的净土，果报轮回如何进行？由此可以推断，他笃信净土宗与赞同基督教的"末日审判"一样看中其警世作用。对此，谭嗣同写道：

> 或曰："来生不复记忆今生，犹今生之不知前生。虽有来生，竟是别为一人，善报恶报，与今生之我何与？"则告之曰：达此又可与忘人我矣。今生来生本为一我，而以为别一人，以其不相如也。则我于世之人，皆不相知，皆以为别一人，即安知皆非我耶？况佛说无始劫之事，耶曰"末日审判"，又未必终无记忆而知之日也。若夫道力不足任世之险阻，为一时愤怒所激，妄欲早自引决，孱弱诡避，转若恶生好死者，岂不以死则可以

幸免矣。不知业力所缠，愈死且愈生，强脱此生之苦，而彼生忽然有加甚焉，虽百死复何济？……此修身俟命之学所以不可不讲，而轮回因果报应诸说所以穷古今无可诎焉。①

净土宗是谭嗣同关注的佛教宗派之一，他利用净土宗以及佛教有关天堂地狱的说教为人描述了一个由天堂、地狱组成的死后世界。如果说天堂的作用在于引导人向善的话，那么，地狱的作用则在于警戒人作恶。从督善戒恶的角度看，佛教的天堂地狱与基督教的"末日审判"意义相同，故而被谭嗣同等而视之，而他对这一切的论证都是从佛教的业报轮回切入的。

谭嗣同对佛教业报轮回主题的张扬通过与康有为的对比看得更加清楚、明白。一言以蔽之，如果说谭嗣同既讲轮回又讲报应的话，那么，康有为则即使讲轮回也很少与报应联系在一起。例如，在讲庄子和列子时，康有为一而再、再而三地断言：

> 庄子之学，入乎《人间世》，直出佛氏之外，其言"火尽而薪存"，即佛氏轮回之说。②

> 庄子发挥佛氏轮回之说，如火灭薪传、虫臂鼠肝之类。③

> 林类曰：死之与生，一往一返，故死于是，安知不生于彼？佛氏轮回之说，《列子》此条，及《庄子》"火尽薪传"之说，发之最明。④

---

① 《仁学》，《谭嗣同全集》（增订本），中华书局 1998 年版，第 309—310 页。

② 《万木草堂口说·诸子》，《康有为全集》（第二集），中国人民大学出版社 2007 年版，第 180 页。

③ 《万木草堂口说·学术源流》，《康有为全集》（第二集），中国人民大学出版社 2007 年版，第 144 页。

④ 《万木草堂口说·列子》，《康有为全集》（第二集），中国人民大学出版社 2007 年版，第 206 页。

显而易见，康有为提到了轮回，并且明言自己所讲的就是"佛氏轮回"。尽管如此，他的目的是以轮回证明佛教与庄子、列子的思想相通，故而轮回始终与业报无涉。

综观康有为的思想不难发现，他对轮回具有自己的理解。总地说来，他承认佛教讲轮回，却没有将轮回视为专门的佛教术语。在康有为的视界中，轮回并非只有佛教才讲，当然也不是佛教的术语或为佛教所专有。事实上，他将轮回泛化，致使轮回离开了佛教的因果报应而成为一个普遍概念。例如，康有为断言："血脉轮回，我无人，人亦无我，无质之轮回也。"[1] 与对轮回的界定相一致，尽管他讲轮回，然而，康有为却不是沿着佛教的致思方向和价值旨趣展开的。这是对轮回与佛教关系的疏离，也从根本上堵塞了业报轮回是佛教主题、要旨的可能性。

事实上，康有为所讲的轮回指循环变易，具体到人类社会或历史领域，则指"据乱世"、"升平世"和"太平世"的递嬗循环。循着同样的逻辑和思路，他声称，孔子与佛教一样讲轮回，甚至发出了如下断语："轮回之说，是孔子之至寻常理。"[2] 依据康有为的说法，轮回作为孔子所讲的"寻常至理"内容广泛，其中就包括人之精神的轮回，而人之精神的轮回是因为灵魂不死。至此可见，康有为断言孔子讲精神轮回，以孔子坚信灵魂不死为前提。这样一来，讲轮回成为孔子讲灵魂不死、注重鬼神的证据，也因而成为康有为断言孔教是宗教的证据之一，因为他将讲鬼神、灵魂不死视为判定宗教的要件。更为重要的是，即使讲人的轮回，康有为也不讲因果报应。他曾经说："故鬼神皆轮回为人，明哲之人亦皆来自鬼神。神附气，气附形，或未形未类而未附，或同形同类而相附。鬼神者，物受之而不能知其去来，有虑而秉聪明，能存天地之神而成形之情。此孔子言人生最精微之论，与'知气在上'之旨可同参之。明此，而孔子治教之意乃知其本。或疑孔子为无神教，岂知此为朱子误乱之义，非孔

---

① 《万木草堂口说·学术源流》，《康有为全集》（第二集），中国人民大学出版社 2007 年版，第 134 页。

② 《万木草堂讲义·中庸》，《康有为全集》（第二集），中国人民大学出版社 2007 年版，第 293 页。

子之教旨也。"①康有为承认"鬼神皆轮回为人",并没有将人之死后世界与天堂、地狱联系起来,更遑论人由于承受果报而进入天堂、地狱了。

进而言之,康有为对业报轮回的疏离从一个侧面表明,如果说康有为主张人生求乐的话,那么,他对于求乐是不计后果的。换言之,康有为所讲的求乐有享乐主义倾向和意趣,并且具有非常明显的及时行乐的心理。康有为对杨朱的好感即流露出这一点,佛教教义特别是华严宗的圆融无碍更是给了他一面向往未来、一面在现世境遇中及时行乐的理论支撑。康有为曾经这样为自己辩白:"中国之人,创言民权者仆也,创言公理者仆也,创言大同者仆也,创言平等者仆也;然皆仆讲学著书之时,预立至仁之理,以待后世之行耳,非谓今日即可全行也。……仆生平言天下为公,不可有家界,而今日人各自私,仆必自亲其亲、自私其子,此虽孔子,亦养开官夫人伯鱼,而不能养路人也。仆言众生皆本于天,皆为兄弟,皆为平等,而今当才智竞争之时,未能止杀人,何能戒杀兽? ……仆生平言男女平等、婚姻自由、政事同权,而今日女学未至、女教未成,仆亦不遽言以女子为官吏也。仆生平言民权、言公议,言国为民公共之产,而君为民所请代理之人,而不愿革命民主之事,以时地相反,妄易之则生大害,故孔子所以有三世三统之异也。"②就他所举的例子来说,等级("九界")是苦,平等是乐。"男女平等各自独立"和始于男女平等、终于众生平等的"大平等"固然好,可惜那是遥远的大同社会的事。在大同社会没有到来之前,不必固执或拘泥于这些,而是应该因时因地制宜地享受眼前的一切。与康有为形成强烈对比的是,谭嗣同一面执着于业报轮回,一面对佛教之苦乐主题闇而不发。谭嗣同对因果报应的张扬表明了他对后果的重视,在对后果的重视中尤其侧重恶果源自恶因。这一旨趣与谭嗣同对求乐的漠视相暗含,也反映了他看中佛教的警戒作用的初衷。

宗教关注对人的救赎、解脱,指向人的终极关怀,故而都关心人之苦乐。在这方面,佛教为最。作为佛教基本教义的四谛说、十二因缘说和业报轮回说

---

① 《礼运注》,《康有为全集》(第五集),中国人民大学出版社 2007 年版,第 561 页。

② 《答南北美洲诸华商论中国只可行立宪不能行革命书》,《康有为全集》(第六集),中国人民大学出版社 2007 年版,第 321 页。

等等无一例外地重复着去苦至乐的母题。如果说四谛说全程呈现了去苦至乐的解脱之道的话，那么，业报轮回说则进一步揭示了现世苦乐的根源。对于佛教之生死、苦乐主题，康有为、谭嗣同的提炼截然相反：康有为执着于生，故而乐生而忘死；谭嗣同则执着于死，故而向死而生。对佛教生死、苦乐主题的不同侧重和阐发直接决定了两人对佛教教义的进一步提揭。在这方面，如果说乐生忘死使康有为反复吟诵佛教的固乐极乐的话，那么，向死而生则使谭嗣同对佛教的无我无畏一唱三叹。

三、生而固乐与人生无我

对于康有为、谭嗣同来说，对佛教主题的彰显与对佛教教义的诠释互为表里。正因为如此，两人对佛教主题的不同提揭必然贯通到对佛教教义的诠释之中。大致说来，康有为沿着养生求乐的思路不厌其烦地高唱人生而固乐，谭嗣同则沿着不生不灭的思路不遗余力地诉说人生无我。

康有为所讲的佛教是主乐的，以追求快乐为鹄的。为此，他宣称佛"固乐也"，并沿着这个思路对佛教教义予以阐发和诠释，从而使佛教成为他的"主乐派哲学"的一部分。"主乐派哲学"语出著名的《南海康先生传》，原本是梁启超对康有为哲学的概括和评价。在传中，梁启超如是评价康有为的"主乐派哲学"：

> 先生之哲学，主乐派哲学也。凡仁必相爱，相爱必使人人得其所欲，而去其所恶。人之所欲者何？曰乐是也。先生以为快乐者众生究竟之目的，凡为乐者固以求乐，凡为苦者亦以为求乐也。耶教之杀身流血，可为极苦，然其目的在天国之乐也。佛教之苦行绝俗，可谓极苦，然其目的在涅槃之乐也。即不歆天国，不爱涅槃，而亦必其以不歆不爱为乐也。是固乐也，若夫孔教之言大同，言太平，为人间世有形之乐，又不待言矣。是故使其魂乐者，良宗教、良学问也；反是则其不良者也。使全国人民皆乐者，良政治也；反是则其不良者也。而其人民得乐之数之多寡，及其乐之

大小，则为良否之差率。故各国政体之等级，千差万别，而其最良之鹄，可得而悬指也。墨子之非乐，此墨子所以不成为教主也。若非使人去苦而得乐，则宗教可无设也。……先生之论，凡常人乐凡俗之乐，而大人不可不乐高尚之乐。使人人皆安于俗乐，则世界之大乐真乐者，终不可得。夫所谓高尚之乐者何也？即常自苦以乐人是也。以故其自治及教学者，恒以乐天知命为宗旨。尝言曰：凡圣贤豪杰之救世任事，亦不过自纵其救世任事之欲而已。故必视救世任事如纵欲，然后可谓之至诚，可谓之真人物。是先生哲学之要领，无论律人律己，入世间出世间，皆以此为最终之目的，首尾相应，盛水不漏者也。[1]

梁启超对康有为"主乐派哲学"的介绍表明，佛教在其中占有重要一席。依据梁启超对康有为"主乐派哲学"的概括和剖析，康有为将所有宗教的立教宗旨都定位为"使人去苦而得乐"。梁启超的这个评价与康有为宣称"中古之圣，以仁为教主"——特别是与"诸教皆本于仁"[2]的论断相互印证，并且与康有为"求乐免苦"的人生观、价值观高度契合。按照康有为的说法，仁之基本内涵从自由、平等、博爱到民主、进化都聚焦乐，仁者爱人也就是最大程度地满足人的各种欲望，使人皆得其所欲，从而皆得其所乐。这意味着仁从根本上说就是去人之所苦而乐人之所乐。这是顺应人性的必然要求，也因而成为教主创教的共同宗旨。作为一种生物，人都有"求乐免苦"的本性。这用他本人的话说便是："普天之下，有生之徒，皆以求乐免苦而已，无他道矣。"[3]沿着这个思路，康有为强调，各种宗教皆以求乐为目标，因为宗教创立的宗旨就是去苦求乐。不仅如此，引领人"求乐免苦"是教主之所以成为教主的原因，是否能够"求乐免苦"也因而成为判断宗教良否的标准。对此，他举例子解释说，从正面看，孔教、佛教之所以成为宗教，是因为二者都奉行"求乐免苦"的信

---

① 《南海康先生传》，《梁启超全集》（第一册），北京出版社 1999 年版，第 488—489 页。

② 《万木草堂口说·学术源流》，《康有为全集》（第二集），中国人民大学出版社 2007 年版，第 144 页。

③ 《大同书》，中州古籍出版社 1998 年版，第 37 页。

条。从反面看，墨子不能成为教主，是因为他主张"非乐"。至此，正反两方面的例子相互印证，共同指向了同一个结论，那就是：宗教都求乐。在这个前提下，康有为进一步指出，佛教"固乐也"，与孔教、耶教（基督教）一样以"求乐免苦"为宗旨。基于这种认识，佛教与耶教、孔教顺理成章地成为他的"主乐派哲学"的理论来源。

更为重要的是，康有为不仅肯定佛教与孔教、耶教都求乐，而且强调佛教追求至乐极乐，淋漓尽致地抒发了求乐的主题。因此，对于康有为的"主乐派哲学"而言，佛教比耶教——甚至比孔教更加重要——这一点在《大同书》代表的中后期思想中表现得尤为明显和突出。原因在于，佛教之乐在本质上契合他所追求的高级之乐（梁启超称之为高尚之乐，康有为有时又称之为魂灵之乐）。议论至此，再联想到康有为对华严奥义的赞叹，使人不由感觉到他所讲的乐就是佛教向往的涅槃之乐，所描绘的人人极乐的大同社会俨然一个佛教的天国世界。

尽管康有为一再指出甚至批评佛教养魂有排斥形体之乐的嫌疑，然而，康有为肯定佛教养生、求乐甚至追求至乐则是毋庸置疑的。对于这一点，他将佛教盛行的大同社会描绘成一个极乐世界便是明证。事实上，被康有为奉为人生圭臬的"求乐免苦"就是从佛教而来的，他的代表作——《大同书》的逻辑主线便是去苦至乐——由苦开始，由乐结束。对于这一点，从《大同书》的首即甲部、尾即癸部的标题——"入世界观众苦"[1]"去苦界至极乐"[2]上即可一目了然。总之，如果说去苦至乐是佛教的主题的话，那么，康有为对乐的关注和张扬则远远多于苦，也将佛教之乐的主题发挥到了极致。这既是"主乐派哲学"的需要，也印证了他对佛教之乐的凸显。

通过比较不难发现，如果说康有为眼中的佛教是乐的，那么，谭嗣同眼中的佛教则是悲的。康有为利用佛教论证极乐，谭嗣同则借助佛教论证慈悲。对于谭嗣同来说，佛教的这个悲可以说是慈悲的、悲悯的，也可以说是悲观的。

---

[1] 《大同书》，中州古籍出版社1998年版，第33页。

[2] 《大同书》，中州古籍出版社1998年版，第357页。

正是由于这个原因，谭嗣同不是像康有为那样利用佛教渲染人生之乐，而是利用佛教论证人生的虚无无我。谭嗣同极力渲染佛教的无我说，从不同角度反复论证人生无我。他指出，从诸法无常的角度看，人的生命和存在既然随生随灭，也就没有自性，故而不可谓我。人之所谓我，充其量只不过是念念相续的假相而已，人之生并无不变恒常的自在本体。循着这个逻辑，人的存在没有恒常本性，人之生犹如世间万物一样瞬息万变。这就是说，由于随时随地都在变化之中，人无时无刻不处于微生灭之中。对此，谭嗣同总结说，人日日生、日日死，无时不在生死之中。因此，人无一日相同，若寻一确定、恒常之我，根本就不可能。我处于"运以不停"的轮回变化之中，故而无我。这就是说，人的存在没有固定的本质，因而便没有确定性、永恒性，无我是人生的本相。道理很简单，与天地万物一样，人随生随灭，没有恒常不毁的自性；既然人没有确定、恒常的自性，那么，人的存在便虚幻不实；既然人的存在虚幻不实，那么，也就不应该固执地认定人生有我。论证至此，对于何为无我以及为何无我，谭嗣同如是说：

> 今夫我又何以知有我也？比于非我而知之。然而非我既已非我矣，又何以知有我？迨乎我知有我，则固已逝之我也。一身而有四体五官之分，四体五官而有筋骨血肉之分，筋骨血肉又各有无数之分，每分之质点，又各有无数之分，穷其数可由一而万万也。今试言某者是我，谓有一是我，余皆非我，则我当分裂。谓皆是我，则有万万我，而我又当分裂。由胚胎以至老死，由气质流质以成定质，由肤寸之形以抵七尺之干，又由体魄以终于溃烂朽化，转辗变为他物，其数亦由一而万万也。试言某者是我，谓有一是我，余皆非我，则我当分裂；谓皆是我，则有万万我，而我又当分裂。我之往来奔走也，昨日南而今日北，谓我在北，则昨南之我何往？谓我去南，则今北之我又非终于不去。确指南者是我，北者是我，不能也。我之饮食呼吸也，将取乎精英以补我之气与血。然养气也旋化而为炭气，红血也旋变而为紫血；或由九窍而出之，为气，为唾涕，为泗洟，为矢溺，为凝结之物；或由毛孔而出之，为热气，为湿气，为汗，为油，为垢

腻；或为须发之脱，或为爪甲之断落。方气血之为用也，曾不容秒忽而旋即谢去，确指某气缕之出入为我，某血轮之流动为我，不能也。①

依据佛教的五蕴说，宇宙诸法都由色、受、想、行、识凑合而成。受佛教影响，谭嗣同认为，人与宇宙诸法一样皆因（内部原因）缘（外部条件）而生，故而没有自性。具体地说，人与他人以及他物相互为因、相互为缘，因而无法确指究竟哪部分是我或者何者为我。更何况人属于有情众生，这更增加了人之存在的不确定性。

总地说来，谭嗣同对人之无我的论证循着不生不灭即微生灭的逻辑展开，强调人处于转瞬即逝之中，通过凸显人之存在的生命无常，证明人之无我状态。这具体包括三个方面：第一，在我的确证上，谭嗣同指出，人之存在没有自性。原因在于，尽管有知，人却无法知道何以有我，甚至不能认识自己。原因在于，人所认识的只是"已逝之我"，至于"当下"之我如何，人永远都不可能知道。第二，在我的构成上，谭嗣同认为，人并不是一个"有机整体"，而是由四肢五官血肉组合而成的。这意味着人并非"铁板一块"，也意味着不能确指何者为我——如果称整体是我的话，那么，构成人之整体的各个部分则不是我。这样一来，作为整体与作为部分的我便被分裂了；反过来也是一样，如果称构成整体的各个部分是我的话，那么，我便变成了无数个我。这样一来，我还是被分裂了。第三，在我的存在上，谭嗣同指出，从出生到死亡，人的身体与外界无时无刻不在进行新陈代谢，因而时时刻刻都在变化之中。与此同时，人不可能固定在某一地方静止不动，而是时时流动，由北至南，而没有固定场所。这意味着人既不能确定从生到死的哪一状态为我，也不能确定南来北往中哪一地区为我——当然，人甚至无法确定处于新陈代谢中的哪一部分为我。

至此可见，谭嗣同对无我的论证和诠释围绕着佛学的五蕴说和华严宗关于共相与别相关系的界定展开。在他的视界中，无我意味着人的存在没有自性或

① 《仁学》，《谭嗣同全集》（增订本），中华书局 1998 年版，第 314—315 页。

曰永恒性，人的生命没有确定性和恒常性。显而易见，谭嗣同的观点是对佛教五蕴说有关人无我的发挥，归根结底与佛教所讲的空一脉相承。应该看到，谭嗣同在利用佛教的五蕴说来解释人的存在——特别是身体构成的过程中，杂糅了以元素说为代表的自然科学，以此凸显了人的躯体以及肉体生命的暂时性和虚幻性。正因为如此，人之肉体的虚无成为他论证无我的又一个证据，也因此成为谭嗣同的无我说的又一层基本含义。

问题到此并没有结束，谭嗣同沿着"一入一切，一切入一"的思路，通过对华严宗"一多相容""三世一时"等教义的进一步杂糅和发挥，在我与众生的圆融无碍、相即相入中直指无我。在此过程中，他借助对佛学与中学、西学的和合，对无我的论证和诠释由宇宙万法生灭无常的宇宙状态转向了人之生存和人生状态，在人与人的关系中揭示无我的道理。

康有为、谭嗣同对佛教去苦求乐与人生无我的揭示表明，两人对佛教教义的诠释恰成互补之势：康有为呼吁人生求乐的前提是肯定人之有，谭嗣同宣扬人之无我则关注人之无。无论断言人生和人之存在是有还是无，两人所讲的佛教都是入世的而非出世的，更非厌世的。不仅如此，康有为、谭嗣同不仅迎合了近代佛教的入世性、救世性，而且沿着这一方向酣畅淋漓地抒发了佛教的救世主旨和入世功能。上述区别预示了两人尽管都以佛教入世救世，具体的思路和方法却大不相同。大致说来，康有为旨在除苦臻乐，谭嗣同则将重点放在以无畏救世上。

四、仁智并提与无畏救世

康有为、谭嗣同在对佛教一生一死、一乐一悲的界定中开始了对佛教主题、要旨的揭示，从中推演出对佛教教义的不同解读和诠释，也使佛教在现实应用方面开显出不同的作用和功能。具体地说，在对佛教的解读和诠释中，康有为以仁智并用加固佛教去苦至乐的主题，谭嗣同则以无我无畏提振佛教的慈悲救世。

康有为对佛教的审视和诠释既彰显仁，又侧重智。总地说来，他在仁智互动中发掘佛教的养生意趣，最终将佛教打造成求乐之方。被康有为奉为人生目标和宗教宗旨的乐内容十分广泛，包括精神的、物质的，长久的、暂时的，灵魂的、肉体的——名目繁多，不一而足。乐之内容宏丰、林林总总流露出康有为对乐的乐此不疲、兴趣盎然，也使求乐之方显得至关重要。这不仅因为只有处理好各种乐的关系，才能避免它们之间相互冲突而使它们可以并行不悖；而且因为乐之实现即欲望的满足凭借外在条件和客观环境，对如何处理内心与外境、现实与理想的关系尤为重要。有鉴于此，康有为提倡仁智并用。其中，仁规定了乐的内容，伸张了乐的正当性、合理性；智提供了乐的方法，决定了乐能否实现以及以何种方式实现。如果说仁确定了人生以乐为目标的话，那么，智则是人去苦至乐的制胜法宝。对于乐而言，仁与智一个都不能少。在这方面，康有为举的经典例子是，老教以不仁为宗旨，故而桎梏百姓，严刑酷法而使人痛苦不堪。这表明了老子的坏心术，也证明了不仁堵塞了人通往乐的大门。与老子的不仁情形恰好相反，墨子"甚仁"，在以仁立教上与孔教、佛教如出一辙。问题的症结在于，墨子有仁而无智，将仁推向了另一个极端，最终导致毂觫人生的后果。对此，康有为总结说：一方面，老子与墨子恰好代表了仁、智的两个极端——一个过，一个不及：老子不仁，墨子"甚仁"；老子智之太过，墨子智之不及。另一方面，两人的结果是一样的，都由于仁智的分离而导致苦人生的后果。

基于上述认识，康有为在重视仁的同时，呼吁智，以此确保人臻于至乐之途、极乐之境。在这方面，他既肯定佛教"固乐也"，又对佛教的求乐之方赞叹不已。原因在于，康有为所讲的乐用梁启超的话说并不限于常人、凡夫之俗乐，而是包括真乐、大乐。康有为一再强调，如果人皆安于俗乐的话，那么，必然丧失"大乐真乐"。因此，人若想实现"大乐真乐"的话，那么，不能只图俗凡之乐，而是要追求高尚之乐。人若想不安于俗乐而乐高尚之乐的话，那么，就必须彻悟各种乐之间的关系。只有这样，人才能够真正乐高尚之乐。对于康有为来说，将高级之乐推向登峰造极的非佛教莫属，因为佛教"不歆天国，不爱涅槃"，具有"我不下地狱，谁下地狱"的大无畏精神。这就是说，佛教所追求的就是通过极苦绝俗而达到在世人看来极苦的灵魂之乐。当然，常人安于凡俗之乐与大人追求高尚之乐完全可以并行不悖，而他得出这种认识得益于华严宗的理事圆融无碍。可以看到，康有为借助对佛教苦乐主题的理解和发挥，将世间的苦与出世的乐协调起来，甚至通过俗人凡人之乐与大人之乐的区分弥合苦与乐之间的界限，因为大人之乐即高尚之乐在凡人看来就是苦。正是凭借对乐的如醉如痴以及以苦为乐的精神，康有为本人无论身处何时何地都不忘对乐的追求，也真正享受到了不同况味的乐。

如果说康有为视界中的智与至乐相伴的话，那么，谭嗣同所讲的悲则与无畏相随。与从无我的角度诠释佛教密不可分，谭嗣同借助佛教阐扬勇猛无畏、悲悯救世精神。对于谭嗣同来说，人生而无我带来的不是人生的无奈无助而是无畏无惧。在谭嗣同那里，无我具有两个基本含义：第一，就观念而言，无我指破除彼此、人我之对待，是"洞澈彼此，一尘不隔"的"通天地万物人我为一身"的境界。第二，就实践而言，无我指将自度与度人合二为一，是舍身救世的体现。不难看出，无我的这两层含义都冲破了个人之小我的局限，而将我与他人、群体联系在一起，也就是由个人之我走向了大我。正因为如此，人如果彻底领悟了无我的道理，也就真正做到了无畏。与对无我的极力彰显相映成趣，谭嗣同极力挖掘佛教的大无畏精神。为了彰显、光大佛教的大无畏精神，他将无畏说成是无我的题中应有之义。甚至可以说，鼓吹大无畏精神是谭嗣同宣扬、推崇无我的根本目的。

尚需进一步澄清的是，谭嗣同借助无我之所以能够达到发扬大无畏精神的目的，是因为他所讲的无我包括生不足恋与死不足畏两个方面。早在让人领悟无我是人之存在的本真状态之时，他就曾经发出了这样的断言："以生为我，而我倏灭；以灭为我，而我固生。可云我在生中，亦可云我在灭中。故曰：不生不灭。"① 这就是说，无我包括不生与不灭两个方面——如果说不生指向肉体之虚幻而由此推导出生不足恋的话，那么，不灭则指向死而不死而由此推导出死不足畏。这用谭嗣同本人的话说便是："知身为不死之物，虽杀之亦不死，则成仁取义，必无怛怖于其衷。且此生未及竟者，来生固可以补之，

---

① 《仁学》，《谭嗣同全集》（增订本），中华书局 1998 年版，第 315 页。

复何所惮而不矗矗。……是故学者当知身为不死之物，然后好生恶死之惑可祛也。"①

与此同时，在对无我的论证中，谭嗣同将人划分为躯体（肉体之我，他称之为行）与精神（知或灵魂之我，他称之为知）两个方面。在这个前提下，谭嗣同利用元素说证明人的肉体由各种元素聚合而成，由此强调人的躯体既然是由各种元素凑合而成的，也就没有自性，究其极只是假有。既然人之肉体是假有，那么，人之生便不足恋，亦无可恋。这就是说，人之生之所以不足恋亦无可恋，是因为人的生命（人的躯体）是虚幻的，也是短暂的。正是在这个意义上，谭嗣同宣称：

好生而恶死也，可谓大惑不解者矣！盖于"不生不灭"瞢焉。瞢而惑，故明知是义，特不胜其死亡之惧，缩朒而不敢为，方更于人祸所不及，益以纵肆于恶，而顾景汲汲，而四方矗矗，惟取自快慰焉已尔，天下岂复有可治也！今夫目力所得而谛观审视者，不出寻丈，顾谓此寻丈遂足以极天下之所至，无复能有余，而一切因以自画，则鲜不谓之大愚。何独于其生也，乃谓止此卒卒数十年而已，于是心光之所注射，虽万变百迁，终不出乎饮食男女货利名位之外？则彼苍之生人，徒以供玩弄，而旋即毁之矣乎？呜呼，悲矣！孔曰："未知生，焉知死。"欲明乎死，试与论生。生何自？而生能记忆前生者，往往有之。借曰生无自也，则无往而不生矣。知不生，亦当知不灭。匪直其精灵然也，即体魄之至粗，为筋骨血肉之属，兼化学之医学家则知凡得铁若干，余金类若干，木类若干，燐若干，炭若干，小粉若干，糖若干，盐若干，油若干，水若干，余杂质若干，气质若干，皆用天地固有之质点粘合而成人。及其既敝而散，仍各还其质点之故，复他有所粘合而成新人新物。生固非生，灭亦非灭。又况体魄中之精灵，固无从睹其生灭者乎。②

---

① 《仁学》，《谭嗣同全集》（增订本），中华书局1998年版，第309页。

② 《仁学》，《谭嗣同全集》（增订本），中华书局1998年版，第308—309页。

进而言之，谭嗣同之所以用无我描述人之生存状态，还原人生的本相，是为了表达对人之生死的根本看法。正是由于这个原因，无我观是谭嗣同的佛学观、生死观，也构成了他的人生观和价值观。与无我的多重内涵和意蕴互为表里，谭嗣同极力凸显佛教的无我主旨出于多重目的和动机——除了让人明白生不足恋之外，更重要的则是让人明白死不足畏。两相比较，他对死不足畏更为重视，在诠释无我时对之更为关注。具体地说，通过将死不足畏作为重点，谭嗣同凭借对无我的论证最终得出了"人是永不死之物"的结论。他指出，人生不可确指何者为我，原因在于，人之生是因缘和合的产物。这表明，人是由各种元素凑合而成的，其中已经隐藏着人之死而不死的秘密。对此，谭嗣同论证并解释说："所以第一当知人是永不死之物。所谓死者，躯壳变化耳；性灵无可死也。且躯壳之质料，亦分毫不失。西人以蜡烛譬之，既焚完后，若以化学法收其被焚之炭气、养气与蜡泪、蜡煤等，仍与原蜡烛等重，毫无损失，何况人为至灵乎？"①

在此基础上，谭嗣同进一步对人之精神（知）与人之躯体（行）区别对待，借助对人之无我的论证凸显人之知即人之灵魂的不灭。在他那里，人生的不灭给了人无畏的勇气。谭嗣同强调，无畏是佛教的基本教义，而他所讲的无畏与无我密切相关。人之所以无畏，秘诀在于确信"人是永不死之物"，无我为人的勇猛无畏、超越生死之念提供了精神支撑。由作为宇宙本原的仁之微生灭而来的人之不生不灭揭示了人之生的无我状态，既表明生不足恋，又表明死不足畏。有鉴于此，对于谭嗣同来说，无我不是个体生灭无奈的悲观厌世，而是生不足恋的豁达胸襟，尤其是死不足惧的勇猛无畏。谭嗣同对无我之无畏内涵的引申和凸显与他提倡无我的初衷相印证，也奠定了谭嗣同对无我的热衷与以大无畏精神普度众生、拯救世界密不可分。正因为如此，谭嗣同一面挖掘佛教的无我说，一面将无畏说成是佛教的要旨。对此，他声称："佛说以无畏为主，已成德者名大无畏，教人也名施无畏，而无畏之源出于慈悲，故为度一切众生故，无不活畏，无恶名畏，无死畏，无地狱恶道畏，乃至无大众威德畏，盖仁

---

① 《上欧阳中鹄十》，《谭嗣同全集》（增订本），中华书局 1998 年版，第 462 页。

之至矣。"①

与对无畏的彰显一脉相承，谭嗣同弘扬佛教的慈悲情怀。他宣布"惟一心是实"，并将心的实体界定为慈悲。正是以心与慈悲并提、互释为主线，谭嗣同将己与人以及自度与度人合二为一，以度人为己任。这既是他将慈悲说成是所有教"相同之公理"的原因，也印证了他所讲的佛教以慈悲为宗旨，并且将仁界定为慈悲。具体地说，慈悲的发挥是为了普度众生，其中蕴含着不怕下地狱的无畏。有鉴于此，与对佛教慈悲的赞扬和阐发息息相通，谭嗣同的佛教思想侧重勇猛无畏的大无畏精神。正是在这个意义上，可以说谭嗣同的佛教是悲观的，也可以说是悲悯的：悲观源自破对待的决绝和无我的执著，悲悯则与破对待之后无我的人己合一以及由此而来的自度度人合一密切相关。对此，谭嗣同断言："救人之外无事功，即度众生之外无佛法。然度人不先度己，则己之智慧不堪敷用，而度人之术终穷；及求度己，又易遗弃众生，显与本旨相违，若佛所谓证于实际，堕落二乘矣。然则先度人乎？先度己乎？曰：此皆人己太分之过，谛听谛听，当如是：知人外无己，己外无人，度人即是度己，度己即是度人。譬诸一身，先度头乎？先度手乎？头亦身之头，手亦身之手，度即并度，无所先后也。若因世俗，强分彼此，则可反言之曰：度己，非度己也，乃度人也；度人，非度人也，乃度己也。"②

为了救世，谭嗣同利用佛教来鼓动、彰显学会的作用。依据他的分析，学会无议院之名却有议院之实，可以在开民智和兴民权中发挥重要作用。沿着这个思路，谭嗣同将学会的建立与中国近代社会的救亡图存直接联系起来，并且建议仿照佛教聚集的方式建立学会。于是，他这样写道：

　　佛法以救度众生为本根，以檀波罗密为首义。（克己时，当以蝼蚁、草芥、粪土自待；救人时，当以佛天、圣贤、帝王自待。）即吾孔、孟救世之深心也。学者堕落小乘，不离我相，于是为孔、孟者独善其身，为佛

---

① 《上欧阳中鹄十一》，《谭嗣同全集》（增订本），中华书局 1998 年版，第 469 页。

② 《仁学》，《谭嗣同全集》（增订本），中华书局 1998 年版，第 371 页。

者遁于断灭。揆之立教之初心，不啻背驰于燕、越，甚无谓也。①

今将利济为怀，又非一手一足所能任，则善矣夫佛之说法也，必与数万数千菩萨俱，天龙八部，人非人等，恭敬围绕，无所往而非学，即无所往而不有会。然后悚然叹曰："古今来学佛者，咸不知为学会，未为能学佛者也。能学佛则必自倡明学会之义始。"倡明学会，吾知其功德必逾恒河沙数而不可思议。一生补他方，佛处生菩提树下，为法王子永断三途，住持极乐，遍治十方一切世界。何况此一世界，乃不能以学会治之耶？②

由此可见，谭嗣同之所以提出以佛教的形式组成学会，是因为他对佛教的慈悲顶礼膜拜，希望以慈悲之心救世。

综观康有为、谭嗣同对佛教教义的诠释可以发现，康有为对佛教的诠释侧重生，谭嗣同对佛教的诠释则侧重死；康有为从养生——求乐出发将佛教送上了追求快乐之路，谭嗣同则从不生不灭——无我出发将佛教推向了无畏的悲壮之途。这既是两人对佛教的不同透视、解读和诠释，也使佛教在现实生活和政治实践中发挥了不同的作用和功能。

第四节　孔佛耶与佛孔耶

在对佛教的态度上，康有为、谭嗣同的观点既有相同之处，又有差异之处。具体地说，两人都推崇佛教，并着力对佛教予以诠释和运用。尽管如此，康有为、谭嗣同无论给予佛教的界定、地位还是对佛教的具体诠释、发挥都存在明显差异。这使两人的佛学观呈现出巨大分歧，对佛教的建构更是渐行渐远。

---

① 《壮飞楼治事·群学》，《谭嗣同全集》（增订本），中华书局1998年版，第443页。

② 《壮飞楼治事·群学》，《谭嗣同全集》（增订本），中华书局1998年版，第443页。

一、孔教与佛教的关系

康有为、谭嗣同对佛教乐此不疲，并且习惯于将佛教置于与孔教、耶教的关系中予以审视和诠释。这样一来，由佛教、孔教和耶教组成的三教关系便顺理成章地成为两人审视佛教的重要维度，也使三教关系成为康有为、谭嗣同佛学观以及宗教观的核心话题。一方面，综观近代哲学家的思想可以看到，无论将佛教与孔教、耶教相提并论还是对三教关系乐此不疲，都显示了康有为、谭嗣同之间的默契，也拉开了两人与同时代其他近代哲学家之间的距离；另一方面，康有为、谭嗣同对佛教与孔教、耶教的位次排列并不相同。这既反映了对佛教的不同定位，又表明了两人的佛学观存在着不容忽视的分歧乃至不可调和的对立。

首先，康有为、谭嗣同与同样嗜佛好佛的近代哲学家相比有一个特别之处，那就是：都喜欢将佛教置于三教关系中予以审视、比较和评价。这就是说，两人并不是孤立地对佛教进行审视，而是热衷于对佛教与孔教、耶教进行比较。在比较的过程中，康有为、谭嗣同既承认佛教与孔教、耶教同——以仁作为三教的共同宗旨便是明证；又突出佛教与孔教、耶教异，无论将耶教置于最后还是肯定佛教投向未来说的都是这个意思。在佛教与孔教的位次排列上，康有为倾向孔教，谭嗣同则推尊佛教。对于佛教与孔教、耶教的关系，康有为、谭嗣同将耶教排在最后是一致的，分歧集中在孔教与佛教的关系上。不仅如此，对于佛教与孔教、耶教的比较，两人均将重点放在了佛教与孔教的关系上。对此，康有为基于现实斗争的需要而首选了孔教，谭嗣同则极力推崇佛教。这意味着两人都没有对佛教与孔教等量齐观，而是肯定乃至凸显佛教与孔教的高低优劣。至此，佛教与孔教、耶教的关系在康有为、谭嗣同那里演绎为孔佛耶与佛孔耶的不同位次排列。

诚然，康有为对孔教的推崇和提倡不是义无反顾的，甚至不是由始至终的。在定稿于1901—1902年之间的《大同书》中，他就宣布，既然岸已登矣，孔教之筏"当舍"。尽管如此，在现实性上，尤其是在佛教与孔教、耶教比较的维度上，康有为对孔教的推崇超过了佛教和耶教，致使孔教在三教中排在首位。也正是由于这个原因，提起康有为的宗教观以至于提起他的政治主张或主导思想，人们最先想到的往往是立孔教为国教而不是他包括佛教在内的其他宗教思想和主张。与对孔教的提倡并不斩钉截铁或情有独钟相映成趣，康有为对佛教的态度摇摆不定，因而对佛教与孔教关系的界定和认识充满矛盾：在肯定佛教与孔教相近相通的同时，有时贬损佛教，如认定佛教逆天而"逆人之情"，孔教则"顺人之情"等；有时攀附佛教，如强调释迦牟尼与孔子一样托古救世，都是善于变通、因病发药的大医，孔子、孟子和庄子等人的观点与佛教教义相近相通等。同样流露出康有为对佛教不舍心态和矛盾纠结的是，他专门对佛教与孔教的关系进行辨梳，提出了孔教适用于当下、佛教适用于未来等说法。于是，康有为一面在现实中提倡孔教，一面为佛教在未来保留地盘。换言之，当孔教与佛教在现实世界相遇时，他倒向孔教；当二者在未来社会相遇时，康有为则倾向佛教。更为重要的是，康有为沿着以孔释佛的思路将立孔教为国教奉为救亡图存的纲领。这使他秉持孔教立场，在以孔教与耶教分庭抗礼的过程中极力彰显孔教的至尊地位和绝对权威。在康有为那里，三教的位次排列是，佛教让位于孔教，耶教排在最后。

尽管康有为对佛教与孔教关系的认识充满张力，对佛教的态度处于彷徨和纠结之中，然而，在现实性上，他推崇孔教，故而为立孔教为国教奔走呼号。从这个意义上说，他将孔教置于佛教之上。对于康有为的宗教观，梁启超的评价是，在主张信仰自由、孔佛耶三教平等的同时，将孔教奉为拯救中国的下手处，故而"以孔教复原为第一著手"。梁启超不仅对康有为的这一主张非常重视，反复予以提及，而且揭示了康有为这样做的用心良苦。正是在这个意义上，梁启超不止一次地宣称：

> 先生固以行大同救天下为最终之目的，但以为吾所最亲者，中国也；今日众生受苦最深者，中国也；人民居地球三之一者，中国也。于是乎内观实践，以救中国为下手之第一段。①

---

① 《南海康先生传》，《梁启超全集》（第一册），北京出版社 1999 年版，第 495 页。

　　然以为生于中国，当先救中国；欲救中国，不可不因中国人之历史习惯而利导之。又以为中国人公德缺乏，团体涣散，将不可以立于大地；欲从而统一之，非择一举国人所同戴而诚服者，则不足以结合其感情，而光大其本性。于是以孔教复原为第一著手。[①]

　　依据梁启超的分析和披露，康有为宗教思想特盛，所关注和心仪的宗教名目繁多——除了佛教、孔教和耶教之外，还有回教、道教等等。就佛教与孔教、耶教的关系来说，康有为一面强调三教平等，一面将孔教奉为拯救中国的"第一著手"。这是他基于中国的民俗、历史以及民族情感等诸多方面的因素综合考量、抉择的结果。事实上，康有为正是出于救亡图存与思想启蒙的双重动机，将孔教作为中国文化的象征。在此基础上，他一面凸显孔教的至高无上和绝对权威，一面将作为西方近代价值观念的自由、平等、博爱和进化等注入孔教之中，以此推动中国传统文化的内容转换和现代化。

　　谭嗣同与康有为一样热衷于佛教与孔教、耶教的关系，并且反复从不同角度界定三教的关系、评判三教的优劣。将佛教置于三教之首是谭嗣同对佛教、孔教和耶教关系的基本认定和一贯思路，也在佛教与孔教的关系上申明了对佛教有别于康有为的定位和态度。在谭嗣同那里，对于佛教没有了康有为那样的矛盾、纠结，只剩下了义无反顾的情有独钟。因此，对于佛教与孔教的关系，谭嗣同给出的排序是佛教为首。不仅如此，他对佛教的推崇无以复加，坚持"佛能统孔、耶"[②]。沿着这个思路，谭嗣同对佛教的推崇坚定不移，声称佛教在时间上最先，孔教其次，耶教最后。循着这个逻辑，他断言佛教最大，孔教次之，耶教为小。对于佛教与孔教以及与耶教的关系，他从时间先后与高低优劣两个不同的维度反复伸张佛教的至上权威，并且推出了佛教、孔教和耶教的位次排列。至此可见，谭嗣同对佛教顶礼膜拜，对佛教的界定和态度与康有为相去甚远。

---

① 《南海康先生传》，《梁启超全集》（第一册），北京出版社1999年版，第486页。

② 《仁学》，《谭嗣同全集》（增订本），中华书局1998年版，第289页。

谭嗣同承认释迦牟尼与孔子、耶稣一样是教主，佛教与孔教、耶教的教义相近相通。显而易见，这些都体现出谭嗣同与康有为的共识。所不同的是，谭嗣同强调，佛教、孔教和耶教产生的历史背景、行教的社会环境相差悬殊，这些客观条件决定了三教的地位和顺序不容颠倒。循着这个逻辑，他提出了佛教至大、最先，孔教次大、其后而耶教为小、最后的观点。对于这个排序的正当性与合理性，谭嗣同给出的论证和理由是：第一，从时间上看，佛教最先，孔教次之，最后才是耶教——"佛生最先，孔次之，耶又次之"①。第二，从内容上看，佛教优于孔教——"六经未有不与佛经合者也，即未有能外佛经者也"②；佛教更优于耶教——"故尝谓西学皆源于佛学"③。依据谭嗣同的说法，孔教与佛教的教义相近相合，相近相合的原因在于孔教被佛教所含纳。这意味着佛教包括孔教的内容，也可以说孔教从属于佛教。对于源自佛学的西学来说，毫无悬念地低于佛学。于是，佛教高于孔教之后的耶教也就不言而喻了。基于这种理解，谭嗣同对于佛教与孔教、耶教做出了迥异于康有为的界定和排序。这用他本人的话说便是："佛教大矣，孔次大，耶为小。"④ 显而易见，对于三教之间的关系，谭嗣同笃信佛教至上。与此互为表里，尽管他习惯于将佛教与孔教、耶教相提并论，然而，谭嗣同并没有对三教等量齐观，而是从不同角度对三教进行位次排列，并且在排序中自始至终让佛教占据至尊地位——这既包括与康有为一致的佛教对于耶教的至上，也包括与康有为有别甚至相反的佛教对于孔教的至上。

其次，康有为、谭嗣同给予佛教与孔教的位次排列本身就是一个价值判断，其中不仅包括对佛教与孔教高低优劣的判断，而且包括对二教的臧否取舍。由此不难想象，通过对孔教与佛教的位次排列，两人展示了对佛教的不同态度。一言以蔽之，康有为对佛教的态度是矛盾的，谭嗣同对佛教的推崇则无以复加。

---

① 《仁学》，《谭嗣同全集》（增订本），中华书局 1998 年版，第 333 页。
② 《仁学》，《谭嗣同全集》（增订本），中华书局 1998 年版，第 333 页。
③ 《仁学》，《谭嗣同全集》（增订本），中华书局 1998 年版，第 317 页。
④ 《仁学》，《谭嗣同全集》（增订本），中华书局 1998 年版，第 333 页。

在康有为那里，对佛教与孔教关系的矛盾认识流露出对佛教的矛盾心态和评价，并且同样通过对佛教与孔教的比较进一步凸显出来。对于他来说，孔教的权威不仅包括孔子对于诸子、儒家对于百家的独尊地位，而且包括孔教对于佛教的优越性和权威性。有鉴于此，在康有为的议论中，下面的论断显然并非个案：

> 佛与孔子极相反，然后能立。圣爱其同类，不同类者杀之可也，若同类者不得杀也。此圣人大义。①

> 佛舍其类而爱其混者。②

> 佛氏专治心，有内而无外也。③

在这里，康有为先是明确肯定佛教与孔教的教义存在差异甚至截然相反（"极相反"），接着具体指明了二者的相反体现在何处并且亮出了自己的态度评价，其中流露出他对佛教的强烈不满：第一，康有为承认佛教以仁为宗旨，乃至"能仁"是佛号。在这个维度上，他认定佛教与孔教救世的宗旨相同。与此同时，康有为指出，佛教与孔教之仁存在本质区别，这个区别聚焦"爱类"，最终通过人伦集中反映出来。他宣称："能爱类者谓之仁，不爱类者谓之不仁。"④ 这表明，"爱类"是仁的必然要求，爱人类是仁的题中应有之义。循着这个思路，康有为将"爱类"奉为判断仁的标准，并以这个标准抨击佛教爱众生违背了仁之"爱类"原则，犯了"舍其类而爱"的错误。由于佛教之仁没有

---

① 《万木草堂口说·春秋繁露》，《康有为全集》（第二集），中国人民大学出版社 2007 年版，第 188 页。

② 《万木草堂口说·孔子改制》，《康有为全集》（第二集），中国人民大学出版社 2007 年版，第 152 页。

③ 《万木草堂口说·中庸》，《康有为全集》（第二集），中国人民大学出版社 2007 年版，第 173 页。

④ 《大同书》，中州古籍出版社 1998 年版，第 349 页。

遵循"爱类"的原则，结果是混淆了对人类的爱与对众生的爱，由此造成了严重后果，最终走向仁的反面——不仁。第二，康有为肯定佛教养生，却不完全赞同佛教的养生方法，并且批评佛教"有内而无外"。他对各种养生学说如醉如痴，并在这个前提下承认佛教"治心"。这与康有为对佛教养魂的界定相互印证，既肯定佛教的养生侧重养心，也契合他本人养生、求乐的人生追求和价值旨趣。问题的关键是，康有为既注重养魂——相当于佛教的"治心"，又注重养魄，因而强调魂魄兼养。在这方面，他将孔子塑造成魂魄兼养的榜样，所推崇的孔教也是如此。由此反观康有为视界中的佛教不难想象，他认为佛教注重"治心"本没有错，错就错在一个"专"字上。由于专门"治心"而放弃了外在之形才是佛教的错误所在，也是康有为批判佛教的原因。在这个前提下，他揭露佛教"有内而无外"，指责佛教专注养心而只讲内在修炼，由于轻贱形体而忽视养形。随之而来的是，佛教不热心世事，以至于摈弃人的名利欲求。分析至此，康有为得出结论，佛教"远人"，甚至由此断言佛教不能顺人之情而必不可行。对于这一点，他一而再、再而三地宣称：

> 孔子立法以制人者也，老、佛恐为人所制者者也。[1]

> 宋儒言理深，然深之至，则入于佛，绝欲则"远人"也。[2]

> 孔子非不能为佛教，谓其远人，故不为也。[3]

经过上述论证，康有为重申了他的孔教立场，并且进一步坐实了孔教高于

---

[1] 《万木草堂口说·春秋繁露》，《康有为全集》（第二集），中国人民大学出版社 2007 年版，第 206 页。

[2] 《万木草堂口说·中庸》，《康有为全集》（第二集），中国人民大学出版社 2007 年版，第 167 页。

[3] 《万木草堂口说·中庸》，《康有为全集》（第二集），中国人民大学出版社 2007 年版，第 171 页。

佛教的结论。与此相一致，当佛教与孔教在现实社会中相遇时，康有为义无反顾地力挺孔教而贬损佛教。对此，康有为对当时学术情形的抨击提供了佐证："今日风俗之败坏，清谈之故也。顾亭林所谓古之清谈在老、庄，今之清谈在孔、孟，然至今孔、孟清谈并无之耳。今日清谈，流为佛学。"[1]佛教在他对政治兴趣盎然的早期和中期思想中始终没有成为主旋律，更遑论像谭嗣同那样明确肯定佛教高于孔教了。正是由于这个原因，康有为纵然是对佛教有万般不舍，也只能将佛教置于未来。于是，他在《大同书》中对未来宗教状况的描述是，孔教在大同社会中已经与耶教、回教为首的诸多宗教一样灭绝殆尽，只有佛教和道教大行其道；并且，佛教在大同社会中最为盛行，是比养魄之道教更高一级的养魂之教。这些情况共同展示了康有为对于佛教的矛盾心理，其中既有迫于现实的无奈，又有对佛教的膜拜。

谭嗣同将佛教置于孔教、耶教之上，便意味着堵塞了像康有为那样在现实性上对孔教的至上推崇。事实上，谭嗣同不仅给佛教以现在，而且像康有为那样给佛教以未来。具体地说，谭嗣同主张以佛教统摄诸教，孔教、耶教亦应在佛教的统摄范围之内。对此，他论证并解释说："今将笼众教而合之，则为孔教者鄙外教之不纯，为外教者即笑孔教之不广，二者必无相从之势也。二者不相从，斯教之大权，必终授诸佛教。佛教纯者极纯，广者极广，不可为典要。惟教所适，极地球上所有群教群经诸子百家，虚如名理，实如格致，以及希夷不可闻见，为人思力所仅能到，乃至思力所必不能到，无不异量而兼容，殊条而共贯。"[2]由此可见，谭嗣同对佛教顶礼膜拜，多次建议用佛教统一地球诸教。这实际上已经用佛教吞噬了孔教，因为孔教也在他所讲的地球群教之中。更有甚者，谭嗣同提出以佛教统辖孔教、耶教代表的群教，表明他认同佛教教义，肯定佛教教义胜于孔教。依据谭嗣同的说法，佛教"纯者极纯，广者极广"，精微处极精微，荒谬处极荒谬；既纯粹至极，又范围广泛，因而拥有极大的普适性和普世性——阳春白雪、下里巴人，佛学都无往而不适。分析至

---

[1]　《康南海先生讲学记·古今学术源流》，《康有为全集》（第二集），中国人民大学出版社2007年版，第110页。

[2]　《仁学》，《谭嗣同全集》（增订本），中华书局1998年版，第351—352页。

此，他对佛教佩服得五体投地，不仅建议用佛教统摄群教，而且提出用佛教统辖群经群学。

再次，康有为、谭嗣同均对大同社会心驰神往，对大同社会的构想具有一个相同的特点，那就是：同一宗教，同一文化乃至同一语言文字。在此过程中，两人均突出佛教在未来社会的强盛，对于佛教在大同社会的存在状况和强盛表现的具体看法却大不相同。

在康有为设想的大同社会中，孔教、耶教都已经湮没。佛教不仅没有式微，反而最为盛行。应该说，尽管康有为呼吁立孔教为国教，然而，他声称大同社会孔教已经被淘汰而佛教盛行并非偶然。事实上即使在推崇孔教之际，康有为也不忘宣称佛教适用于未来。他强调，佛教是来世的，适用于未来，拥有未来使佛教与未来的大同社会不期而遇。况且，正如康有为本人和梁启超反复申明的那样，康有为主张立孔教为国教只是为了以孔教作为拯救中国的"第一著手"，归根结底是出于救亡图存的考虑。这就是说，康有为提倡孔教具有极强的现实性乃至功利性，对佛教却心怀难以割舍的好感。正是由于这个原因，他在反复比较了孔教与佛教的优势甚至得出孔教可行、佛教"远人"的基础上，并没有在大声疾呼立孔教为国教的同时主张废弃佛教，而是强调佛教与孔教并行不悖乃至"相乘相生"。对此，康有为论证并解释说：

> 天地之理，惟有阴阳之义无不尽也，治教亦然。今天下之教多矣：于中国有孔教，二帝、三皇所传之教也；于印度有佛教，自创之教也；于欧洲有耶稣；于回部有马哈麻，自余旁通异教，不可悉数。然余谓教有二而已。其立国家，治人民，皆有君臣、父子、夫妇、兄弟之伦，士、农、工、商之业，鬼、神、巫、祝之俗，诗、书、礼、乐之教，蔬、果、鱼、肉之食，皆孔氏之教也，伏羲、神农、黄帝、尧、舜所传也。凡地球内之国，靡能外之。其戒肉不食，戒妻不娶，朝夕膜拜其教祖，绝四民之业，拒四术之学，去鬼神之治，出乎人情者，皆佛氏之教也。耶稣、马哈麻、一切杂教皆从此出也。圣人之教，顺人之情，阳教也；佛氏之教，逆人之

情，阴教也。故曰：理惟有阴阳而已。①

由此可见，康有为在教分阴阳的视域下对佛教与孔教进行审视、比较和分析，得出的结论是佛教"逆人之情"，孔教则"顺人之情"；并由此将"顺人之情"的孔教称为阳教，将"逆人之情"的佛教称为阴教。在这个维度上，他指责佛教"逆天"，对佛教持否定态度。与此同时，康有为又宣称"理有阴阳"而阴阳相乘相生，并由阴阳的相乘相生而将孔教与佛教定位为既相差分又相依存的关系。在这个维度上，他声称，正如阴阳各方对于理都不可或缺一样，佛教与孔教作为教之阴阳相互对待、相互依存，对于教都不可或缺。于是，康有为接着说道：

> 然则此二教者，谁是谁非，谁胜谁负也？曰：言不可以若是也。方不能有东而无西也，位不能有左而无右也，色不能有白而无黑也。四时无上下，以当令为宜；八音无是非，以谐节为美。孔子之伦学民俗，天理自然者也，其始作也；佛教之去伦绝欲，人学之极致者也，其卒也。孔教多于天，佛教多于人；孔教率其始，佛教率其终；孔教出于顺，佛教出于逆；孔教极积累，佛教极顿至；孔教极自然，佛教极光大。无孔教之开物成务于始，则佛教无所成名也。狗子无佛性，禽兽无知识、无烦恼，佛可不出。人治盛则烦恼多，佛乃名焉，故舍孔无佛教也。佛以仁柔教民，民将复愚，愚则圣人出焉，孔教复起矣，故始终皆不能外孔教也。然天有毁也，地有裂也，世有绝也，界有劫也，国有亡也，家有裂也，人有折也，皆不能外佛教也，故佛至大也。是二教者终始相乘，有无相生，东西上下，迭相为经也。当其时则盛，穷其变则革，智人观其通，而择所从，或尊或辟，非愚则蒙者也。此二教非独地球相乘也，凡众星有知之类，莫不同之；非徒众星为然也，凡诸天莫不同之也。相乘相生，而无有止绝者也。②

---

① 《康子内外篇》，《康有为全集》（第一集），中国人民大学出版社2007年版，第103页。
② 《康子内外篇》，《康有为全集》（第一集），中国人民大学出版社2007年版，第103页。

依据康有为的这个分析，孔教与佛教相互依存，缺一不可：一方面，佛教依赖孔教，"舍孔无佛教"。另一方面，孔教也依赖佛教，"不能外佛教"。这表明，佛教与孔教"相乘相生"，均不能离开对方而独立存在。循着这个逻辑，康有为对于二教采取的办法不是摈弃佛教，而是在佛教的映衬下凸显孔教的"顺人之情"。正是在孔教与佛教的对比中，他将孔教打造成了人道教。康有为关于佛教与孔教关系的定位是，"孔教率其始，佛教率其终"。"率其终"预示着佛教在大同社会的生存，佛教的众生平等正是康有为憧憬的大同社会"戒杀生"后"始于男女平等，终于众生平等"的"大平等"。按照他一贯恪守的华严宗的信条，佛教与孔教圆融无碍，并行不悖，具体表现便是孔教指示现在，佛教指向未来。

不过，话又说回来了，尽管佛教与孔教是"相乘相生"的关系，然而，毕竟孔教是阳教，是现世法门。因此，康有为将孔教奉为救世法宝而不是依赖佛教进行变法维新、救亡图存，立孔教为国教，通过保教（孔教）来保国保种的救亡路线便是循着这个逻辑发出的。在康有为那里，孔教与佛教"相乘相生"，各自拥有自己的特点。既然立孔教为国教是迫于外在压力——救亡图存的刻不容缓，那么，未来的大同社会盛行佛教也就顺理成章了。依据他在《大同书》中的描述，一方面，作为大同之人养魂之乐的灵魂皈依，佛教在大同社会的盛行强势压过了包括已经舍弃的孔教和正在流行的道教在内的所有宗教；另一方面，佛教并非大同社会信仰的唯一的宗教形态，与佛教并存的尚有道教。从道教与佛教并行的角度看，康有为设想的大同社会并没有同一宗教——准确地说，他并没有用佛教同一、同化未来即大同社会的宗教。这一点显示了与谭嗣同的分歧。

谭嗣同不仅明确提出了大同社会同一宗教，而且明确提出以佛教同化、统摄（"折衷"）宗教。于是，他不止一次地写道：

> 至于教则最难言，中外各有所囿，莫能折衷，殆非佛无能统一之矣。[1]

---

[1] 《仁学》，《谭嗣同全集》（增订本），中华书局 1998 年版，第 354 页。

佛教能治无量无边不可说不可说之日球星球，尽虚空界无量无边不可说不可说之微尘世界。尽虚空界，何况此区区之一地球。故言佛教，则地球之教，可合而为一。①

一目了然，与康有为的态度截然相反，对于如何全球宗教同一、文化同一，谭嗣同将希望寄托于了佛教。对于一直将佛教排在世界文化首位的谭嗣同来说，这个答案是毫无悬念的，佛教是首屈一指的不二选择。

相比较而言，如果说现实维度掺杂了政治元素和功利考量的话，那么，未来维度则倾向于内心呼唤和情感好恶。康有为、谭嗣同对佛教在大同社会境遇的设想与对佛教的现实考量一样存分歧。这个分歧既表明了佛教在未来的大同社会中的不同命运，又真切流露出两人对佛教的不同态度。

上述比较显示，康有为、谭嗣同不惟对佛教流派的取舍、对佛教思想的诠释不同，对佛教地位的界定和理解更为不同。可以说两人对佛教宗派的偏袒、取舍和对佛教教义的解读、诠释影响了康有为、谭嗣同对佛教的界定和理解，也可以说对佛教地位的界定影响了两人对佛教地位的界定。无论作何理解，有一点是可以肯定的，那就是：这些共同构成了康有为、谭嗣同佛学观的基本内容，也使两人的佛学观泾渭分明。

二、儒学形态与华严形态

对佛教与孔教关系的界定表明，康有为、谭嗣同对佛教的态度呈现出不容忽视的区别。在佛教地位的问题上，康有为对孔教的推崇压倒了佛教，将佛教置于首位是《大同书》代表的中期思想；在此之前——特别是在以万木草堂为代表的早期思想中，康有为对孔教的阐发和推崇不遗余力。谭嗣同明确将佛教置于首位，无论对佛教的推崇还是发挥都远远超过了孔教。康有为、谭嗣同对孔教与佛教关系的认定截然不同，表明两人对佛教的定位和态度存在分歧。更

---

① 《仁学》，《谭嗣同全集》（增订本），中华书局 1998 年版，第 352 页。

有甚者，这个分歧是原则性的，在现实选择和思想建构上涉及到究竟是用孔教吸纳佛教还是用佛教吞噬孔教的根本对立。

首先，与对佛教与孔教关系的认定一脉相承，康有为、谭嗣同对佛教、孔教的态度和对待大相径庭。尽管两人都对佛教与孔教进行互释，然而，康有为、谭嗣同秉承的立场和范式却截然不同：如果说康有为秉持孔教立场而以孔释佛的话，那么，坚持佛教立场而以佛释佛则是谭嗣同的不二归宿。

对于康有为、谭嗣同来说，对孔教与佛教关系的认定与对佛教的理解互为表里，相互印证。因此，究竟将佛教还是将孔教置于首位不仅决定两人的佛学观，而且决定两人对佛教宗派的侧重、对佛教教义的诠释和对佛学思想的建构。康有为、谭嗣同均认定孔教与佛教的教义是相合的，并且在这个相同的认定下通过孔教与佛教的互释建构自己的佛教思想。两人对孔教与佛教关系的不同界定先天地注定了孔教与佛教互释的方式和后果的大相径庭，由此建构的佛教、孔教也注定天差地别。逻辑很简单，佛教与孔教的互释有一个立场、初衷和理解问题，这些因素先天地决定了互释的选材、方法和原则，由此共同决定了互释的结论。康有为、谭嗣同对佛教与孔教关系的不同回答已经注定了在二教互释时对包括佛教与孔教谁主谁从、孰本孰末的不同回答，也预示了两人对佛教的不同建构。例如，在对佛教的理解上，康有为、谭嗣同不约而同地提到"我不入地狱，谁入地狱"。这与两人共同标榜的救世情怀相互印证，也表明两人都赞同佛教的普度众生。事实上，康有为、谭嗣同对佛教教义的侧重和发挥围绕着大乘佛教展开而很少提及小乘佛教，这一点与梁启超既热衷于大乘佛教又兼顾小乘佛教相比较则看得更加清楚。尽管如此，受制于佛教与孔教互释的不同立场、原则和方法，宣扬普度众生的大乘教义在康有为、谭嗣同的视界中呈现出不同的样式。如果说佛教讲究悲智双修的话，那么，两人在异口同声地标榜悲智双修的同时，分别沿着智与悲两个不同的向度和思路对佛教进行诠释。大致说来，康有为对佛教的诠释侧重智，他的仁智并举便是明证；谭嗣同对佛教的发挥则侧重悲，以慈悲释仁便流露出这一思想端倪。由此，一智一悲成为康有为、谭嗣同解读、建构佛学思想的致思方向和价值旨趣，既拉开了两人佛学思想的距离，也促使康有为、谭嗣同建构了两种不同的佛教形态和样式。

　　分析至此可以发现，康有为、谭嗣同对孔教与佛教位次的排列表现出不同的思想动向，直观地展示了两人以孔释佛与以佛释孔的不同立场和致思方向。不同的立场和方向既决定了康有为、谭嗣同对佛学宗派的取舍和选择，又预示着两人对佛教的不同诠释和建构。在这方面，以孔释佛的康有为出于对孔教的推崇，对佛教进行了孔教化的诠释乃至改造，并在对佛学思想的建构中加入了大量的孔教成分；谭嗣同则以佛教改造孔教，他本人的哲学建构以佛学思想为主要来源、基本内容和意趣旨归，因而更显佛教本色。甚至可以说，谭嗣同的仁学底色是佛学。

　　进而言之，康有为振臂高呼立孔教为国教是为了以孔教代表中国本土文化，使孔子与耶稣分庭抗礼，儒教即儒学才是他挥之不去的情结。因此，他以孔教改造佛教从根本上说就是以儒教（儒学）改造佛教，建构的佛教本质上成为一种儒学形态的佛教。与康有为相比，谭嗣同的佛教建构情形却大不相同。由于始终以佛教为主要来源和内容构成而展开，谭嗣同的佛学思想建构主要以佛学思想为主要来源，不可能像康有为那样以儒学为基本形态。可以看到，与康有为建构的儒学形态的佛教有别，谭嗣同建构的是佛教形态——至于佛教的何种形态，则取决于他选择的各种宗派在其中的影响和作用。

　　其次，在佛教与孔教的关系问题上，如果说尽管纠结着孔教与佛教的矛盾心理，康有为最终还是选择了孔教的话，那么，谭嗣同则在不排斥孔教的前提下始终对佛教情有独钟。从这个意义上说，在康有为推出孔教时代之日，谭嗣同推出了一个佛教时代。孔教时代与佛教时代体现了两人佛学观以及孔教观、宗教观的差异，同时也预示着并且引申出康有为、谭嗣同佛教建构的不同形态和样式。

　　一方面，康有为、谭嗣同都对孔教与佛教进行互释，正如所讲的孔教中都借鉴了佛教元素一样，所讲的佛教都包含孔教成分。热衷于孔教的康有为对佛教十分喜爱，并且"尤为受用"，因而在孔教的建构中吸收了佛教的成分。例如，他通过对孔子、孟子等人的思想与佛教的相互比附直接证明了孔教与佛教教义的相近相通。甚至可以说，康有为这样作本身就是对孔教与佛教进行互释。谭嗣同同样孔佛互释，对于这一点，他声称佛教、孔教都讲仁便是明证。这就是说，谭嗣同推崇的仁脱胎于佛教的慈悲，却兼容了孔子所讲的仁。佛教与孔教互释使近代佛学不再恪守古代的正统与异端之辨，也代表了近代佛教的多元开放视域和心态。具体落实到两人的佛学观上，与孔教的互释决定了无论康有为还是谭嗣同的佛教都容纳了孔教代表的非佛元素，故而不再是纯正或单一成分的佛教元素。这是两人对佛教的创造性解读和创新，也是近代佛教的时代风尚。

另一方面，康有为、谭嗣同对孔教与佛教的互释秉承不同的立场和初衷，在本质上反映了以孔释佛与以佛释孔的对立。有鉴于此，佛教与孔教在两人互释中呈现出主从的原则区别，在所占比例上也绝不可能各占二分之一，而是呈现出不同的偏袒。康有为偏向孔教一方，谭嗣同则倾向佛教一方。康有为坚持以孔释佛，在孔佛互释的过程中以儒学为主体；谭嗣同恪守以佛释孔，在孔佛互释的过程中以佛教为主体内容。

康有为的孔佛互释是以提升孔教为目的、以儒学为母版进行的。由于以孔释佛，他的佛学思想建构与其他思想一样以孔子、孟子和董仲舒等儒家人物的思想为主要来源。具体地说，与对孔教的推崇息息相通，康有为围绕着立孔教为国教的目标选择、诠释佛学思想。这一动机与他的儒家情结相互作用，共同演绎出康有为佛学思想的儒学形态。

谭嗣同始终如一地推崇佛教，对佛教的阐发迥异于康有为的孔教立场，因而以佛教的各个宗派为主要来源和主体内容展开。如果说谭嗣同在建构佛学思想的过程中吸纳了非佛因素的话，那也是以佛教为主导，选择与佛教契合的思想要素。于是，在思想上与佛教契合的孔子、庄子和王夫之成为谭嗣同的最佳人选。更为重要的是，谭嗣同对儒家持否定态度，不惟没有像康有为那样以儒学代替孔学，以儒教代表孔教，反而指责儒家败坏了孔教。在这方面，除了发出"二千年来之学，荀学也，皆乡愿也"[①]的鞭挞之外，谭嗣同还对儒家发出过如下声讨：

---

① 《仁学》，《谭嗣同全集》（增订本），中华书局1998年版，第337页。

中国之所谓儒，不过孔教中之一端而已。司马迁（应为司马谈——引者注）论六家要旨，其微意可知也。而为儒者乃欲以儒蔽孔教，遂专以剥削孔子为务。于治功则曰："五尺羞称也。"于学问则曰："玩物丧志也。"于刑名又以为申、韩刻核，于兵陈又以为孙、吴惨黩，于果报轮回又以为异端邪说，皆所不容。孔子之道，日削日小，几无措足之地。①

依据谭嗣同的这个揭露和剖析，正是儒家的做法使原本博大精深、无所不包的孔学日益狭隘（"日削"），因而对孔学的衰微难辞其咎。沿着这个思路，他发出了恢复周公之法、孔子之学的号召。在这个前提下不难想象，谭嗣同选择的孔子、庄子和王夫之等人并不是为儒学代言，也排除了他的佛学思想建构以儒学为母版或底色的可能性。可以看到，从理论来源到致思方向，谭嗣同建构的佛教沿着不同于康有为的思路展开，从主流上说是对各种佛教宗派的杂糅与和合。进而言之，在谭嗣同以佛教为母版建构的佛学思想中，华严宗、唯识宗、禅宗、密宗和净土宗等成为最主要的理论来源和内容构成。鉴于唯识宗特别是华严宗的强势，可以将谭嗣同建构的佛学思想归结为华严—唯识形态或华严形态。

问题到此并没有结束，以佛释孔意味着谭嗣同佛学思想的建构依托佛教的不同宗派展开，又预示了有别于康有为的以儒学为蓝本。例如，谭嗣同与康有为一样将诸子百家都归结为"孔子之学"或称孔学，然而，他却没有像康有为那样使孟子、董仲舒等儒家翘楚成为其中的主角，对儒学以及作为儒家的韩愈特别是荀子的批判更是大胆而激烈。这种局面的出现与其说受制于谭嗣同对孔教的态度，毋宁说归根结底受制于他的佛教情结。质言之，谭嗣同是基于佛学立场以及建构佛教的需要来审视、选择诸子百家和典籍文献的，这正如他在佛学范围内偏袒不同的宗派一样。在这个前提下，谭嗣同之所以青睐孔子、庄子和王夫之等人，根本原因在于：这些人的思想被他归纳为以逝变为主线，可以贯通起来与佛教的八不中道相对接。这解释了缘何康有为的佛教形态是儒学式

---

① 《仁学》，《谭嗣同全集》（增订本），中华书局 1998 年版，第 353 页。

的，而谭嗣同建构的佛教则是将华严宗与庄子思想相杂糅的华严形态。

以孔释佛与以佛释孔是两种不同甚至截然相反的立场和思路，立场、思路的不同表明，康有为、谭嗣同的佛学观不是具体观点的差异，而是本质的分歧，因而沿着不同的致思方向和价值旨趣展开。两人佛学观的分歧通过对佛教地位的不同认定和对佛教教义的不同诠释体现出来，作为最终结果和表现，康有为、谭嗣同推出了两种不同的佛教形态和样式。

三、博爱样式与平等样式

上述内容显示，康有为、谭嗣同对于孔教与佛教的关系予以不同认定。这流露出两人不同的学术立场，也展示了迥异其趣的佛学观。如果说康有为、谭嗣同在宗教观上呈现出孔教与佛教之分的话，那么，两人在诠释范式上则展示出以孔释佛与以佛释孔之别。受制于不同的学术立场和宗教意趣，康有为、谭嗣同沿着各自的思路赋予佛教不同神韵和气质，导致彼此的佛学观渐行渐远。在此过程中，对佛教的定位和立场决定了两人对作为佛教宗旨的仁予以不同理解，最终使康有为、谭嗣同的佛学建构演绎出博爱派与平等派两种泾渭分明的样式。

就对仁的界定来说，一方面，康有为、谭嗣同均在强调仁对于佛教至关重要的同时，赋予仁以近代的价值理念和时代诉求，致使自由、平等和民主等近代价值理念成为仁的基本内涵或题中应有之义。从这个意义上说，两人对仁的理解呈现出某种一致性，既与古代哲学所讲的仁之内涵形成天壤之别，又由于声称仁是佛教的宗旨而增强了彼此佛学观的一致性。另一方面，与康有为、谭嗣同对孔教与佛教关系的不同认定互为表里，两人对仁的界定呈现出不同的理论意蕴和价值旨趣，具体表现为一个是孔教之仁，一个是佛教之仁。康有为、谭嗣同所讲的孔教之仁与佛教之仁的对立通过两人的仁学充分展示出来，既显示了康有为、谭嗣同的佛学与仁学互为一体，又使两人的佛学思想呈现出不同神韵和气质。

康有为彰显仁的博爱意蕴和内涵，并沿着这个思路将仁与发端于孟子的不忍人之心相提并论，故而称为"不忍之心""爱力""爱质"和"吸摄之力"等。正是由于他连篇累牍地以博爱释仁，梁启超将康有为的哲学归结为"博爱派哲学"、将康有为所讲的仁称为"爱力"。对此，梁启超这样写道："先生之论理，以'仁'字为唯一之宗旨，以为世界之所以立，众生之所以生，家国之所以存，礼义之所以起，无一不本于仁。苟无爱力，则乾坤应时而灭矣。"①在这里，梁启超对康有为"博爱派哲学"的介绍是仁与"爱力"互换的，并且由康有为的哲学以仁为本、"以'仁'字为唯一之宗旨"推导出"苟无爱力，则乾坤应时而灭"。这个推演逻辑意味着康有为彰显仁之爱的内涵。甚至可以说，在梁启超的视界中，康有为所讲的仁就是爱——由于超越了血缘亲疏，故而称为博爱。事实上，康有为对仁之概念的界定从西学与中学两个方向展开，从不同的维度共同指向了博爱：就西学而论，引进源自西方自然科学的力之概念将仁称为"爱力""热力"和"吸摄之力"；就中学而论，侧重对孟子首创的"不忍人之心"和性善说的阐发。从根本上说，康有为对孔教和仁学的阐发、建构是沿着孔子、孟子和董仲舒一脉进行的，这也是康有为由早年的孟子与荀子并重而后来转为"美孟而剧荀"②的原因。以不忍人之心释仁不仅流露出康有为仁学的儒学立场，而且奠定了仁学的博爱派基调。

谭嗣同将仁与佛教的慈悲互释而不是像康有为那样将仁与儒家的不忍人之心相提并论，进而借助慈悲推进平等。谭嗣同宣称："慈悲，吾儒所谓'仁'也。"③沿着这个思路，他以通释仁，强调仁的要义是通，极为凸显仁的平等内涵。谭嗣同对仁的基本特征如是说："仁以通为第一义，……通之象为平等。"这是他给仁下的定义（"仁学界说"），也将他对仁之平等内涵的凸显推向了极致。为了进一步赋予仁以平等神韵和风采，他以慈悲释仁。对于谭嗣同来说，"以通为第一义"的仁又称慈悲，而不是像康有为那样称为不忍人之心。慈悲与不忍人之心一个脱胎于佛教，一个是儒家术语。正是慈悲之心与不忍人之心

---

① 《南海康先生传》，《梁启超全集》（第一册），北京出版社1999年版，第488页。

② 梁启超评价康有为语，详见《论中国学术思想变迁之大势》，《梁启超全集》（第二册），北京出版社1999年版，第617页。

③ 《上欧阳中鹄十》，《谭嗣同全集》（增订本），中华书局1998年版，第464页。

的不同奠定了谭嗣同与康有为仁学和佛学的泾渭分明。与康有为对不忍人之心的如醉如痴相去天壤，谭嗣同刻意将仁与不忍人之心疏离开来。一个明显的证据是，谭嗣同尽管将仁与名目繁多的概念并提、互释，然而，他却绝口不谈博爱或发端于孟子的不忍人之心。例如，谭嗣同在《仁学》中写道：

> 无以名之，名之曰"以太"。其显于用也，孔谓之"仁"，谓之"元"，谓之"性"；墨谓之"兼爱"；佛谓之"性海"，谓之"慈悲"；耶谓之"灵魂"，谓之"爱人如己"、"视敌如友"；格致家谓之"爱力"、"吸力"；咸是物也。[①]

这段话明白无误地证明，谭嗣同认为仁含义奥赜，不可准确命名。这也是他运用五花八门的概念称谓仁，致使仁拥有诸多别名的原因所在。单就谭嗣同本人直接提到的别名来说，仁名之曰以太、元、性、兼爱、性海、慈悲、灵魂、爱人如己、视敌如友、爱力或吸力皆无不可，偏偏不可名之曰博爱或不忍人之心。这既证明了谭嗣同的佛学、仁学不以儒家或孟子的思想为主要来源，也证明了谭嗣同并不认同康有为将儒家发端于不忍人之心的博爱说成是仁的含义。

尚需提及的是，康有为、谭嗣同所讲的仁都提到了"爱力"。"爱力"一词古已有之，最早出现在汉代桓宽的《盐铁论》中。原文是："为民爱力，不夺须臾。"（《盐铁论·授时》）显而易见，这里的"爱力"是爱惜人力物力之意，与爱人一样是主谓结构，力、人是被爱的对象。古代大都是在这个意义上使用"爱力"的。例如，《新唐书》中出现了"爱力"："古者茅茨採橡，以俭约遗子孙，所以爱力也。"（《新唐书·魏元忠传》）王安石写道："敦于除害，未始爱力。"（《虞部郎中晁君墓志铭》）近代哲学中的"爱力"与古代文化语境中的"爱力"没有直接关系，而是受牛顿力学的影响，发端于自然科学尤其是物理学的概念。例如，严复断言："格物家之言理也，以谓一物之完而不毁、坚而难破也，必其中质点爱力至多，如慈石吸铁然，互相牵吸维持而后有以御外力而自存。

---

① 《仁学》，《谭嗣同全集》（增订本），中华书局 1998 年版，第 293—294 页。

及其腐败也，则质点之爱力全无，抵拒舛驰，而其物遂化。今中国之质点，亦可谓无爱力矣。"①引文中的"爱力"即物理学上的吸引力。康有为、谭嗣同所讲的"爱力"与古代迥异，与严复相似，都源于西方近代的自然科学。在这个前提下尚需看到，康有为所讲的"爱力"是儒家的仁爱与牛顿力学之力相结合的产物，凸显爱之力量，故称博爱。谭嗣同所讲的"爱力"直接取自西方近代物理学的概念，为了凸显这一点，他明确称之为"格致家谓之'爱力'"。"爱力"的区别印证了康有为的仁学以儒学为母版，谭嗣同的仁学以佛学为母版；康有为借助儒学建构的是博爱派佛学，谭嗣同借助仁学建构的是平等派佛学。

众所周知，在古代文化的语境中，以博爱释仁源自《孝经》，以韩愈的"博爱之谓仁"最为著名。无论《孝经》还是韩愈都是从道德观念的角度将仁界定为博爱的，因而仁都与义以及礼、智、信同时出现。例如，《孝经》云："是故先之以博爱，而民莫遗其亲；陈之以德义，而民兴行。先之以敬让，而民不争；导之以礼乐，而民和睦；示之以好恶，而民知禁。"（《孝经·三才章》）当然，韩愈所讲的仁也不例外："博爱之谓仁，行而宜之之谓义。"（《原道》）事实上，儒家的博爱理念更加源远流长，可以追溯到孔子由仁者爱人而来的"泛爱众"（《论语·学而》）和孟子由不忍人之心而来的"亲亲而仁民，仁民而爱物"（《孟子·尽心上》）。康有为的"博爱派哲学"以孔子的名义发出，直接脱胎于孟子的不忍人之心。由此可以推想，孟子的不忍人之心的缺席与谭嗣同仁学的非儒形态之间具有内在的逻辑关联。是否以不忍人之心释仁是谭嗣同与康有为仁学的本质区别，也使两人所讲的佛教由于仁之内涵的不同而有不同的走向：康有为走向了博爱派，谭嗣同则走向了平等派。慈悲是佛教术语，用慈悲释仁使谭嗣同找到了由仁臻于平等的救赎之路。在谭嗣同的视界中，所谓慈悲，就是泯灭一切差别，破除一切对待而平等，于是才有了"仁以通为第一义"而"通之象为平等"之说。正因为谭嗣同所讲的仁以平等为第一要义，所以，梁启超才以平等概括谭嗣同的仁学。稍加留意即可发现，这与梁启超以"爱力"解读康有为之仁、以博爱派概括康有为的仁学天差地别。梁启超对康有为、谭嗣同

---

① 《拟上皇帝书》，《严复集》（第一册），中华书局1986年版，第73—74页。

仁学的不同概括和归纳印证了两人仁学的本质区别，表明康有为、谭嗣同以仁为核心范畴和共同宗旨的佛教之所以一为博爱派、一为平等派，与两人在仁学观上一个以博爱诠释仁、一个以平等诠释仁的不同路径一脉相承。康有为在肯定"能仁"是佛号的前提下，从冤亲平等、普度众生的角度诠释佛教，力图打造博爱派佛教，佛教也由此成为他的"博爱派哲学"的理论来源和内容构成。谭嗣同依赖慈悲从平等的角度诠释佛教，致使佛教成为论证平等的主要武器。在他看来，无论世界的不生不灭还是人与人之间的破除对待都是如此。正是由于这个原因，对于谭嗣同的仁学和佛学，梁启超评价说："仁者，平等也，无差别相也，无捡择法也，故无大小之可言也。"[①]

就对仁之自由、平等和博爱等内涵的侧重而言，康有为、谭嗣同对仁之自由的认识达成了默契，最大的分歧体现在一个重博爱而一个重平等。在这方面，如果说康有为建构的是博爱派仁学的话，那么，谭嗣同建构的则是平等派仁学；如果说博爱派仁学决定了康有为着重赋予佛学以博爱的神韵和气质的话，那么，平等派仁学则注定了谭嗣同刻意突出佛学的平等神韵和风采。

康有为、谭嗣同对佛学的关注和阐发是近代佛学热的组成部分，中国近代的佛学热是在救亡图存与思想启蒙的双重动机的触动下兴起的，与近代哲学和文化一样肩负着双重的历史使命。正是由于这个原因，包括康有为、谭嗣同在内的近代哲学家推崇佛学具有救亡图存之意，如试图以佛学净化人心、鼓吹蹈死如饴的大无畏精神等等；同时也有思想启蒙之图，如试图以佛教宣扬以自由、平等、博爱和进化为代表的近代价值理念等。以佛学宣传自由、平等、博爱是近代佛学的时代特征和价值诉求，也使近代哲学家与五四新文化运动者对宗教的态度截然相反。五四新文化运动者打出取缔宗教的旗帜，以科学代宗教、以美育代宗教、以哲学代宗教和以道德代宗教之声不绝于耳；并且明言宗教与自由、平等、博爱背道而驰，李大钊的《论宗教与自由、平等、博爱》便是典型代表。在这个前提下尚需看到，就近代哲学家利用佛学论证自由、平等和博爱来说，每个人的具体观点和侧重并不相同：梁启超认为，佛学凭借心理

---

① 《〈仁学〉序》，《谭嗣同全集》（增订本），中华书局 1998 年版，第 374 页。

学的优势，运用严谨的逻辑论证了无我，从而使人彻底得以解脱，也就是获得了最大自由。章炳麟认定佛学追求平等，并且与革命党人主张民权相合。基于这种认识，认定佛学追求平等成为章炳麟提倡佛学的主要原因之一。至此不难看出，梁启超专注佛学的自由，章炳麟侧重佛学的平等。从彰显平等的意义上说，章炳麟与谭嗣同对佛学的解读最为相近，康有为对佛学博爱内涵的凸显在近代哲学家中则显得独树一帜。需要说明的是，康有为并不否认佛学讲平等——在这一点上，康有为与谭嗣同是相同的；所不同的是，康有为讲得最多的是佛学的博爱，亦可以称为"大平等"。这正如他在《大同书》中表白的那样："大同之世，新制日出，则有能代肉品之精华而大益相同者。……是时则全世界当戒杀，乃为大平等。……始于男女平等，终于众生平等，必至是而吾爱愿始毕。"① 至此可见，康有为、谭嗣同对佛学一博爱、一平等的侧重既回应了近代哲学家以佛学进行救亡图存与思想启蒙的做法，又在与现实的对应中分歧日益加大。

第五节　康有为、谭嗣同佛学观的近代视界

上述内容显示，康有为、谭嗣同的佛学观既带有明显的相同性、一致性，又带有明显的不同性、差异性。就相同性、一致性而言，两人都推挹佛教，并且都极力彰显佛教与孔教的相近相通。如果说大多数近代哲学家都推崇佛学的话，那么，无论凸显佛教与孔教宗旨的相同还是教义的相通都在拉近康有为与谭嗣同之间距离的同时，也拉开了两人与其他近代哲学家之间的距离。尽管如此，无论康有为、谭嗣同推崇佛学还是强调佛教与孔教的相近相通都是多视域、多维度的，两人的佛学观也因而呈现出多维而复杂的态势：就对待佛学的态度而论，康有为、谭嗣同对佛学的推崇和诠释使两人的宗教观与投向基督教的孙中山差若云泥；就彰显佛教与孔教的相近相通而论，康有为、谭嗣同的宗

---

① 《大同书》的中州古籍出版社 1998 年版，第 361 页。

教观与严复、梁启超和章炳麟等人迥异其趣。综合以上各种情况可以得出结论，康有为、谭嗣同的佛学思想既带有中国近代佛学的时代特征和先天烙印，故而呈现出某种一致性；又显示出不容忽视的差异和对立，故而不可对二者等量齐观。两人都对佛学颇为关注，并且都在佛教与孔教的互释中对佛学予以诠释和利用。对于康有为、谭嗣同的做法，有必要进一步追问：两人孔佛互释的目的是什么？是为了证明佛教与孔教相通还是为了证明孔教与佛教相通？这一点至关重要，直接决定着两人审视、研究佛学的立足点。立足点和切入点往往决定着解决问题的方法和答案。这就是说，审视点和切入点直接决定着康有为、谭嗣同对佛学如何诠释、利用什么进行诠释以及如何利用等一系列根本问题。沿着这个线索追问下去不难发现，两人的佛学观大相径庭，建构的佛学属于两种不同的性质，故而呈现出完全不同的样式和形态。大致说来，康有为的佛学是儒学形态，谭嗣同的佛学则是华严形态。

一、佛学观的异同

对于康有为、谭嗣同的佛学思想，可以从两个不同的维度予以审视和解读：一方面，中国近代特殊的历史背景、文化语境为之打上了相同的时代烙印，这也是两人的宗教观、佛学观与其他近代哲学家呈现出一致性的客观原因或曰主要原因之一。尽管两人在对待佛学的具体问题上存在分歧，然而，康有为、谭嗣同热衷于佛学，并对佛学予以诠释和运用则是一致的。这一点在孙中山对待佛学的态度以及皈依基督教的映衬下则显得更为明显和突出。更为重要的是，即使是与同好佛学的其他近代哲学家如严复、梁启超和章炳麟等人相比，康有为、谭嗣同的佛学观也无疑是最相近的。另一方面，康有为、谭嗣同是充满宗教热情的宗教家，更是拥有哲学理念的哲学家和怀揣政治追求的政治家——两相比较，政治诉求更为急切。这意味着两人不可能只凭借个人的情感好恶乃至学术兴趣选择佛学宗派，哲学理念、政治诉求和启蒙需要无论在康有为、谭嗣同对佛学宗派的取舍还是在对佛学教义的阐释中都发挥了决定性作用。事实上，正是不同的哲学理念、政治主张和启蒙举措促使两人侧重、选择了不同的佛学宗派，并且对各自遴选的佛学宗派进行不同的诠释、发掘和运用。于是，康有为、谭嗣同参悟了不同的佛理，也使佛学呈现出不同的形态和样式。于是，两人建构了各自的佛学形态，也形成了迥然相异的佛学观。

将康有为、谭嗣同的佛学观置于近代佛学的大背景下，通过与其他近代哲学家的佛学观进行比较不难发现，两人对佛学地位的认定奠基在对佛教与孔教、耶教的比较之上，最终聚焦在对佛教与孔教关系的认定上。如果说这个切入视角体现了康有为、谭嗣同审视佛学的相同性而在其他近代哲学家中再也找不到同调者的话，那么，两人基于佛教与孔教的比较而对佛学进行的定位则截然相反，并因而使康有为、谭嗣同的佛学观与其他近代哲学家的关系变得复杂起来：从明确将佛学置于最高地位来说，谭嗣同对佛学的定位与康有为渐行渐远，却与梁启超站在了同一战线。梁启超公开声称佛学是全世界文化的最高产品，因而对佛学高度礼赞。显而易见，梁启超的"佛教是全世界文化的最高产品"[①] 与谭嗣同的"佛教大矣"在推崇佛教的至上性、权威性方面具有异曲同工之妙。对于康有为来说，孔教高于佛教是主旋律。诚然，康有为在《大同书》《诸天讲》代表的中后期思想中，对佛教的推崇超过了孔教。问题的关键是，那不是在佛教与孔教比较的维度上进行的。并且，就影响之大来说，还是他在此之前基于孔教胜于佛教而对孔教的宣传和提倡。从渲染佛学的悲观基调来说，谭嗣同佛学思想的色彩和意趣与章炳麟极为相似。公开声明"独尊法相"的章炳麟在万法唯识中激发人的自尊心和自信心，更在以佛学净化人心、增进革命道德中将世界虚化。这使他借助对佛学经典的研读和诠释提出了俱分进化论、四惑论和五无论，也使章炳麟所讲的佛学笼罩着看破红尘、一空到底的悲观绝望。这些与谭嗣同借助华严宗为首的佛学将世界诠释为"旋生旋灭，即灭即生"[②]，并且破除包括善恶、苦乐在内的一切对待高度契合。当然，谭嗣同、章炳麟的做法与康有为借助佛学的圆融无碍弥合现实与理想的关系，进而向往人人极乐的大同社会的致思方向和价值旨趣渐行渐远。

---

① 《治国学的两条大路》，《梁启超全集》（第七册），北京出版社 1999 年版，第 4071 页。

② 《仁学》，《谭嗣同全集》（增订本），中华书局 1998 年版，第 314 页。

二、佛学观的影响

在全球多元的历史背景和文化语境中，康有为、谭嗣同围绕着中国近代社会救亡图存的政治斗争和现实需要对佛学的地位予以认定：在对中西文化的审视中，两人均将西方文化置于中国文化即孔教之下或佛学之后。在对佛教与孔教地位的认定上，康有为、谭嗣同的看法相去甚远。不仅如此，康有为、谭嗣同对佛教与孔教关系的定位决定了两人宗教观的主体内容和主导形态，也决定了对佛学的界定、诠释和建构。康有为、谭嗣同对佛学的阐释和对佛孔关系的认定既与中国近代救亡图存的社会现实密切相关，也反映了近代哲学家的哲学和文化建构的时代特征。

康有为、谭嗣同都具有泛宗教倾向，所讲的教范围十分广泛而并不限于宗教。两人在概念的使用上侧重教，而不是侧重作为西方舶来品的宗教（religion）。与此相一致，康有为、谭嗣同所讲的教包括宗教却不限于宗教，而是包括教化、文化、学术、教育等多重内涵和意蕴。正是由于这个原因，两人佛学观的异同并不只限于宗教观领域，而是贯彻、涉及到文化、哲学和教育为代表的诸多领域。换言之，对佛学的推崇和诠释既构成了康有为、谭嗣同宗教观的一部分，又构成了两人哲学观、教育观、启蒙观、救亡观、文化观和仁学观的一部分。就宗教观而言，康有为以孔教为急，谭嗣同则以佛教为归；就救亡观而言，康有为为了立孔教为国教奔走呼号，谭嗣同则大声疾呼以佛学的慈悲之心挽救劫运；就文化观和仁学观而言，康有为以儒学为主，谭嗣同则以佛学为主。

对于宗教情结浓郁而执着的康有为、谭嗣同来说，无论对佛学作何态度或理解，均不影响两人的宗教、哲学与文化之间一而三、三而一的关系。正是由于这个原因，对待佛学的态度和诠释不仅影响了康有为、谭嗣同宗教思想的理论来源、内容构成和基本特征，而且成为两人哲学观、文化观和仁学观的组成部分。具体地说，康有为的哲学与佛学渊源深厚，从早期的立孔教为国教到中期的中西杂糅再到后期对佛教、道教的顶礼膜拜皆是如此。如果按照梁启超的概括将康有为的哲学分为"博爱派哲学""主乐派哲学""进化派哲学""社会主义派哲学"四个方面①的话,那么,康有为哲学的这四个方面则均以佛学为理论来源。同样,康有为的文化观以中学、西学与佛学的比较为视域,对孔教、佛教和耶教的不同排列顺序和态度变化再现了他的文化观的递嬗历程。康有为对佛学的态度变化牵动了他的文化观,甚至可以说是文化观的晴雨表。谭嗣同以《仁学》为代表的后期思想以佛学为主体内容和价值旨归,从宗教、哲学到文化都概莫能外。《仁学》中的佛学色彩浓郁而深厚,仁学建构以佛学为母版,华严宗、唯识宗是两条贯彻始终的主线。在佛学情结的引导下,他演绎出佛学化的孔学和仁学。"凡为《仁学》者于佛书当通《华严》及心宗、相宗之书,于西书,……于中国书……"即流露了这一秘密——一目了然,在谭嗣同开列的《仁学》入门书目中,"佛书"首当其冲,之后才是"西书"和"中国书"。用梁启超的话说,《仁学》欲将科学、哲学与宗教冶为一炉。因此,《仁学》体现了谭嗣同的仁学观,同时也集中体现了他的宗教观和文化观。有鉴于此,佛学在《仁学》中的主流地位既证明了谭嗣同的宗教、哲学和文化的三位一体,又证明了佛学观对于他的宗教观、哲学观和文化观的一以贯之。宗教观、哲学观和文化观的三位一体表明,与康有为、谭嗣同佛学观的差异乃至对立相映成趣,两人在哲学理念和文化建构上渐行渐远。正如康有为、谭嗣同建构了两种不同形态和样式的佛学一样,两人建构的是不同类型的哲学观和文化观。

---

① 《南海康先生传》,《梁启超全集》(第一册),北京出版社 1999 年版,第 488—489 页。

第十章　康有为与谭嗣同孔学观之比较

中国近代是西学东渐的时代，更是对中国本土文化进行审视、反思和创新的时代。这催生了近代意义上的国学，也掀起了近代哲学家对包括诸子百家及其相互关系在内的中国传统文化的第一次大规模的透视和梳理。在对中国本土文化的认识上，康有为和谭嗣同的观点是一致的，那就是：都将先秦时期的诸子百家归结为孔学一家。这在使两人的孔学观与国学观一脉相承的同时，既拉近了康有为、谭嗣同之间的距离，又显示了与其他近代哲学家的学术分野。有鉴于此，通过对两人孔学观的比较，既可以窥探康有为、谭嗣同孔学观的相同性和差异性，又可以直观领略孔子、儒学以及传统文化在中国近代的历史命运。

第一节　对孔子的定位

作为以应对全球化而反思中国传统文化的最早代表，康有为、谭嗣同对中国本土文化的审视、取舍和评价秉持救亡图存与思想启蒙的初衷，从根本上说是为了增强中华民族的身份认同和文化认同。这使两人对中国传统文化的审视和解读成为文化寻根的过程，也使两人将目光投向了作为中国文化源头的先秦时期。有鉴于此，康有为、谭嗣同的国学观避不开对中国本土文化源流的考辨。于是，"学术源流"成为康有为戊戌维新之前讲学、著述的核心内容，谭嗣同则终生都将"复兴古学"作为学术目标。

一、以孔子整合诸子百家

孔子、老子和墨子是中国文化的三位巨人，生存年代相对于其他先秦诸子要早。这使三人尤其是孔子与老子的关系成为考辨中国文化源头的过程中不可回避的问题。事实上，无论康有为、谭嗣同对中国本土文化源头的探究还是对诸子百家关系的考辨，都涉及孔子与老子以及墨子的关系，即对孔子的定位问题。

首先，正是在对中国本土文化源头的探寻、考辨中，两人将先秦时期的诸子百家都归结为孔学或称孔子之学一家。由此可见，康有为、谭嗣同对中国本土文化源头的探寻与对诸子百家关系的梳理是同步进行的，或者说是一个过程的两个方面。在中国文化的视域内，康有为、谭嗣同都肯定孔子地位的至高无上性，进而将包括诸子百家在内的全部中国传统文化都归结为孔子之学。为此，两人将孔子说成是诸子百家的共同创始人，即使孔学成为中国传统文化的唯一源头，也使孔学（孔子之学）成为中国本土文化的代名词。

康有为对孔子地位的提升不遗余力，连篇累牍地从不同角度证明诸子百家皆出于孔子是他在戊戌维新之前讲学、著述反复申明的主题。于是，康有为不止一次地宣称：

> "六经"皆孔子作，百家皆孔子之学。①

> 凡九流之书，皆出于孔子。②

由此可见，康有为提升孔子地位的办法是经典与学派互证，在将诸子百家都归到孔子麾下的同时，通过让孔子包揽中华先民的全部精神——"六经"以

---

① 《万木草堂口说·学术源流》，《康有为全集》（第二集），中国人民大学出版社 2007 年版，第 145 页。
② 《康南海先生讲学记·道家》，《康有为全集》（第二集），中国人民大学出版社 2007 年版，第 116 页。

经典证明、支撑孔子的至高权威。

谭嗣同不仅像康有为那样将先秦时期的诸子百家都归为孔教，而且借鉴、运用西方的学科分类对孔教囊括的内容进行了梳理和整合，以此证明西方的新学新理皆不出孔教的范围。正是在这个意义上，谭嗣同写道："盖儒家本是孔教中之一门，道大能博，有教无类。太史公序六家要旨，无所不包，的是我孔子立教本原。后世专以儒家为儒，其余有用之学，俱摈诸儒外，遂使吾儒之量反形狭隘，而周、秦诸子之蓬蓬勃勃，为孔门支派者，一概视为异端，以自诬其教主。殊不知当时学派，原称极盛：如商学，则有《管子》、《盐铁论》之类；兵学，则有孙、吴、司马穰苴之类；农学，则有商鞅之类；工学，则有公输子之类；刑名学，则有邓析之类；任侠而兼格致，则有墨子之类；性理，则有庄、列、淮南之类；交涉，则有苏、张之类；法律，则有申、韩之类；辨学，则有公孙龙、惠施之类。盖举近来所谓新学新理者，无一不萌芽于是。"[①]

上述内容显示，康有为、谭嗣同异口同声地断言中国文化源于孔子，诸子百家都可以归结为孔子之学。这样一来，孔子便成为中国文化的唯一源头——既是中国文化的最高权威，也是中国文化的代言人。

其次，康有为、谭嗣同对孔子地位的提升意味着对老子、墨子地位的降低甚至贬损，这一点在康有为那里更是被推向了极致。

众所周知，春秋时期，与孔子同时代的还有老子，春秋战国之际还有墨子。尤其是老子，在出生上可能略早于孔子。更为重要的是，孔子还曾经向老子请教过礼。鉴于这种情况，康有为、谭嗣同对孔子地位的提升便意味着对老子、墨子特别是老子地位的降低。

在康有为那里，提升孔子地位之日，也就是贬损老子、墨子之时。可以看到，他对孔子地位的提升与对老子、墨子的打压甚至诋毁是同步进行的。与将诸子百家都还原为孔学即孔子之学相一致，康有为一面极力抬高孔子的地位，一面贬低老子和墨子。对此，他采取的具体做法是，将老子和墨子一起归到了

---

① 《论今日西学与中国古学》，《谭嗣同全集》（增订本），中华书局 1998 年版，第 399 页。

孔子的麾下，使两人的地位在孔子面前相形见绌。于是，康有为一而再、再而三地声称：

> 老子之学，得孔子之一端。①

> 老氏之学乃孔子一体，不得谓孔子无之。②

> 老子之清虚、柔退，出于孔子；墨子兼爱，亦出孔子。③

在这里，康有为明确指出老子和墨子之学都源自孔子，同时不忘点出孔子的高明之处。康有为这样做旨在申明，老子和墨子之学虽然出自孔子，但是，两人只是得孔学之"一端""一体"而已。不仅如此，在判定老子、墨子为孔子后学之时，康有为拿出了自己的证据，让人感觉他的观点言之凿凿，有理有据，因而不容置疑。为了坐实这一点，康有为进行了两方面的工作：第一，以经典文本证明老子、墨子是孔子后学。康有为一面归六经于孔子，一面指出老子的思想从孔子所作的《易》而来，墨子的思想从孔子所作的《春秋》而来。这样一来，老子、墨子是孔子后学也就不言而喻了。第二，为了更彻底地堵塞老子、墨子与孔子争席的可能性，康有为将老子、墨子的生存时间后移，说成是战国中期人，也就是他所说的与孟子同辈。

在认定百家之学皆出于孔子方面，谭嗣同的说法与康有为别无二致。谭嗣同的下面这段话从一个侧面直观展示了孔子之学的包罗万象："《庄子》长于诚意正心，确为孔氏之嫡派。《列子》虽伪书，然有足以为庄辅者，必有所受之也。

---

① 《万木草堂口说·学术源流》，《康有为全集》（第二集），中国人民大学出版社 2007 年版，第 138 页。
② 《南海师承记·讲宋学》，《康有为全集》（第二集），中国人民大学出版社 2007 年版，第 252 页。
③ 《万木草堂口说·学术源流》，《康有为全集》（第二集），中国人民大学出版社 2007 年版，第 145 页。

余如《韩非》、《吕览》长于致知，后之《论衡》、《潜夫论》，足为其辅。如《内经》、《素问》、《问髀》、《墨子》，长于格物，后之谶纬、《淮南》足为其辅。如《荀子》长于修齐，后之《法言》、《中论》足为其辅。如《管》、《晏》、《孙》、《吴》、《司马法》、《国策》，长于治国，后之陆贾、贾谊足为其辅。如《老子》、《阴符》、《关尹》、《文子》、《鶡冠》，长于平天下，后之道家间亦足为其辅。"①在谭嗣同的这个视界中，所有的古代典籍都被纳入《大学》的八条目中。其中，《老子》的价值是"长于平天下"，《墨子》的价值是"长于格物"，二者都不出《大学》八条目的范围。不仅如此，如果说还存在道家的话，那么，道家无非是孔学的一个分支而已。

至此可见，对于康有为、谭嗣同来说，老子、墨子的思想是从属于孔子之学的。如果说两人在孔学之外还论及老子的话，那么，老子则是被诋毁和批判的对象。

可以看到，在不强化老子是孔子后学时，康有为对老子的诋毁、贬损连篇累牍，俯拾即是。下仅举其一斑：

> 今人心之坏，全是老学。②

> 老子之学，贻祸最酷。③

> 老子言失道而后德，失德而后仁，失仁而后义，此说最谬。④

> 老子言，善为道者，非以明民，将以愚之，开二千年愚民之祖，真天

① 《与唐绂丞书》，《谭嗣同全集》（增订本），中华书局1998年版，第265页。
② 《万木草堂口说·诸子》，《康有为全集》（第二集），中国人民大学出版社2007年版，第178页。
③ 《万木草堂口说·诸子》，《康有为全集》（第二集），中国人民大学出版社2007年版，第178页。
④ 《万木草堂口说·诸子》，《康有为全集》（第二集），中国人民大学出版社2007年版，第177页。

下罪人也。①

老子险狠到极，外似仁柔，如猫之捕鼠耳。②

谭嗣同并没有像康有为那样反复辨明老子与孔子的前后高低，甚至没有像康有为那样极力证明老子是孔子后学。尽管如此，谭嗣同对老子的态度是否定的，对老子的批判与康有为如出一辙。对于老子思想的危害，谭嗣同不止一次地揭露说：

李耳之术之乱中国也，柔静其易知矣。若夫力足以杀尽地球含生之类，胥天地鬼神以沦陷于不仁，而卒无一人能少知其非者，则曰"俭"。③

西人之喜动，其坚忍不挠，以救世为心之耶教使然也。又岂惟耶教，孔教固然矣；佛教尤甚。曰"威力"，曰"奋迅"，曰"勇猛"，曰"大无畏"，曰"大雄"，括此数义，至取象于师子。言密必济之以显，修止必偕之以观。……论者暗于佛、老之辨，混而同之，以谓山林习静而已，此正佛所诋为顽空，为断灭，为九十六种外道，而佛岂其然哉！乃若佛之静也，则将以善其动，而遍度一切众生。④

在康有为、谭嗣同那里，通过抬高孔子与贬低老子——在康有为那里还包括墨子相结合，道家、墨家代表的诸子百家最终都成了孔子之学、孔学或孔教一家。这表明，两人对孔子在中国传统文化中的定位是一致的，都确信孔子是

---

① 《万木草堂口说·诸子（二）》，《康有为学术文化随笔》，中国青年出版社 1999 年版，第 25 页。

② 《万木草堂口说·学术源流（七）》，《康有为学术文化随笔》，中国青年出版社 1999 年版，第 13 页。

③ 《仁学》，《谭嗣同全集》（增订本），中华书局 1998 年版，第 321 页。

④ 《仁学》，《谭嗣同全集》（增订本），中华书局 1998 年版，第 321 页。

中国教化的第一人。

二、以孔子代表中国文化

康有为、谭嗣同的做法突出了孔子在中国传统文化中无可比拟的地位和权威。由此，孔子成为中国文化的代言人，也成为中国文化的象征。鉴于孔子之学的这种地位，两人将诸子百家统称为孔子之学、孔学或孔教，奉为中国本土文化的代名词。事实上，无论康有为还是谭嗣同都是在中国文化代言人的意义上使用"孔子"或"孔"的。正是在这个意义上，两人宣称：

> 印度以佛纪年，欧洲以耶稣纪年，中国纪元起于孔子。[①]

> 佛教大矣，孔次大，耶为小。[②]

显而易见，引文中的"孔子"或"孔"是作为整个中国文化的代名词或象征出现的，因而拥有多重意蕴和所指：在与耶稣、释迦牟尼对举时，指孔子；在与耶教（基督教）、佛教对举时，指孔教；在与西学、佛学对举时，指中学也就是国学。

进而言之，"孔子"或"孔"的多种意蕴和所指表明，康有为、谭嗣同所使用的孔学、孔教并不专指儒学一家，而是代表全部中国本土文化。在两人的视界中，孔学或孔教具有两层含义：第一，就内容而言，包括中国本土的一切礼乐教化，涵盖政治、文化、教育、宗教和哲学等各个领域。从这个意义上说，孔教的称谓承认孔子之学具有宗教意蕴。这也是两人将孔子称为"教主"，甚至不约而同地大声疾呼以"教主"的身份尊奉孔子的原因所在。当然，孔教或孔子之教并非专指宗教。第二，就流派而言，包

---

① 《万木草堂口说·诸子》，《康有为全集》（第二集），中国人民大学出版社 2007 年版，第177 页。

② 《仁学》，《谭嗣同全集》（增订本），中华书局 1998 年版，第 333 页。

括儒、道、墨、法和阴阳等诸子百家。从这个意义上说，孔教与儒教、儒家或儒学绝非同一层次的概念，彼此之间并不是并列关系，而是包含与被包含的关系——这借用谭嗣同的话语结构或表达方式便是，"盖儒家本是孔教中之一门"。

分析至此可以得出结论，在对中国传统文化的审视中，康有为、谭嗣同都将孔子列在首位，在将诸子百家都归于孔子之学的同时，奉孔子为教主。于是，将全部中国本土文化都归结为孔子之学，进而称孔教为两个人之间的共识，也形成了与其他近代哲学家的学术分野。这就是说，孔教这一称谓表现出康有为、谭嗣同对孔子和孔学的服膺，在拉近了两人思想距离的同时，也拉开了与其他近代哲学家之间的距离。在这方面，致力于保存国粹的章炳麟声称，自己所提倡的国粹并非康有为所尊奉的孔教，并沿着古文经学的思路将诸子之学划分为十家九流。即使是作为康有为得意弟子的梁启超也公开表示，如果孔教一词成立的话，那么，孔教之教乃教育之教，只是表明孔子是教育家，而不能证明孔子是宗教家。至于诸子之间的关系，梁启超再三强调，老子、孔子和墨子是中国文化的"三圣"或"三位大圣"，三人的学术各殊，都是中国文化不可缺少的源头。

第二节　对孔学的阐发

康有为、谭嗣同对孔子地位的界定直接影响着对孔教及孔子之学内容的界定。无论是孔子之学的兼容并蓄还是近代背景下的全球视野，都注定了两人视界中的孔教拥有最大限度的兼容性，不仅囊括了中国本土以儒家、道家、墨家为代表的诸子百家，而且与西方文化（西学、耶教）、印度文化（佛学、佛教）融会贯通。有鉴于此，康有为、谭嗣同对孔学内容的诠释彰显孔学与佛学、西学的内容相通。在此过程中，两人断言仁是孔教、佛教和耶教的共同宗旨，以此彰显孔教的仁之主题。

一、开放圆融

梁启超评价近代哲学和文化具有"不中不西即中即西"的特点，康有为、谭嗣同对孔教内容和主旨精神的界定可以视为这个评价的注脚。换言之，无论康有为还是谭嗣同视界中的孔学在内容上都不只包含原始意义上的儒学或儒家的单一成分，而是容纳了古今中外各种思想因素。这就是说，两人所讲的孔学包括中国本土文化的各家思想，在外延上与中国本土文化相当。不仅如此，与对诸子百家的兼容并包如出一辙，康有为、谭嗣同突出孔学与其他异质文化的相融性和圆融性，始终强调孔教、佛教与耶教（基督教）之间的一致性和相通性。

首先，呼吁立孔教为国教的康有为从不同角度反复证明孔教与佛教的相互契合和相互贯通。于是，他不止一次地断言：

> 佛学除人伦外，其余道理与孔子合。①

> 《华严经》与《四书》、"六经"比较，无不相同，但人伦一事不同耳。②

按照康有为的说法，孔教处处与佛教融通不二，相互契合。这绝非偶然，而是带有必然性。之所以如此，理由有二：第一，从教义上看，孔教与佛教的思想除了人伦之外，在其它方面都相互契合。第二，从经典上看，佛教经典如《华严经》与儒家的经典——四书、六经无不相同。对于康有为来说，孔教与佛教的相合预示了孔子后学的思想与佛教思想的圆融不二，孟子、庄子和宋明理学家的思想都证明了这一点，作为孔门龙树和保罗的孟子的学说更是如此。具体地说，孟子所讲的心、性善说与佛教所讲的佛、佛性别无二致，正是这种

---

① 《万木草堂口说·荀子》，《康有为全集》（第二集），中国人民大学出版社 2007 年版，第182 页。

② 《南海师承记·讲明儒学案及国朝学案》，《康有为全集》（第二集），中国人民大学出版社2007 年版，第 257 页。

相通使孟子的性善说在宋明理学中大行其道。正是在这个意义上，康有为不厌其烦地断言：

> 庄子知其无可奈何而安之，是艰苦老僧；孟子莫非命也，顺受其正，是罗汉境界；子思君子无入而不自得焉，正如佛氏地狱天堂皆成佛土，是菩萨境界；孔子天下有道，某不与易，正佛所谓我不入地狱，谁当入地狱！此佛境界也。[1]

> 孟子则六祖之法，直指本心，即心即佛也。[2]

> 孟子性善之说所以大行者，皆由佛氏之故。盖宋时佛学大行，专言即心即佛，与孟子性善暗合，乃反求之儒家，得性善之说，极力发明之，又得《中庸》天命之谓性，故亦尊《中庸》。然既以性善立说，则性恶在所必攻，此孟所以得运二千年，荀所以失运二千年也。[3]

> 佛言性善，宋人惑之，故特提出孟子。[4]

更为重要的是，与容纳中西的学术胸襟相一致，康有为主张信仰自由。这使他对佛教、耶教都有所涉猎，进而将二教的教义融入孔教。对于康有为的学术经历和宗教态度，梁启超在为康有为所作的传中有一段介绍与评价。现摘录如下："先生（指康有为——引者注）又宗教家也。吾中国非宗教之国，故数千年来，无一宗教家。先生幼受孔学；及屏居西樵，潜心佛藏，大彻大悟；出

---

① 《万木草堂口说·孟荀》，《康有为学术文化随笔》，中国青年出版社1999年版，第36页。

② 《万木草堂口说·荀子（兼言孟子）》，《康有为学术文化随笔》，中国青年出版社1999年版，第38页。

③ 《万木草堂口说·孟荀》，《康有为学术文化随笔》，中国青年出版社1999年版，第35页。

④ 《万木草堂口说·学术源流（四）》，《康有为学术文化随笔》，中国青年出版社1999年版，第11页。

游后，又读耶氏之书，故宗教思想特盛，常毅然以绍述诸圣，普度众生为己任。先生之言宗教也，主信仰自由，不专崇一家，排斥外道，常持三圣一体诸教平等之论。"①

特殊的学术经历和知识素养使康有为对孔教、佛教和耶教兼容并包，"不专崇一家"的态度决定了他所推崇的孔教与佛教、耶教圆融无碍，含纳了后者的思想要素。

谭嗣同声称"六经未有不与佛经合者也"②，这个说法已经没有任何限制地承认了孔教与佛教的相互贯通。在此基础上，他常常将孔教与佛教、耶教融会贯通，彰显三者的一致性。对此，谭嗣同以他认为代表平等的朋友之道解释说："其在孔教，臣哉邻哉，与国人交，君臣朋友也；不独父其父，不独子其子，父子朋友也；夫妇者，嗣为兄弟，可合可离，故孔氏不讳出妻，夫妇朋友也；至兄弟之为友于，更无论矣。其在耶教，明标其旨曰：'视敌如友。'故民主者，天国之义也，君臣朋友也；父子异宫异财，父子朋友也；夫妇择偶判妻，皆由两情自愿，而成婚于教堂，夫妇朋友也；至于兄弟，更无论矣。其在佛教，则尽率其君若臣与夫父母妻子兄弟眷属天亲，一一出家受戒，会于法会，是又普化彼四伦者，同为朋友矣。"③

其次，康有为、谭嗣同不仅坚信孔教与佛教、耶教三教圆融、并行不悖，而且找到了三教相通的汇合点，那就是仁。

论理"以'仁'字为唯一之宗旨"的康有为坚信，仁是孔教、佛教和耶教的共同宗旨。由于康有为的这个观点，梁启超将康有为的哲学归结为"博爱派"，并且提出了如下理由："以故三教可以合一，孔子也，佛也，耶稣也，其立教之条目不同，而其以仁为主则一也。"④谭嗣同断言："能为仁之元而神于无者有三：曰佛，曰孔，曰耶。"⑤依据这个说法，只有佛教、孔教和耶教才推

---

① 《南海康先生传》，《梁启超全集》（第一册），北京出版社 1999 年版，第 486 页。

② 《仁学》，《谭嗣同全集》（增订本），中华书局 1998 年版，第 333 页。

③ 《仁学》，《谭嗣同全集》（增订本），中华书局 1998 年版，第 350—351 页。

④ 《南海康先生传》，《梁启超全集》（第一册），北京出版社 1999 年版，第 488 页。

⑤ 《仁学》，《谭嗣同全集》（增订本），中华书局 1998 年版，第 289 页。

崇仁，并在对仁的推崇中由无我走向了平等。这就是说，孔教与佛教、耶教在推崇仁上别无二致，由仁而推进平等走向无我的做法如出一辙。

需要说明的是，仁是孔教、佛教与耶教的共同点这一说法对于康有为、谭嗣同来说十分重要，不仅是孔教、佛教与耶教圆融无碍的具体表现和证据，而且是张扬孔教或建构仁学的价值依托。

在康有为那里，宗教的发展分为太古、中古与后古三个不同阶段，其中，中古之世的宗教便以仁为"教主"。他断言："太古之圣，则以勇为教主；中古之圣，则以仁为教主；后古之圣，则以知为教主。"[1] 可见，在用三世说、三统说对宗教递嬗轨迹进行整合的过程中，康有为将孔子所讲的仁说成是中古宗教的宗旨（"教主"），并且强调仁对于这个时代的各个宗教派别概莫能外——孔教如此，佛教、耶教也不例外。

在谭嗣同那里，由于确信佛教、孔教和耶教圆融无碍，由于认定佛学、中国文化（孔学）和西方文化（西学）可以融会贯通并且以仁为合一的交汇点，他试图建构孔学、佛学和西学合一的新体系，《仁学》便是这一尝试的产物。在《仁学》一开头，谭嗣同便开宗明义地写道："凡为仁学者，于佛书当通《华严》及心宗、相宗之书；于西书当通《新约》及算学、格致、社会学之书；于中国书当通《易》、《春秋公羊传》、《论语》、《礼记》、《孟子》、《庄子》、《墨子》、《史记》，及陶渊明、周茂叔、张横渠、陆子静、王阳明、王船山、黄梨洲之书。"[2] 对于谭嗣同列出的这张书目单，人们往往指责其太过庞杂。其实，这正是谭嗣同基于仁是交汇点而对佛学、中学与西学的整合——在这个意义上可以说，《仁学》以庞杂的形式表达了对佛学、西学和中学的内容整合。

二、仁之主题

康有为、谭嗣同不仅确信孔学与佛学、西学相互贯通，而且声称仁是孔

---

[1] 《日本书目志》卷三，《康有为全集》（第三集），中国人民大学出版社2007年版，第297—298页。

[2] 《仁学》，《谭嗣同全集》（增订本），中华书局1998年版，第293页。

教、佛教和耶教圆融合一的交汇点。这意味着仁不仅是中学、西学和佛学的共同点，而且是孔教与佛教、耶教的相同点。在这个前提下，两人特别注重仁对于孔学的特殊意义和价值，进而彰显孔学的仁之主题。

推崇孔子为"教主"的康有为一面多次强调孔子的思想博大精深，本末远近大小精粗无所不包；一面强调孔子的思想一以贯之，这条贯穿始终的主线和宗旨就是仁。由于认定仁是孔子思想的核心和宗旨，康有为有关仁对孔子之学至关重要的认识贯彻始终。下仅举其一斑：

> 该孔子学问只一仁字。①

> 孔子之教，其宗旨在仁，故《论语》有"依于仁"一条。《吕氏春秋》言孔子贵仁。……孔教尚仁，故贵德贱刑。……孟子谓：人者，仁也。此解最直捷通达。"依于仁"，圣人下一"依"字，有如衣服一般，终身不可舍。董子发仁最精。②

由于将孔子之学即孔教的宗旨归结为仁，康有为对儒家经典的阐发都是围绕着仁这个中心和宗旨而展开的。例如，他对孟子的推崇与仁密切相关。这是因为，按照康有为的理解，孟子的思想概括起来即"良心""良知""良能"，而这些都是对仁的阐发。于是，康有为不止一次地说道：

> 孟子传经最约，其大宗专言仁，甚爱民，恶贼民。全部《告子》直指本心。③

---

① 《南海师承记·讲孝弟任恤宣教同体饥溺》，《康有为全集》（第二集），中国人民大学出版社 2007 年版，第 250 页。
② 《南海师承记·讲仁字》，《康有为全集》（第二集），中国人民大学出版社 2007 年版，第 227 页。
③ 《万木草堂讲义·七月初三夜讲源流》，《康有为全集》（第二集），中国人民大学出版社 2007 年版，第 282 页。

孟子提倡良心、良知、良能。①

　　在谭嗣同那里，仁是孔教与佛教、耶教相通的桥梁或三者贯通的价值依托，正是这一理解才有了《仁学》一书及其书名的由来。不仅如此，他之所以在中国文化的视域之内对墨子十分敬重，就是因为他认为墨学具有"任侠"风范，以自己的方式宣泄了仁之主题。对此，谭嗣同解释并论证说："孔、墨诚仁之一宗也。惟其尚俭非乐，似未足进于大同。既然标兼爱之旨，则其病亦自足相消，盖兼爱则人我如一，初非如世之专以尚俭非乐苦人也。故墨之尚俭非乐，自足与其兼爱相消，犹天元代数之以正负相消，无所于爱焉。墨有两派：一曰'任侠'，吾所谓仁也，在汉有党锢，在宋有永嘉，略得其一体；一曰'格致'，吾所谓学也，在秦有《吕览》，在汉有《淮南》，各识其偏端。仁而学，学而仁，今之士其勿为高远哉！盖即墨之两派，以近合孔、耶，远探佛法，亦云汰矣。"②

　　进而言之，鉴于孔子在中国本土文化中的至尊地位以及仁对于孔学的至关重要，康有为、谭嗣同都对仁推崇备至。可以看到，两人将仁奉为宇宙本原，并且赋予仁以至高无上的绝对权威。由此，两人共同建构了中国近代心学的一个重要派别——以仁为世界本原的仁学派。这一点与将诸子百家归结为孔子之学（孔学、孔子之教、孔教）一样也是康有为、谭嗣同两个人之间的默契，并且显示了与其他戊戌启蒙思想家之间的学术分野。康有为宣称"不忍人之心，仁也，电也，以太也，……为万化之海，为一切根，为一切源"，谭嗣同断言"仁为天地万物之源"，以此建构以仁为本原的心学体系。这是以救世、慈悲之心为特征的心学形态，具有浓郁的个性风采。梁启超宣称"境者心造也"，将作为世界本原的仁视为百思不得其解的热度情感，这是一种情感高于理性的唯意志论哲学。严复断言可知者止于感觉，而"意物之际，常隔一尘"，所以，"惟意可知，故惟意非幻"。这是否认本体可知，由不可知论走向心学的感觉主

---

① 《万木草堂讲义·七月初三夜讲源流》，《康有为全集》（第二集），中国人民大学出版社2007年版，第282页。

② 《仁学》，《谭嗣同全集》（增订本），中华书局1998年版，第289页。

义形态。章炳麟声称"独尊法相"，并且断言"此识是真，此物是幻"。这是佛学化心学。

第三节　孔学与孔教

鸦片战争改变了中国的历史，也改变了中国文化的命运。由于中国本土文化被突然摆在了世界面前，康有为、谭嗣同不仅需要解决孔子在中国本土文化中的地位，即孔子与先秦诸子、儒家与百家之间的关系问题，而且需要说明孔子在世界文化中的位置，即代表中国本土文化的孔教与代表异质文化的佛教、耶教之间的关系问题——或者说，这是一个问题的两个方面。如果说上述内容显示康有为、谭嗣同对第一个问题的回答如出一辙的话，那么，下面的内容则显示两人对第二个问题的回答迥然不同：在对世界文化的审视中，康有为依然坚持孔教立场，在孔教、佛教与耶教的排列中突出孔教的至尊地位和绝对权威；谭嗣同对佛教的推崇无以复加，断言佛教为首，孔教次之，耶教为小。对孔教与佛教位次的排列表明，两人对孔教具有不同的阐释，表现出以孔释佛与以佛释孔的分歧。

一、以孔释佛还是以佛释孔

康有为、谭嗣同将中国本土文化统称为孔教，以此应对以基督教（耶教）为代表的异质文化。在这个前提下应该看到，两人无论是对孔教之仁的理解还是对孔教与佛教地位的排列都呈现出明显差异。

作为中国近代屈指可数的今文经大师，康有为在秉持公羊学传统诠释孔子思想的过程中，始终坚持孔教立场不动摇。事实上，他不仅以孔教传承人自居，而且坚信孔子是第一位的。对于康有为来说，孔子地位的优越性不仅表现在孔子在中国本土文化中对于诸子、百家无可比拟的独尊地位，而且表现为孔教在全球多元文化中对于异质文化的优越性。因此，在接触异族文化后，他往往将之与孔子的思想相联系，并以此凸显孔学的优越性。例如，在《日本书目志》中，康有为一而再、再而三地表示：

> 心学固吾孔子旧学哉！颜子三月不违，《大学》正心，《孟子》养心，宋学尤畅斯理。当晚明之季，天下无不言心学哉！故气节昌，聪明出，阳明氏之力也。……吾土自乾嘉时学者掊击心学，乃并自剖其心，则何以箸书？何以任事？呜呼！心亦可攻乎哉？亦大异矣。日人中江原、伊藤维桢本为阳明之学，其言心理学，则纯乎泰西者。①

> 政治之学最美者，莫如吾《六经》也。尝考泰西所以强者，皆暗合吾经义者也。泰西自强之本，在教民、养民、保民、通民气、同民乐，此《春秋》重人、《孟子》所谓"与民同欲，乐民乐，忧民忧，保民而王"也。②

> 《春秋》经世，先王之志，凡《六经》，皆经济书也。后之《九通》，掌故详矣。③

> 《春秋》者，万身之法、万国之法也。尝以泰西公法考之，同者十八九焉。盖圣人先得公理、先得我心也，推之四海而准也。④

按照康有为的理解，心理学就是心学，西方的心理学、经济学、政治学和法学等都是孔学中原本就有的内容，并且孔学在这些方面是最优秀的。这样一来，接触西学⑤不仅没有动摇他对孔学的信心，反而坚定、增加了康有为对孔

---

① 《日本书目志》卷二，《康有为全集》（第三集），中国人民大学出版社 2007 年版，第 293 页。
② 《日本书目志》卷五，《康有为全集》（第三集），中国人民大学出版社 2007 年版，第 328 页。
③ 《日本书目志》卷五，《康有为全集》（第三集），中国人民大学出版社 2007 年版，第 340 页。
④ 《日本书目志》卷六，《康有为全集》（第三集），中国人民大学出版社 2007 年版，第 357 页。
⑤ 康有为认为，日本学术从西方翻译过来当属西学。这在当时是一种普遍观点，并非康有为一个人的看法。

子的服膺。

在此，值得注意的是，康有为对佛教十分喜爱，并且"尤为受用"。这使他所推崇的孔教吸收了佛教的成分。在这方面，康有为对孔子、孟子与佛教的相互比附直接地证明了孔教与佛教的内在联系。除此之外，他还在许多场合对孔教与佛教的直接关联予以阐发。梁启超的介绍印证了这一点："先生（指康有为——引者注）于佛教，尤为受用者也。先生由阳明学以入佛学，故最得力于禅宗，而以华严宗为归宿焉。其为学也，即心是佛，无得无证。"①与对佛教的喜好和吸纳佛教融入孔教的思想相一致，康有为"乃尽出其所学，教授弟子。以孔学、佛学、宋明学为体，以史学、西学为用"②。尽管如此，康有为在现实社会和救亡图存中对孔教高于佛教的认定重申了自己的孔教立场，致使佛教始终没有成为孔教内容的主旋律，更不可能掩盖孔教的光辉。这正如康有为提倡的孔教（孔学）融合了道家、墨家、法家的思想要素，却始终以儒家思想为主一样。梁启超的介绍直观地展示了康有为在对待宗教的态度上既兼采佛教、耶教又推尊孔教的做法：

先生于耶教，亦独有所见。以为耶教言灵魂界之事，其圆满不如佛；言人间世之事，其精备不如孔子。然其所长者，在直捷，在专纯。单标一义，深切著明，曰人类同胞也，曰人类平等也，皆上原于真理，而下切于实用，于救众生最有效焉，佛氏所谓不二法门也。虽然，先生之布教于中国也，专以孔教，不以佛、耶，非有所吐弃，实民俗历史之关系，不得不然也。③

先生谓宜立教务部，以提倡孔教。非以此为他教敌也，统一国民之精神，于是乎在。今日未到智慧平等之世，则宗教万不可缺。诸教虽各有所

---

① 《南海康先生传》，《梁启超全集》（第一册），北京出版社1999年版，第487页。

② 《南海康先生传》，《梁启超全集》（第一册），北京出版社1999年版，第483页。

③ 《南海康先生传》，《梁启超全集》（第一册），北京出版社1999年版，第488页。

长，然按历史，因民性，必当以孔教治中国。①

正是出于推尊孔教，以孔教来保种、保国的初衷，康有为呼吁立孔教为国教，并且为建立孔教会而奔走呼号。同样是出于对孔教的推崇，他以孔释佛，对佛教进行了孔教化的改造。例如，为了使佛教与孔教之仁相沟通，康有为声称佛教的核心理念不是空，而是心。于是，养心便成为佛教与孟子、庄子的共同追求。同样可以想象，当佛教遭遇孔教时，康有为毫不犹豫地选择孔教而贬损佛教。正是在这个意义上，他指出："今日风俗之败坏，清谈之故也。顾亭林所谓古之清谈在老、庄，今之清谈在孔、孟，然至今孔、孟清谈并无之耳。今日清谈，流为佛学。"②

谭嗣同对佛教的推崇无以复加，坚持佛教高于中西文化，孔教自然排在佛教之后。对于孔教、佛教与耶教之间的关系，他坚持"佛能统孔、耶"③。基于这种理解，谭嗣同对世界文化的排列顺序是："佛教大矣，孔次大，耶为小。"④在这个排列顺序中，佛教处于人类文化的最高位置，孔教低于佛教，耶教排在最后。对于这个排序，他的理由是："六经未有不与佛经合者也，即未有能外佛经者也。"⑤在此，谭嗣同一面肯定孔教与佛教相通相合，一面强调孔教被佛教所含纳，也就是从属于佛教。沿着这个思路，佛教高于孔教之后的西学（耶教）便是顺理成章的结论了。这用他本人的话说便是："故尝谓西学皆源于佛学。"⑥

对佛教的极度膜拜使谭嗣同的思想以佛教为主体内容和价值旨归，《仁学》中的佛教情结浓郁而深厚。对于仁学思想的构成要素，他将佛教的"《华严》及心宗、相宗之书"列在最前。在佛教情结的引导下，谭嗣同演绎出佛教化的

---

① 《南海康先生传》，《梁启超全集》（第一册），北京出版社 1999 年版，第 496 页。

② 《康南海先生讲学记·古今学术源流》，《康有为全集》（第二集），中国人民大学出版社 2007 年版，第 110 页。

③ 《仁学》，《谭嗣同全集》（增订本），中华书局 1998 年版，第 289 页。

④ 《仁学》，《谭嗣同全集》（增订本），中华书局 1998 年版，第 333 页。

⑤ 《仁学》，《谭嗣同全集》（增订本），中华书局 1998 年版，第 333 页。

⑥ 《仁学》，《谭嗣同全集》（增订本），中华书局 1998 年版，第 317 页。

孔教和仁学——甚至可以说，谭嗣同所推崇和提倡的宗教是佛教而不是孔教。对于孔教与佛教之间的关系，他曾经这样写道："今将笼众教而合之，则为孔教者鄙外教之不纯，为外教者即笑孔教之不广，二者必无相从之势也。二者不相从，斯教之大权，必终授诸佛教。佛教纯者极纯，广者极广，不可为典要。惟教所适，极地球上所有群教群经诸子百家，虚如名理，实如格致，以及希夷不可闻见，为人思力所仅能到，乃至思力所必不能到，无不异量而兼容，殊条而共贯。"[1]基于对佛教的顶礼膜拜，谭嗣同甚至提出要用佛教统一地球的所有教，这实际上是用佛教吞噬了孔教。正是在这个意义上，他不止一次地声称：

　　　　至于教则最难言，中外各有所囿，莫能折衷，殆非佛无能统一之矣。[2]

　　　　佛教能治无量无边不可说不可说之日球星球，尽虚空界无量无边不可说不可说之微尘世界。尽虚空界，何况此区区之一地球。故言佛教，则地球之教，可合而为一。[3]

　　总之，康有为、谭嗣同对孔教与佛教关系的认定反映出两人对待孔教的态度具有原则上的区别，实质上是用孔教吸纳佛教还是用佛教吞噬孔教的问题。在这方面，如果说康有为选择了前者的话，那么，后者则是谭嗣同思想的不二归宿。

二、谁是真孔子

　　以孔释佛与以佛释孔不仅表明了康有为、谭嗣同对孔教地位的不同认定，而且决定着两人对孔教以及孔教之仁的不同理解。一方面，康有为、谭嗣同对仁的理解呈现出某种一致性。这集中表现为两人均赋予"仁"近代的价值理

---

[1]　《仁学》，《谭嗣同全集》（增订本），中华书局1998年版，第351—352页。

[2]　《仁学》，《谭嗣同全集》（增订本），中华书局1998年版，第354页。

[3]　《仁学》，《谭嗣同全集》（增订本），中华书局1998年版，第352页。

念，由此推动了仁、孔教代表的中国本土文化的内容转换——其中，最明显的是，都将自由、平等说成是仁的基本内涵。这使两人所讲的仁与古代思想家具有明显差异。另一方面，不可否认的是，受制于对孔教与佛教的不同侧重，康有为、谭嗣同对仁的理解呈现出孔教之仁与佛教之仁的差异。正是由于这个原因，两人所讲的仁学在理论意蕴和价值旨趣上相去甚远，并由此造成了孔教思想内容和理论走向的区别。

就对仁之内涵的界定以及与自由、平等、博爱的关系而言，康有为、谭嗣同都承认自由、平等是仁的基本内涵。所不同的是，康有为所讲的仁最基本的内涵是博爱，而谭嗣同对仁的诠释包括墨家的兼爱和耶教的爱人如己，却始终没有儒家所讲的仁爱或博爱。一言以蔽之，在对仁的诠释上，康有为重博爱，谭嗣同重平等。

由于侧重博爱，康有为所讲的仁又称"爱力""爱质""吸摄之力"和"不忍之心"等。正因为康有为所讲的仁最基本的内涵就是博爱，梁启超才断言"先生之哲学，博爱派哲学也"；梁启超作此判断的根据和理由便是，"先生之论理，以'仁'字为唯一之宗旨"①。从理论来源上说，康有为对仁之内涵的诠释主要是对孔子之仁、孟子的"不忍人之心"和性善说的阐发。如果借用康有为本人的方式把孔门分为两大派的话，那么，他心目中的孔门两大派是孟子与荀子，而不像谭嗣同所理解的那样是孟子与庄子。更加意味深长的是，在孔门的这两大派中，康有为一直对孟子津津乐道、大力发挥，却对荀子先褒后贬，尤其是在建构仁学的过程中对荀子思想的借鉴、阐扬不多，致使发挥孟子微言大义的董仲舒的分量也远远超过了荀子。究其原因，无非是因为康有为心仪孟子的"良心""良知""良能"和性善说，而反感荀子的性恶论。对此，可以作为佐证的是，被康有为推崇的董仲舒在人性论上高扬性分三品，其中的"中民之性"有善有恶，"斗筲之性"更是恶而无善。到了康有为那里，董仲舒与孟子一样成为性善说的代言人。对于康有为来说，性善不仅证明了人权天赋，而且证明了人人皆有博爱之德。

---

① 《南海康先生传》，《梁启超全集》（第一册），北京出版社 1999 年版，第 488 页。

谭嗣同所讲的仁侧重平等，又称慈悲。为此，他将仁与慈悲相提并论，宣称"慈悲，吾儒所谓'仁'也"①。慈悲是佛教术语，用慈悲释仁流露出谭嗣同思想的佛教情结。按照他的说法，所谓慈悲就是泯灭一切差别，破除一切对待而平等。正是在这个意义上，谭嗣同指出："盖心力之实体，莫大于慈悲。慈悲则我视人平等，而我以无畏；人视我平等，而人亦以无畏。"②

就对仁之平等内涵的理解而言，康有为所讲的平等是人的一种天赋权利，谭嗣同所讲的平等是基于宇宙状态的存在状态。康有为基于性善说将平等与天赋人权联系起来，断言性善表明人人具有自由、平等之权，正如人之性善与生俱来一样，人的自由、平等权利是天赋的。谭嗣同把平等视为破除对待，通而为一的结果，进而用以太、电、力为中介阐释仁的不生不灭、微生灭。在他看来，仁是宇宙万物的本原，当然也是人的本原。不生不灭是"仁之体"，当然也是人之存在状态。并且，"仁以通为第一义"，而"通之象为平等"。如此一来，作为仁的基本内涵，平等成为一种宇宙状态；落实到人与人的关系上，平等则是人的生存状态。因此，人不应妄生彼此，而应在慈悲之心的感通下"通天地万物人我为一身"而臻于平等。

值得注意的是，康有为、谭嗣同均将平等说成是仁的基本内涵，对孔学内容和功能的认定却迥然相异，呈现出一立一破的差异：在康有为那里，孔学的功能是立——性善说和不忍人之心；在谭嗣同那里，孔学的功能却是破——破除对待，走向一致、通而平等。在康有为通过孔子、子贡、孟子和董仲舒等一系列人物将以性善说为主导的仁爱、不忍人之心进行到底的同时，谭嗣同在对庄子、王夫之和黄宗羲等人的推崇中，突出了孔教的消解或解构作用。

与对孟子的推崇相联系，康有为所讲的仁与孟子所讲的"不忍人之心"相结合，又称"不忍之心"，性善说成为仁学的理论核心。可以看到，康有为在对孔教内容的认定上以孟子代表的儒家人物及儒家学说为主体，尤其侧重孟子开创的性善说。与此相一致，康有为的一系列著作都围绕着一个主线——性善

---

① 《上欧阳中鹄十》，《谭嗣同全集》（增订本），中华书局 1998 年版，第 464 页。
② 《仁学》，《谭嗣同全集》（增订本），中华书局 1998 年版，第 357 页。

说，或者说，康有为从性善的角度对《春秋》《礼记》《中庸》《论语》《孟子》以及《春秋繁露》等儒家经典予以新的诠释。谭嗣同将孔学分为"畅发民主"的孟子与"痛诋君主"的庄子"两大支"，对庄子的推崇却使他始终关注孔学的"痛诋"功能而忽视其"畅发"（谭嗣同又称之为"畅宣"）功能。

康有为、谭嗣同对仁的不同界定和理解归根结底是因为两人所讲的孔教有别，可以还原为以孔释佛与以佛释孔的原则分歧或区别。一方面，以孔释佛与以佛释孔的原则分歧决定了康有为、谭嗣同对各种思想学说的态度和理解。另一方面，这些又反过来致使两人视界中的孔教呈现出不同的理论走向和思想主旨。拿对佛教的认定来说，推崇孟子性善说的康有为使佛教成为性善说的佐证，更加坚定了对人性善的信心。推崇庄子的谭嗣同则将佛教宣扬的流转无常与庄子的"方生方死，方死方生"（《庄子·齐物论》）混而为一，在世界的不生不灭即微生灭中推出了无我的状态。康有为、谭嗣同尽管都肯定佛教与庄子思想相合，然而，庄子在两人思想中的命运与佛教命运相似。对孔教的不同理解使康有为、谭嗣同对庄子的理解相去甚远，康有为将庄子说成是传承孔子自由、平等、大同思想的中坚力量，谭嗣同将庄子视为破除对待、消解彼此的批判者。总之，对孔教的不同界定和理解决定了康有为、谭嗣同对诸子思想的不同理解和取舍，这些反过来又加大、突出了两人对孔教内容的不同界定。

至此可见，如果说仁是孔学秘笈的话，那么，康有为、谭嗣同所理解的仁以及孔教在理论意蕴和价值旨归上却相去甚远。对此，人们不禁要问：康有为与谭嗣同，谁更接近本真的孔子？其实，早在战国末期，韩非就提出了一个千古之谜：

> 孔子不可复生，后世者都自诩是真孔子，那么，谁才得孔子之真呢？基于法家立场，韩非的回答是不能定孔子之真。于是，韩非写道："自孔子之死也，有子张之儒，有子思之儒，有颜氏之儒，有孟氏之儒，有漆雕氏之儒，有仲良氏之儒，有孙氏之儒，有乐正氏之儒。自墨子之死也，有相里氏之墨，有相夫氏之墨，有邓陵氏之墨。故孔、墨之后，儒分为八，墨离为三，取舍相反不同，而皆自谓真孔、墨，孔、墨不可复生，将谁

> 使定世之学乎？孔子、墨子俱道尧、舜，而取舍不同，皆自谓真尧、舜，尧、舜不复生，将谁使定儒、墨之诚乎？殷、周七百余岁，虞、夏二千余岁，而不能定儒、墨之真。"（《韩非子·显学》）

谭嗣同在反思、批判中国两千年的政治、学术时，特别指出他们都在以孔子的名义欺世盗名，于是发出了这样经典的议论："故常以为二千年来之政，秦政也，皆大盗也；二千年来之学，荀学也，皆乡愿也。……二者交相资，而罔不托之于孔。被托者之大盗乡愿，而责所托之孔，又乌能知孔哉？"①同样的困惑是，谁又能保证谭嗣同本人对孔教的阐释独独恰得孔子之真呢？或者说，谭嗣同怎么就敢保证自己没有蹈前人之覆辙呢？他又凭什么说自己就比康有为更接近本真的孔子呢？

按照现代解释学的理论，文本不是连接作者与读者的桥梁，而是横亘在作者与读者之间的一堵墙，因为文本的出现标志着作者的死亡。奥秘在于，读者阅读文本的过程不是接近作者的过程，而是对文本进行重新创作的过程。从这个意义上说，文本的出现之日，也就是文本的作者死亡之时。这就是说，正如任何读者都无法回到或还原文本作者创作的语境一样，接近本真的孔子根本就不可能。其实，经典或孔子思想的魅力就在于其具有可被诠释、发挥的空间，从这个意义上说，价值之真似乎比事实之真更重要。康有为、谭嗣同对孔教的诠释是孔子走向现代化的最初尝试，两人之间的分歧昭示了两个朴素的道理：第一，每个人的心目中都有属于自己的孔子、孔教和儒学，这使人们对经典的解读呈现出差异性。这种差异的价值可以从两个不同的角度去理解：一方面，对于古代的孔子思想和经典而言，不再是古物或陈迹，而是由历史走向了现代。另一方面，对于不同的解读者而言，差异引起学术争鸣，成为推动学术进步的前提和动力。第二，孔学具有可被广泛诠释的空间，可以与时代相对接，承载近代的时代意蕴和内涵。这是孔子思想在历尽两千年沧桑之后，依然恒提恒新的原因所在。

---

① 《仁学》，《谭嗣同全集》（增订本），中华书局1998年版，第337页。

第四节　孔学与宗教

至此可见，康有为、谭嗣同推崇孔子，与严复、梁启超和章炳麟代表的近代哲学家对先秦诸子和本土文化的好恶取舍不同。康有为、谭嗣同推崇孔学，与梁启超、老孔墨"三圣"并尊而同时对老学、孔学和墨学兴趣盎然不可同日而语，与严复推崇老子和道家泾渭分明，与章炳麟一面推崇老子和道家、一面抨击孔子和儒家更是格格不入。从这个意义上说，由于推崇孔子以及对孔学的服膺，康有为、谭嗣同一起推出了一个孔学时代。

一、孔学时代

孔学时代标志着康有为、谭嗣同对中国本土文化的认定达成了共识，两人的孔学观拥有迥异于其他近代哲学家的显著特征。这主要包括如下三个方面：第一，由于将诸子百家归结为孔学一家，康有为、谭嗣同对待百家的态度以整合为主，与其他近代哲学家特别是与严复、章炳麟的分疏立场截然不同。第二，与对孔子的推崇密切相关，康有为、谭嗣同将孔子奉为诸子百家的源头，不仅对孔子、孔学推崇备至，而且认同孔教。康有为、谭嗣同之间的区别只是对于孔教与佛教关系的认定存在出入，但在赞同孔教上是一致的，并且与严复、梁启超和章炳麟对孔教的微词乃至排斥渐行渐远。第三，康有为、谭嗣同对诸子百家的整合基于圆融无碍的心态和理念，在中国文化的视域内便是将诸子百家整合到孔学之中；在世界文化的视域内则是强调孔教与佛教、耶教的并行不悖，相近相通。

康有为、谭嗣同在中国本土文化的范围内推崇孔子，将中国本土文化统称为孔教，将诸子百家全部归结为孔学。这是只存在于他们两个人之间的默契，与其他近代哲学家对中国本土文化的宏观透视和对诸子百家关系的审视梳理迥然相异。具体地说，梁启超将老子、孔子和墨子同时誉为中国文化的"三位大圣"或"三圣"，并基于这一认定将先秦时代的诸子百家归结为老学、孔学和墨学三家。严复对诸子百家的看法脱胎于司马谈的《论六家要旨》，并且在六家中倾向于道家。章炳麟则接续刘歆的衣钵，将周秦诸子划分为九流十家，并在九流十家中倾慕墨子（墨家）的道德而钦佩老子（道家）的学问。由此可见，如果说梁启超、严复和章炳麟对于先秦时期的诸子百家予以分疏并且越分越细的话，那么，康有为、谭嗣同则旨在对诸子百家予以整合。综合考察近代哲学家的国学观可以发现，两人将诸子百家统统整合、还原为孔学一家的做法与梁启超的三家之分迥然相异，与严复的六家之分和章炳麟的九流十家之分更是相去霄壤。正是在对诸子百家的整合中，康有为、谭嗣同提升了孔子的地位，给予孔子的至尊地位是梁启超、严复和章炳麟眼中的孔子望尘莫及的。正是这一点构成了康有为、谭嗣同的孔子观、孔学观也与梁启超、严复和章炳麟呈现出明显区别。

在推崇孔子的过程中，康有为、谭嗣同将诸子百家都归结为孔学（孔教）一家，并且以孔学、孔教象征中国本土文化。作为对中国本土文化的整体审视和整合，两人的做法具有重要意义。身处全球多元的历史背景和文化语境中，康有为、谭嗣同通过考辨中国本土文化的学术源头来增强中国人的文化认同和身份认同，旨在应对中西强弱对比下的中国哲学和文化重建，肩负救亡图存与思想启蒙的双重历史使命。具体地说，由于西学的大量东渐，中国文化作为人类文化的一部分被摆在世界面前。鸦片战争拉开的中国近代社会的救亡图存既将中国文化抛到世界的面前，又对中国提出了文化创新、思想启蒙的时代要求。为了突出中国本土文化的自主性、主体性，对中国本土文化进行整合和命名成为当务之急。鉴于与中国本土文化对应的异质文化以西方文化为代表，西方文化以基督教（康有为、谭嗣同称之为耶教）为主流意识，两人将包括诸子百家在内的全部中国本土文化称为孔教。从初衷上看，康有为、谭嗣同将全部中国本土文化称为孔教，是为了应对西方的基督教，孔教一词便是康有为首创的。从后果上看，孔教作为中国文化的象征，诸子百家均被囊括其中。由于孔教是作为中国文化的象征出现的，保教就是保国，对孔教或孔子的态度与爱国主义和民族自尊心、自信心息息相关。在这方面，保教（孔教）与保国、保种三位一体，他称孔学为孔教有保国之意。这正如梁启超对康有为复原孔教所做的说明："然以为生于中国，当先救中国；欲救中国，不可不因中国人之历史习惯而利导之。又以为中国人公德缺乏，团体涣散，将不可以立于大地；欲从而统一之，非择一举国人所同戴而诚服者，则不足以结合其感情，而光大其本性。于是以孔教复原为第一著手。"[①] 谭嗣同虽然认为教无可保，反对通过保教来保国、保种的做法，但是，他将诸子百家皆归为孔学一家，用孔教称谓中国本土文化，以抵制耶教的做法和初衷与康有为别无二致。

二、对宗教之教的凸显

康有为将孔子之学乃至中国本土文化称为孔教，试图通过保教来保国、保种的做法是中国历史上从未有过的现象，与明代末年由于基督教的传入而引发的以礼仪之争为表现形式的孔耶之争不可同日而语。谭嗣同虽然没有主张立孔教为国教，但是，他以孔教凸显中国文化的自主性的初衷和做法则与康有为别无二致。由于西方文化的价值主体是基督教，印度文化是以佛教为主体的宗教文化，为了与西方文化和印度文化沟通，更为了与西方文化抗衡，康有为、谭嗣同将孔学及其代表的中国本土文化称为孔教。所谓孔教，借用康有为的话语结构即"孔子之教"，泛指与外来文化相对应的中国本土文化。孔教的潜台词是：与西方是具有文明教化的民族一样，中国也不是没有经过文明洗礼的蛮荒之地，中国人有自己的文明和教化，孔子之教是中国的国教，中国的孔教足以与西方的基督教相媲美。正因为如此，尽管对孔子在世界文化中的定位存在分歧，康有为、谭嗣同对孔教与耶教关系的认识却完全一致——都将孔教置于耶教之上，这恰好印证了两人将孔学或中国文化称为孔教以与西方文化分庭抗礼的立言宗旨。

同样不可否认的是，当康有为、谭嗣同用孔教称呼孔学，并以孔学代表中国本土文化时，在客观上彰显、突出了中国本土文化中的宗教意蕴。孔教的称谓证明，两人心目中的孔子之学就是一种宗教。对于这一点，康有为称孔子是教主，梁启超有时称康有为是教主、有时赞扬康有为是孔教的马丁·路德即是明证。众所周知，中国本土文化或儒家文化主要是一种世俗的伦理文化，将之归为宗教或突出其中的宗教意蕴必然导致宗教之教与教化之教模糊不清，随之而来的

---

① 《南海康先生传》，《梁启超全集》（第一册），北京出版社 1999 年版，第 486 页。

是弥合宗教文化与世俗文化之间的界限。康有为、谭嗣同对孔教与佛教、耶教三者相互贯通、圆融无碍的强调更是为此推波助澜。其实，两人将孔学或中国文化统称为孔教时，并没有对孔教之教是宗教还是教化作出明确解释或说明。

综观康有为、谭嗣同的思想可以发现，两人并没有明确的宗教观念，对教、宗教的理解则难免流于宽泛。例如，康有为给宗教下的定义是："合无量数圆首方足之民，必有聪明首出者作师以教之。崇山洪波，梯航未通，则九大洲各有开天之圣以为教主。太古之圣，则以勇为教主；中古之圣，则以仁为教主；后古之圣，则以知为教主。同是圆颅方趾则不畏敬，不畏敬而无以耸其身，则不尊信，故教必明之鬼神。故有群鬼之教，有多神之教，有合鬼神之教，有一神之教。有托之木石禽畜以为鬼神，有托之尸像以为鬼神，有托之空虚以为鬼神，此亦鬼神之三统、三世也。有专讲体魄之教，有专讲魂之教，有兼言形魂之教，此又教旨之三统也。"[1] 在这里，康有为既没有从内涵上也没有从外延上对宗教予以界说，暴露出他的宗教观念是含糊不清甚至是矛盾的：从教是为了教民的宗旨来说，教应该属于教化即文化、文明之列；从教有教主并且以尊信的不同而划分种类来说，教则专指宗教之义。谭嗣同对孔教及"教"的理解也有夸大宗教作用的泛宗教倾向，"教能包政、学"就是这一观念的产物。正是基于泛宗教理念，他多次指出：

> 教也者，求知之方也。……盖教能包政、学，而政、学不能包教。教能包无教，而无教不能包教。彼诋教者，不知教之大，为天下所不能逃，而刻意欲居于教外，实深坠入乎教中，则何其不知量之甚也！[2]

> 故言政言学，苟不言教，则等于无用，其政术学术，亦或反为杀人之具。[3]

---

① 《日本书目志》卷三，《康有为全集》（第三集），中国人民大学出版社 2007 年版，第 297—298 页。

② 《仁学》，《谭嗣同全集》（增订本），中华书局 1998 年版，第 369 页。

③ 《仁学》，《谭嗣同全集》（增订本），中华书局 1998 年版，第 354 页。

康有为、谭嗣同——特别是康有为的宗教观念及其孔教观一经提出就引起时人的讥讽和批判，从与康有为、谭嗣同一样身为维新派的严复到作为革命派的章炳麟再到五四运动时期的陈独秀和李大钊都参与其中。由此，对康有为孔教观的批判就成为中国近现代思想史、文化史上不绝于耳的热门话题。这一点从梁启超对康有为的评价中即可窥其端倪："先生所以效力于国民者，以宗教事业为最伟；其所以得谤于天下者，亦以宗教事业为最多。"①在近代学科分类观念长足进展的映衬下，康有为代表的那种不分学科的泛宗教理念更是显得不堪一击。正因为如此，梁启超、章炳麟等人都力图纠正康有为、谭嗣同的泛宗教倾向：梁启超不再将孔学称为孔教而是称为儒家哲学或儒家文化，并且专门撰文对宗教家与哲学家的长短得失予以区分。章炳麟则对宗教、文化与哲学等概念进行厘清，同时强调"先秦诸子非宗教"②。尽管如此，不容讳言的是，无论梁启超还是章炳麟对宗教的理解都存在一定程度的偏颇。例如，梁启超为了突出佛教的特点而否定佛教是宗教，由康有为、谭嗣同对宗教的泛化走向另一个极端。之后，随着科学与玄学的论战，宗教问题成为近现代哲学的热门话题，一直延续到新儒家。

三、孔学的历史命运

深入分析不难发现，当下关于儒学是否是宗教的争论与康有为、谭嗣同的孔教概念尤其是康有为的主张具有某种历史关联，同时离不开对宗教概念的理解。康有为、谭嗣同推崇孔教的方式是凸显其中的宗教意蕴，孔子地位的提升离不开孔子的教主地位和孔学的宗教内涵。伴随着梁启超、章炳麟对儒学与宗教的剥离，孔子的地位也随之每况愈下：梁启超将孔子与老子、墨子一起奉为中国文化的"三圣"或"三位大圣"，并将老子列在孔子之上。在严复那里，老子、庄子以及道家的分量远远超过了孔子和儒家。章炳麟在极力推崇庄子的

---

① 《南海康先生传》，《梁启超全集》（第一册），北京出版社 1999 年版，第 488 页。

② 《国学概论》，世纪出版集团，上海古籍出版社 2008 年版，第 3 页。

同时，将孔子归在了老子门下。历史证明，通过康有为、谭嗣同的推崇，孔教并没有占据近代的主流地位，最终在章炳麟的国学中成为被排斥的对象，五四时期完全被放逐。

孔学、儒学在近现代的历史命运昭示人们：弘扬孔学的前提是对之予以恰当定位，否则，不惟达不到目的，还可能适得其反。例如，就孔子思想和儒家的地位而言，过分抬高地位必然导致其负担过重。如果像康有为、谭嗣同那样将孔教说成是中国文化的全权代表，结果必然是在使之受到追捧的同时承担中国文化造成的一切后果——包括不良后果。在近代中国落后于西方列强，中国传统文化对此难辞其咎的背景下，作为中国传统文化全权代表的孔子、孔学、孔教成为众矢之的也就可以理解了。就孔子思想和儒家思想的内涵而言，孔教的称谓导致孔子之学的内涵和外延都十分模糊。在中国文化的语境中，教可以指教化，也可以指宗教。康有为、谭嗣同在没有任何具体说明或界定的情况下称孔子之学为孔教，既不利于厘清儒家与道家、墨家之间的关系，也不能明确孔子之学的宗教意蕴与其他方面内容之间的关系。两人的孔教概念宽泛而笼统，基本内容界定不清，故而容易引起歧义。更为致命的是，孔教之教的宗教称谓使其在科学与宗教的论战中倍受牵连，尤其是在五四时期，当科学与民主成为众望所归时，具有教主身份的孔子和具有宗教意蕴的孔教也就在劫难逃了。如果说那时的"圣贤革命"是针对孔子的话，那么，反礼教则作为反孔教的延续将矛头直指孔子之学的宗教内容。

孔学或儒学是否是宗教问题之所以在中国持续了一百多年依然争论不断，关键是因为争论的双方没有统一的标准而彼此都在自说自话。孔学（包括儒学）是否是宗教？这个问题涉及到对孔学的理解，同样离不开对宗教的界定。无论回答是肯定的还是否定的，对孔学、宗教的界定都至关重要，具体说明不可或缺——如果是，指什么？如果不是，指什么？如果不加具体界定或说明，而像康有为、谭嗣同那样笼统地将诸子百家皆归结为孔教，势必用宗教意蕴遮蔽中国文化或儒家文化其他方面的内容，结果不惟没有保住孔教，反而使孔教陷入尴尬境地。

第十一章 康有为与谭嗣同国学观之比较

正如在中国哲学史上康有为、谭嗣同的思想最为接近一样，两人的国学观在近代哲学家中最为接近。通过比较可以发现，康有为、谭嗣同在国学理念、对诸子百家关系的审视和对国学经典的选择等各个方面都显示出惊人的一致性。这一点在同时代哲学家的映衬下显得更加突出，通过两人与他们的比较则看得更加清楚。

第一节 国学理念

对于包括康有为、谭嗣同在内的近代哲学家来说，国学观包括国学理念与国学研究两个方面，相比较而言，国学理念更为根本，也更为重要。这是因为，两人的国学理念不仅决定国学研究的思路、方法和范式，而且框定了两人国学研究的宗旨、内容和范围。康有为、谭嗣同的国学思想之间呈现出惊人的一致性，是因为两人的国学理念在近代哲学家中最为接近。换言之，国学理念的大同小异既是两人国学观相近的主要原因，也拉开了康有为、谭嗣同与其他近代哲学家之间的距离。

一、国学称谓

国学一词古已有之，却与近代哲学家所使用的国学概念相去甚远，并不属于同一个概念。无论作为概念还是作为学科，近代意义上的国学都与古代意义上的国学迥异其趣。从这个意义上说，近代意义上的国学属于"旧瓶装新酒"的新概念。作为一个新概念，国学在近代最初并没有形成统一的称谓。正因为如此，从康有为、谭嗣同、严复、梁启超到章炳麟，近代哲学家对国学的称谓言人人殊。通过对近代哲学家的国学称谓进行比较、分析不难发现，康有为、谭嗣同的国学称谓最为相似。这是因为，两人不约而同地以孔教、孔学① 称谓中国固有之学，整合诸子百家，孔教、孔学也由此成为康有为、谭嗣同对国学的称谓。两人的做法既预示着对国学内涵界定的一致性，又与其他近代哲学家对国学的称谓渐行渐远。

众所周知，国学一词最早见于《周礼》，本义是"掌国学之政，以教国子小舞"（《周礼·春官·乐师》）。据此可知，国学在古代具体指官办的教育，属于国家之学。国学是国家代表的官学之谓，国学之"国"与个人相对应。因此，与古代国学相对应的是私学，私学即个人所办教育。孔子是中国历史上第一个授徒讲学的人，他所创办的教育便属于私学。据《周礼》记载，古代国学开设的课程共有六类（六门），即礼、乐、射、御、书、数，合称"六艺"。这一点与孔子精通六艺相互印证。据此可知，国学一词源远流长，并且内涵明确而固定，有别于在近代作为舶来品的哲学、宗教、教育或体育等新名词、新概念。近代哲学家所使用的国学一词虽然并非像哲学、宗教、教育或体育那样是舶来品，但是，近代意义上的国学概念与古代的国学概念大相径庭。这既是中国近代特殊的历史背景和文化语境造就的，也是救亡图存与思想启蒙的历史使命使然。

1840 年的鸦片战争改变了中国的自然历史进程，也改变了中国哲学的基本形态。以 1840 年为开端的近代哲学不再像古代哲学那样追求个人的超凡入

---

① 康有为教学相混，教与学在他那里混用。有鉴于此，对于康有为来说，孔教、孔学以及孔子之教、孔子之学异名而同实，可以视为同一个概念。谭嗣同对教与学予以区分，声称"教能包政、学"。这表明，孔教与孔学并不相同，孔教的外延大于孔学。尽管如此，谭嗣同以孔教、孔学称谓中国固有之学仍与康有为大同小异，只不过对外时以孔教对抗耶教，对内时以孔学整合诸子百家而已。

圣，而是以救亡图存为立言宗旨。在同仇敌忾、抵御外侮的过程中，近代哲学家苦苦思考、探索中国的救亡图存之路。一方面，迫于中国的落后挨打，近代哲学家大声疾呼向西方学习。这使近代成为向西方寻找真理的时代，也成为西学大量东渐的时代。西学即泰西之学，又被称为西洋之学或新学。一个"新"字，将中国人对西学的羡慕表达得淋漓尽致。问题的关键是，救亡图存需要坚船利炮，更需要民族自尊心和自信心。因此，中国近代既是中国人睁开眼睛看世界、开始向西方学习的时代，又是第一次全面审视、梳理中国固有文化、为中华民族寻找精神家园的时代。康有为、谭嗣同等人如此，即使是以西学家的面目示人的严复也不例外。严复意味深长地指出，越是在中华民族的多事之秋，越需要用中国本土文化挺立民族精神。于是，近代意义上的国学应运而生。特殊的历史背景和文化语境使国学一词在近代发生根本性的转变，基本含义已经与古代国学不可同日而语：古代国学的基本含义是国家之学，所对应的是私学；近代国学的基本含义则是本国固有之学，对应的是外来之学。一言以蔽之，近代国学拥有与生俱来的时代使命和理论初衷，旨在以外入之学即西学这个"他者"彰显、突出中国固有之学即中学这个"我者"。可以看到，近代哲学家一面以西学为参照推动中国本土文化的内容转换和现代化，一面梳理诸子百家的关系，对中国本土文化进行整体透视、把握而坚守之。于是，形成了中国近代声势浩大、影响至今的国学思潮。①

在这个前提下尚须注意的是，尽管近代国学的内涵是确定的，然而，近代哲学家所使用的国学概念却是不确定的。换言之，他们对于中国固有之学的称谓并不统一，所使用的与外入之学相对应的国学概念大不相同。原因在于，近代国学思潮是为了应对外入之学产生的，直接服务于刻不容缓的救亡图存和政治斗争。这意味着近代哲学家对国学的研究不可能从概念、称谓切入，而是围绕着中国近代社会的政治斗争和现实需要展开。因此，他们对国学的称谓各不相同，并且，各不相同的国学称谓体现了对国学的不同理解，甚至可以说是秉

---

① 对于近代国学的判断标准，详见《如何厘定近代的国学概念——兼论谁是近代国学家》，载于《吉林师范大学学报》2013 年第 6 期。

持不同的国学理念对国学进行的研究。正是由于这个原因，相对于中国近代出现的国学思潮以及实际进行的国学研究而言，国学作为对中国固有之学的统一称谓在时间上出现较晚。依据学术界的普遍说法，国粹概念最早出现在 1901 年，梁启超在《中国史叙论》中第一次使用了国粹概念。至于国学概念则出现得更晚，梁启超在《论中国学术思想变迁之大势》中多次使用中国学术思想指称、代表中国固有之学。在此之后，邓实、章炳麟等人于 1905、1906 年间为保存国粹、弘扬国学奔走呼号，国学、国粹遂成为流行语，国学也随之成为对中国固有之学即中国本土文化的统一称谓。在梁启超特别是邓实、章炳麟之前，近代哲学家对中国固有之学的称谓较为随意，致使近代哲学家的国学称谓聚讼纷纭，莫衷一是。例如，严复习惯于使用中学概念，中学对应的是西学；中学表明中国本土所固有，西学表明从西方传入。严复的这一用意与梁启超在《论中国学术思想变迁之大势》中以中国学术称谓中国固有之学如出一辙。如果说中学以及与之相对应的西学是从地域的维度立论的，尚属中性称谓的话，那么，梁启超首创、章炳麟津津乐道的国粹一词则带有鲜明的情感好恶和价值评价，表明了对中国固有之学的褒扬。①

在对中国固有文化的称谓上，康有为、谭嗣同既没有像严复那样采取地域性的中学，也没有像梁启超、章炳麟那样采用情感色彩浓郁的国粹。可以肯定的是，国粹、国学的出现不早于 1901 年、1902 年。谭嗣同早在 1898 年就为变法维新流血牺牲，故而终身未提及国粹、国学之语。康有为 1927 年辞世，眼看着国学、国粹的出现以及盛行。尽管如此，他依然热衷于用孔教或孔学称谓中国本土文化，而没有以国学、国粹替换孔教或孔学。这样一来，孔学或孔教便成为康有为、谭嗣同对中国固有之学的称谓，孔教对应的是耶教。两人以孔教作为国学称谓旨在强调，中国尊崇孔子，有别于西方信仰耶稣。显而易见，康有为、谭嗣同的国学称谓与严复大不相同：如果说严复使用的中学是中性称谓的话，那么，康有为、谭嗣同的孔教称谓则寓意着明显的价值诉求和学术意趣。同样寄寓学术意趣和价值诉求，康有为、谭嗣同的国学称谓与梁启

---

① 此处仅就国粹称谓立论，并不牵涉对国粹派思想的评价。

超、章炳麟所使用的国学、国粹亦不可等量齐观。康有为、谭嗣同对国学的孔教称谓的独特之处具体包括两个方面，一是在诸子百家中对孔子的推崇，一是在对中国学术的理解上侧重宗教。

进而言之，孔教称谓表明，康有为、谭嗣同使用的国学概念是一致的，国学理念大同小异。两人都选择孔教称谓中国固有之学，并由此衍生出国学理念的诸多相同之处。对于这个问题，可以从以下三个方面去理解：第一，孔教概念对应的是耶教，康有为、谭嗣同之所以将中国固有之学统称为孔教（又称孔子之教），迫于基督教（两人称之为耶教）在中国近代社会的强势入侵。尽管康有为、谭嗣同的做法是出于以教治教的初衷，然而，两人却在以孔教与耶教分庭抗礼的过程中有意无意地遮蔽了中国本土文化的诸多意蕴而只是凸显了其中的宗教意蕴。与康有为、谭嗣同使用的宗教概念相比，无论严复使用的中学概念还是梁启超、章炳麟使用的国粹、国学概念均不会像康有为、谭嗣同的使用孔教那样凸显国学的宗教意蕴，当然，严复、梁启超和章炳麟原本就没有以教治教的初衷。第二，康有为、谭嗣同在中国固有之学中首推孔子，因而将孔子奉为中国文化的开山。正是由于这个原因，对于两人来说，孔子是中国文化的源头。与此互为表里，康有为、谭嗣同将先秦时期的诸子百家都整合、归结为孔学即孔子之学一家。这用康有为本人的话说便是："百家皆孔子之学。"[1] 严复推崇老子，将先秦诸子划分为六家。梁启超将孔子与老子、墨子一起誉为中国文化的"三位大圣"或"三圣"，并且将先秦诸子划分为老学、孔学和墨学三家。至于章炳麟，秉持刘歆的思路将先秦诸子划分为九流十家。第三，正如将囊括诸子百家的全部中国本土文化统称为孔教是为了以孔教与西方的耶教分庭抗礼一样，在世界文化的视域中，康有为、谭嗣同以孔子作为中国文化的象征。例如，康有为断言："印度以佛纪年，欧洲以耶稣纪年，中国纪元起于孔子。"[2]康有为的这个表述证明，在他的视界中，释迦牟尼、耶稣、孔子分别是

---

[1] 《万木草堂口说·学术源流》，《康有为全集》（第二集），中国人民大学出版社 2007 年版，第 145 页。

[2] 《万木草堂口说·诸子》，《康有为全集》（第二集），中国人民大学出版社 2007 年版，第 177 页。

印度文化、欧洲文化和中国文化的象征。同样的逻辑，谭嗣同宣称："佛教大矣，孔次大，耶为小。"①

上述内容显示，康有为、谭嗣同的国学概念既与古代不同，体现了近代国学共同的时代烙印和特征；又与其他近代哲学家迥然相异，拥有独特的理论意蕴和风采。

二、国学与外学的关系

正如国学思潮在中国近代的出现是当时社会特殊的历史背景、文化语境、政治斗争和现实需要共同作用的结果一样，中国近代的国学理念带有与生俱来的时代烙印和问题意识，那就是：聚焦中国固有之学与外入之学的关系，探索中西文化即国学与西学的优劣。如上所述，中国近代既是火热的救亡图存的时代，又是西学大量东渐的时代。与此相一致，近代国学的出现既迫于救亡图存的刻不容缓，又肩负着思想启蒙的历史使命。西学相对于中国固有之学来说属于外入之学，面对西学这个"他者"，如何坚守、彰显作为"我者"的中国固有之学成为迫切的时代课题，也成为包括康有为、谭嗣同在内的近代哲学家无法回避的现实课题。这就是说，对于康有为、谭嗣同代表的近代哲学家来说，与西学的关系是近代国学的题中应有之义。他们对这个问题的回答既受制于各自的国学理念，也构成了国学理念的组成部分，因而成为近代国学观的直接体现和核心话题。

作为对中国固有之学的称谓，近代意义上的国学概念从出现之日起就将与外入之学的关系纳入视野乃至作为核心话题。无论西方列强的入侵还是西学的大量东渐都表明，与近代国学相对应的外入之学主要指西学。近代哲学家对西学的称谓并不统一，从泰西之学、新学、西学到西方文化、西洋文化等等名目繁多。西学则是其中最普遍的称谓，故而在此采用这一称谓。有鉴于此，对于近代哲学家来说，国学与外学即中学与西学孰优孰劣是不容回避的现实问题。

---

① 《仁学》，《谭嗣同全集》（增订本），中华书局 1998 年版，第 333 页。

面对这个问题，近代哲学家的心态和做法是复杂的，也是矛盾的：一方面，近代中国备受西方列强蹂躏，面对中国的积贫积弱与西方的坚船利炮，他们醒悟到中国文化的落后与西方文化的先进，并且将中国的落后挨打、贫困衰微与中国的固有之学直接联系起来，甚至归咎于中国传统文化。循着这个逻辑，近代哲学家开始向西方寻找真理，在学习、借鉴西方文化的过程中，开始以西学为参照审视、反思中国本土文化。另一方面，西方列强的入侵激起了中国人的奋力反抗，抵御外侮需要坚船利炮，同时也需要中华民族对中国本土文化的文化认同、文化自信以及由文化自信而来的民族认同和身份认同。正是由于这个原因，近代哲学家热衷于为中华民族寻找精神家园，以此凝聚民族精神，进而激发中国人的自尊心和自信心。这样一来，他们便一面在方法上以西学解读中学，一面在价值上坚守中国固有之学即国学。近代哲学家之所以这样做，旨在通过注入西学促进中国本土文化的内容转换和现代化，以此推动中国本土文化的薪火相传。在此过程中，他们强调，中学优于、先于西学，并且在肯定中学与西学相通相似的前提下对中学与西学进行互释。中学高于西学是就价值层面立论的，出于挺立中华民族精神的需要；以西学解读中学是就手段层面立论的，迫于中国近代特殊的历史背景、文化语境和政治斗争。从根本上说，近代国学思潮的兴起是中华民族的民族意识觉醒的标志，也是中国人的民族认同、身份认同和文化认同的表现。沿着这个思路不难想象，近代哲学家异口同声地认定中学高于西学，不约而同地断言中学早于西学。在这方面，康有为、谭嗣同与其他近代哲学家的初衷、做法别无二致。在这个前提下尚须进一步看到，如果说康有为、谭嗣同对中学高于西学的认定与其他近代哲学家无异，两人的国学理念共同呈现了近代国学的时代风尚和价值诉求的话，那么，康有为、谭嗣同的国学理念尚存在着有别于其他近代哲学家的独特之处，那便是两人用以论证中学高于西学的证据和对中西之学相同性的具体理解。

首先，对于中学与西学的关系，近代哲学家都极力回避二者的差异性而彰显其间的相似性和相通性，并在这个前提下众口一词地声称西学的所有内容皆为中学所固有：第一，近代哲学家指出，西方有自然科学，中国也有；西方有进化论，中国也有。康有为、严复等人甚至断言，早在先秦之时，中国的进化学说就已经蔚为大观，庄子等人的进化论早于西方数千年，足以傲视全球。至于究竟早于西方几千年，康有为说早于西方三千年，严复说早于西方两千余年。严复在《庄子·至乐》篇的"种有几"一段中发现了进化论，并且赞叹不已："此章所言，可以之与挽近欧西生物学家所发明者互证，……庄子于生物功用变化，实已窥其大略，……但生当二千余岁之前，其脑力已臻此境，亦可谓至难能而可贵矣。"① 第二，近代哲学家指出，西方有宗教，中国也有；西方有哲学，中国也有。无论哲学还是宗教，中国都一应俱全，并且先于西方。对于这个问题，康有为、谭嗣同的看法自不待言，即便是留学英国三年、对西方哲学具有深厚素养的严复也持这种观点。具体地说，严复先是将《老子》《庄子》《周易》奉为中国哲学的三大经典，接着便借助这三部经典反复证明中国有自己的哲学，并且凭借这三部著作的年代以无可辩驳的事实证明了中国哲学比西方早。由此，严复在读《老子》时发出了由衷的感叹："西国哲学所从事者，不出此十二字。"② 第三，近代哲学家指出，自由、平等、博爱和民主等等思想亦非西方专利，而是中国先哲津津乐道的话题，孔子、孟子、老子、庄子和墨子代表的先秦诸子都对这些话题乐此不疲。

进而言之，近代哲学家之所以竭尽全力地彰显中学与西学之间的相似性和相通性，或者出于挺立民族精神的心理，或者迫于攀缘西学的需要。在这个前提下可以看到，一方面，康有为、谭嗣同对于中西之学相同以及中学高于西学的认定与其他近代哲学家的致思方向和价值旨趣是一致的；另一方面，两人的具体说法和列举的证据却与同时代的其他近代哲学家显示出不容忽视的差异。例如，对于中学究竟比西学高在何处，康有为、谭嗣同不是像严复等人那样以《老子》《庄子》和老子、庄子哲学为主要证据，而是不约而同地肯定孔教、孔学高于耶教、西学。深入分析不难发现，康有为、谭嗣同给出的答案是毫无悬念的。原因在于，两人都推崇孔子，并且将诸子百家都还原为孔学一家。正是这些使康有为、谭嗣同无论对于中学与西学相同之处的具体理解还是对中学高

---

① 《〈庄子〉评语》，《严复集》（第四册），中华书局 1986 年版，第 1130 页。

② 《〈老子〉评语》，《严复集》（第四册），中华书局 1986 年版，第 1075 页。

于西学的解读、诠释都与其他近代哲学家天差地别。拿庄子的进化论早于西方来说，康有为、严复用庄子的进化论来论证中国像西方一样具有包括进化论在内的自然科学，具体论证和理论初衷却差若云泥。总的说来，康有为借此为孔学正名，严复则借此为道家正名。具体地说，康有为将庄子的思想与达尔文、赫胥黎的生物进化论相提并论，并且认为庄子的进化论早于西方三千年。在英国参观达尔文、赫胥黎纪念馆之后，康有为写下了这样的感言：

> 赫君（赫胥黎——引者注）发天演之微言，达生（达尔文——引者注）创物化之新理。哲学既昌，耶教上帝造人之说遂坠。他日大教之倒以区区生物之理，此破落之所关，亦至巨哉。二生之说，在欧土为新发明，然鄙人二十余年未读一字西书，穷推物化，皆在天人自然之推排，而人力抗天自为之，已与暗合，与门人多发之。故于二生但觉合同而化，惟我后起，既非剿袭，亦不相师。惟二生之即物穷理发挥既透，亦无劳鄙人之多言也。东海西海，心同理同，只有契合昭融而已。然子思曰，天之生物，必因其材而笃焉；栽者培之，倾者复之。赫生天演之义也。庄子曰，程生马，马生人；万物皆出于机，入于机。达生物生人之说也，吾华先哲其先发于三千年矣。何异焉！ [1]

由此可见，康有为同意严复对庄子的进化论思想早于西方的认定，甚至比严复走得更远。与严复不同的是，康有为不是将庄子视为老子后学，而是将庄子归为孔子后学。这样一来，庄子的进化论便证明了进化论是孔子思想的题中应有之义。康有为甚至宣称，西方的基督教（耶教）不过是作为孔教之一支的墨教西传的结果。在严复那里，无论对于进化论代表的自然科学、哲学还是对于自由、民主代表的启蒙思想，他所列举的中学代表都以老子、庄子思想为主；在梁启超那里，则包括老子、孔子、墨子"三位大圣"开创的老学、孔学和墨学。到了康有为、谭嗣同那里，中学高于西学之处则被无一例外地归功于

---

[1]　《英国游记》，《康有为全集》（第八集），中国人民大学出版社 2007 年版，第 23 页。

总括诸子百家而无所不包的孔学。之所以出现这种情形，与康有为、谭嗣同以孔教称谓国学，将诸子百家归结为孔学、孔教一家密不可分。

其次，近代哲学家对中学与西学相同性的论证不仅包含对中学、西学性质的认定，而且决定着对中学与西学关系的总体把握。在这方面，康有为、谭嗣同的做法既展示了彼此之间的默契，又拉开了与其他近代哲学家之间的距离。具体地说，康有为、谭嗣同以孔教概括中国固有之学，并在这个前提下肯定孔教与佛教、耶教一样讲仁，进而将仁说成是孔教与佛教、耶教的共同主张。不仅如此，康有为、谭嗣同都认定仁最基本的内涵是自由、平等和民主，并在此基础上一面借助仁证明了中学与西学的一致性，一面将自由、平等和民主等西方近代的价值理念注入到孔学代表的中国本土文化之中。这就是说，康有为、谭嗣同借助孔学阐明了中学与西学的关系，并且以西学为参照，推动了中国本土文化的内容转换和现代化。

在以仁论证、彰显孔教与耶教即中学与西学相近相通的过程中，康有为、谭嗣同将仁奉为世界万物的本原，坚信作为世界万物本原的仁放诸四海而皆准。循着这个逻辑，两人由仁是孔教和耶教的共同主张入手，抹杀乃至遮蔽中学与西学之间的差异性，进而由中学与西学的相似相通推演出中西文化的相同乃至同一。正是由于这个原因，康有为、谭嗣同对中学与西学关系的认定与其他近代哲学家渐行渐远：第一，康有为、谭嗣同对于中学与西学关系的认定有别于其他近代哲学家的观点。综观近代哲学不难发现，无论梁启超还是章炳麟都强调中学与西学之间的差异性而非相同性，这一点与两人秉持民族主义、坚守文化的地域性和民族性一脉相承。至于严复，尽管承认中西之学存在相同性，然而，他的具体所指亦与康有为、谭嗣同不可同日而语。这具体表现为两个方面：就学科而言，严复侧重哲学，康有为、谭嗣同侧重宗教。就内容而言，严复侧重宇宙的"第一因"即世界万物的本原，康有为、谭嗣同则侧重仁。第二，康有为、谭嗣同对中学与西学关系的认定注定了两人的文化观与其他近代哲学家的分歧，其间的最大区别在于：康有为、谭嗣同以放诸四海而皆准的仁作为媒介打通中西文化，因而专注二者之间的相同性而遮蔽差异性，最终导致只讲文化的世界性、历时性而不讲民族性、共时性。康有为、谭嗣同的这一致思方向和价值旨趣与梁启超对中国文化的民族性、地域性的凸显集苑集枯，与章炳麟对中国文化的民族性的坚守更是天差地别。第三，康有为、谭嗣同沿着削中学之足适西学之履的思路走得更远，以至于在对未来大同社会的建构中试图在全球同一语言文字、同一文化、同一宗教。对此，两人提出的办法和设想相同，那就是：用西方的字母文字取代中国的象形文字，并且幻想凭借仁逐渐步入取消国家、同一种族和语言文字的大同社会。至此，两人在对大同社会的设想中最终陷入世界主义和大同主义。康有为、谭嗣同处理中西之学以及中西关系的大同思路遭到以梁启超为首的近代哲学家的坚决抵制，梁启超在《新民说》中甚至针锋相对地指责不讲民族主义而只讲世界大同是宗教家的梦呓。对于其中的道理，梁启超基于民族主义立场如是说：

> 所谓对于世界而知有国家者何也？宗教家之论，动言天国，言大同，言一切众生。所谓博爱主义、世界主义，抑岂不至德而深仁也哉。虽然，此等主义，其脱离理想界而入于现实界也，果可期乎？此其事或待至万数千年后，吾不敢知，若今日将安取之？夫竞争者，文明之母也。竞争一日停，则文明之进步立止。由一人之竞争而为一家，由一家而为一乡族，由一乡族而为一国。一国者，团体之最大圈，而竞争之最高潮也。若曰并国界而破之，无论其事之不可成，即成矣，而竞争绝，毋乃文明亦与之俱绝乎！况人之性非能终无竞争者也，然则大同以后，不转瞬而必复以他事起竞争于天国中。而彼时则已返为部民之竞争，而非复国民之竞争，是率天下人而复归于野蛮也。今世学者，非不知此主义之为美也。然以其为心界之美，而非历史上之美。故定案以国家为最上之团体，而不以世界为最上之团体，盖有由也。然则言博爱者，杀其一身之私以爱一家可也，杀其一家之私以爱一乡族可也，杀其一身一家一乡族以爱一国可也。国也者，私爱之本位，而博爱之极点，不及焉者野蛮也，过焉者亦野蛮也。①

---

① 《新民说》，《梁启超全集》（第二册），北京出版社 1999 年版，第 663—664 页。

事实上，不惟梁启超对康有为的大同思想予以驳斥，主张生存竞争、适者生存的严复不可能对大同思想津津乐道。即使是同样对大同社会梦萦魂牵的孙中山，也不认同康有为等人的大同设想。这是因为，孙中山具有民族意识，将民族主义置于三民主义之首，并且贯彻到他的大同理想之中。由此不难想象，康有为、谭嗣同通过取消国家、同一语言文字和同一文化的方式进入世界大同的设想与孙中山等人的大同理念背道而驰。进而言之，康有为、谭嗣同的大同理念之所以走向世界主义、大同主义，原因颇为复杂，其中的一条重要原因便是对中西文化关系的认识存在误区，而这与两人的国学理念一脉相承。

再次，如果说以西学为参照解读中国传统文化、推动中国固有之学的内容转换是近代国学的共同特征和时代诉求的话，那么，每一位近代哲学家对西学的选择则大不相同，对中西之学的比较、贯通与和合更是差若云泥。在这方面，康有为、谭嗣同都试图以孔教对抗耶教。这注定了两人国学理念的一致性，在促使康有为、谭嗣同以孔学、孔教称谓国学，彰显国学的宗教性的同时，预示了两人对西方文化的侧重以及由此而来的对中西文化杂糅、和合的一致性。

对康有为、谭嗣同与同时代的其他近代哲学家进行比较可以发现，两人对中西文化的取舍、杂糅呈现出明显的一致性。对于这个问题，可以从如下两个方面进行把握。

在对西学的选择和借鉴上，康有为、谭嗣同都偏袒西方的自然科学，对电、力、以太等源自西方近代自然科学的概念和天文学、地理学等学科更是倍加推崇。这不仅表明两人对西学的借鉴、吸收以自然科学为主，而且表明两人对自然科学的选择与其他近代哲学家集苑集枯。严复、梁启超对西学的选择侧重社会科学，对以社会契约论、天赋人权论和社会有机体论为代表的启蒙思想以及社会政治学说青睐有加。对于西方的自然科学，严复、梁启超主要关注达尔文进化论——当然，在两人尤其在严复那里，达尔文进化论绝不仅仅是生物学或自然科学，而是上升为一种世界观、价值观和方法论。康有为、谭嗣同对西方自然科学的吸收、利用以物理学、天文学和生理学为主要学科，此外便是以耶教为主的宗教以及少许的社会科学。谭嗣同称之为"群学"。近代哲学家所讲的群学具有广义与狭义之分：狭义的群学具体指社会学，广义的群学则统指哲学和社会科学。谭嗣同显然是在后一层意义上使用群学概念的。至于被严复、梁启超奉为圭臬的社会有机体论以及严复推崇的赫胥黎、斯宾塞或者章炳麟膜拜的叔本华等西方哲学家，并不为康有为所熟稔或尊崇，更非谭嗣同所闻。

在对中西之学的侧重上，康有为、谭嗣同以中学为主，既有别于梁启超的中西参半，也就是他本人所说的"不中不西即中即西"；又迥异于严复的以西学为主，尽管声称宣传西学是为了弘扬中学——"回照故林"，然而，他的哲学建构以西学为主要来源则是不争的事实。正因为如此，康有为、谭嗣同的哲学建构以及对中西之学的杂糅与梁启超、严复等人不可同日而语。梁启超强调，"中学为本、西学为用"；本、用相互作用，一个都不能少。这用他本人的话说便是："要之舍西学而言中学者，其中学必为无用；舍中学而言西学者，其西学必为无本。无用无本，皆不足以治天下。"① 这就是说，梁启超的哲学建构中西参半，西学在其中的分量与康有为、谭嗣同相比有所加大。与梁启超相比有过之而无不及，严复哲学建构的西学成分进一步加大，甚至可以说以西学为主要来源。至此可见，如果说中西杂糅是近代哲学的共同特征的话，那么，每一位近代哲学家对中学、西学的选择和态度都相去霄壤，也使无论中学还是西学在他们那里的比重都大不相同。深入比较、分析可以看到，尽管近代哲学家的哲学建构都包括中学与西学两个方面，然而，他们却对二者进行了不同的杂糅、和合。其中，康有为、谭嗣同对中学与西学的侧重最为接近，而与以西学为主的严复或中学与西学参半的梁启超等其他近代哲学家相去甚远。这不仅代表了康有为、谭嗣同思想的一致性，而且预示了两人哲学内容的一致性。而这一切与康有为、谭嗣同国学理念的一致性密不可分，甚至可以说是国学理念一致性的具体贯彻和直接反映。

上述内容显示，康有为、谭嗣同对国学与西学关系的认定包括三个方面。这三个方面是两个人之间的默契，故而与同时代的其他哲学家迥然相异，其中的第一方面和第二方面更是成为康有为、谭嗣同与其他近代哲学家之间的争论焦点：如果说严复、章炳麟对康有为的反驳主要集中在第一方面的话，那么，

---

① 《〈西学书目表〉后序》，《梁启超全集》（第一册），北京出版社 1999 年版，第 86 页。

第三方面则是梁启超与康有为思想的分歧所在。有鉴于此，以上三个方面不仅表明了康有为、谭嗣同国学理念的一致性，而且使两人的国学理念与其他近代哲学家渐行渐远。

第二节　国学透视

近代国学概念的基本含义是一国固有之学，这意味着对包括诸子百家在内的固有之学的审视、梳理和整体把握成为近代国学的题中应有之义，乃至是当务之急。在这方面，以孔教称谓中国固有之学再一次展示了康有为、谭嗣同国学观的一致性，同时也显示二人了与其他近代哲学家的区别。

一、诸子百家之间的关系

康有为、谭嗣同将中国固有之学统称为孔教，这一称谓表明两人尊崇孔子，在以孔子代表、象征中国固有之学的同时，预示着以孔子、孔学为价值主线和逻辑框架对诸子百家的关系进行整合。两人的具体办法是，一面以孔教（孔学）称谓、代表囊括诸子百家在内的中国固有之学，一面将诸子百家整合、还原为孔学一家——对于这一点，康有为的"百家皆孔子之学"代表了两人的共同心声。

首先，康有为、谭嗣同将先秦学术归结为孔学一家，这是对诸子百家关系的审视和梳理，同时也表明两人侧重对诸子百家的整合。

康有为在将先秦诸子都说成是孔子后学的前提下，以孔学整合诸子百家。在这方面，他的明言是"百家皆孔子之学"。与康有为整合诸子百家的意趣别无二致，谭嗣同凸显孔教的无所不包、囊括百家。正是在这个意义上，他断言：

> 盖儒家本是孔教中之一门，道大能博，有教无类。太史公序六家要

旨，无所不包，的是我孔子立教本原。后世专以儒家为儒，其余有用之学，俱摈诸儒外，遂使吾儒之量反形狭隘，而周、秦诸子之蓬蓬勃勃，为孔门支派者，一概视为异端，以自诬其教主。殊不知当时学派，原称极盛：如商学，则有《管子》、《盐铁论》之类；兵学，则有孙、吴、司马穰苴之类；农学，则有商鞅之类；工学，则有公输子之类；刑名学，则有邓析之类；任侠而兼格致，则有墨子之类；性理，则有庄、列、淮南之类；交涉，则有苏、张之类；法律，则有申、韩之类；辨学，则有公孙龙、惠施之类。盖举近来所谓新学新理者，无一不萌芽于是。[1]

至此可见，康有为、谭嗣同都将诸子百家归结为孔学（或称孔教）一家，并在此基础上以孔教对先秦学术进行整合。两人这样做既凝聚了中华民族精神，又增大了孔教的力量，使孔教由于内容无所不包显示出中学对西学内容的无所不有。

与此同时，将诸子百家归结为孔学一家表明，康有为、谭嗣同对百家学说整合划一，对于相互争鸣的诸子百家侧重其同。与两人相比，其他近代哲学家则热衷于对百家学说进行分疏，也就是侧重诸子百家之异。在这方面，梁启超将中国学术分为老学、孔学和墨学三家，指出其他各家都是在三家的基础上衍生出来的。严复沿着司马谈的思路，因循《论六家要旨》的办法将先秦诸子分为六家。章炳麟沿袭古文经学的传统将周秦诸子分为十家，基本上遵循了刘歆的观点。梁启超、严复和章炳麟都以分疏作为透视、梳理诸子百家关系的原则和方法，从三家到六家再到十家，对先秦学术的分类和辨梳越来越细。由此反观康有为、谭嗣同的做法可以发现，两人整合诸子百家的原则和态度在近代哲学家中独树一帜。

其次，在中国近代特殊的历史背景和文化语境下，整合与分疏不仅表现了近代哲学家对诸子百家的分类和概括，而且代表着他们对诸子百家思想异同的审视和观照。在这方面，康有为、谭嗣同对诸子百家的整合预示着两人侧重诸

---

[1]　《论今日西学与中国古学》，《谭嗣同全集》（增订本），中华书局 1998 年版，第 399 页。

子百家的思想之同，其他近代哲学家对诸子百家思想的分疏则意味着侧重各家思想之异。

在对中国本土文化的审视中，康有为、谭嗣同以孔学整合诸子百家。两人将诸子百家统统归入孔学之日，也就是将诸子百家之学整齐划一之时。与康有为、谭嗣同的整合思路和意趣截然不同，梁启超和章炳麟等其他近代哲学家关注诸子百家之异，这一点在章炳麟那里表现得尤为明显和突出。梁启超在将先秦学术归为老学、孔学和墨学三家的同时，既承认三家之同，也强调三家之异。对此，他论证并解释说：

> 孔、老、墨三位大圣，虽然学派各殊，"求理想与实用一致"，却是他们共同的归着点。如孔子的"尽性赞化"，"自强不息"，老子的"各归其根"，墨子的"上同于天"，都是看出个"大的自我"、"灵的自我"和这"小的自我"、"肉的自我"同体，想要因小通大，推肉合灵。我们若是跟着三圣所走的路，求"现代的理想与实用一致"，我想不知有多少境界可以辟得出来哩。①

依据梁启超的分析，老孔墨三家学术不同，宗旨无异，可谓是殊途同归。章炳麟不仅将先秦诸子分为九流十家，而且刻意凸显各家的不同。尽管章炳麟承认各家之间存在相兼相杂的情况，然而，他却凸显彼此之间的差异。甚至可以说，如何界定九流十家的泾渭分明成为章炳麟国学（诸子学）研究的根本目的和主要内容。

更有甚者，在对中西之学的审视中，康有为、谭嗣同将同之原则和思路推而广之，并且找到了具体依据。为此，两人将仁说成是孔教（中学）与耶教（西学）的共同特征和宗旨，以此彰显孔教与耶教以及中学与西学的相似性和相同性。对中学内部的各派之分流露出梁启超、严复和章炳麟注重文化的地域性和民族性的思想端倪，在某种程度上也决定了他们没有像康有为、谭嗣同那样极

---

① 《游欧心影录》，《梁启超全集》（第五册），北京出版社 1999 年版，第 2986 页。

力彰显中西之学的相同性，梁启超、章炳麟更是不遗余力地在价值上坚守中学的民族性和地域性。

二、中国文化的象征和源头

康有为、谭嗣同之所以将诸子百家归结、还原为孔学一家，旨在提升孔子的地位，进而将孔子奉为中国固有之学即中国本土文化的象征。事实上，无论两人将诸子百家归结为孔学一家还是将孔子作为中国本土文化的代言人都意味着对孔子至高权威的彰显。不仅如此，康有为、谭嗣同反复从不同角度提升孔子的地位，树立孔子的权威。为了达到这一目的，康有为甚至将老子、墨子为首的先秦诸子都说成是孔子后学。综合考察近代哲学家的思想可以发现，无论是将诸子百家归结为孔学一家，还是彰显孔子的绝对权威都是只存在于康有为与谭嗣同两个人之间的默契，故而与其他近代哲学家渐行渐远：严复在 1918 年之后——生命的最后几年[①]推崇孔子，在绝大多数时间里都对老子、庄子推崇备至，故而在六家中青睐道家。梁启超认为，老子、孔子和墨子是中国文化的"三位大圣"或称"三圣"，并且习惯于老孔墨的先后顺序排列。章炳麟给予孔子的地位尚不及梁启超，因为他在十家中痛诋儒家而偏袒道家，并将孔子界定为儒家创始人而对儒学痛加抵制。显而易见，康有为、谭嗣同的做法与严复青睐老子、庄子大相径庭，与梁启超将孔子与老子、墨子一起誉为中国文化的"三位大圣"或称"三圣"相差悬殊，与章炳麟声称老子在学问上胜于孔子和墨子，而墨子在道德上超迈老子和孔子，从而使孔子在老子、墨子面前相形见绌更是具有天壤之别。

问题到此并没有结束，先秦是中国哲学和文化的发源地，近代哲学家对先秦诸子的看法不只关系到对诸子百家的辨梳、透视，而且关系到对中国哲学和文化源头的审视、认定。正因为如此，他们对孔子与老子、墨子关系——特别是孔子与老子关系的认识背后隐藏着一个根本问题，那就是：中国哲学史从

[①]　严复逝世于 1921 年。

谁讲起？谁才是中国哲学的开山鼻祖？对于这个至关重要的根本问题，康有为、谭嗣同选择了孔子，严复、梁启超和章炳麟等其他近代哲学家则选择了老子——至少更倾向于老子。

三、诸子研究

对于近代意义上的国学研究来说，对中国固有之学的整体把握与对诸子百家关系的宏观透视互为表里。诸子百家之间的关系构成了国学研究的主体内容，对中国固有之学的整体把握和对诸子百家关系的宏观透视则框定了对先秦诸子以及秦后国学人物的学术身份、思想归属的认定。这些既构成了近代哲学家的国学研究的一部分，又受制于他们各自的国学理念。

首先，从先秦诸子的身份归属来说，康有为、谭嗣同的国学理念以及对诸子百家关系的整合原则直接决定了两人对先秦诸子的身份认定和学派归属，也预示了与其他近代哲学家的不同。

事实上，康有为、谭嗣同对先秦诸子的身份归属和认定既拉近了两人之间的距离，同时又显示了与其他近代哲学家的差异。以对庄子的身份认定和学术归属为例，康有为、谭嗣同以孔教称谓中国固有之学、将诸子百家还原为孔学一家，并沿着这个思路异口同声地认定庄子是孔子后学。康有为明确肯定"庄子在孔子范围，不在老子范围"，谭嗣同则一再强调庄子是孔学嫡传。梁启超、严复和章炳麟都将庄子归到了老子的麾下，并且在老学中为庄子找到了不同位置。就梁启超来说，对老子学派的划分并不固定，有时将老学划分为四派，有时又将老学划分为五派。在这个前提下，梁启超指定关尹是老学正统、杨朱是老学大家，而让庄子与屈原一起偏于老学一隅。严复、章炳麟则略过了梁启超提到的诸多老子后学而喜欢对庄子与老子并提。两人的这一做法既凸显了庄子的老子后学身份，又印证了庄子在老学中首屈一指的地位。

其次，从先秦诸子的思想传承来说，康有为、谭嗣同对先秦诸子身份归属的相同认定并进一步通过对先秦诸子的传承谱系和思想内容的相同认定展示出来。当然，这些在表明两人国学理念一致性的同时，也呈现出与其他近代哲学家的迥然相异。

近代哲学家给予先秦诸子的身份归属与他们对诸子思想传承的认定一脉相承，甚至可以说相互印证。正是由于这个原因，在近代哲学家对先秦诸子的审视和解读中，既可以说诸子的身份归属先天地框定了其思想传承的内容，又可以说思想传承印证了诸子的身份归属。可以看到，近代哲学家对先秦诸子的身份归属与思想挖掘是一个过程的两个方面，在相互印证、相得益彰中展开。可以肯定的是，康有为、谭嗣同对先秦诸子思想内容的解读与对诸子的身份归属一脉相承，在某些方面甚至与其他近代哲学家呈现出一致性。问题的关键是，康有为认定"百家皆孔子之学"①，谭嗣同声称孔教"道大能博"，无所不包。这决定了两人对先秦诸子的身份归属以孔子为逻辑主线乃至最终归宿而与其他近代哲学家差若云泥，由此导致康有为、谭嗣同对先秦诸子的思想阐释与其他近代哲学家相去霄壤。

以对庄子思想的解读和诠释为例，由于将庄子归入孔子后学之中，康有为、谭嗣同都在孔学的视界中追溯庄子思想的传承谱系，并且基于对孔学的透视、理解挖掘庄子的思想内容。对此，两人采取的具体办法是：沿着庄子传承孔子思想的思路，借助对孔学内容的理解来诠释庄子的思想。具体地说，康有为、谭嗣同对庄子在孔学中的地位认定有别，对庄子所传孔学内容的具体认定迥异。康有为声称庄子传承作为孔子高级之学的大同思想，谭嗣同坚持庄子作为孔学嫡传而痛诋君主。由此可见，两人对庄子思想的解读采取的是相同的套路和范式，那就是：以孔释庄，甚至是以孔子的名义发出的。显而易见，康有为、谭嗣同对庄子的这一诠释范式与其他近代哲学家渐行渐远——与章炳麟一面对庄子情有独钟、一面对孔子含有微词，进而在以老释庄的名义下秉持佛教的致思方向和价值旨趣诠释庄子的思想天悬地隔。诚然，康有为、谭嗣同对

---

①　这句话出自康有为之口，却代表了康有为、谭嗣同对中国本土文化尤其是先秦诸子百家关系的共同看法。在这方面，谭嗣同的原话是："绝大素王之学术，开于孔子。而战国诸儒，各衍其一派，著书立说，遂使来后无论何种新学，何种新理，俱不能出其范围。盖儒家本是孔教中之一门，道大能博，有教无类。"（《论今日西学与中国古学》，《谭嗣同全集》（增订本），中华书局1998年版，第399页）显而易见，谭嗣同的观点与康有为如出一辙。

庄子思想的解读带有近代哲学的共性，展示出与其他近代哲学家的一致性。例如，两人在释庄的过程中将西学、佛学注入到庄子的思想之中，表现出与包括严复、梁启超和章炳麟在内的近代哲学家的一致性。在这个前提下应该看到，无论严复、梁启超还是章炳麟都秉持以老释庄的原则，与康有为、谭嗣同的以孔释庄势不两立。从这个意义上说，康有为、谭嗣同对包括庄子在内的先秦诸子的身份归属和思想解读牵涉到对孔子、老子的不同态度和地位认定，归根结底取决于两人的国学理念。

再次，康有为、谭嗣同对先秦之后的国学人物的取舍和解读呈现出明显的一致性，与其他近代哲学家的意趣、取舍大不相同。

正如作为中国固有之学的近代国学并不限于先秦一样，近代哲学家对国学人物的关注审视和思想解读并不限于先秦诸子，而是包括从先秦到汉唐再到宋元以至于明清之际等各个时期的所有国学人物。换言之，他们的国学人物研究在聚焦先秦诸子的同时，囊括了从先秦到近代之前的各个时期的国学人物。先秦诸子只是近代哲学家的国学人物研究中的一部分，却可以说是其中最主要的部分。这是因为，先秦是中国哲学、文化的源头活水，近代哲学家对先秦诸子的取舍、解读和研究在一定程度上框定了对秦后人物的偏袒、解读和研究。正是由于这个原因，康有为、谭嗣同对秦后人物的取舍和态度呈现出明显的一致性。这一点与两人对先秦时期的诸子百家的整合一脉相承，互为表里。质言之，这既与康有为、谭嗣同将诸子百家归结为孔学一家息息相通，又受制于两人的国学理念。

秉持为中华民族寻找精神家园的理论初衷，近代哲学家的国学研究对先秦兴趣盎然。这使先秦诸子成为关注焦点，也积极回应了肇始于乾嘉学派的诸子学复兴。从这个意义上说，先秦诸子是近代哲学家的共同关注点。在先秦时期和先秦诸子之外，近代哲学家则将目光投向了不同时段的国学人物，由此形成了不同方向的国学研究。一方面，就时段选择和人物偏袒而言，康有为、严复对宋明时期以及宋明理学家（宋儒）乐此不疲，谭嗣同、梁启超对明清之际以及早期启蒙思想家兴趣盎然。在这个划分中，康有为、严复的国学理念和国学研究具有明显的一致性，都对朱熹、陆九渊和王守仁为首的宋明理学家倍加关注。谭嗣同与梁启超的国学理念和国学研究更为接近，都对作为明清之际早期启蒙思想家的黄宗羲、王夫之等人抱以极大的热情和礼赞。另一方面，就评价标准和态度褒贬而言，正如康有为与严复的观点南辕北辙一样，谭嗣同与梁启超的观点相去霄壤。

就康有为、严复而论，尽管都关注以朱熹、陆九渊和王守仁为首的宋明理学家，然而，关注的目的和态度却大相径庭。这具体包括两个方面：第一，从立言宗旨来看，康有为、严复是怀揣着不同动机审视、关注宋明理学的，无论关注视角还是审视维度都呈现出巨大差异：康有为之所以关注宋明时期，是为了说明宋儒作为刘歆之学的余脉充其量只不过是"荀学之一小支"①。基于这种认识，康有为既肯定宋明理学是孔子后学，又抨击其不是孔学正宗而属于"另一种学问"。严复之所以关注宋儒，是因为他认定近代中国的状况发端于宋代，究心于宋代学术可以为近代的救亡图存尤，其是探究近代社会衰微落后的根源提供历史资鉴。这用他本人的话说便是："若研究人心政俗之变，则赵宋一代历史，最宜究心。中国所以成于今日现象者，为善为恶，姑不具论，而为宋人之所造就什八九，可断言也。"② 第二，从态度评价来看，康有为、严复对宋明理学的总体评价相差悬殊，对宋明理学家的偏袒程度更是差若云泥。尽管康有为早年尊朱，然而，他后来却"独好陆王"。1880 年代，康有为作《尊朱》，将对朱熹的推崇推向了极致。尽管如此，综合考察康有为的思想可以发现，他尊崇朱熹的时间很短。事实上，康有为一生的大部分时间都在指责朱熹偏于一隅，背离了孔子大道。与对朱熹的先褒后贬形成强烈反差的是，康有为对陆九渊、王守仁表现出越来越多的好感，以至于梁启超在《南海康先生传》中以"独好陆王"概括康有为的思想。就整体评价来说，严复对宋明理学的整体评价比康有为高，也使宋明学术成为严复关注的主要领域之一。就对宋明人物的取舍来说，严复抨击陆王心学是心成之说，一面打压王守仁而一面推尊朱熹。心仪归纳法的严复甚至将朱熹的格物致说知奉为中国归纳法的代表，进而格外

---

① 梁启超评价康有为思想语，详见《南海康先生传》，载《梁启超全集》（第一册），北京出版社 1999 年版，第 487 页。

② 《与熊纯如书》，《严复集》（第三册），中华书局 1986 年版，第 668 页。

服膺。

就谭嗣同、梁启超而论，虽然都关注明清之际，并且都推崇这一时期以黄宗羲、王夫之为代表的早期启蒙思想家，但是，两人审视这一时期的致思方向、对明清之际早期启蒙思想家的取舍和评价却不可同日而语。这方面的内容极为丰富，也颇为复杂。择其要者，大端有三：第一，就对明清之际早期启蒙思潮的整体审视和性质判定来看，谭嗣同、梁启超的看法呈现出不容忽视的差异。一言以蔽之，谭嗣同基于以孔子作为中国本土文化象征的逻辑将黄宗羲、王夫之等人视为孔子学脉的薪火相传，梁启超则将明清之际的早期启蒙思潮比喻为中国的文艺复兴。第二，就人物取舍和态度评价来看，谭嗣同、梁启超都对明清之际怀有好感，对这一时期的人物取舍或侧重呈现出明显的一致性乃至相同性。对于这一点，通过两人与康有为、严复的比较可以看到更加清楚。尽管如此，在这个前提下深入剖析可以发现，谭嗣同、梁启超对明清之际国学人物的取舍并不完全相同，差异的背后甚至隐藏着重大分歧。总的说来，两人思想的最大区别在于，谭嗣同一面对黄宗羲、王夫之津津乐道，推崇、膜拜之情溢于言表；一面对同一时期的颜元、戴震三缄其口，流露出明显的漠视和轻视。有别于谭嗣同的偏袒和选择，梁启超对明清之际的国学人物照单全收，从朱之瑜（朱舜水）、颜元、戴震到黄宗羲、顾炎武、王夫之，不同哲学理念、政治际遇的早期启蒙思想家都在他的关注视野和推崇之列。进而言之，谭嗣同、梁启超对明清之际国学人物的选择、评价出现这种差异是必然的，与两人对明清之际早期启蒙思潮的整体把握和性质认定一脉相承。具体地说，既然谭嗣同从孔子、孔教的维度透视明清之际的早期启蒙思想，那么，他便只选择作为孔教"余绪"的黄宗羲和王夫之予以关注。既然梁启超将明清之际的早期启蒙思潮誉为中国的文艺复兴并且对文艺复兴极力赞赏，那么，他对这一时期的人物照单全收也就顺理成章了。第三，谭嗣同、梁启超对整个明清之际早期启蒙思潮的审视维度不同，由此决定了对这一时期人物的取舍和评价，进而影响到对他们的思想解读和诠释。正是由于这个原因，即使是对同一人物，谭嗣同、梁启超所进行的思想解读和侧重取舍也大相径庭。例如，黄宗羲受到了谭嗣同、梁启超的共同推崇，两人也成为戊戌启蒙思想家以至于近现代哲学家中为数不多的慕黄派。在这个前提下尚须进一步澄清的是，尽管谭嗣同、梁启超都给予黄宗羲高度评价，然而，两人对黄宗羲的高度评价是从不同方向发出的，可谓是殊途同归。这是因为，谭嗣同、梁启超对黄宗羲思想的解读沿着不同的思路进行，在自说自话中展示出黄宗羲思想的不同内容和面貌。换言之，谭嗣同、梁启超对黄宗羲的高度评价基于不同的逻辑，故而针对不同的内容：谭嗣同将黄宗羲作为孔子的嫡传——庄子的后学，沿着庄子、黄宗羲一派的特点是"痛诋君主"的思路，侧重黄宗羲对君主专制的批判。有鉴于此，谭嗣同对黄宗羲的《明夷待访录》如获至宝，不仅将之比喻为瓦砾中的宝石，而且反复援引书中的话语批判"君为臣纲"，抵制君主专制。有鉴于此，谭嗣同关注、赞同黄宗羲的民主思想，并将之奉为自己的民主启蒙思想的主要来源。梁启超除了与谭嗣同一样注意到了黄宗羲的《明夷待访录》中表达的民权思想之外，对黄宗羲在史学领域的贡献和建树更为关注。由此可见，与其说梁启超像谭嗣同一样将黄宗羲视为启蒙思想家，毋宁说他更愿意将黄宗羲视为史学家而顶礼膜拜。

近代意义上的国学是对中国固有之学的称谓，这意味着对中国本土文化的宏观透视和整体把握是近代国学的题中应有之义。由此不难想象，近代哲学家对诸子百家关系的梳理、对孔子与老子代表的先秦诸子关系的透视以及由此而来的对中国哲学开山的认定等等构成了近代国学的核心话题、关注焦点和重要内容。在对这些问题的回答上，又一次显示了康有为、谭嗣同国学观的一致性。

第三节　国学经典

对国学经典的选择和认定是国学观的一部分，既受制于国学理念，又决定着国学研究。对于康有为、谭嗣同代表的近代哲学家来说，对中国固有之学的称谓、整合与对诸子百家关系的审视、界定构成了国学观的核心内容，二者都反过来影响甚至决定着对经典文本的侧重选择和态度评价。在这方面，康有为、谭嗣同对中国固有之学的孔教称谓和对诸子百家的整合，既决定了两人选择的国学经典的相同性而显示出与其他近代哲学家的差异性，又由于对孔学的不同理解而对国学经典有不同偏袒，最终使两人的国学理念渐行渐远。比较康有为、谭嗣同的国学经典的异同，既有助于直观感受两人国学观的一致性，又有助于深刻理解两人国学观的差异性，进而体悟近代国学观的丰富性和多样性。

一、总体侧重

与其他近代哲学家相比，康有为、谭嗣同对国学经典的选择呈现出明显的一致性，那就是侧重六经、四书代表的儒家经典，对《春秋》（《春秋公羊传》）《周易》更是奉若神明。

在康有为那里，除了最后一部著作——《诸天讲》之外，几乎所有的重要著作都是围绕着对儒家经典的诠释和发微展开的——不仅以四书五经为议论焦点和研究对象，而且侧重对儒家经典的解读和诠释。成书于戊戌维新之前的《新学伪经考》《孔子改制考》《春秋董氏学》是如此，成书于戊戌维新之后的《春秋笔削大义微言考》《论语注》《孟子微》《中庸注》《礼运注》也不例外。

谭嗣同虽然没有康有为那样的儒家情结，但是，他选择的经典与孔子具有密切关系则是毋庸置疑的。孔子与儒家的密不可分决定了谭嗣同对国学经典的选择侧重儒学经典，对于这一点，《仁学》的书目单便是明证。谭嗣同曾经在《仁学》中为读者开具了一张书目单。书目单上所列的"中国书"不啻为他心目中的国学要籍[①]。从形式上看，谭嗣同所列的国学经典分为两部分，前半部是八部书，后半部是由陶渊明、周茂叔（周敦颐）、张横渠（张载）、陆子静（陆九渊）、王阳明（王守仁）、王船山（王夫之）和黄梨洲（黄宗羲）组成的七个人之书。稍加分析即可发现，这些书大都与孔子关系密切，儒家经典在其中占

---

① 谭嗣同明确指出："凡为仁学者，……于中国书当通《易》、《春秋公羊传》、《论语》、《礼记》、《孟子》、《庄子》、《墨子》、《史记》，及陶渊明、周茂叔、张横渠、陆子静、王阳明、王船山、黄梨洲之书。"（《仁学》，《谭嗣同全集》（增订本），中华书局1998年版，第293页）

有绝对优势：就前半部的八部书而言，前五部无一例外地是儒家经典。作为第六部的《庄子》概莫能外。这是因为，庄子被谭嗣同归为孔子后学，甚至是孔学嫡派，《庄子》由此成为孔学要籍。康有为将司马迁说成是孔子后学，谭嗣同对司马迁的界定也可以作如是观。如此一来，《史记》便毫无疑义地成为孔门之书。谭嗣同没有像康有为那样强调墨子是孔子后学，八部书中与孔子没有直接联系的只剩下《墨子》。就后半部的七人之书而言，除了陶渊明，后六人都被谭嗣同明确地归为孔子后学，他们的书自然成为孔学的一部分。至此可见，谭嗣同对国学经典的选择秉持与康有为相同的原则，那就是：由于以孔学为中心，围绕着孔子展开，故而关注与孔学关系密切的儒学经典。

与康有为、谭嗣同选择国学经典围绕着孔子展开天差地别，严复选择和推崇的国学经典围绕着老子展开。在严复那里，《周易》①《老子》《庄子》是最重要的国学经典，因而被他奉为中国哲学的三大经典。有鉴于此，严复对《周易》《老子》《庄子》的评价和运用远远超过了四书五经，这一点在 1918 年之前表现得尤为明显。有鉴于此，无论证明中国有哲学、自然科学源远流长还是自由、平等和民主思想内容丰富，严复都拿《周易》《老子》《庄子》作为证据。当然，严复推崇的《周易》当为道家经典，绝非康有为所理解的孔子所作。与康有为热衷于对儒家经典的著述有别，严复在潜心翻译西方名著的同时，将精力投入到对道家思想的解读之中。《〈老子〉评语》《〈庄子〉评语》便是严复的代表作，也是他除了翻译之外仅有的两部著作。梁启超的著述之多、涉猎之广在近代哲学家中无人比肩，他眼中的国学经典涉猎范围更加广泛。由于将老子、孔子和墨子一起誉为中国文化的"三位大圣"或"三圣"，梁启超推崇的国学经典不再像康有为、谭嗣同那样单独以孔子为中心，也不像严复那样单独以老子为中心，而是呈现出更为开放的心态和多元的意趣。可以看到，梁启超的国学观不仅以孔子、老子为中心，而且还加上了墨子。并且，在以老子、孔子和墨子为中心的基础上，梁启超对古代典籍兼容并蓄，举凡经、史、子、集都被他纳入其中。

---

① 　与康有为、谭嗣同习惯于称为《易》有别，严复习惯于称为《周易》。出于对他们的尊重，保留了康有为、谭嗣同与严复的称谓习惯。

对于这一点，梁启超开具的国学书目单和对国学要籍的解读便是明证。除此之外，他对胡适最低限度的国学书目单的批评也印证了这一点。

康有为断言"'六经'皆孔子作"，由此将《周易》说成是儒家经典，并且视为孔子所作。严复将《周易》与《老子》《庄子》组成的"三玄"说成是中国三大哲学著作，本身就意味着《周易》是道家经典，至少不为儒家所专有。在六经的版权问题上，章炳麟一面公开反驳康有为将六经都说成是孔子所作，一面只将《春秋》的版权归于孔子，同时强调《春秋》是史而不是经。当然，无论儒家还是孔子都不是章炳麟关注的重点或中心，他对国学经典的选择经史并重。就经而言，章炳麟重视六经而轻视四书，在表面上呈现出与康有为的某种相似性。事实并非如此：第一，章炳麟将六经视为古代先民的历史遗存，不惟不归功于孔子，反而视为孔子之前就存在的古代典籍。第二，章炳麟关注六经，却不在六经中以《春秋》为首。对于《春秋》一书的定性，章炳麟并不像康有为那样奉若神明，甚至没有将之归为经，而是归为史。就对《春秋》的解读来说，康有为、谭嗣同秉持公羊学的立场，章炳麟则沿袭古文经的传统。有鉴于此，对于"春秋三传"，康有为、谭嗣同推崇《春秋公羊传》，谭嗣同甚至让《春秋公羊传》登上《仁学》书目单而舍弃了《春秋》。与康有为对公羊学的恪守或谭嗣同对《春秋公羊传》的顶礼膜拜截然不同，章炳麟热衷于《左传》。更为重要的是，章炳麟在学问上推崇道家，在偏袒老子、庄子的前提下，对庄子异常倾慕。正是由于这个原因，章炳麟在解读国学经典时对《庄子》推崇备至，尤其是对《庄子》的前两篇，即《逍遥游》《齐物论》格外推崇，对《齐物论》篇更是情有独钟。由此，《齐物论释》成为章炳麟的代表作。

上述内容显示，康有为、谭嗣同对国学经典的选择都集中于六经、四书，因而以儒家经典为主。这一点通过与其他近代哲学家的比较则看得更加清楚、明白。进而言之，康有为、谭嗣同选择国学经典的一致性受制于对孔子的推崇。尽管谭嗣同并不像康有为那样推崇儒学，然而，他还是选择了《春秋公羊传》《礼记》《论语》《孟子》等儒家经典。如果说推崇孔子、孔学注定了两人经典选择的一致性的话，那么，对孔学的不同理解尤其是对儒学的不同态度则预示着康有为、谭嗣同对国学经典的不同态度和选择。

二、具体偏袒

一方面，康有为、谭嗣同都推崇孔子，故而在国学经典上都侧重四书五经。另一方面，两人对儒学的态度截然相反，故而对具体的国学经典表现出不同的侧重和偏袒。结果是，康有为、谭嗣同对国学经典的选择从宏观上看是相近的，从微观上看则是不同的。如果说前者在拉近两人距离的同时显示了与其他近代哲学家的迥异其趣的话，那么，后者则预示了康有为、谭嗣同国学观的学术分野。

首先，就对国学经典的具体偏袒来说，康有为、谭嗣同之间的最大区别在于：康有为视界中的第一经典是《春秋》，谭嗣同视界中的第一经典则非《易》莫属。

康有为一面声称"'六经'皆孔子作"，一面彰显《春秋》在六经中首屈一指的地位。依据他的说法，尽管六经皆是孔子所作，然而，由于其间存在着不容忽视的高低优劣之分，故而不可对六经等量齐观：第一，从时间上说，《易》《春秋》是孔子晚年所作，《诗》《书》《礼》《乐》则是孔子早年所作。这表明，《易》《春秋》高于《诗》《书》《礼》《乐》。第二，从态度上说，孔子对六经区别对待，以《诗》《书》《礼》《乐》"日以教人"，对《易》《春秋》则"择人而传"。第三，从内容上说，《易》讲天道，《春秋》讲人道。这意味着《易》虽然与《春秋》一样属于孔子的高级之学，但是，二者之间尚存在不容忽视的优劣之分。对此，康有为强调，孔教是有别于耶教（基督教）、佛教的人道教，讲人道的《春秋》优于讲天道的《易》。基于上述认识，康有为得出结论：《春秋》在六经中的地位最尊贵，因为《春秋》最完备地体现了孔子之道。正是在这个意义上，他反复宣称：

"六经"以《春秋》为至贵。①

---

① 《万木草堂口说·孔子改制》，《康有为全集》（第二集），中国人民大学出版社 2007 年版，第 147 页。

《春秋》为"六经"之管籥，故孔子之道莫备于《春秋》。①

由此可见，康有为之所以在六经中提升《春秋》的地位，是因为他认定孔子大道集中于《春秋》一书。奥秘在于，《春秋》隐藏着孔子托古改制的秘密，是解读孔子微言大义的第一宝典。沿着这个思路，康有为不仅对《春秋》顶礼膜拜，而且将精力投入到提升《春秋》的地位、破解《春秋》的密码之中。甚至可以说，他的一系列重要著作都是这方面的代表作，因而也可以视为对《春秋》的解读和诠释。对于这一点，从戊戌变法之前成书的《新学伪经考》《孔子改制考》《春秋董氏学》到戊戌变法之后成书的《春秋笔削大义微言考》《孟子微》都概莫能外：《新学伪经考》宣布古文经是刘歆伪篡，旨在证明今文经之《春秋》是真经。《孔子改制考》宣布孔子托古改制却迫于形势将这一微言大义通过三世三统表达出来，这一密码就隐藏在《春秋》之中。《春秋董氏学》是对《春秋繁露》的发挥，因为康有为认定董仲舒破解了《春秋》微言大义的密码。至于《春秋笔削大义微言考》，又名《春秋笔削微言大义考》，仅从书名上即可以看出这是借助《春秋》对孔子微言大义的发挥。《孟子微》旨在阐发《孟子》的微言大义，《孟子》一书胜过"中国之百亿万群书"②，是孟子发现了孔子的微言大义隐藏在《春秋》中。这一发现使孟子深谙孔子大道，《孟子》也成为最早重视《春秋》的经典。由此不难发现，由于断言孟子、董仲舒的思想传承《春秋》而来，更由于认定孟子领悟了孔子的微言大义隐藏在《春秋》之中，董仲舒破译了《春秋》微言大义的密码，康有为由尊崇《春秋》而爱屋及乌地推崇《孟子》《春秋繁露》，并且通过《孟子微》《春秋董氏学》，围绕着《春秋》的托古改制、三世三统阐明孔子的微言大义。

与康有为对《春秋》的奉若神明相比，谭嗣同对《春秋》的热情减退了许多。一个明显的证据是，被他写进《仁学》书目单的不是《春秋》，而是作为《春秋》三传之一的《春秋公羊传》。这表明谭嗣同是承袭公羊学的传统解读《春秋》

---

① 《康南海先生讲学记·古今学术源流》，《康有为全集》（第二集），中国人民大学出版社2007年版，第107页。

② 《孟子微》序，《康有为全集》（第五集），中国人民大学出版社2007年版，第412页。

的，也表明了他对《春秋》的认可。尽管如此，《春秋》并不是谭嗣同尊奉的第一国学经典，因为《春秋》显然比不过《春秋公羊传》。问题的关键是，解读《春秋》的《春秋公羊传》也不在谭嗣同的第一国学经典之列，享此殊荣的是《易》。诚然，《易》在康有为那里受到礼遇，被康有为拿来与《春秋》一起说成是孔子晚年所作，共同归入孔子的高级之学。在这个前提下，他断言《易》讲天道，侧重从讲灵魂、鬼神和死后之事的角度发掘《易》的内容。更为重要的是，康有为强调孔教是人道教，并且始终围绕着讲人道的《春秋》，以及与《春秋》相关的经典阐发孔子思想，《易》并不是他的核心经典。

到了谭嗣同那里，《易》的地位骤然上升，不仅是解读孔教的基本经典，而且始终占据提纲挈领的位置。具体地说，《易》在谭嗣同的思想中出现较早，并且贯穿他从早到晚的全部思想。不仅如此，谭嗣同热衷于以《易》为经典阐发自己的思想，《易》对于他的哲学建构和启蒙思想发挥了至关重要的作用。就哲学建构而言，谭嗣同的哲学以佛教为母版，同时借鉴了以太等源自西方自然科学的概念和学说，《易》之变易思想便是联结佛学与西学的桥梁。就启蒙思想而言，谭嗣同的启蒙思想不是像严复、梁启超那样以自由为核心，而是以平等为核心，《易》则是谭嗣同平等思想的主要来源。大致说来，谭嗣同的启蒙思想是以《易》为核心经典与以华严宗为主的佛学、以自然科学为主的西学的和合。与《易》密不可分的哲学建构和启蒙思想影响到谭嗣同对国学理念的建构，致使他的国学理念与康有为拉开了距离。《易》对于谭嗣同的思想如此重要，以至于不了解他的易学就无法把握他包括孔教在内的全部思想。这恰如康有为反复申明不懂三世三统而解读《春秋》开口便错。

其次，康有为、谭嗣同对《春秋》与《易》的不同偏袒既展示了不同的经典观，又直接影响了两人的国学观。对于这一点，可以从康有为、谭嗣同的国学底色和人物选择两个不同的方面来理解。

就国学底色而言，康有为、谭嗣同对《春秋》与《易》的不同偏袒预示了两人的国学理念一个恪守儒学、一个开放多元。

康有为以《春秋》为第一国学经典，无论将《春秋》视为经还是史，有一点是毋庸置疑的，那就是：《春秋》是儒家经典，在六经中唯一确定为孔子所作的便是《春秋》。有鉴于此，康有为对《春秋》的情有独钟表明，他既为孔教代言，名义上以孔教整合诸子百家；又为儒学代言，实质上以儒学代孔教而打压非儒各家。前者构成了康有为、谭嗣同国学理念的相同点，后者则构成了两人国学理念的不同点。一方面，康有为、谭嗣同都以孔学整合诸子百家，这使两人的国学理念最为相近，而与将诸子百家归结为三家的梁启超、归结为六家的严复或归结为九流十家的章炳麟渐行渐远。另一方面，由于对《春秋》与《易》的不同侧重，康有为、谭嗣同为各自的国学理念打上了不同的底色，从而建构了不同样式的国学形态。

在康有为那里，由于以《春秋》为第一元典，并沿着公羊学的思路审视、解读《春秋》，因而在推崇《春秋公羊传》的同时发挥孔子的微言大义。在此过程中，康有为一面抨击古文经是伪经，以此提升今文经学的地位和价值；一面利用公羊学经世致用的传统，借助公羊三世说将三世三统、托古改制说成是孔子思想的题中应有之义。这就决定了康有为的国学是儒学形态的，并且是公羊学样式的。与此相一致，康有为不仅抵制儒学之外的老学、墨学，而且抨击公羊学之外的古文经学乃至谷梁学。

谭嗣同虽然与康有为一样以孔学整合诸子百家之学，但是，他并不独尊儒学，亦不独尊公羊学。事实上，谭嗣同不仅兼顾今文经学和古文经学，而且对孔学、老学和墨学兼容并蓄，尤其反对康有为以儒学代孔学的做法。之所以如此，与谭嗣同对国学经典的选择不无关系。如上所述，他青睐的第一国学经典是《易》，《易》是儒家经典，以至于被有些人奉为六经之首。康有为不惟作如是观，甚至将《易》说成是孔子所作。尽管如此，《易》并不专属于儒家。《易》有三易，即《周易》《归藏易》《连山易》。陈立夫指出，儒家来自《周易》，道家来自《归藏易》，墨家来自《连山易》。这意味着《周易》是儒家的，《归藏易》是道家的，《连山易》则是墨家的。无论是否同意这个观点，有一点是不争的事实，那就是：《易》是先秦时期的诸子百家共同尊奉的经典。从这个意义上说，谭嗣同推崇《易》比康有为推崇《春秋》在经典上拥有了更大的开放性和多元性，也为他的思想提供了更大的兼容度和自由度。因此，以《易》为第一国学经典，谭嗣同的思想整合了儒家、道家和墨家而不是像康有为那样以儒家为主干、因循公羊学的范式展开。更为重要的是，谭嗣同不是像康有为那样将《易》圈定在孔学之内，从讲天道即宗教书的思路解读《易》；而是强调《易》讲述"天地之道"，并由此将《易》界定为哲学书。沿着这个思路，围绕着"逝"即"变易"的逻辑和主题，谭嗣同进一步对《易》与孔子、庄子、王夫之和佛教的思想相和合。这样一来，谭嗣同的国学理念便成为孔学与佛学的和合，并由于孔学中并非以儒学为主而使儒学边缘化。

就人物选择而言，康有为对国学人物的褒贬与《春秋》密切相关，谭嗣同对国学人物的思想阐发与《易》息息相通。

康有为以《春秋》为六经的金钥匙在表明儒学立场的同时，也预示了对儒家人物的推崇。事实正是如此，康有为对国学人物的关注以及推崇以《春秋》为坐标：第一，康有为对荀子传经有功的肯定包括对《春秋》的传承。第二，康有为对荀子、刘歆的鞭挞均与《春秋》息息相关，理由是荀子传谷梁学，刘歆则步荀子后尘。第三，康有为对孟子、董仲舒推崇备至与《春秋》有关——孟子的贡献在于发现了孔子将自己的微言大义隐藏在《春秋》中，董仲舒的贡献则在于破译了《春秋》中蕴含的微言大义的密码，并围绕着《春秋》对两人的思想予以透视和诠释。更有甚者，康有为将孔学分为相互争教而势不两立的两派，也与《春秋》密切相关：一派是曾子、荀子，传《礼》，一派是有子、孟子，传《春秋》。

谭嗣同在《仁学》中对"中国书"的排列将《易》《春秋公羊传》排在前两位，这与康有为在推崇六经的前提下提升《春秋》《易》的地位相似。不仅如此，在谭嗣同胪列的国学经典中，前两部是《易》《春秋公羊传》，紧随其后的便是《论语》《礼记》《孟子》。显而易见，这三部书都受到康有为的重视，《论语注》《礼运注》《孟子微》即是明证。无论《易》《春秋公羊传》还是《论语》《礼记》《孟子》都不出儒家经典的范围。从这个意义上说，儒家经典在谭嗣同的国学经典中占据绝对优势。从表面上看，谭嗣同推崇的国学经典与康有为相近，具体表现为推崇六经——或者说以四书五经为首的儒家经典为主。深入剖析则不难发现，两人对国学经典的选择貌合神离，精神实质迥异其趣。原因在于，谭嗣同并不像康有为那样秉持儒家立场，两人的分歧在于对《易》与《春秋》的不同认定和偏袒。谭嗣同将《易》置于《春秋》之上，这与康有为连篇累牍地提升《春秋》对于包括《易》在内的其他五经的优越性相差悬殊。可以看到，谭嗣同或者以《易》为中介将不同的国学人物联系在一起，如孔子、庄子和王夫之；或者由于推崇《易》而推崇某人，如王夫之。事实上，谭嗣同对国学人物的选择与《易》密切相关，并且习惯于从易学的角度挖掘国学人物的思想。例如，康有为、谭嗣同都关注周敦颐和王夫之，康有为甚至断言宋学源自周敦颐，对周敦颐的推崇与谭嗣同相比有过之而无不及。与在康有为那里不同的是，周敦颐、王夫之由于易学被谭嗣同激赏而一同被写进《仁学》。更为重要的是，《易》并不专属于儒家，与《易》各家共享的开放性相一致，谭嗣同在推崇《易》的同时，推崇《墨子》《庄子》等非儒经典。由此，墨子、庄子和陶渊明等非儒人物也成为谭嗣同膜拜的国学人物。其中，谭嗣同对陶渊明的反复提及与康有为对陶渊明的漠视迥然相异，对墨子的高度评价与康有为对墨子的打压、贬损形成强烈对比。与非儒倾向相一致，谭嗣同将陶渊明之书写进《仁学》，这是康有为所不曾关注的。

即使是对于作为儒家经典的《论语》，康有为、谭嗣同的态度也大不相同。康有为为了树立《春秋》为孔门第一经典的权威而贬低《论语》，故而对曾子大加鞭挞。谭嗣同对《易》的推崇与对《论语》的推崇并不存在在康有为那里的张力，兼容并蓄的多元开放心态也使他对《论语》推崇有加。于是，曾子成为康有为、谭嗣同选择国学人物的分歧所在。

再次，如果说对国学经典的不同侧重影响了康有为、谭嗣同对国学人物的选择的话，那么，对国学人物的不同选择则反过来最终导致两人对孔学的不同界定和理解。

如上所述，与其他近代哲学家所使用的国学称谓有别，康有为、谭嗣同不仅以孔教称谓囊括诸子百家的国学，代表全部中国固有之学，而且将囊括中国固有之学的诸子百家都归结为孔学一家。这就是说，两人不仅以孔教作为国学的称谓，而且以孔学去整合包括诸子百家在内的先秦学术。至此，康有为、谭嗣同的国学观如出一辙。接下来的问题是，由《春秋》与《易》的首位之争引发了两人对国学第一经典的不同认定，这一不同认定又进一步导致康有为、谭嗣同对孔学代表人物的不同选择，最终引发两人对孔学的不同界定和理解。

康有为、谭嗣同对孔学的理解既呈现出有别于其他近代哲学家而彼此默契的高度共识，又由于经典选择的差异而呈现出不容忽视的分歧：从相同的角度看，在共同推尊孔子而将诸子百家都归结为孔学的前提下，两人都断言孔学分为两派。从不同的角度看，康有为、谭嗣同一个以《春秋》为第一国学宝典、一个以《易》为第一国学宝典，由此导致对孔学两派的代表、嫡传的认定呈现出明显差异：由于对《春秋》情有独钟，康有为视界中孔学两派的代表分别是孟子与荀子。其中，孟子从公羊学的思路解读《春秋》，荀子则从穀梁学的思路解读《春秋》。沿着这个思路，康有为推崇孟子而贬低荀子。与此同时，康有为指出，董仲舒与孟子一样从公羊学的思路解读《春秋》，并由于破解出《春秋》托古改制的密码，而成为凭借《春秋》阐发孔子微言大义的典范。于是，康有为将董仲舒誉为孔子之后一人和汉代第一醇儒。由此可见，由于秉持公羊学的立场解读《春秋》，孟子和董仲舒成为康有为指定的孔学嫡传。谭嗣同不以《春秋》为孔门第一要籍，也没有将传承《春秋》的荀子作为孔学"两大支"的代表。至于孟子，被谭嗣同视为孔学"两大支"的传人，却没有了在康有为那里的对《春秋》的传承和对孔子微言大义的发微。事实上，谭嗣同不仅将庄子与孟子分别作为孔学"两大支"的传人，而且反复强调庄子才是孔学嫡派。在此基础上，谭嗣同对庄子思想的阐发以"逝"为第一要义，借此让庄子和孔子、王夫之的思想一起与《易》相对接。

至此可见，一方面，康有为、谭嗣同在将诸子百家归结为孔学的同时，都凸显孔学的两派之分；另一方面，与对国学经典的侧重尤其是对《春秋》与《易》的不同顺序排列一脉相承，康有为、谭嗣同遴选的孔学两派的领军人物存在不容忽视的差异：在康有为那里，传承大同之学的孟子与传承小康之学的荀子分别担纲了孔学的两派，故而成为孔门在战国时期的"二伯"；谭嗣同虽然与康有为一样将孔学划分为两派即他所说的"两大支"，但是，谭嗣同指定的孔学"两大支"的代表不是孟子与荀子而是孟子与庄子。

在某种程度上可以说，对孔学人物的遴选决定着对孔学内容的不同界定，康有为、谭嗣同正是通过孔学的不同人物具体展示孔学内容，并且反过来印证对孔子后学以及国学人物的不同态度和定位的：康有为将孟子、荀子视为孔学两派的传人，旨在证明孔学分为小康与大同两派。对于孔学这两派的内容，康有为一面断言大同高于小康，一面对孟子与荀子区别对待。梁启超称之为"美孟而剧荀"，意为康有为提升孟子的地位而贬低荀子的地位。由于确信董仲舒破译了《春秋》微言大义的密码，康有为称赞董仲舒"超孟轶荀"，并且对董仲舒佩服得五体投地。问题到此并没有结束，鉴于大同对孔子思想的至关重要，庄子与孟子一样传承孔子的大同思想，康有为将庄子说成是孔子后学，同时肯定庄子传承了孔子的大同思想，此外还有天道和平等思想。尽管如此，由于认定庄子传孔子之《易》而非《春秋》，康有为给予庄子的地位远远逊色于传《春秋》的荀子，更遑论深谙《春秋》奥秘和大同之道的孟子和董仲舒等人了。谭嗣同在以孟子、庄子代表孔学"两大支"的前提下，指出孟子"畅宣民主之理"，庄子则"痛诋君主"。这既决定了谭嗣同从民主的角度界定孔学的内容，又决定了他对庄子的膜拜有加。谭嗣同肯定孟子同时也肯定庄子在孔学中的至关重要，为了凸显庄子的地位，每次提到庄子的孔子后学身份时都不忘加上"确为孔氏之嫡派""实亦孔氏之真传"以示强调。更有甚者，谭嗣同对孔学内容的诠释并不以儒学为主体内容，因为他坚决反对以儒学代孔学。在强调儒家只为孔教之一门的前提下，谭嗣同借助对庄子与以华严宗为首的佛学思想的杂糅、和合展开自己对孔学内容的论证。

分析至此可以看到，康有为、谭嗣同分别选定了孔子的正宗传人，而正宗传人的认定毫无疑问地影响到两人对孔学的界定和理解，而这一切都与康有为、谭嗣同对国学经典的侧重息息相关。具体地说，康有为在孔子后学中首推孟子和董仲舒，谭嗣同则首推庄子；康有为对孟子、董仲舒的顶礼膜拜与对《春秋》的奉若神明互为表里，谭嗣同对庄子的服膺与对《易》的推崇备至息息相关。《春秋》以及孟子、董仲舒使康有为所推崇的孔学在本质上演绎为对儒学的推崇，《易》、庄子以及与二者密切相关的孔子、王夫之等人的思想和以以太说为首的西学使谭嗣同所推崇的孔学成为中学、佛学与西学的和合。来源和内容的庞杂意味着谭嗣同所讲的孔学更为广博，因而他坚决抵制康有为以儒学代孔学的做法。

上述内容显示，从国学理念到国学研究再到经典选择，康有为、谭嗣同的国学观呈现出相同性缩小而差异性增大的态势。这一态势表明，两人的国学观在宏观上以同为主，在微观上以异为主。由于在宏观上以同为主，在与其他近代哲学家的比较中，康有为、谭嗣同的国学观最为相似；由于在微观上以异为主，两人的国学观在大方向相同的前提下，一旦涉及到具体问题，分歧立即凸显出来。正是后一点使康有为、谭嗣同由最相近的国学观始，以演绎出泾渭分明的中国文化观和救亡观终。

第四节　国学余论

对中国固有之学的称谓、对诸子百家关系的梳理和对中学与西学关系的认定共同表明，康有为、谭嗣同的国学观是一致性的。甚至可以说，两人国学观的有些相同之处与同时代的其他哲学家迥然相异，因而成为只属于他们两个人之间的默契。尽管如此，这只是问题的一个方面，问题的另一方面是，康有为、谭嗣同的国学观存在不容忽视的差异性。最明显的证据是，虽然两人都以孔学、孔教称谓中国固有之学即国学，但是，康有为、谭嗣同对国学具体内容的界定和理解差若云泥。一言以蔽之，康有为国学思想的建构以儒学为母版，这也是他被誉为现代新儒家之先驱的主要原因。谭嗣同反对以儒学代孔学的做法，儒学在他的国学思想中充其量只是一个分支[①]而已。对国学内容的不同界

---

① 谭嗣同称之为"一门"。他对儒学与国学的关系即孔教的关系如是说："盖儒家本是孔教中之一门，道大能博，有教无类。太史公序六家要旨，无所不包，的是我孔子立教本原。后世专以儒家为儒，其余有用之学，俱摈诸儒外，遂使吾儒之量反形狭隘，而周、秦诸子之蓬蓬勃勃，为孔门支派者，一概视为异端，以自诬其教主。殊不知当时学派，原称极盛：如商学，则有《管子》《盐铁论》之类；兵学，则有孙、吴、司马穰苴之类；农学，则有商鞅之类；工学，则有公输子之类；刑名学，则有邓析之类；任侠而兼格致，则有墨子之类；性理，则有庄、列、淮南之类；交涉，则有苏、张之类；法律，则有申、韩之类；辨学，则有公孙龙、惠施之类。盖举近来所谓新学新理者，无一不萌芽于是。"（《论今日西学与中国古学》，《谭嗣同全集》（增订本），中华书局1998年版，第399页）

定和理解不仅体现了康有为、谭嗣同国学研究以及国学观的不同，而且影响到两人的文化观和救亡观。

一、以孔学整合中国固有之学的文化观

正如近代意义上的国学的基本含义是中国固有之学一样，对中国固有之学的透视是近代国学的题中应有之义。正因为如此，康有为、谭嗣同的国学观就包含着对中国固有之学的理解。在这方面，两人都将孔子奉为中国文化的象征，以孔教、孔学称谓并整合诸子百家。这使康有为、谭嗣同同调，建构了相近的文化观，并且与严复、梁启超和章炳麟等其他近代哲学家的文化观相左。

首先，康有为、谭嗣同都肯定孔子是宗教家，因为两人都肯定孔子的思想是宗教。在这个前提下，康有为、谭嗣同异口同声地认定孔教是中国的国教。

康有为、谭嗣同以孔教称谓国学，并以孔学整合诸子百家。正是由于这个原因，两人的中国文化观呈现出诸多契合之处，而与其他近代哲学家的观点形成了鲜明的学术分野。具体地说，这主要包括三个方面的内容：第一，康有为、谭嗣同在将先秦诸子说成是孔子后学的基础上，将诸子百家统统整合为孔教（孔学）一家，并在这个前提下以孔教代表全部中国本土文化。第二，两人以孔子作为中国文化的代言人，并在这个前提下以孔子与耶稣分庭抗礼。第三，康有为、谭嗣同提升孔子的地位具有鲜明的现实针对性，秉持救亡图存与思想启蒙的历史使命——在救亡图存的维度上，以中国固有之孔教对抗外来之耶教；在思想启蒙的维度上，为孔子的思想注入近代的价值理念，推动传统文化的内容转换和现代化。与康有为、谭嗣同肯定孔子的思想是宗教截然相反，章炳麟一面声称"经典诸子非宗教"[①]，一面否认孔子是宗教家。沿着这个思路，章炳麟在断言孔子是教育家，即传授古代典籍的先师的同时，否定包括孔子思想在内的先秦诸子的思想是宗教。值得一提的是，严复与章炳麟的观点截然对立，承认孔子的思想是宗教。从这个意义上说，严复与康有为、谭嗣同的观点

---

① 《国学概论》，上海古籍出版社 2007 年版，第 3 页。

一致。问题的关键是，严复坚决否认孔教是中国的国教，当然也就不存在康有为、谭嗣同所讲的以孔教对抗耶教的问题了。对此，严复论证并分析说，中国的国教或者是佛教，或者是土教，无论如何也轮不到孔教。至此可见，康有为、谭嗣同在将孔教奉为中国的国教、以孔子与耶稣分庭抗礼等问题上站在了同一阵营。

与将孔教奉为国教、并且与耶教相抗衡一脉相承，康有为、谭嗣同都尊崇孔子，并力图提升孔教的地位。在这方面，两人多方呼吁树立孔子以及孔教在中国人心目中的权威，以此提高孔教的地位。为此，康有为对于立孔教为国教奔走呼号，并将之奉为救亡图存的纲领。谭嗣同对提升孔教地位的呼吁与康有为一样不遗余力，同时提出了一套操作措施和具体方法。这套具体操作和实践方法包括内与外两个方面：对内以《论语》《春秋》等经典为依托，注重阐发孔教之"新义"；对外借鉴耶教的传播经验，提升孔子的地位和孔教的权威。这样做的目的和初衷只有一个，那就是：树立中国人对孔教的信仰。谭嗣同强调，只有这样，才能使孔教在内容上推陈出新，适应时代的需要，从而增强抵御外来之教的实力。

进而言之，对于中国近代社会来说，孔教是否是宗教并不是单纯的学术问题，而是一个不可回避的现实课题，因而具有强烈的现实针对性。这是因为，如果说救亡图存与思想启蒙是中国近代社会双重的历史使命的话，那么，二者则都与孔教是否是宗教息息相关。这意味着是否承认孔教是中国的国教不仅牵涉对宗教的态度，而且牵涉对现实的认定。仅就理论层面来说，是否承认孔教是中国的国教并不限于对孔子思想以及儒家思想是否是宗教的判断，而是牵涉到对先秦时期的诸子百家的关系界定、偏袒取舍、态度评价以及由此而来的对中国本土文化即国学的判定。正因为如此，康有为、谭嗣同的国学观与文化观是一而二、二而一的关系，当然，国学观与文化观的关系也预示着两人的国学观将进一步落实到中国文化观上。由此不难想象，康有为、谭嗣同国学观的一致性以及与其他近代哲学家的学术分野将通过彼此的文化观逐步呈现出来。

于是，在中国近代出现了这样的文化景观：一边是康有为、谭嗣同认定孔子是中国的教主，孔教是中国的国教。与这些认定互为表里，两人极力推崇孔子。一边是严复、章炳麟等人极力否认孔子是中国的教主，同时也否认孔教是中国的国教。与这些认定相一致，两人推崇老子。至此可见，他们对孔子的态度截然相反，并由此直接导致对中国文化源头的不同认定——质言之，即究竟将孔子还是老子奉为中国文化的象征：康有为、谭嗣同将孔教奉为中国的国教，故而推尊孔子而打压老子，并在将诸子百家归结为孔学一家的前提下将老子说成是孔子后学，在此基础上将孔子奉为中国本土文化即国学的代言人和象征；与否认孔教是中国的国教一脉相承，严复不是像康有为、谭嗣同那样将诸子百家归到孔子麾下，而是将膜拜的目光略过了孔子而投向了老子。具体地说，严复沿着《论六家要旨》的思路将先秦时代的诸子百家划分为六家，并在诸子中首推老子①。

其次，康有为、谭嗣同之所以推崇孔子，是为了借助孔子的权威增强中国人的文化认同。为了达到这一目标，两人采取的具体办法是，以孔教代表的宗教激发中国人的信仰，以孔学代表的中国本土文化增强中国人的文化自尊心和自信心，以此凝聚民族精神。

西学在中国的大量东渐发生在近代，而中国是被西方列强以坚甲利兵强行拉入近代的。这不仅意味着中国的现代化带有外缘式特点，而且决定了近代的中国人备受西方列强的践踏。与此相伴而来的是，中国人对待西方文化的矛盾心理。除了铺天盖地的鸦片，与西方列强的坚船利炮一起涌入中国的还有无孔不入的基督教（康有为、谭嗣同称之为耶教）传教士。基督教的强势入侵在中国领土上引发了种种冲突，不仅教案频发，而且由于中国人纷纷投靠基督教而导致中国人的文化迷惘和信仰危机。康有为、谭嗣同对这种局面痛心疾首，忧心如焚，因而想方设法地提升孔子、孔教的地位和权威。两人之所以这样做，旨在以孔子对抗耶稣，试图借助中国本土之孔教来挽回中国人的文化自信和宗教信仰。

---

① 诚然，严复晚年提倡尊孔读经，然而，一个不争的事实是，那不是严复作为启蒙思想家的主流观点。即使提倡尊孔读经，严复也不是在孔教是国教的前提下发出这一号召的，而是以孔子和四书五经凝聚民族精神，以此导扬中国民族的立国精神。因此，即使晚年提倡尊孔，严复的思路与康有为、谭嗣同在肯定孔教是国教的前提下进行也不可同日而语。

在康有为看来，文化自信不仅关乎中国人的信仰，而且关乎中华民族的前途命运。中国的文化自信只能拜孔子之赐，孔教与中国的前途和命运休戚相关。对于其中的奥秘，他语重心长地指出："吾国人士，若不念神明之种而甘为野蛮禽兽也，则相约而从之，曰中国无教、无教主可也。苟吾国人士稍能自念身为神明之胄，而不甘遂沦为野蛮禽兽也，其慎无盲从妄说而亦曰吾中国无教、无教主也。知吾国教最文明、最精深，然后吾种贵；知吾国产有教主，道最中庸、最博大、最进化、最宜于今世，可大行于欧美全地，莫不尊亲，然后吾种贵；知吾国有最盛美之教，有神明圣王之教主，我全国及各教宜尊奉之，庶将来使大地效之拜之，如欧人之尊敬耶稣然，然后吾种贵。能知吾种贵，然后不媚外为奴，不称人世纪，而卓然自立；知自立而后学盛道尊，而后种强民贵焉。兹事所关者大，可不留意而毋忽耶？"① 了解了康有为的这种认识和良苦用心，也就不难理解他对于立孔教为国教的奔走呼号和不遗余力了。

为了增强中国人的文化认同，谭嗣同反复思考提升孔教地位的方法。为此，他以耶教为参照，借助孔教重拾、提振中国人的文化自信和精神信仰。于是，谭嗣同断言：

孔教何尝不可遍治地球哉！然教则是，而所以行其教者则非也。无论何等教，无不严事其教主，倬定于一尊，而牢笼万有，故求智者往焉，求财者往焉，求子者往焉，求寿者往焉，求医者往焉。由日用饮食之身，而成家人父子之天下，窈寐寝兴，靡纤靡细，人人悬一教主于心目之前，而不敢纷驰于无定，道德所以一，风俗所以同也。中国则不然。府厅州县，虽立孔子庙，惟官中学中人，乃得祀之；至不堪，亦必纳数十金鬻一国子监生，始赖以骏奔执事于其间。农夫野老，徘徊观望于门墙之外，既不睹礼乐之声容，复不识何所为而祭之，而己独不得一与其盛，其心岂不曰：孔子庙，一势利场而已矣。如此，又安望其教之行哉！且西人之尊耶稣

① 《英国监布烈住大学华文总教习斋路士会见记》，《康有为全集》（第八集），中国人民大学出版社 2007 年版，第 36 页。

也，不问何种学问，必归功于耶稣，甚至疗一病，赢一钱，亦必报谢曰："此耶稣之赐也。"附会归美，故耶稣庞然而日大，彼西人乃尔愚哉？事教主之道，固应如此也。①

由此可见，对于孔教，谭嗣同的评价分为两个方面：在教义上，肯定孔教是好的。基于这个判断，他坚信，孔教完全能够像耶教那样遍治地球。在传教上，谭嗣同指出，孔教是失败的——从这个角度看，孔教之所以日益式微，是由孔教的传教方式造成的，并不能由此证明孔教逊色于耶教。

在将孔教分为教义与传教两个方面，并对之进行诊断的基础上，谭嗣同依据自己对孔教的判断提出了具体的解决方案。这具体包括三项措施：第一，谭嗣同呼吁，树立作为教主的孔子的权威，具体办法是，像其他宗教——从谭嗣同的具体设想来看主要指耶教一样严事教主。对此，他特意强调，就当时的中国来说，如果要达到提升孔子教主身份的目的，像当时那样每一个县、州、厅甚至府仅仅设有一座孔庙远远不够，亟待在各府、厅、州、县大量增加孔庙的数量；当然，每年仅祭孔两次远远不够，必须增加祭祀孔子的次数。谭嗣同建议，在府、厅、州、县同时增加孔庙的数量，当然，祭祀孔子的次数也要大量增加。第二，谭嗣同建议，定孔教为一尊。只有这样，才能点燃、凝聚中国人的信仰。依据他的设想，定孔教为一尊的具体要求是，将对孔子的推崇贯彻到百姓生活和国家治理的方方面面，从而达到提升孔子权威的目的。为此，谭嗣同提出的具体建议是，上至国家的治国理政，下至百姓的饮食日用——总之，皆以孔子为最高权威，以此达到一道德、同风俗的目的。第三，为了最大限度地争取信众，孔教必须向全社会敞开。在谭嗣同看来，为了达到以孔教增强中国人的文化认同进而提高中国人的文化自信的目的，必须增强孔教的吸引力和凝聚力。其中，最关键的一条是，孔教不应该被少数人把持而应该成为所有人的皈依。对此，谭嗣同提出的具体办法是，孔教必须改变为少数人把持的局面而转变为"牢笼万有"，从而使社会的各个阶层无论抱何种目的的人——从求

① 《仁学》，《谭嗣同全集》（增订本），中华书局 1998 年版，第 352—353 页。

智者、求财者、求子者、求寿者到求医者都能够对孔教趋之若鹜。按照他的设想，为了达到以孔教"牢笼万有"的目的，最根本的一条便是改变孔庙自设门槛而只准官人、学人进入的局面。谭嗣同分析说，当时的孔教由于只准许为官者、为学者进入，而将农夫野老拒之门外。这种做法既愚蠢又后患无穷，最终使孔教异化为"一势利场"。结果是，孔教为此付出了巨大的代价——不仅丧失了大批的信众，而且丧失了广泛传播和扩大势力的良机。

二、不同路径的救亡观

对于康有为、谭嗣同来说，孔教是学术问题、理论问题，更是政治问题、现实问题。正因为如此，梁启超介绍、评价康有为的孔教思想时指出，康有为"欲救中国，……于是以孔教复原为第一著手"①。与现实的密不可分使康有为、谭嗣同的国学观不仅与文化观息息相通，而且进一步贯彻落实到救亡观。对于康有为来说，孔教将学术目标与政治追求结合起来，成为他奔走呼号的奋斗目标。于是，他将立孔教为国教奉为救亡图存与思想启蒙的不二法门。这就是说，康有为将救亡图存的希望寄托于立孔教为国教，立孔教为国教也由此成为他的救亡纲领。依据康有为的说法，孔教是激发爱国心的下手处，保教为了保国、保种，保孔教就能够保国、保种。佛教显然不能像孔教那样满足康有为现实的政治诉求，亦与他寄予厚望的信凭保教来保国、保种的救亡之路无缘。

在谭嗣同那里，既然"教无可亡"，当然也就无可保。在《仁学》"自叙"中，他专门探究了教之存亡问题。谭嗣同宣称："教无可亡也。教而亡，必其教之本不足存，亡亦何恨。教之至者，极其量不过亡其名耳，其实固莫能亡矣。名非圣人之所争。圣人亦名也，圣人之名若姓皆名也。即吾之言仁言学，皆名也。名则无与于存亡。呼马，马应之可也；呼牛，牛应之可也；道在屎溺，佛法是干屎橛，无不可也。何者？皆名也，其实固莫能亡矣。惟有其实而不克既

---

① 《南海康先生传》，《梁启超全集》（第一册），北京出版社1999年版，第486页。

其实，使人反瞀于名实之为苦。"① 这就是说，名不等于实。说到底，名也只是名而已。如果执着于教之名，不惟达不到保教的目的，反而使人陷入名实之苦。谭嗣同对名的这种看法堵塞了通过保教来保国、保种的可能性，也在一定程度上决定了他对孔教的看法。结果是，谭嗣同从未有过像康有为那样试图通过保教来保国保种的企图，自然不会像康有为那样为立孔教为国教奔走呼号。当然，由于抛开了保教的打算而没有了像康有为那样对孔教的顾虑，谭嗣同可以尽情地投向佛教。

是否凭借保教来保国、保种的现实考量决定了康有为、谭嗣同对孔教以及对佛教的不同态度和对待，并由此进一步演绎出不同的救亡路线：康有为信凭宗教的力量，将中国的救亡之路与推崇孔教直接联系起来，从而连篇累牍地呼吁立孔教为国教；谭嗣同选择"以心挽劫"，在"教无可亡"——当然亦无可保的前提下诉诸实学。沿着"教能包政、学"的思路，谭嗣同声称，中国的救亡之路莫捷于学，进而将推进、普及作为实学的专门专业之学奉为救亡图存的根本出路。

至此可见，康有为、谭嗣同都承认孔教是国教，对待作为国教的孔教的态度却天差地别。两人的分歧聚焦在孔教是否可保，中国的救亡图存究竟路在何方上。

在中国近代，康有为对立孔教为国教的呼吁不遗余力。由此，立孔教为国教成为康有为最主要的主张，也由此引发了贯穿整个中国近现代哲学史的关于孔教立废以及儒学是否是宗教的激烈而持久的争论。面对谭嗣同与康有为一样对提升孔教地位的殚精竭虑，人们不禁要问：谭嗣同既然与康有为一样竭力推崇孔教，并且与康有为一样认为孔教是中国的国教，可他却为什么没有像康有为那样将中国近代社会救亡图存的希望寄托于孔教？这个问题的原因颇为复杂，可以从不同视角或维度进行解释。其中，一个不容忽视的方面是，谭嗣同声称教无可保。显而易见，教不可保在无形中堵塞了保教的必要性和迫切性，也从根本上杜绝了凭借保教（包括孔教在内）来保、保种的可能性。逻辑很

---

① 《仁学》，《谭嗣同全集》（增订本），中华书局 1998 年版，第 290 页。

简单，孔教既然属于教，便在谭嗣同所声称的无可保的范围之内。这正如谭嗣同本人所言："今之于教何如哉？孔子作《春秋》而乱臣贼子惧。并孔子之世，不乏乱臣贼子矣；后孔子之世，不乏乱臣贼子矣。孟子距杨、墨，而异端不绝于后世；韩昌黎辟佛、老，宋儒又辟佛、老，卒与昌黎、宋儒并存。无他，孔、孟、昌黎、宋儒不幸不得位行权，以施其正人心之法，徒恃口诛笔伐，以为千里金隄而不忧横决，固不免为奸雄所窃笑。然则不变法，虽圣人不能行其教以正人心。此变学校尤为正人心之始基，根本之根本矣。"① 在他看来，教（包括孔教在内）之所以无可保，不是因为不必要，而是因为不可能。原因在于，教是否能行取决于教主是否"得位行权"，而不取决于教主的主观愿望。正是由于这个原因，教主的愿望大都没有实现。拿孔子来说，作为孔教的教主秉持拨乱反正的初衷作《春秋》，然而，《春秋》的出现并没有震慑住乱臣贼子。事实上，并不限于孔子，孟子、韩愈和宋儒的命运无不如此。对于这一点，无论孟子力辟杨朱和墨子之言还是韩愈、宋儒极力排斥佛教的学说最终都落得个无功而返的下场便是明证。谭嗣同总结说，上述具体事例雄辩地证明，教之行不可以"徒恃口诛笔伐"，而是要施以正人心之法。从这个意义上说，孔教无可保。议论至此，结论不言而喻：既然孔教之保与不保都无法确定，更遑论凭借孔教来保国、保种了。由此，谭嗣同在康有为提出的立孔教为国教之外独辟蹊径，开辟了一条有别于康有为的救亡路径。

总的说来，谭嗣同关于保教（包括孔教在内）与保国、保种关系的论证从两个不同的方向展开，也奠定了他的救亡路径的基本逻辑和整体思路：第一，谭嗣同认为，教需要学会来保。既然教自身尚且难保，何谈凭借保教而保其他！从这个意义上说，通过保教来保国、保种是不可能的，通过保孔教而救亡图存行不通。第二，在谭嗣同看来，教既然不可保甚至不必保，那么，孔教作为教也逃遁不了这一宿命。从这个意义上说，保孔教无从谈起，更遑论通过保孔教来保国、保种了。基于上述分析，他坚决反对通过保孔教来保国、保种的做法，因而不赞同康有为将立孔教为国教奉为中国的救亡纲领。由此可见，谭

---

① 《思纬氤氲台短书·报贝元徵》，《谭嗣同全集》（增订本），中华书局1998年版，第208页。

嗣同之所以反对通过保孔教来保国、保种，从根本上说是因为不赞成保教本身，而不是因为不赞成孔教。不赞成保教是谭嗣同与康有为的区别，也使谭嗣同将对救亡图存的忧心如焚演绎为对学的大声疾呼和对专门专业之学的如饥似渴。综合考察谭嗣同的思想不难发现，他不惟不反对孔教，反而对孔教倍加推崇。尽管康有为与谭嗣同提出的救亡图存之路有别，然而，推崇孔教则是两人的相同之处。正是在推崇孔教的意义上，康有为、谭嗣同的思想与严复、梁启超以及章炳麟等人拉开了距离。

进而言之，谭嗣同之所以断言学是中国近代救亡图存的捷径与崇尚实学的价值取向一脉相承，也与对学会作用的青睐息息相关。谭嗣同认为有学则有学会，而学会可以将学与政联系起来。依据他的分析，学会无议院之名却有议院之实，可以在"开民智"和"兴民权"中发挥重要作用。沿着这个思路，谭嗣同将学会的建立与中国近代社会迫在眉睫的救亡图存直接联系起来，并且建议仿照佛教聚集的方式建立学会。于是，他不止一次地这样写道：

> 佛法以救度众生为本根，以檀波罗密为首义。（克己时，当以蝼蚁、草芥、粪土自待；救人时，当以佛天、圣贤、帝王自待。）即吾孔、孟救世之深心也。学者堕落小乘，不离我相，于是为孔、孟者独善其身，为佛者遁于断灭。揆之立教之初心，不啻背驰于燕、越，甚无谓也。①

> 今将利济为怀，又非一手一足所能任，则善矣夫佛之说法也，必与数万数千菩萨俱，天龙八部，人非人等，恭敬围绕，无所往而非学，即无所往而不有会。然后悚然叹曰："古今来学佛者，咸不知为学会，未为能学佛者也。能学佛则必自倡明学会之义始。"倡明学会，吾知其功德必逾恒河沙数而不可思议。一生补他方，佛处生菩提树下，为法王子永断三途，住持极乐，遍治十方一切世界。何况此一世界，乃不能以学会治之耶？②

---

① 《壮飞楼治事·群学》，《谭嗣同全集》（增订本），中华书局1998年版，第443页。

② 《壮飞楼治事·群学》，《谭嗣同全集》（增订本），中华书局1998年版，第443页。

　　议论至此，人们不禁心生疑窦：康有为、谭嗣同为什么由共同尊崇孔子、推崇孔教而走向了各自不同的救亡之路？问题的答案就隐藏在两人对教学关系的理解之中，归根结底与两人的国学观、文化观密不可分。具体地说，在康有为的国学观中，从未对教与学予以区分。恰好相反，他往往对教与学相互混用，致使孔学、孔教、孔子之教和孔子之学等概念异名而同实，基本上可以等同于一个概念。在谭嗣同的国学观中，教与学是有区别的。因此，孔教可以等同于孔子之教，孔学也可以等同于孔子之学，然而，孔教、孔子之教却不可以等同于孔学、孔子之学，前两个概念与后两个概念之间是包含与被包含的关系。换言之，康有为确信，孔学等于孔教，因为他教学相混。谭嗣同则强调，孔学并不等于更不能够代表孔教，因为教大学小。对于教与学的关系，谭嗣同有过明确界定："盖教能包政、学，而政、学不能包教。教能包无教，而无教不能包教。彼诋教者，不知教之大，为天下所不能逃，而刻意欲居于教外，实深堕入乎教中，则何其不知量之甚也！"①依据这个界定，教包括学，学不能统摄教。

　　康有为、谭嗣同对教学关系的理解循着不同逻辑展开：康有为循着教学相混的逻辑，由孔学时代推出了一个孔教时代——准确地说，孔学时代即意味着孔教时代；谭嗣同循着教包括学的逻辑，恪守教学之分，由于对学的如饥似渴以及孔学与孔教不能相互混用而依然停留在孔学时代。由此可见，对于康有为来说，孔学时代就等于孔教时代，二者并无区别。正因为如此，在康有为那里，与其说从孔学时代推导出孔教时代，不如说孔学时代就代表着孔教时代。对于谭嗣同来说，尽管像康有为那样推崇孔子和孔学，却不能说孔学时代就意味着孔教时代。秘密在于，正如教与学并不等同一样，并不可对孔学与孔教等量齐观。

　　上述内容显示，康有为、谭嗣同之所以提出不同的救亡之路，出于两个主要原因：第一，从理论或逻辑上看，谭嗣同没有像康有为那样教学相混。由于学不等于教，无法像康有为那样从孔学时代中推出孔教时代。第二，更为重要

---

① 《仁学》，《谭嗣同全集》（增订本），中华书局1998年版，第369页。

的是，从现实或选择上看，谭嗣同没有呼吁立孔教为国教，更没有像康有为那样执着于保教（孔教）。进而言之，谭嗣同之所以做出有别于康有为的选择，取决于他对待教之存亡的态度。从"教无可亡"的逻辑出发，谭嗣同肯定教无可保。因此，他并不像康有为那样热衷于保教，当然也就不存在所谓的立孔教为国教，至于将立孔教为国教奉为救亡纲领也就无从谈起了。有鉴于此，康有为竭尽全力地彰显孔教的独尊地位，谭嗣同却毅然决然地声称佛教高于孔教。从这个意义上说，在康有为推出孔教时代之日，谭嗣同依然恪守孔学时代①。

谭嗣同虽然与康有为一样千方百计地提升孔教的权威或地位，但是，他并未借助保教来保国、保种之意，因而并没有像康有为那样将拯救中国的希望寄托于立孔教为国教。在立孔教为国教的问题上，康有为、谭嗣同的观点截然不同。或许由于这一点，严复、章炳麟等近代哲学家或以陈独秀、李大钊为首的五四新文化运动者在对孔教的拒斥中都将批判的矛头对准康有为，而没有对谭嗣同的孔教观展开批判。这些人的做法恰如一面镜子，从一个侧面反过来证明了谭嗣同与康有为对待孔教的态度和做法存在不容忽视的区别。

上述内容显示，康有为、谭嗣同的国学观既具有诸多相同点，又呈现出不容忽视的差异性。两人国学观的同异既展示了近代国学有别于古代国学的立言宗旨、核心话题和价值诉求，又直观地再现了近代国学家的内部分歧和近代国学的多样性。正如近代哲学和文化既围绕着救亡图存的宗旨展开，同时肩负着思想启蒙的历史使命一样，近代国学的建构离不开中国近代特定的历史背景、文化语境和政治斗争，因而不可能只限于学术领域，而是直指现实。正是由于这个原因，康有为、谭嗣同的国学观承载着多重意蕴和功能，二者之间的异同关系在不同维度展示出来，显得复杂、多维而多变。有鉴于此，对于康有为、谭嗣同的国学观，只有从变化的角度予以全面审视，才能作出客观分析和评价。

---

① 当然，也可以说谭嗣同推出了一个佛教时代，因为他将佛教置于孔教之上，明确声称"佛教大矣，孔次大，耶为小。……佛生最先，孔次之，耶又次之"[《仁学》，《谭嗣同全集》(增订本)，中华书局1998年版，第333页]。

结　语

康有为、谭嗣同都在中国近代哲学史、思想史上写下了浓墨重彩的一笔，也因而成为研究中国近代哲学史、思想史不可逾越的大家。康有为、谭嗣同既热衷于同时代人共同关注的话题，又对这些问题予以了独辟蹊径的解答。两人的思想也因而既带有近代哲学的共性，又带有卓尔不凡的个性。有鉴于此，康有为、谭嗣同的思想是中国近代哲学的独特风景，展示了近代哲学的多样性和丰富性。

一、比较的结论

康有为、谭嗣同思想的异同关系是复杂的、多维的，也是变动的。这种情况的出现既与两人思想的斑驳庞杂密不可分，也与中国近代特殊的历史背景、文化语境和政治斗争息息相关。具体地说，近代中国处于几千年未有之变局，政治局势波谲云诡，思想学说日新月异。身处这样的历史背景、文化语境和政治环境之中，面对五花八门的思想学说，每个人的选择可能迥然相异——即使面对同一学说，也可能仁者见仁智者见智。对于这一点，康有为、谭嗣同也不例外。不仅如此，无论康有为还是谭嗣同的哲学思想都来源斑驳，内容庞杂；并且前后之间变化巨大，各种观点充满张力。康有为的一生颇为传奇，从早年的一介布衣到戊戌维新时的帝师，再到流亡海外的政治避难者最后到远离政治而一心只做天人的"天游化人"，他的思想无论初衷还是内容都发生了天翻地覆的变化。谭嗣同的一生虽然短暂，但是，前后之间发生巨大逆转。这个变化如此之大，以至于他本人称之为"前后判若两人"。鉴于这种情况，对于康有为、谭嗣同思想的异同关系不可以局限于某一问题或某一时段，而必须多视角、全方位地从纵与横两条主线交织进行，相互印证。

作为中国近代哲学和思想的时代特征的具体表现，康有为、谭嗣同的思想是相同的，所有近代哲学家的思想也是相同的。作为中国近代哲学时代烙印和阶段特征的相同性是由中国近代社会特定的政治环境和特殊的历史背景、文化语境决定的，既是康有为、谭嗣同两个人之间的相同性，也是两人与其他近代哲学家之间的相同性。相同的历史背景、文化语境和政治需要对近代哲学家提出了相同的时代呼唤和现实课题，每个人的回答却言人人殊。在这个层面上，康有为、谭嗣同的回答最为相近，既拉近了两人之间的距离，又显示了与其他近代哲学家的区别。这是康有为、谭嗣同思想的相同性不仅被两人所提及，而且被梁启超、蔡元培代表的近现代哲学家津津乐道的原因。

通过从不同角度反复对康有为、谭嗣同的思想进行比较可以看到，两人的思想作为近代哲学的一部分带有近代哲学与生俱来的时代烙印和鲜明特征。这除了表现为与政治斗争密切相关，肩负救亡图存与思想启蒙的双重历史使命之外，还包括带带有"不中不西即中即西"[①]的特点。在这个前提下应该看到，尽管康有为、谭嗣同的思想皆和合中西即"不中不西即中即西"，然而，两人在价值上是坚守、弘扬中国本土文化的国学家。

康有为在不同时期对中西文化的侧重略有差异，戊戌维新之前的十多年间着力考辨中国本土文化的"学术源流"，戊戌维新期间大力宣传西学，戊戌维新失败流亡国外后考察、比较世界各国文化，晚年皈依仙佛。透过这个梳理不难看出，除了在戊戌维新较短的时间内将主要精力投入到介绍、宣传西学之外——姑且不论向光绪皇帝进呈各国情况的需要，康有为一生的绝大部分精力和时间都在研究中学即国学。康有为的学术触角几乎涵盖了诸子百家，重点则在儒家和道家。就影响而言，则首推儒家。这也是康有为成为近代公羊学巨擘，甚至被誉为中国最后一位公羊学大家的原因所在。

---

① 《清代学术概论》，《梁启超全集》（第五册），北京出版社 1999 年版，第 3104 页。

　　谭嗣同具有佛学情结，然而，综观佛学、中学和西学，他谈及最多的还是中学人物。在《仁学》的"仁学界说"中，谭嗣同为读者开具了一张书目单。书目单曰："凡为仁学者，于佛书当通《华严》及心宗、相宗之书；于西书当通《新约》及算学、格致、社会学之书；于中国书当通《易》、《春秋公羊传》、《论语》、《礼记》、《孟子》、《庄子》、《墨子》、《史记》，及陶渊明、周茂叔、张横渠、陆子静、王阳明、王船山、黄梨洲之书。"① 一目了然，书目单所列书目包括"佛书"、"西书"和"中国书"三大类，"中国书"位居最后。稍加思考即可发现，位居最后的"中国书"即使不是"压轴"，至少并不逊色于"西书"。之所以作如此判断，证据在于："佛书"只列了《华严经》一部经典，此外便是"心宗"和法相宗；至于"西书"，除了《新约》之外，就是"算学、格致、社会学之书"。这表明，无论"佛书"还是"西书"都是泛泛而论的。与"佛书""西书"书目单的表达方式形成鲜明对照的是，"中国书"是具体的，从形式上看包括八部书和七个人之书。无论具体书名还是具体人物，都透露出一个共同而重要的信息，那就是：谭嗣同对中学更为熟悉。与"佛书"特别是"西书"相比，"中国书"对他的影响更大。毫无疑问，这里列出的"中国书"和这些书的作者都是谭嗣同所推崇的，而无论在"佛书"还是"西书"中均无一人物出现。由此可见，谭嗣同与康有为一样是国学家。

　　尽管谭嗣同对传统文化的批判言辞激烈，却并不影响他成为著名的国学家。众所周知，谭嗣同历来被视为全面否定传统文化的典型。上述分析则证明，他与康有为一样属于近代国学家。事实上，谭嗣同不仅没有对传统文化持全盘否定态度，反而对传统文化和众多国学人物推崇有加。值得一提的是，谭嗣同对传统文化有过批判，甚至发出过极为大胆、激进的言论。下仅举其一斑：

　　　　二千年来之政，秦政也，皆大盗也；二千年来之学，荀学也，皆乡愿也。惟大盗利用乡愿；惟乡愿工媚大盗。二者交相资，而罔不托之于孔

---

① 《仁学》，《谭嗣同全集》（增订本），中华书局 1998 年版，第 293 页。

> 被托者之大盗乡愿，而责所托之孔，又乌能知孔哉？①

> 孔教亡而三代下无可读之书矣！②

由于这些议论，谭嗣同被视为中国近代最激进的启蒙思想家，甚至被誉为中国的尼采。尽管如此，尚须进一步澄清的是，谭嗣同对传统文化的抨击是就三代之后而论的，并且主要的批判对象集中在老子、荀子和韩愈等少数倡导君统者，而不包括大多数古代思想家。恰好相反，对于绝大多数古代哲学家、思想家，谭嗣同是肯定的，甚至是推崇备至的。对于这一点，无论他对庄子的顶礼膜拜还是对王充、张载和王夫之等人的格外青睐都是明证。

二、比较的启示

通过康有为与谭嗣同思想的比较，有助于更清晰、更细致地刻画两人哲学的历史地位和思想特质，并且可以在澄清一些基本问题的同时，给人提供诸多启示。

从学术阵营和身份定位来说，学术界大都将康有为、谭嗣同界定为维新派思想家。维新派是介于洋务派、早期维新派与革命派之间的政治派别，发动、领导了1895年的"公车上书"和1898年的"百日维新"。维新志士不乏其人，以康有为、谭嗣同、梁启超和严复为最；维新派的变法主张和维新理念不一，大致以如下两点为要：第一，在手段上，将拯救中国的希望寄托于自上而下的改良，用梁启超的术语表达就是依赖"不流血之破坏"。第二，在诉求上，呼吁君主立宪，也就是保留皇上。

全面比较康有为、谭嗣同的思想可以看到，两人的维新理念和变法主张呈现出明显分歧，生动展示了维新派内部的温和与激进之别。一言以蔽之，康有

---

① 《仁学》，《谭嗣同全集》（增订本），中华书局1998年版，第337页。
② 《仁学》，《谭嗣同全集》（增订本），中华书局1998年版，第338页。

为是维新派中的"维新派"，谭嗣同则是维新派中的"革命派"。对于这一点，可以从以下两个方面去理解：第一，康有为属于温和的维新派。他不仅主张保留君主，而且在对三纲的批判中对准"夫为妻纲"而忽视乃至回避君臣一纲。对此，梁启超在《南海康先生传》中解释说，康有为这样作绝非只是因为感激光绪皇帝的知遇之恩，而是因为在思想上即是如此认识。事实正是如此，康有为在戊戌维新失败流亡海外之时，亦对光绪帝寄予厚望。在光绪帝死后，康有为依然沉迷于君主立宪。君主立宪对于康有为的诱惑力究竟有多大，从康有为在袁世凯称帝83天就皇帝梦断之后，并且正值五四新文化运动方兴未艾之时的1917年，依然不惜冒天下之大不韪而鼓动张勋复辟的行动中即可见其一斑。谭嗣同属于激进的维新派。在对三纲的批判中，他将矛头对准"君为臣纲"，甚至坚决拥护"杀尽天下君主"的口号。很显然，谭嗣同对待君主的态度与康有为念念不忘保皇态度截然不同。第二，康有为之所以将全部赌注都压在光绪帝一个人的身上，无非是想利用光绪帝的身份和权力进行自上而下的改良。事实上，康有为之所以如此选择，是因为他反对暴力流血。坚决抵制暴力是康有为的一贯原则，他与梁启超关于"开民智"与"兴民权"的分歧缘于此，反对1789年的法国大革命也缘于此。谭嗣同热情讴歌1789年的法国大革命，并且总结出如下规律：世界各国的变法维新都要流血牺牲，中国的变法维新之所以不成功，原因是认识不到流血牺牲是变法维新必须付出的代价，不愿也不敢流血牺牲。基于这个思路和认识，谭嗣同鼓励中国人做揭竿而起的陈涉和杨玄感——即使时机不成熟，也要做拔剑走天涯而勇敢无畏之游侠。他不仅在言论上为暴力革命鼓而呼，而且发愿中国的流血牺牲"自嗣同始"。更为难能可贵的是，谭嗣同是这样说的，也是这样做的——在戊戌变法失败、生命悬于一线之时，他义薄云天，在力劝梁启超"东游"的同时，自己留下来承担后果，并且为此流尽了最后一滴血。由此可见，谭嗣同既主张废除君主，又赞同暴力革命。他的主张和行为远远超出了康有为的认知，是言行一致的革命家。以上两点共同证明，如果说康有为是维新派中的温和派、保守派的话，那么，谭嗣同则是维新派中的激进派、"革命派"。

在中国近代的特殊背景之下，再加之康有为、谭嗣同的特殊身份，两人思想的温和与激进之别并不限于言论或思想特质，而是直接指向现实。具体地说，康有为、谭嗣同对中国救亡图存与思想启蒙的思考和规划沿着不同的逻辑展开，最终形成了泾渭分明的两条路径：康有为凸显中国的民智等因素对维新事业的掣肘，进而认定中国实行平等、推动民权的时机不成熟。这与严复多次借口中国民众在德、智、体各方面的素质太低，不适合开设议院，即使实行君主立宪尚有待时日惊人相似。谭嗣同并不否认中国民众素质低劣，甚至发出了中国人是"四百兆无用之废物"①的过激言论。尽管如此，他并没有像康有为、严复或梁启超等其他维新派思想家那样，将民智等国民素质说成是实行民权的前提条件或附加条件，而是想方设法推动民权。为此，谭嗣同一面提倡专门专业之学，试图以此将中国人都打造成拥有一技之长的人才，一面推广、扩大无议院之名而有议院之实的学会，以此联合民众的力量而众志成城。由于恪守"时之未至，不能躐等"，康有为将救亡图存的希望寄托于立孔教为国教，声称孔教贵则中国贵。谭嗣同则试图以专门专业之学将四万万中国人"变废为宝"，因而断言"然而求保国之急效，又莫捷于学矣"②。

除此之外，康有为、谭嗣同对中国变法维新的不流血与流血之争背后隐藏着对代价与后果、成本与效果的不同博弈，既关涉对无畏的理解，又关涉道义的担当。康有为大力提倡"求乐免苦"，享乐主义的人生观和价值观预示着他本能地排斥流血牺牲。谭嗣同一面提倡大无畏精神，一面利用无我说渲染人之生无可恋和人之死无可畏，矛头指向好生而恶死。事实证明，在内忧外患的近代社会，中国的变法维新和社会变革难免流血牺牲。无论失败的"百日维新"还是成功的辛亥革命都伴随着暴力流血。从这个意义上说，康有为的想法过于理想，谭嗣同较为现实；康有为在行动上有软弱之嫌，谭嗣同更为勇猛无畏。

进而言之，康有为、谭嗣同的分歧表明，维新派内部的观点并不统一，其间的分歧最直接也最根本地表现在对维新本质和决定拯救中国路径的流血牺牲、暴力革命等一系列根本问题的看法上。依据对这些根本问题的回答，可以

---

① 《思纬氤氲台短书·报贝元徵》，《谭嗣同全集》（增订本），中华书局 1998 年版，第 207 页。
② 《仁学》，《谭嗣同全集》（增订本），中华书局 1998 年版，第 354—355 页。

将维新派内部再进一步划分为三个不同的派别：康有为、严复恪守君主立宪，是正统的或者说是温和的维新派；梁启超时而赞同开明专制，时而呼吁民主共和，是摇摆的或者说是纠结的维新派；谭嗣同疾呼"杀尽天下君主"，是激进的或者说是异端的维新派。

维新派内部的三个派别对革命、流血的看法相差悬殊：康有为、严复对革命讳莫如深，始终恪守"不流血之破坏"。梁启超和谭嗣同都对革命充满了热情乃至向往，两人的区别在于：一个侧重思想，一个侧重行动。其中，梁启超热情鼓吹、宣传革命，是思想上、理论上的革命家。孙中山、黄兴领导的辛亥革命之所以一呼百应，以摧枯拉朽之势迅速取得胜利，梁启超对革命的宣传功不可没。对于这个问题，胡适的说法绝非夸张，也得到了大多数人的认同。胡适在美国得知梁启超结束十余年的流亡将要回国时，在日记中写下了这样一段话："梁任公为吾国革命第一大功臣，其功在革新吾国之思想界。十五年来，吾国人士所以稍知民族思想主义及世界大势者，皆梁氏之赐，此百喙所不能诬也。去年武汉革命，所以能一举而全国响应者，民族思想政治思想入人已深，故势如破竹耳。使无梁氏之笔，虽有百十孙中山、黄克强，岂能成功如此之速耶！近人诗'文字收功日，全球革命时'，此二语惟梁氏可以当之无愧。"[①]谭嗣同是实践上、行动上的革命家，虽然没有像梁启超那样将主要精力投入到对革命理论的宣传，但是，谭嗣同热情肯定揭竿而起的暴力革命和流血。尤为值得一提的是，他为"百日维新"慷慨赴死，以自己的实际行动鼓舞了一大批仁人志士投身革命。对暴力革命、流血牺牲的不同态度和践行既印证了维新派内部的分歧，也表明了维新派与革命派的内在关联。这既为人们辩证透视维新派哲学家的思想异同提供了鲜活的素材资料，也为人们辩证理解维新派与革命派之间的关系提供了雄辩的历史借鉴。过去，学术界对维新派与革命派之间的论辩、分歧予以充分重视和关注，对于二者之间的相互影响、渊源传承关注不够。这种情况既不利于深刻认识维新派与革命派之间的复杂关系，也不利于全面把握近代哲学史以及中国启蒙历程的一贯性和连续性。

---

① 《留学日记》卷二，《胡适全集》（第27卷），安徽教育出版社2007年版，第222—223页。

从理论来源和思想高度来说，康有为、谭嗣同都属于戊戌启蒙思想的初级阶段。这就是说，反对暴力革命、害怕流血牺牲的康有为处于维新派的理论水平，赞同暴力革命、勇于流血牺牲的谭嗣同也与康有为一样处于维新派的水平。事实上，两人不仅同属于维新派阵营，而且尚属于维新派的第一阶段即初级阶段。

将康有为、谭嗣同归入维新派的初级阶段，原因是多方面的。择其要者，大端有六：第一，在理论武器和思想来源上，康有为、谭嗣同尚未大量涉猎西方的社会、政治学说。理论来源既关乎学术视域，又关乎内容构成。康有为、谭嗣同的哲学建构以中学为主，梁启超的思想中西参半，严复的思想则以西学为主体内容。因此，以中学为主既限制了康有为、谭嗣同对中国本土文化的创新，也影响了两人启蒙思想的高度和深度。这一点在谭嗣同那里表现得尤为明显和突出。第二，在思维方式和逻辑进路上，康有为、谭嗣同没有经历进化论的系统洗礼，不能正确理解进化法则，最直观地体现是认定进化中有退化。两人宣传变法维新的重心是进化史观，论证历史进化的武器是《春秋》《周易》等中国古代经典以及孔子、庄子等人的变易思想。康有为、谭嗣同的做法与严复、梁启超以达尔文进化论解释历史进化，以孟德斯鸠、卢梭、斯宾塞的社会契约论、天赋人权论和社会有机体论论证变法维新的合理性大不相同。康有为以《春秋》为至圣宝典，沿袭公羊学发挥微言大义的传统，借助公羊三世说将人类历史的进化轨迹归结为由"据乱世"到"升平世"再到"太平世"的依次进化。在他看来，人类社会的历史是按照三世的顺序依次进化的，一世之中又分为三世，三世又分为九世，九世则细分为八十一世。如此推演，以至无穷。正是在这个意义上，康有为断言：

> 孔子世，为天下所归往者，有三重之道焉。重，复也。如《易》卦之重也。《繁露·三代改制》曰："故王者有不易者，有再而复者，有三而复者，有四而复者，有五而复者，有九而复者。"此通天地、阴阳、四时、日月、星辰、山川、人伦，皆有三重之制也。三重者，三世之统也；有拨乱世，有升平世，有太平世。拨乱世，内其国而外诸夏；升平世，内诸夏

而外夷狄；太平时，内外远近大小若一。每世之中，又有三世焉。则据乱亦有乱世之升平、太平焉，太平世之始亦有其据乱、升平之别。每小三世中，又有三世焉，于大三世中，又有三世焉。故三世而三重之，为九世，九世而三重之，为八十一世。展转三重，可至无量数，以待世运之变，而为进化之法。此孔子制作所以大也。盖世运既变，则旧法皆弊而生过矣，故必进化而后寡过也。孔子之法，务在因时。当草昧乱世，教化未至，而行太平之制，必生大害；当升平世，而仍守据乱，亦生大害也。譬之今当升平之时，应发自主自立之义，公议立宪之事，若不改法则大乱生，孔子思患而预防之，故制三重之道，待后世之变通，以去其弊，此孔子立法之至仁也。三统，又称三正、三微。《春秋》作新王改制，托于夏、商、周以为三统。①

　　康有为的这段议论使历史轨迹陷入三世的无限循环之中，也将他寄托于点滴改良的政治主张推向了极致。更有甚者，康有为在宣传进化的过程中，承认退化，并且找到了退化的"现实版"——云南原始森林中的猿猴。据他在自传中自诩，早在达尔文进化论传入中国之前，自己就已经悟出"人自猿猴变出"。不仅如此，如果说从猿猴变成人是进化的结果的话，那么，问题到此并没有结束，因为人若不思进取的话，还要退化为猿猴。基于这一思路，康有为肯定云南原始森林中的猿猴便是古代被贬官员的后代，由于游手好闲最终由人类退化成了猿猴。谭嗣同在讲历史进化时公开宣称人类历史先退化，之后才进化，由此推出了"两三世"之说。所谓"两三世"，是说人类历史经历了两个三世，前一个是由"太平世"到"升平世"再到"据乱世"，后一个是由"据乱世"到"升平世"再到"太平世"。前一个三世是退化的，谭嗣同称之为"逆三世"；后一个三世是进化的，谭嗣同称之为"顺三世"。第三，由于缺乏辩证思维，导致康有为、谭嗣同的价值观失调。这集中体现为两人不能正确理解同与异、普遍性与特殊性以及世界性与民族性之间的辩证关系，具体到对中国救

① 《中庸注》，《康有为全集》（第五集），中国人民大学出版社2007年版，第387页。

亡图存与思想启蒙路径的选择上便是：将平等奉为拯救中国的不二法门，并且将平等抽象化、极端化，界定为完全同一，最终走向平均主义。这表明，在对平等的理解上，两人无法真正领悟平等、民主的真谛。康有为、谭嗣同呼吁平等与严复、梁启超将中国的希望寄托于自由，是两种不同的致思方向和路径选择。第四，在中国与西方列强的关系上，康有为、谭嗣同没有认识到中西之间你死我活的矛盾斗争，对帝国主义侵略中国的本质认识不清，在对世界大同的追逐中，最终背离了救亡图存的初衷。在认不清中国与西方列强之间的敌我矛盾方面，谭嗣同表现得尤为突出。对于这一点，无论他反复设想向俄国、英国出卖中国的领土还是认定外国与中国通商是"仁我"，以至于提出请西方列强治理中国等种种奇谈怪论都是明证。第五，在对未来社会的构想上，康有为、谭嗣同宣称，大同社会取消国家，不仅同化种族、同化人种，而且同一文化、同一宗教和同一语言文字，进而陷入世界主义、大同主义。康有为、谭嗣同不约而同地认定中国的象形文字落后于西方的字母文字，大同社会同一语言文字从根本上说也就是用西方文字取代中国的汉字。康有为提出的同一人种的设想除了沙汰残疾人、让黑人饮绝嗣之药之外，还包括用西方的白色人种同化包括中国人在内的黄色人种。谭嗣同向往的未来人种则由于只有灵魂、没有形体而彻底没有了包括黄白在内的一切肤色之别。康有为、谭嗣同对大同社会的规划与孙中山代表的革命派对民族主义的坚守或李大钊将苏维埃纳入大同之中不可同日而语，也使两人所讲的大同构想定格在近代大同形态的第一阶段。在维新派内部，与康有为、谭嗣同对未来社会的梦萦魂牵迥异其趣，严复、梁启超对大同敬而远之。梁启超虽然在戊戌维新之前有段短暂的"盛言大同"时期，但是，他很快便改弦更张，转而抨击康有为的大同理想是宗教家的梦呓，并且针锋相对地大倡民族主义。第六，由于将救亡图存和思想启蒙的全部希望寄托于宗教的力量，康有为、谭嗣同都幻想以爱神来创造奇迹。康有为乞灵于不忍人之心，谭嗣同期盼慈悲之心。由此，两人推出了近代仁学。显而易见，康有为、谭嗣同的做法与严复大声疾呼"鼓民力""开民智""新民德"①，梁启超断

①　《原强修订稿》，《严复集》（第一册），中华书局1986年版，第27页。

言当今中国舍弃"新民"之外别无他途，将重心放在提高中国人的素质上南辕北辙。至此可见，与高级阶段相比，康有为、谭嗣同所代表的戊戌启蒙思想的初级阶段具有六个主要特征。

以上六点是康有为、谭嗣同思想的共同特征，也是两人与梁启超、严复思想的不同之处。这表明，即使在维新派的思想内部，康有为、谭嗣同的理论水平也处于初级阶段，与严复、梁启超相比思想更为偏激、幼稚。无论康有为、谭嗣同抛开差异而奢谈平等，进而将平等与同一混为一谈，还是对中西关系和大同社会的理解都淋漓尽致地暴露了这一点。正是由于这个原因，康有为与谭嗣同的思想在形式上最为相近，从本质上看则是维新派水平的初级阶段使然。

分析至此，有人或许疑窦丛生：康有为是温和的或曰保守的维新派，处于维新派的初级阶段尚好理解，谭嗣同既然是激进的乃至异端的维新派，为何与康有为一样处于维新派的初级阶段？原因在于，维新派的温和与激进之分侧重政治主张和启蒙思想，是就拯救中国的路径而言的；维新派的第一阶段即初级阶段与高级阶段的划分侧重理论来源、思维方式和思想高度，是就哲学、文化、政治和启蒙思想的综合考量而言的。正是由于这个原因，谭嗣同的思想尽管以激进著称于世，却仍然属于维新派的初级阶段。由此，形成了独特的"谭嗣同现象"。

"谭嗣同现象"昭示了一个朴素的道理：一方面，中国近代哲学与政治斗争密切相关乃至不可截然分开，这使近代哲学包括——甚至从立言宗旨上说本身就是与现实息息相关的政治哲学和启蒙哲学。割裂了与中国近代社会特殊的历史背景、文化语境和政治斗争的内在联系，也就无法从根本上把握包括康有为、谭嗣同等人的思想在内的近代哲学。当然，离开了戊戌变法的政治斗争和价值诉求，也就无法真正洞彻康有为、谭嗣同的政治主张、启蒙思想和哲学理念。另一方面，正如哲学具有相对独立性一样，近代哲学与中国近代社会的政治斗争并不是完全同一的。就戊戌启蒙思想而言，即使是思想最为相近的康有为、谭嗣同对维新图强、戊戌变法的理解和贡献并不相同。因此，政治主张并不是判断近代哲学的唯一标准，正如政治理念和政治诉求并不是判断近代哲学家的唯一尺度一样。中国近代哲学史与政治思想史密切相关是不争的事实，然而，二者并不等同。作为叱咤风云的政治人物，康有为、谭嗣同的哲学理念与政治主张、启蒙思想密切相关甚至不可截然分开。尽管如此，这并不足以成为以政治思想审视、判定两人思想阶段的唯一标准。政治主张和启蒙思想决定了康有为、谭嗣同的政治阵营，却并不是评价两人思想高度和历史地位的唯一标准。

由康有为、谭嗣同思想的异同关系推而广之，将视野扩大到中国近代哲学史，便引申出对近代哲学史书写思路的深入思考。目前对于中国近代哲学史的书写基本框架和主要人物是这样的：龚自珍、魏源——洪秀全、洪仁玕——张之洞、曾国藩——郑观应、王韬、陈炽、郭嵩焘——康有为、谭嗣同、梁启超、严复——章炳麟、孙中山，接下来是五四新文化运动者，再后来便是现代新儒家等现当代哲学家。这个书写框架具有自身的优点，那就是：依据中国近代社会的政治运动对不同的哲学家进行归类，以此将他们安排在政治斗争、文化论辩的历史背景之下。经过如此编排，每一位哲学家的思想尤其是政治主张清楚明了，更加容易把握。

在这个前提下应该看到，这个书写框架带有与生俱来的缺陷。最明显的是，有些卓有建树的哲学家由于无法被整合到这个框架中去，也就不能被写进中国近现代哲学史。具体地说，属于这种情况的哲学家又可以分为两大类：第一类，游离于政治派别之外的哲学家，这一类的代表是王国维、谢无量等人。王国维对唯意志论的介绍无人能及，他的哲学建构在近代哲学家中可谓翘楚。谢无量拥有自己独创的哲学理念和建构，他作于1916年的《中国哲学史》是中国哲学史研究和书写的开山之作。遗憾的是，由于王国维和谢无量远离政治，无法依托上述框架对两人进行政治归类，中国近现代哲学史上找不到两人的位置。第二类，与多种政治团体有关，无法归为某一固定派别的哲学家，这一类的代表是夏曾佑、杨度等人。在中国近代，政治斗争瞬息万变，思想学说应接不暇。这使近代哲学家身处复杂的历史背景和文化语境之中，很多人经历多次思想转变和政治阵营的跳跃。以梁启超为例，早年跟随康有为变法维新，后来同情革命呼吁共和，五四时期参与到新文化运动的论战之中——既在中西文化的论证中参与到东方文化派中，又在科学与玄学的论战中一边作调和人、一边倾向玄学派。尽管如此，由于梁启超的政治影响最集中地体现在变法维新时期，故而被归为维新派。当然，这一归属也造成了一个致命后果，那就是：凸显梁启超与变法维新相关的政治思想，如自由思想、新民说等，而遮蔽了其他方面的思想，如国学思想等等。这属于另一问题，在此不再赘述。章炳麟早年加入维新派，后来转向革命派。由于他的主要影响集中在驳斥康有为等人的立宪主张而宣传革命，主编革命派的党报——在《民报》展开与维新派的论战，通常被归为革命派。梁启超和章炳麟都因具有政治归属，也就在近代哲学史上拥有了一席之地。与依据政治归属将两人安排在中国近代哲学史的不同链条之上一脉相承，对两人思想的解读围绕着与维新、革命等政治理念和政治主张相关的思想展开，与政治思想关系不大的思想往往受不到应有的重视。事实上，不止梁启超、章炳麟如此，其他近代哲学家的际遇大都如此。与被写进中国近代哲学史的不同，夏曾佑、杨度等人同样关注了近代哲学的诸多话题，甚至在一些领域颇有建树，却由于与各种政治势力关系复杂，政治身份无法确定，最终也就无缘出现在近代哲学史之中。出现以上这种情况原因恰好相反，然而，无论理由如何不同，结果都是一样的，那就是：有些人物不能写进近代哲学史。这个结果不仅影响了这些哲学家的学术命运，而且影响了中国近代哲学的书写样貌，对于近代哲学的多样性、丰富性无疑是一大损失。

更为重要的是，中国近代哲学史是近代社会特殊的历史背景、文化语境和学术环境共同催生的产物，也是中国哲学史"自然的"历史进程。作为中国哲学的一部分，近代哲学从古代哲学发展而来，与古代哲学具有一脉相承的亲缘性、延续性。事实上，近代哲学接续了古代哲学的核心话题，与明清之际的哲学尤为密切相关。一方面，古代哲学是近代哲学不可或缺的主要来源。另一方面，近代哲学与古代哲学迥然相异，其间的最大区别是吸纳了西方思想。对于中国近代哲学来说，西学与中学一样是不可或缺的理论来源。由此不难想象，不讲古代哲学，近代哲学的前世阙如；不讲西方哲学，近代哲学有别于古代哲学的时代特色不明晰，内容构成不完整。也正是由于这个原因，令人对以中学、西学或中西关系为逻辑主线勾勒、书写中国近代哲学史充满期待。循着这个逻辑主线，可以对中国哲学史的书写进行如下勾勒：古代哲学以中释中，近代哲学"不中不西即中即西"①，五四新文化代表的现代哲学崇尚西学。这样一来，"中——中西——西"成为中国哲学从古代到现代的诠释和书写框架。这个框架既为近代哲学找到了家园，也为近代哲学规划了未来。"中——中西——西"框架中的"中西"代表了近代哲学既有别于古代又迥异于现代的特殊性，"中西"之"中"表明古代哲学是近代哲学的精神家园，"中西"之"西"则表明近代哲学面对古代哲学未尝遭遇的中西之辨，并且借助对西学的吸纳创新中学。从古代哲学纯粹的"中"到近代哲学之"中西"，再到五四新文化运动之"西"，中国哲学的递嬗历程呈现出"一路向西"的态势。作为对五四新文化运动者对待中国传统文化态度的反动，出现了秉持中国传统文化的东方文化派和现代新儒家。

问题到此并没有结束，"中——中西——西"不仅是中国哲学史的进程勾勒和书写框架，而且引发了对当下哲学的诸多思考。面对"中——中西——西"视界中的中西古今之辨，当代哲学如何应对？当代的哲学重建路在何方？究竟是沿着五四新文化运动的方向一直向西还是回望故园，在吸纳外学的过程中一面创新一面坚守？这是理论问题，更是不容回避的现实问题。对于这个时代课题，从近代而来的百年哲学史既提供了历史经验，也向今人昭示了一个朴素的道理。正如舟船大开打开了全新的世界历史一样，固步自封，排斥外来文化是行不通的。与此同时，应该牢记的是，世界哲学应该是多元的，不同国家、不同地区拥有各自不同的哲学形态和样式。因此，面对全球多元文化的机遇和挑战，中国哲学既要融入世界，又要保持自我。而要做到这一点，前提是既不应该妄自菲薄，也不应该盲目自大，在传其祖的同时嬗其祖不失为理性的选择。中国哲学要屹立于世界哲学之林，就必须在保持自主性、民族性和地域性的同时，勇于并且善于接受、吸收外来文化。这是康有为、谭嗣同思想比较以及近代哲学研究留给今人的最大启示。

---

① 《清代学术概论》，《梁启超全集》（第五册），北京出版社 1999 年版，第 3104 页。

参 考 文 献

康有为：《康有为全集》（共 12 集），姜义华、张荣华编校，中国人民大学出版社 2007 年版。

康有为：《大同书》，李似珍评注，中州古籍出版社 1998 年版。

康有为：《南海康先生口说》，吴熙钊、邓中好校点，中山大学出版社 1985 年版。

康有为：《康有为学术文化随笔》，董士伟编，中国青年出版社 1999 年版。

谭嗣同：《谭嗣同全集》（增订本），蔡尚思、方行编，中华书局 1998 年版。

慧能：《坛经校释》，郭朋校释，中华书局 2007 年版。

《华严经今译》，张新民等注释，中国社会科学出版社 2007 年版。

法藏：《华严金师子章校释》，方立天校释，中华书局 2004 年版。

《成唯识论校释》，玄奘译，韩廷杰校释，中华书局 2009 年版。

《大乘起信论校释》，真谛译，高振农校释，中华书局 2000 年版。

《金刚经今译》，破瞋虚明注释，中国社会科学出版社 2007 年版。

《维摩诘经今译》，鸠摩罗什译，道生等注释，中国社会科学出版社 2007 年版。

《大般涅槃经今译》，昙无谶原译，破瞋虚明注译，中国社会科学出版社 2003 年版。

《净土诸经今译》，鸠摩罗什等译，瞿平等注译，中国社会科学出版社 2003 年版。

《楞严经今译》，果怀注释，中国社会科学出版社 2007 年版。

赖永海主编：《楞伽经》，赖永海、刘丹译注，中华书局 2010 年版。

《周易译注》，周振甫注，中华书局 2001 年版。

《春秋公羊传译注》，王维堤、唐书文撰，上海古籍出版社 2007 年版。

《春秋穀梁传译注》，承载撰，上海古籍出版社 2006 年版。

《诗经译注》，周振甫注，中华书局 2005 年版。

《尚书译注》，李民、王健注，中华书局 2000 年版。

《礼记译注》，杨天宇撰，上海古籍出版社 1997 年版。

《论语译注》，杨伯峻注，中华书局 1980 年版。

高亨：《老子正诂》，中华书局 1959 年版。

墨子：《墨子间诂》，毕沅校注，吴旭民标点，上海古籍出版社 1995 年版。

《四书译注》，乌恩溥注译，吉林文史出版社 1996 年版。

庄子：《庄子浅注》，曹础基注，中华书局 1982 年版。

《荀子集解》，王先谦解，中华书局 1996 年版。

韩非：《韩非子》，中华书局 2010 年版。

董仲舒：《春秋繁露义证》，苏舆撰，钟哲校点，中华书局 1996 年版。

王充：《论衡》，上海人民出版社 1974 年版。

葛洪：《抱朴子内篇校释》，王明撰，中华书局 2002 年版。

《韩愈文集汇校笺注》（全七册），韩愈著，刘真伦、岳珍校注，中华书局 2010 年版。

邵雍：《邵雍集》，郭彧整理，中华书局 2010 年版。

周敦颐：《周敦颐集》，陈克明点校，中华书局 2010 年版。

张载：《张载集》，章锡琛点校，中华书局 2008 年版。

程颐：《二程集》（上下册），程颢、王孝鱼点校，中华书局 2004 年版。

朱熹：《朱子语类》（共十二册），黎靖德编，王星贤点校，中华书局 1999 年版。

朱熹：《朱子全书》（共二十七册），朱杰人、严佐之、刘永翔主编，上海古籍出版社、安徽教育出版社 2002 年版。

陆九渊：《陆九渊集》，钟哲点校，中华书局 2008 年版。

王守仁：《王阳明全集》，吴光、钱明、董平、姚延福编校，上海古籍出版社 1992 年版。

黄宗羲：《黄宗羲全集》（共十二册），沈善洪主编，浙江古籍出版社 2005 年版。

王夫之：《船山全书》（1—10 册），岳麓书社 1988—1996 年版。

顾炎武：《日知录集释》（全三册），黄汝成集释，栾保群、吕宗力点校，上海古籍出版社 2010 年版。

廖平：《廖平全集》（全十一册），舒大刚、杨世文主编，上海古籍出版社 2015 年版。

《严复集》（共 5 册），严复，王栻主编，中华书局 1986 年版。

《天演论》，（英）赫胥黎，严复译，中州古籍出版社 1998 年版。

《唐才常集》，唐才常，湖南省哲学社会科学研究所编，中华书局 1980 年版。

《梁启超全集》（共 10 册），梁启超，张品兴等主编，北京出版社 1999 年版。

中国史学会主编：《戊戌变法》（全四册），上海人民出版社 2000 年版。

章太炎：《章太炎全集》（第一辑，共八册），姜义华、汤志钧等点校，上海古籍出版社 2014 年版。

蔡元培：《蔡元培全集》（共 18 卷），中国蔡元培研究会编，浙江教育出版社 1997 年版。

陈独秀：《陈独秀文章选编》（上、中、下），三联书店 1984 年版。

李大钊：《李大钊全集》（共5卷），人民出版社2006年版。

胡适：《胡适全集》（共44卷），季羡林主编，安徽教育出版社2007年版。

《西方哲学原著选读》（上下卷），北京大学哲学系编译，商务印书馆1984年版。

《十六—十八世纪西欧各国哲学》，北京大学哲学系编译，商务印书馆1975年版。

《哲学百科全书》，梅益总编辑，中国大百科全书出版社1995年版。

张岱年主编：《中国哲学大辞典》，上海辞书出版社2010年版。

冯契、徐孝通主编：《外国哲学大辞典》，上海辞书出版社2008年版。

任继愈主编：《宗教词典》，上海辞书出版社2009年版。

丁福保编：《佛学大辞典》，上海书店1995年版。

丁光训、金鲁贤主编：《基督教大辞典》，上海辞书出版社2010年版。

牟钟鉴、张践主编：《中国宗教通史》（上下卷），中国社会科学出版社2007年版。

龚书铎主编：《中国社会通史》（全八册），陕西教育出版社1996年版。

冒从虎、张庆荣、王勤田主编：《欧洲哲学通史》（上下卷），南开大学出版社2008年版。

全增嘏主编：《西方哲学史》（上下册），上海人民出版社2007年版。

吕澂：《中国佛学源流略讲》，中华书局2002年版。

方立天：《中国佛教与传统文化》，长春出版社2007年版。

张锡勤：《中国近代思想文化史稿》（上下册），黑龙江教育出版社2004年版。

李泽厚：《中国近代思想史论》，三联书店2009年版。

冯契：《中国近代哲学的革命进程》，华东师范大学出版社1997年版。

侯外庐主编：《中国近代哲学史》，人民出版社1978年版。

魏义霞：《康有为先秦七子研究》，人民出版社2016年版。

魏义霞：《谭嗣同哲学思想研究》，中国人民大学出版社2017年版。

后 记

2015 年，我以"康有为与谭嗣同思想比较研究"为题申报了国家社科基金课题，获批重点立项（批准号：15AZX012）。经过三年多的研究，2018 年顺利结项。在此基础上，经过进一步修改、完善，最终形成了这本《康有为与谭嗣同思想比较研究》。康有为、谭嗣同都是在中国近代哲学史上产生重要影响的思想家，两人的思想比较十分必要。无论康有为与梁启超的"康梁"合称还是康有为与谭嗣同思想的高度契合，都意味着两人的思想关系牵涉对中国近代思想史尤其是戊戌思想的理解和评价。比较是必要的，甚至是必须的，同时也是困难的。一个最明显的证据是，康有为与谭嗣同留下的文字量相差悬殊。以目前最权威的版本为例，中国人民大学出版社 2007 年版的《康有为全集》851 万字，中华书局 1998 年版的《谭嗣同全集》（增订本）41 万字，二者相差 20 多倍。资料的不对等增加了比较的难度，也在某种程度上决定了《康有为与谭嗣同思想比较》的成果差强人意。感谢立项评审专家以及结项专家的肯定和支持，给了我对康有为、谭嗣同思想进行比较研究和出版的信心。感谢人民出版社出版拙作，感谢杜文丽女士的辛勤付出。

魏义霞

2020 年 12 月 18 日

责任编辑：杜文丽

图书在版编目（CIP）数据

康有为与谭嗣同思想比较研究／魏义霞 著 . —北京：人民出版社，2020.12
ISBN 978 - 7 - 01 - 022900 - 3

I. ①康… Ⅱ. ①魏… Ⅲ.①康有为（1858—1927）– 思想评论
②谭嗣同（1865—1898）– 思想评论 Ⅳ. ① B258.5 ② B254.5

中国版本图书馆 CIP 数据核字（2020）第 256096 号

康有为与谭嗣同思想比较研究
KANGYOUWEI YU TANSITONG SIXIANG BIJIAO YANJIU

魏义霞 著

人民出版社 出版发行
（100706 北京市东城区隆福寺街 99 号）

环球东方(北京)印务有限公司印刷 新华书店经销

2020 年 12 月第 1 版 2020 年 12 月北京第 1 次印刷
开本：710 毫米 × 1000 毫米 1/16 印张：30.75
字数：495 千字

ISBN 978 - 7 - 01 - 022900 - 3 定价：108.00 元

邮购地址 100706 北京市东城区隆福寺街 99 号
人民东方图书销售中心 电话（010）65250042 65289539